KB153468

조선전기 정치사 연구

조선전기 정치사 연구

한 춘 순 지음

혜안

책을 내면서

　조선 초기나 전기 정치사에 관해서는 각 왕대별 국정운영의 형태와 왕권의 강약, 권력구조, 정치구조, 삼사와 언관, 정치세력 등 다양한 주제의 선행 연구 성과가 상당히 축적되어 있다. 필자는 사료를 분석·배치하는 방법과 관점을 달리하여 조선 전기 정치에서 관심 있는 주제들을 고찰해 보았다. 이 책은 총 10편의 논문으로 구성되었고, 그 시기는 태조 대부터 중종 대까지 걸쳐 있는데, 게재되거나 공저로 출간된 논문 중 일부는 논문·장·절의 제목이나 내용을 부분적으로 수정하였다.

　이 책의 초반부에는 태조가 요동공격 중지와 사병혁파를 단행하였고, 그로 인해 개국 초 康妃와 외척의 조직적 방해로 정계에서 배제되었던 이방원이 '제1차 왕자 난[戊寅之變]'을 일으키게 되었다는 사실과 문종이 강력하게 국정을 주도하였고 당대에 설행된 불사를 통해 안평대군의 정치적 위상이 강화되었으며, 문종 대부터 안평대군을 견제하기 시작한 수양대군이 단종 대에 이르러 더욱 권력이 강화된 그를 제거하기 위해 계유정난을 일으켰다는 등의 새로운 史實을 제시하였다.

　중반부에는 이 책에서 4편으로 가장 많은 비중을 차지하고 있는 성종 대에 관련된 논고가 배치되어 있다. 먼저 조선왕조 최초로 성종 대에 수렴청정을 한 貞熹王后(세조 비 : 대비)가 육조직계제로 정책 결정을 좌우하면서 원상의 영향력을 최소화하였고, 國舅인 韓明澮를 왕실의 대리인으로 내세워 겸 병조판서에 제수하는 한편 佐理功臣을 책봉하여 대대적으로 발탁한 척신을 政曹 겸 판서로 삼는 훈척지배체제를 운용하여 훈구의 인사 독점을 저지하였음을 밝혀 놓았다. 이어서 親政한 성종 역시 이러한 국정 운영 시스템을 계승하여 영돈녕 이상에게 자문을 구하면서도 많은 경우 스스로 정책을 결정하였고, 무신들을 重用하거나 특정 척신을 特待하는 방식으로 훈척지배체제를 보완하여 훈구를 견제하였다. 그러므로 통설과는 달리 당시 정치세력은 '훈구'가 아닌 '훈·척'이었으며, 정책 결정이나 인사에서 왕권은 脆弱하였다거나 원상이 권력을 독점하였다는 주장 역시 사실이 아니었다. 또한 성종과 삼사의 갈등의 본질은 바로 성종이 척신에 관련된 삼사의 논핵의 대부분을 수용하지 않았기 때문이었다. 이러한 내용들은 성종 대 권력구조나 군신권력관계, 정치세력 등을 새롭게 조망한 것이다. 또한 조선시대 정치사에서 중요한 의미를 갖는 종친, 즉 성종 즉위 후에 赴擧가 금지된 배경과 시기의 분석, '부시금지'를 저지하기 위한 종친들의 노력과 그에 부응하려는 성종이 순차적으로 마련한 대책, 추락한 종친의 실제 처지와 학문 실태, 그리고 혼인·상속·입후 등 일상사를 아울러 살펴보았다.

후반부에는 당대 鉅族인 광주 이씨 가문 출신으로 세조 대에 初入仕한 이래 文武를 겸전한 관료로 특히 대 여진 정책의 전문가였고, 연산군 대에 조카 李世佐를 비호하다가 甲子士禍에 희생된 李克均과, 중앙에서 權臣 金安老의 정계 복귀에 적극적으로 협조하면서 영향력 있는 정치인으로서 활동하였지만, 김안로가 敗死한 후 그의 복귀를 도왔던 일로 인해 정치 인생을 마감하게 되었던 중종 대 문신인 沈彦光 등 인물에 대한 논고가 있다.

　필자가 이 책을 내기까지에는 여러 분들의 도움을 받았다. 먼저 준비 없이 늦게 공부를 시작한 필자를 이끌어 주시고, 지켜봐 주신 金泰永 선생님께 머리 숙여 감사의 말씀을 올린다. 조언과 배려를 해 주시고, 책이 출간될 수 있도록 기꺼이 주선해 주신 具萬玉 선생님, 학문의 선배로서 격려해 주시고, 공동 집필과 사료 작업을 할 수 있는 기회를 마련해 주신 李迎春 선생님, 두 분 선생님께 깊이 감사드린다. 개인적으로 특별한 상황이 생기기 전까지 참석하여 폭넓은 지식을 접할 수 있었던 조선시대사학회의 고마움도 잊을 수 없다.

　어려운 시기에 경제성 없는 책의 출판을 맡아 주신 혜안출판사와 복잡하고 많은 글들을 다듬어 잘 꾸며 주신 편집부 선생님에게도 감사의 마음을 전한다.

　근래 위중한 상황을 겪으시고 더욱 쇠약해지신 어머니께, 이 책이 작은 기쁨이라도 드릴 수 있기를 기대한다.

2016년 11월 15일
한 춘 순

8

차 례

朝鮮 成宗의 王權과 인사 주도의 실제

조선 成宗代 王權과 宗親 323

太祖 7年(1398) '제1차 왕자 난[戊寅之變]'의 재검토

Ⅰ. 머리말

太祖 李成桂는 武人세력과 士大夫, 그리고 백성들의 광범한 지지를 받아 조선왕조를 개창하였다. 이 과정에서 宗親 특히 李芳遠 또한 중요한 역할을 하였다. 그러나 이방원 등 韓氏 소생 왕자들은 조선이 건국된 이후, 태조의 8男 康氏 소생 李芳碩의 세자 책봉과 맞물려 정치권력에서 소외되고 있었다. 開國에 많은 공을 세웠지만 이방원도 정치적으로 추락하였고, 급기야 태조 7年(1398)에 이르러 소위 '제1차 왕자 난'을 주도하게 된다.

'제1차 왕자 난'은 조선 초기 정치사에서 태조의 退位와 정종의 즉위라는 정치 지형의 대변화를 가져왔고, 결과적으로 태종의 집권으로 이어지는 발판이 되었다는 점에서 대단히 중요하다. 그런데 '제1차 왕자 난'을 본격적으로 다룬 연구로는 鄭道傳 冤罪의 부당함을 밝히려는 것이 유일하다시피 하다. 이 논고에서는 세자 冊立을 둘러싼 이방원의 가정적 불만을 '제1차 왕자 난'의 根因으로, 遼東공격을 위한 정도전의 중앙 집권화 정책의 결과로 급격하게 단행된 사병 혁파를 난의 중요한 원인으로 들고 있다.[1] 그러나 이방원 불만의 근원인 세자 책립을 태조와 康妃의 관계

16

속에서 당연시하여 가장 민감하고 중요한 정치적 사안을 너무 단선적으로 파악하였고, 이와 관련된 이방원에 대한 내용은 전혀 없었다. 또한 정도전이 요동 공격을 계속 추진하여 사병을 혁파했다고 한 것은, 趙浚의 강력한 반대로 태조가 그 추진을 중지시켰다고 했으면서도, 이후 두 사람의 異見 여부나 재추진할 만한 다른 이유, 태조의 입장 변화 등에 대한 언급 없이, 단지 정도전에 의해 계속된 군사 훈련을 근거로 주장한 것이어서 수긍하기 어렵다. 실제 계속 추진되었는지 여부에 따라 사병 혁파의 원인은 달라질 수 있다. 요동정벌을 위해 정도전이 단행한 私兵 혁파로 인한 이방원 등의 위기감을 원인으로 주장한 연구들의 논지도[2] 앞 연구와 다르지 않다.

'제1차 왕자 난'을 부분적으로 언급한 논고에서는, 잔인성·비도덕성 때문에 태조·강비·開國功臣 등에게 기피 대상으로 전락하여 세자 논의와 정치권력에서 소외된 이방원의 불만을 원인으로 보고 있다.[3] 그러나 이는 鄭夢周를 살해하였다는 극히 제한된 사료만으로 그 성격의 잔혹성을 전제하고 배척되었다고 한 것이어서 설득력이 약하다. 한편 開國 首功을 자임한 것과는 달리 자신의 勳功을 인정받지 못한 이방원이 그에 대한 초조함을 드러내어 태조와 勳臣들에게 배척되었다는 주장도 있다.[4] 이

---

1) 李相栢, 1935,「三峰人物考(1)(完)-戊寅難雪冤記를 중심으로-」『震檀學報』2·3호 및 1947,「鄭道傳論-戊寅難 雪冤을 중심으로-」『韓國文化史研究論考(韓國文化叢書 第2輯)』, 乙酉文化社. 필자가 확인한 바에 의하면 1947년 논고는 1935년에 게재된 두 편의 논고를 제목과 부제만 약간 수정하여 그대로 합한 것이고, 단지「三峰人物考(完)」의 520쪽 주)79, 80을 326쪽에서 주)148로 동일하게 처리한 것만 다르다. 필자는 1947년 논고를 중심으로 하겠다.
2) 朴元熇, 1976,「朝鮮初期의 遼東攻伐論爭」『韓國史研究』14, 82~84쪽 ; 李喜寬, 1989,「朝鮮初 太宗의 執權과 그 政權의 性格」『歷史學報』12, 3~7쪽.
3) 崔承熙, 1995,「개국 초 왕권의 강화와 국정운영체제」『韓國史』22, 國史編纂委員會, 36쪽 및 2002,「太宗朝의 王權과 國政運營體制」『朝鮮初期 政治史研究』, 62~63쪽 ; 閔賢九, 2005,「朝鮮 太祖代의 國政運營과 君臣共治」『史叢』61, 15~17쪽.

역시 초기 이방원 관련 사료를 소홀하게 다루었거나 종합적으로 검토하지 않고, 그가 自招하였다는 측면만 강조한 것이어서 객관성이 부족하다. 그 외에 '제1차 왕자 난'의 발생 배경으로 정도전·南誾 등의 권력 장악으로 인한 武將계열의 정치적 소외를 들거나 참여세력을 분석한 論著에서는,[5] 이방원에 합류한 세력의 출신 배경과 성향, 그 지향점을 밝혀 놓고 있다.

이방원은 骨肉相爭을 일으켜 자신의 야심을 이룬 부도덕한 인물로 평가되고 있다. 비록 그렇더라도 필자는 많지 않은 그와 관련된 사료를 종합적으로 검토하여, '제1차 왕자 난'에 대한 先行 연구의 한계를 극복하고자 한다. 이를 위해 먼저 개국 전 李成桂의 정치 역정과 이방원 등의 활동을 통해, 두 사람의 밀착도를 살펴보겠다. 그 다음 개국 후 태조의 이방원 등 종친들에 대한 대우 및 그 정치적 의미, 세자 책립을 검토할 것이다. 특히 지금까지 전혀 언급된 바 없는 이방원이 세자·공신 논의에서 배제되는 구체적 원인과 일련의 정치적 과정을, 태조와의 관계 및 外戚의 견제라는 측면에서 분석하겠다. 그리고 명나라에서 제기한 정도전의 表箋 논란 및 요동공격론의 실체와 중단된 구체적 정황을 살피고자 한다. 또한 자신의 重患으로 인해 국정 안정과 세자의 안정적 승계 문제를 고심하던 태조가, 사병을 거느린 왕자·종친의 존재를 위험하다고 인식한 변화에서 사병 혁파의 원인을 찾아볼 것이다. 마지막으로 '제1차 왕자 난'의 발생과 그 성격을 검토하고자 한다.

---

4) 李相佰, 1947, 앞의 논문, 305~307쪽.
5) 柳柱姬, 1999, 「王子亂을 전후한 朝鮮 開國功臣의 정치적 동향」『朝鮮時代史學報』 11집 및 2000, 「朝鮮 太宗代 政治勢力 研究」, 중앙대학교 박사학위논문 ; 崔承熙, 2002, 앞의 책 ; 李喜寬, 앞의 논문.

Ⅱ. 開國 前 이성계의 정치 역정과 李芳遠

22세 때 관직에 진출한 이성계는 크고 작은 여러 전투에서 승리를 거두었다. 특히 禑王 6년(1380) 8월 5백 척을 거느리고 하삼도에 侵寇한 왜적을 雲峰 전투에서 초토화시켜 영웅으로 각인되었다.[6] 동 14년(1388) 3월에는 守門下侍中으로 명나라의 鐵嶺衛 설치 문제로 인해 추진된 요동정벌에 나섰다가, 4불가론을 내세워 曺敏修와 함께 威化島에서 回軍하여 實權을 장악할 기회를 잡았다.[7] 그 때 李芳果와 李芳雨는 이성계의 군대가 있는 곳으로 도망하였고, 典理正郎인 이방원은 田莊이 있는 포천으로 돌아가 韓氏(후에 神懿王后)·康氏(후에 賢妃) 등 가족들을 돌보다가 분위기가 안정된 후 돌아왔다.

이방원은 우왕 9년(1383) 과거에 급제하였다. 형제 중 유일한 급제자였다. 정계 인물과 교제하는 자리에 참석시킨 태조는 큰 힘을 보태었다고 그를 칭찬하기도 하였다. 昌王 대에 이방원은, 명나라에 入朝하면서 이성계에 의한 變故에 대비하려는 李穡의 書狀官으로 동행하기도 하였다. 사실상 인질이었는데, 이방원에 대한 이성계의 신뢰를 엿볼 수 있다. 반면 강비는 그의 출중함을 경계하고 있었다.

회군 이후 이성계는 政敵인 崔瑩을 제거하고 우시중이 되었다. 그러나 이성계와 좌시중 조민수 등을 살해하려는 우왕의 시도가 있었고, 그 시도는 실패로 끝났다. 이를 계기로 이미 王氏를 옹립하기로 이성계와 합의했던 조민수는[8] 우왕의 아들 昌을 즉위(1388)시켰다. 이성계는 반발

---

6)『太祖實錄』권1, 총서. 이 장에서는 '총서' 이외의 전거만 각주로 처리하겠다.

7) 위화도 회군을 조선 건국의 결정적 계기로 본 논고는 閔賢九, 앞의 논문, 9쪽 참조.

8)『高麗史』권126,「列傳」권39, 曺敏修.

하여 東北面朔方江陵道都統使를 사직하고, 趙浚 등과 私田개혁 운동을 전개
하면서 반대하는 조민수를 유배하였는데, 이로 인해 조민수를 불러들이려
부심하는 창왕과 대립하는 형세를 이루었다.9)

창왕 즉위년 11월 金佇 등을 동원하여 자신을 제거하려는 우왕의 또
한 차례의 시도가 실패로 돌아가자, 이성계는 沈德符·池湧奇·鄭夢周·偰長
壽·成石璘·趙浚·朴威·鄭道傳 등과 함께 廢假立眞을 언급하면서, 神王의
7대 손인 定昌君 瑤를 恭讓王으로 옹립하기에 이르렀다.10) 옹립에 참여한
9인 모두가 重用되었고, 9공신 체제로 운영된 공양왕 원년(1389) 정국에
서,11) 守侍中인 이성계는 그 핵심에 있었다.

그러나 그러한 정국 구도는, 공양왕의 弟 王瑀의 딸이 7남 李芳蕃(현비
소생)과 혼인한 것을 두고,12) 이성계가 정치적으로 공양왕을 선택하였다
는 풍설의 연장선상에서 공양왕 2년(1390) 5월 '尹彝·李初의 獄'이 발생하
면서 급변하였다. 즉 이성계가 姻親인 王瑤를 임금으로 세워, 그들의
명나라 침범을 반대한 이색·조민수·변안렬·李崇仁·權近 등을 잡아서 살
해하려 하였고, 禹玄寶(손자 禹成範이 공양왕 부마)·禹仁烈·鄭地·金宗衍
등을 잡아서 먼 곳으로 귀양 보냈지만, 이색·우현보 등이 자신들을 보내어
천자에게 征討할 것을 청하였다는 윤이·이초의 말을 명나라에서 알려
왔기 때문이었다. 그 내용이 태조를 직접 겨냥하였고, 그 대척점에 고려

---

9) 李相佰, 1949, 『李朝建國의 硏究』, 乙酉文化社, 83~85쪽.

10) 『高麗史』 권45, 「世家」 권45, 恭讓王 元年.

11) 恭讓王 2년 윤4월 丙寅에 9공신이 서면으로 사직을 청한 것이나, 庚午에 공양왕이
9공신에게 출근을 명령한 것에서 알 수 있다.

12) 『太祖實錄』 권11, 태조 6년 2월 丁未. 태조가 공양왕을 추대한 이유로는 자기
세력을 확보하기 위한 방편이라는 견해와(李相佰, 앞의 책, 82~83쪽) 족적 기반의
동질성 때문이라는 주장이 있다(朴天植, 1984, 「朝鮮建國의 政治勢力 硏究」 『全北史
學』 8, 114~115쪽).

舊臣들이 대거 가담되어 있었다는 점에서 대단한 폭발력을 가진 사안이었다. 공양왕이 우현보 등 11명을 하옥하고, 이색·우인렬 등 9명을 유배하면서,13) 사건은 일단락되는 듯하였다.

그러나 이 사건의 핵심 인물로 체포된 김종연이 심덕부 휘하와 共謀하여 이성계를 살해하려 한 계획을 밝히면서, 심덕부·지용기 등이 유배되었다.14) 9공신 체제가 붕괴된 것이다. 더 나아가 11월 이성계가 領三司事로 물러났고, 그 뒤를 이어 鄭夢周가 守侍中에 제수되고 있었다. 이성계와 정몽주의 정치적 明暗이 엇갈리고, 향후 政敵으로 대치하게 된다는 점에서 이 사건이 갖는 정치적 의미는 대단히 크다.

이후 공양왕은 3년(1391) 정월 이성계를 中外의 軍事를 통솔하는 都摠制使에 제수하면서도, 동 6월 우현보 등의 귀양을 청한 대간의 배후로 지목하였다. 이는 私情에 이끌려 舊臣世族을 너무 옹호한다는 공양왕에 대한 이성계 일파와, 권력을 장악한 이성계를 배경으로 증거가 불명한 사건을 과장하여 구신세족을 一掃하려는 臺論에 수긍하는 이성계 일파에 대한 공양왕의 입장 차이에서 기인하는 것이었다.15) 이때 공양왕은, 이성

---

13) 『太祖實錄』 總序 및 『高麗史』 권45, 「世家」 권45, 恭讓王 2년 5월. 공양왕이 즉위한 후 京師에 갔던 趙胖이 이 사건을 辨釋하여 명나라에서 무고사건으로 처리되었다 (『太宗實錄』 권2, 태종 원년 10월 壬午).

14) 후에 태조가 심덕부의 아들 沈淙을 부마(神懿王后 소생 2녀 慶善公主 夫)로 삼은 것으로 볼 때(『太祖實錄』 권4, 태조 2년 10월 壬午), 이 사건으로 인해 두 사람의 정치적 관계가 균열되지 않았음을 알 수 있다. 윤이·이초 사건에 대해서는 이성계 일파가 고려 구신을 제거하기 위해 일으킨 誣告 사건으로 보고, 고려 구신에 대한 가혹한 공격에 반대한 정몽주가 이성계 일파와 정치적 결별을 시작하였다는 견해가 있다(李相佰, 앞의 책, 101~126쪽). 반면 사건에 관련된 인물의 성향을 분석하여 윤이·이초 사건이 구세력 지지자의 지원을 받았고, 공양왕의 지지로 구세력이 크게 성장하게 되었다는 주장도 있다. 다만 정몽주가 이성계 일파와 결별하는 이유에 대한 설명은 없다(趙啓纘, 1987, 「朝鮮建國과 尹彛·李初事件」 『李丙燾博士九旬紀念韓國史學論叢』, 435~463쪽).

15) 李相佰, 앞의 책, 116~117쪽. 정도전은 윤이·이초의 옥사에 대한 의논을 극력

계가 사직하였음에도 대간의 論劾을 금하여 그의 배후설을 확정하였다. 이성계를 9월에 판문하부사로 제수하였지만, 11월 이색을 불러들인 것으로 볼 때, 사실상 구세력을 강화하는 조치였다. 공양왕의 일련의 행보는 동 3년 5월 儒佛 항쟁 때 이성계 일파와 완전히 결별한 정몽주의 협찬과 이미 그들의 정치적 향방에 대한 의심이 두루 퍼져 있었기 때문이었다.[16]

공양왕의 노골적인 압박으로 이성계는 한 때 동북면으로의 피신을 생각할 정도로 守勢에 몰려 있었다. 공양왕 4년 3월 해주에서 사냥하던 이성계가 落馬하여 부상당하자, 정몽주는 대간을 동원하여 조준·정도전·남은 등을 유배하여[17] 그에게 결정적 타격을 가하려 하였다. 정계에서 한발 물러나 한씨의 喪事 중에 있다가 李濟(강씨 소생 慶順公主 夫)로부터 비상한 상황을 들은 이방원은, 정몽주 제거 계획을 밝히는 한편 이성계의 還京을 재촉하였다. 급히 돌아온 이성계가, 李芳果, 李和(이성계 庶弟), 이제 등과 대간을 대질시켜 정도전 등을 斬首하려 했던 사실을 확인하자고 한 청을 공양왕이 거절하자, 이방원은 3인과 의논하여 정몽주를 제거하기에 이르렀다.

이방원의 정몽주 살해에 대해 이성계는 忠孝로 알려진 집안의 명예를 추락시켰다고 크게 진노하였다. 이 내용이, 그의 잔혹성을 질책한 것으로 해석되어 이방원이 이성계에게 배척되는 결정적 근거처럼 되었다. 그러나 이성계는 공양왕의 김종연 처리에 대한 불만 및 지나친 욕심 때문에 조선을 건국하는 데에 이르게 되었다고 말한 바 있었다.[18] 이는 이성계가,

---

주장하였으나, 정몽주가 그 논의를 중지시켰다(『太祖實錄』 권14, 태조 7년 8월 己巳).

16) 閔賢九, 앞의 논문, 10쪽.

17) 조준·정도전·남은 등이 태조와 밀착되는 이유에 대해서는 鄭杜熙, 1983, 『朝鮮初期 政治支配勢力研究』, 一潮閣, 8~15쪽 참조.

18) 『太祖實錄』 권2, 태조 원년 윤12월 壬辰, "敎曰 政堂文學李恬 精詳縝密 有先見之明

즉위 당시 자신에게 國政을 부탁했던 것과는 달리, 윤이·이초 사건의 처리 과정에서 정몽주를 내세워 자신을 제거하려 하는 공양왕의 거취에 대해 생각하기 시작하였고, 實勢인 정몽주에 대한 심각성을 인식하고 있었음을 의미한다. 따라서 정몽주 제거로 인한 이성계의 진노는 이방원의 잔인성 때문이 아니라 이제까지 쌓아온 명성의 실추를 우려하였기 때문인 것으로 판단된다.

이후 정몽주 처형의 정당성을 놓고 이성계와 공양왕이 대립하고 있는 사이 이방원은 유배된 조준·남은 등을 돌아오게 할 분위기를 조성하였다. 그가 조정에서 활동하고 있어 가능한 일이었다. 다른 한편으로 이방원은 3인과 의논하여 정몽주의 사주를 받은 무리를 問罪하도록 공양왕을 압박하였고, 결국 대간으로부터 정몽주·이색·우현보 등이 이성계와 그 일파를 제거하려 하였다는 자백을 받아내었다. 이어 이숭인 등을 유배하고 조준 등을 소환하는 수순을 밟았다. 이성계 일파가 勝機를 잡는데 결정적 역할을 하고 있었던 것이다.

정몽주가 살해된 이후 공양왕은 이성계에게 의지하려는 태도로 변하였다. 이방원 등을 보내 '두 사람이 자손 대대로 서로 害를 입히지 않는다.'는 내용을 작성하도록 하여 정치적 보장을 받으려 한 것이다. 이성계는 이를 수용할 뜻을 비쳤다. 그러나 이방원은 위화도 회군 당시부터 이미 비밀히 이성계를 추대하기로 남은·趙仁沃 등과 계책을 정해 놓았고, 조준·

其父判三司公遇我殊禮 恬亦一遇若宿親然 久不失敬 欲寡予過 而規戒有素 功不細 歲庚午 恭讓君徙南京 罪逃金宗衍誘不逞之黨 潛謀不軌 欲危寡躬 延及社稷 而恭讓昏迷 反與一二之臣 力寬其黨, 欲同告捕者 且有辭於予 予未定去就 聞恬言乃決, 以致今日”; 권3, 태조 2년 4월 戊寅, “上與王瑤擊毬 謂瑤曰 人皆謂我以姻婭之故 貫卿也 不然……卿兄恭讓 但多欲而無厭 故以致今日 瑤泣謝.” 태조가 결코 찬탈할 생각을 하지 않았던 것 같다는 주장도 있지만(閔賢九, 앞의 논문, 11쪽), 드러나지 않았더라도 그렇게 단정하기는 어렵다.

정도전 등 52인과 모의해 놓은 상태였다. 또한 '天命과 인심이 이미 돌아갔는데, 어찌 빨리 추대하지 않는가?'라고 할 정도로 大勢도 무르익고 있었다. 실제 君臣 盟約이 체결된다면 향후 이성계 추대에 부담으로 작용할 것이었다. 그래서 그들은 7월 12일 공양왕이 이성계의 사제로 거둥하려고 할 때에 恭愍王 定妃를 통해 전격적으로 공양왕의 폐위 절차를 밟았다. 다음 날 대비가 이성계를 監錄國事로 삼아 국정 전반을 다스리게 하면서, 그의 즉위는 형식과 절차만 남아 있는 셈이 되었다.

Ⅲ. '제1차 왕자 난[戊寅之變]'의 원인에 대한 새 해석

1. 개국 초 外戚의 견제와 이방원의 추락

태조는 裵克廉과 조준, 정도전·金士衡·이제·이화·남은 등 50명의 대소 신료와 閑良·耆老 등의 추대를 받아 壽昌宮에서 즉위하였다.[19] 다음 날 都摠中外諸軍事府를 폐지하고, 義興親軍衛를 설치하여 종친과 대신에게 여러 도의 군사를 分掌하였다.[20] 만일의 비상사태를 대비하고, 새 국가의 통치 기반을 마련하기 위해 군사력을 장악하는 것이 급선무였기 때문이다.

이후 새 국가의 면모를 갖추기 위한 조치들이 속속 취해졌다. 즉위한 지 열흘 후, 태조는 즉위 교서를 발표하였다. 그 내용에는, 나라 이름은 그전대로 고려라 하고, 儀章과 法制는 고려의 故事에 의거한다는 것과

---

19) 『太祖實錄』 권1, 태조 원년 7월 丙申.
20) 『太祖實錄』 권1, 태조 원년 7월 丁酉.

16개 조항의 국정 방향, 고려 구신 56인에 대한 처벌 등이 담겨 있었다. 같은 날 동반의 官階, 도평의사사와 의흥친군위 10위 등 문무백관의 관제가 정해졌다. 첫 인사도 단행되었는데, 배극렴·조준·이화·金士衡·정도전·鄭熙啓·李之蘭·남은·金仁贊·張思吉·鄭摠·趙琦·조인옥·南在가 관직과 더불어 공신호를 받았다. 특히 이화는 의흥친군위 도절제사, 정도전·이지란은 절제사, 남은·김인찬·장사길·조기가 동지절제사에 각각 제수되었다는 점이 주목된다.[21] 태조가 미리 공신호를 내려 특히 공이 큰 사람을 포상한 것이지만, 특별히 신임하여 절제사까지 맡긴 것으로 해석되기 때문이다.

곧이어 태조는 왕실의 位次를 정했다. 康氏를 顯妃로 삼고, 이방우는 鎭安君, 李芳毅는 益安君, 李芳幹은 懷安君, 이방원은 靖安君, 庶兄 李元桂의 아들 李良祐는 寧安君으로 封君하였다. 특히 이방과, 李芳蕃, 부마 이제를 각각 永安君·撫安君·興安君으로 삼고 義興親軍衛 節制使로 삼았다.[22] 이는, 태조가 개국 전부터 특별히 돈독한 관계였던 庶弟 이화를[23] 태조의 직할부대를 주축으로 편성된 의흥친군위 首長으로 배치해 놓고, 이방과 외에 이방번·이제를 정도전과 같은 직급에 두어 지휘를 맡겼다는 점에서 그 의미가 특별하다. 며칠 후 태조는 현비 소생인 8남 李芳碩을 왕세자로 책립하는 것을 끝으로 왕실 위차를 매듭지었다. 처음 세자의 자격을 배극렴·조준·정도전이 나이와 功勞를 기준으로 제시한 반면 태조는 자신이 아끼고 현비의 의중에도 있는 이방번을 지명하였다. 그러나 공신들이 이방번의 妻父가 공양왕의 아우라는 부담감 때문에 강력하게 반대하였고, 이후 현비의 주장을 받아들여 태조가 지명한 이방석에 대해서는 더 이상

---

21) 『太祖實錄』 권1, 태조 원년 7월 丁未.
22) 『太祖實錄』 권1, 태조 원년 8월 丙辰.
23) 이화와의 친밀한 관계는 『太祖實錄』, 총서에 잘 드러나 있다.

반대하지 않았다.[24] 태조와 개국 공신의 입장이 절충된 선에서 세자 책립이 결정된 셈이었다.

세자 책립 시 장남 진안군 이방우는 전혀 언급되지 않았다. 그 이유는 그가 麗朝에 대한 忠節을 견지하였고, 개국 논의에도 참여하지 않았기 때문이었다.[25] 개국 후 이방우의 자연스런 퇴장은 태조의 선택 폭을 넓혀주었고, 태조의 專寵을 받는 현비의 의중이 강하게 반영되어 이방석의 세자 책립으로 이어졌던 것이다. 그 전에 이방번과 이제를 절제사에 제수하였고, 신의왕후 소생 종친들에 대한 상징적 보상 차원에서 이방과 를 동렬에 배치해 놓았다.[26] 이는 다른 왕자들의 정치적 진출을 봉쇄해 놓은 것을 의미한다.

한편 개국에 공 있는 신하들을 포상하기 위한 공신도감이 설치되었고, 그 位次가 정해졌다. 1등 공신 17명의 면면은 배극렴·조준·김사형·정도전 ·흥안군 이제·의안백 이화·정희계·이지란·남은·장사길·정총·조인옥· 남재·조박·吳蒙乙·鄭擢·사망한 김인찬 등이었다.[27] 왕실 至親 중에는 이 화와 이제가 포함되었다. 개국공신은 처음에 2등 공신 11명, 3등 공신 16명 등 총 44인이었다. 전부 태조 추대 시에 나아갔던 50인에 포함되었던 인물이었다. 그런데 50인 가운데 탈락하였던 6명과 추대에 참여하지 않았지만 태조를 따랐던 韓忠, 원종공신인 黃希碩 등이 追錄되면서, 총 52인으로 확정되었다.[28] 태조 추대 시에 나아갔던 인물 모두가 공신에

24) 『太祖實錄』 권1, 태조 원년 8월 己巳 ; 閔賢九, 앞의 논문, 15~17쪽 ; 『太宗實錄』 권9, 태종 5년 6월 辛卯.

25) 朴天植, 앞의 논문, 117쪽. 그는 원년 10월 四代 선조를 祭享하는 일을 수행하기도 했지만, 痛飮으로 廢疾 상태가 되어 태조 2년 12월 사망하였다.

26) 李相佰, 1947, 앞의 논문, 273쪽.

27) 『太祖實錄』 권1, 태조 원년 8월 辛亥 ; 앞의 책, 8월 己巳. 각 공신들에 대한 경제적 특전은 9월 甲午 참조.

포함된 것을 보면, 개국공신은 태조가 단독으로 선정한 것은 아니었다.[29)]
또한 이제·이화가 1등 공신에 策動된 것으로 볼 때, 원래 52명 중에는
이방과와 이방원이 포함되었을 것이다. 그러나 이미 세자가 결정된 만큼
태조가 이들을 제외한 것이었다.

향후 정치적 위상과 직결되는 일련의 조치에서 개국 과정에서 함께
하였던 이방과, 이화, 이제 중 유일하게 이방원만 배제된 셈이었다. 그는
개국 하루 전날 50명의 대소 신료와 함께 태조를 추대하는 모임에 至親의
대표로 참석하였고, 홀로 기뻐하지 않는 기색을 보인 대사헌 閔開를 죽이
려 한 남은을 제지할 정도의 實勢였다.[30)] 그렇다면 그만 배제되다시피
한 이유는 무엇인가.

"부왕께서 즉위하시던 처음에 勇兵을 모두 내게 위임하시고, 매양
인견하고 일을 의논하였는데, 鄭熙啓가 매양 나를 부왕께 참소하므로,
뒤에는 입궐하려고 하면 문지기가 힐난하여 비록 啓할 일이 있어도 내가

---

28) 『太祖實錄』 권2, 태조 원년 9월 乙巳 ; 앞의 책, 11월 丙申. 한충·황희석이 원래
  추대에 참석할 예정이었으나, 개인 사정으로 불참하였다는 견해도 있다(柳柱姬,
  1999, 앞의 논문, 3~8쪽).

29) 개국공신에 대한 연구로는, 鄭杜熙, 1977, 「朝鮮初期 三功臣硏究」『歷史學報』75·7
  6 ; 1977, 朴天植, 「朝鮮 開國功臣에 對한 一考察」『全北史學』 1 ; 1984, 앞의 논문 ;
  1985, 「朝鮮建國의 政治勢力 硏究(下)」『全北史學』 9 ; 韓永愚, 1983, 「朝鮮初期 開國功
  臣의 出身에 대한 硏究」『朝鮮前期 社會經濟史硏究』 등이 있다. 이 연구들은 개국공
  신의 출신배경, 책봉과정과 대우, 사회적 관계 형성 등을 고찰하고 있다. 개국공신
  선정 주체에 대해서는 태조라는 주장과(최승희, 1987, 「朝鮮 太祖의 王權과 政治運
  營」『震檀學報』64, 134~139쪽 ; 앞의 책, 13~19쪽) 태조와 조준·정도전·남은
  등과 합의한 것이라는 주장이 있다(閔賢九, 앞의 논문, 17~21쪽). 鷄林君 金稇·瑞城
  君 柳爰廷·조준의 弟 趙涓 등이 조준의 천거를 받은 것으로 보면(『太祖實錄』 권14,
  태조 7년 8월 癸丑 ;『定宗實錄』 권1, 정종 원년 2월 癸丑 ;『世宗實錄』 권28, 세종
  7년 5월 壬申), 태조의 단독 결정이 아닌 것은 분명하다.

30) 『太祖實錄』 권1, 총서.

들어가지 못하였다. 마음속으로 절실하게 생각하기를, 틈을 타서 들어가 기만 하면 일일이 고하겠다고 하였는데, 마침 하루는 命召하여 말씀하시 기를, '이런 때를 당하여 국가의 利害를 어째서 고하지 않느냐?' 하시었다. 내가 대답하기를, '비록 들어와 고하려고 하여도, 문지기가 힐난하여 들어올 수가 없었습니다.' 하였더니, 太上殿께서 무안한 기색이 있으시며 말씀하시기를, '반드시 사람을 시켜 앉으라고 하여야 앉느냐?' 하시었 다."(『太宗實錄』권5, 太宗 3年 6月 辛亥)

위 사료에서, 태조가 즉위 초 이방원에게 勇兵 즉 조선 건국의 상징인 加別赤를 내렸을 뿐만 아니라, 함께 국사를 의논하였음을 알 수 있다. 태조가 가별치를 내린 것은 즉위 다음 날 군사를 분장하였을 때로 추정된 다. 태조가 이방원을 세자후보로 여겨 위와 같이 特待하였다고 단정할 수는 없지만, 그 같은 우대는 현비의 경계심을 자극하기에는 충분하였을 것이다. 그래서 현비의 姻戚 정희계[31]가 이방원의 대궐 출입을 제지하였 고, 그 사이 태조 등이 세자 책립을 논의하였을 개연성이 높다.

이방원은 태조에게 공로를 인정받아 특별히 하사받은 加別赤 5백여 호까지 이방번에게 사양하였다.[32] 앞에서 살펴본 바와 같이 즉위년 8월 13일 태조는 이방번을 친군위절제사로 제수하였다. 사료에는 나타나지 않지만, 이때 그에게 동북면을 맡기고, 이방원을 전라도절제사에 제수한

---

31) 그 아내가 현비의 삼촌 姪女이자 개국 1등 공신이다(『太宗實錄』, 총서). 李相佰은 '부왕께서 즉위하시던 처음에 勇兵을 모두 내게 위임하셨다.'라는 사료의 신빙성 을 의심하였다. 또 306쪽에서 정희계가 태조에 대한 이방원의 접근을 차단한 이유를 규명하지 못하였다. 그가 현비와 인척관계라는 중요한 사실을 놓쳤기 때문이다. 그래서 정희계의 행태를 이방원에 대한 정치적 차원의 조직적 방해가 아닌, 당시 대부분의 元勳들이 배척하는 것과 같은 사례로 간주하였던 것이다(李 相佰, 1947, 앞의 논문, 273~274쪽).

32) 『太祖實錄』권14, 태조 7년 8월 己巳.

28

것으로 추단된다.33) 이방원에게 4대 선조의 凌室에 제사지내고 陵號를
짓도록 하였다거나, 그 또한 개국 초 동북면에 출사하였음을 언급한
것을 볼 때,34) 두 사람의 관직 제수는 이방원을 동북면으로 내보낸 후에
진행된 일임이 분명하다. 동북면에서 돌아와 자신이 전라도절제사로
제수된 사실을 알고 事勢를 파악한 이방원이 어쩔 수 없이 가별치를
이방번에게 넘긴 것이었다. 이는 왕조를 개창한 지 불과 한 달도 안
되는 사이에 이방원을 따돌린 채, 치밀하면서도 급박하게 세자 책립과
개국공신 논의를 진행하면서 그를 무력화시키는 일련의 정치적 과정이
었다.

　이방원이 공신에서 제외되었던 것도 같은 맥락이었다. 비록 전라도절
제사라는 직함을 가졌지만, 이방원은 이런 단계를 거치면서 추락하였다.
그가 권력에서 배제된 원인이 흔히 알려져 있는 성격의 잔혹성이나 정치적
야심에 대한 경계가 아닌, 개국 직후 현비가 외척을 내세워 이방원과
태조의 접촉을 차단하면서 자신의 소생을 세자로 책립하는 일을 추진하였
고, 그것을 태조가 수용한 결과였다. 공신들은 이미 태조의 뜻을 알아
반대하기도 어려웠지만, 정국에서 이방원의 영향력이 커지는 것을 굳이
바라지도 않았을 것이다.

---

33) 이방원이 전라도절제사로서 실록에 나타나는 것은 2년 3월이지만(『太祖實錄』
　　권3, 2년 3월 癸亥), 필자는 그 전에 제수된 것으로 추단하였다. 태조를 배경으로
　　하는 현비 등이 이방원의 무력화를 시도하면서, 조선 최강의 私兵인 가별치를
　　2년 이상 그의 휘하에 둔다는 것은 위험을 자초하는 일이었기 때문이다.
　　또한 태조가 이방번을 의흥친군위절제사에 제수한 것은 동북면을 맡겨 이방원
　　의 가별치를 넘겨받으려는 의도였기 때문이다. 그러므로 이방원이 2년 3월
　　비로소 전라도절제사로 제수되었고, 이때 이방번이 동북면절제사로 제수되었
　　다는 견해는(李相佰, 1947, 앞의 논문, 274쪽), 잘못 이해한 것으로 판단된다.
34) 『太祖實錄』 권1, 태조 원년 8월 丁巳 ; 『太宗實錄』 권22, 태종 11년 8월 辛卯,
　　"上召南在日 開國之事 卿無不知 種學等事 何故不知 壬申(1392)以前之事 予皆知之
　　其後人有忌我者 故出使東北面矣".

정치권력에서 배제하였으면서도 태조는 2년 무렵부터 遷都를 위해 鷄龍山 터를 보러 다닐 때 이방원을 대동하였다. 자신의 생각과는 달리 천도가 신료들의 미온적인 태도로 지연되자, 태조가 助力者로 이방원을 대동한 것 같다. 그러나 이미 권력 핵심에서 밀려난 그는 남은에게도 거절당하는 존재였다.[35] 태조가 이방원을 내세워 위기를 극복한 경우도 있었다.

> 태조께서 靖安君에게 일렀다.
> "명나라 황제가 만일 묻는 일이 있다면 네가 아니면 대답할 사람이 없다."
> 정안군이 대답하였다.
> "종묘와 사직의 크나큰 일을 위해서 어찌 감히 사양하겠습니까?"
> 이에 태조가 눈물을 글썽거리면서 말하였다.
> "너의 체질이 파리하고 허약해서 만 리의 먼 길을 탈 없이 갔다가 올 수 있겠는가?"
> 조정 신하들이 모두 정안군이 위험하다고 하니, 南在가 말하였다.
> "정안군이 만 리의 길을 떠나는데, 우리들이 어찌 베개를 베고 여기에서 죽겠습니까?" 하고 스스로 따라가기를 청하였다.(『太祖實錄』 권6, 太祖 3年 6月 己巳)

위 사료는, 태조 2년부터 조선을 위협하기 시작한 명나라에서 말을 보낼 것과 海賊 사건의 범인을 아들로 하여금 직접 압송하여 入朝할

---

35) 태조 2년 어느 날 이방원은 천도 후보지 물색을 위해 나섰던 남은의 장막을 방문하였다가 제지당하였다(『太宗實錄』 권5, 태종 3년 6월 辛亥).

것을 요구하여 조선이 긴장하고 있을 때의 상황인데, 태조가 이방원을 적임자로 여겨 간곡하게 말하고 있음을 보여준다.36) 이방원은 3년 8월에 남재·조반 등과 함께 파견되었고, 현안을 잘 마무리하였다.

그런데 이 일은, 2년 10월 여러 절제사의 거느린 軍官 직함을 고쳤을 때 이방과를 三軍府中軍節制使, 이방번을 좌군절제사, 이제를 우군절제사로 제수하고,37) 3년 2월 군제를 개혁하여 각도의 절제사를 宗室 省宰로 하되 그 직무를 때때로 병마사의 부지런하고 태만한 것만 규찰하도록 제한한데다, 당시 선라도절세사인 이방원이 14세에 불과한 이방번의 좌군에 소속된 상태에서의 일이었다.38) 정도전으로서는 집권체제 정비를 위해 군제 개혁이 불가피하였겠지만, 하필 이방번 소속으로 편제한 것에 대해 이방원은 굴욕감과 모멸감을 느꼈을 것이다. 또한 그 같은 군제 개혁을 수용하였을 뿐 아니라 자신의 권력은 박탈하였으면서도 어려운 국면에서는 이용하는 듯한 태조에 대한 이방원의 원망과 분노도 상당하였을 것으로 짐작된다. 태조·정도전에 대한 이방원의 이 같은 잠재된 반감이 이후 전개되는 상황과 맞물리면서 '제1차 왕자 난[戊寅之變]'의 根因으로 작용하게 된 것이다.

---

36) 이때 태조는 宣義門 밖까지 전송하였고, 정도전은 이방원을 전송하기 위해 조준 등이 지은 시 28편에 대한 序文을 지어 그의 忠과 孝를 칭송하였다(민족문화추진 위원회, 1977, 『三峰集』1, 권3, 245~246쪽).

37) 『太祖實錄』 권4, 태조 2년 10월 己丑. 의흥삼군부에 대해서는 다음의 論著가 참고된다. 閔賢九, 1983, 『朝鮮初期의 軍事制度와 政治』, 韓國研究院 ; 韓永愚, 1973, 「조선왕조의 정치·경제기반」 『韓國史』9, 國史編纂委員會 ; 鄭杜熙, 1990, 「三峰集 에 나타난 鄭道傳의 兵制改革案의 性格」 『震檀學報』50 ; 車文燮, 1994, 「군사조직」 『韓國史』23, 國史編纂委員會 ; 韓忠熙, 1994, 「朝鮮初(태조 2년~태종 1년) 義興三軍 府研究」 『啓明史學』5집.

38) 『太祖實錄』 권5, 태조 3년 2월 己亥.

2. 鄭道傳과 遼東攻擊論의 실체

요동공격론은 태조대 국내 정치와 대명관계에서 차지하는 비중이 대단히 크다. 그러나 그 중대성에 비해 자료는 零星하다. 그래서 실체를 명확히 확인하기 어려운 점이 있지만, 대체로 계속 추진되고 있었다는 주장이 많다.[39] 먼저 요동공격론의 실체를 검토하고, 사병 혁파와의 연관성을 살피겠다.

명 태조는 개국 초 조선의 開國과 國號 문제에 대해 상당히 우호적이었다. 그래서 태조 2년 5월 崔永奇·崔淵 등을 보내 生釁과 侮慢을 지적하며 위협하였지만, 태조는 자신을 책망하는 것과 위협에 크게 불만을 가지면서도 事大할 것을 천명하고, 명나라의 요구대로 女眞人을 찾아 돌려보냈다. 또한 여진 남녀 4백여 명을 押領하여 3명의 사신과 함께 중국으로 보내어 원만하게 해결하였다.[40]

그 후에도 조선 사신을 배척하거나 겁박하는 등 명나라의 고압적인 자세는 계속되었다. 자신들이 장악하지 못한 여진족과 조선이 긴밀한 관계를 맺고 요동을 공격하는 것을 지극히 우려하였기 때문이었다.[41]

---

39) 요동정벌 계획에 대해서는, 태조 초부터 태조가 總帥로서 정도전·남은 등과 비밀스럽게 추진하였고, 정도전이 선봉 역할을 하였으며, 정벌 계획은 중단되지 않았다는 주장(崔承熙, 앞의 책, 36~43쪽), 태조 초부터 정도전 등이 추진하였는데, 조준의 반대로 일시 중단되었다가 표전문제 이후 가중된 명의 威壓으로 태조 7년부터 적극 추진하게 되었다는 견해(朴元熇, 1976, 앞의 논문, 54~64쪽), 태조 5년 이후 명나라의 소환에 불응하면서 적극 추진하였다는 견해(李相佰, 1947, 앞의 논문, 281~295쪽 ; 韓永愚, 1983,『鄭道傳思想의 硏究(개정판)』, 서울대학교 출판부, 30~32쪽) 외에, 정도전 등이 사병 혁파의 명분을 세우기 위해 취한 행동으로 보는 견해(鄭杜熙, 앞의 책, 28~29쪽) 등이 있다.

40)『太祖實錄』권3, 태조 2년 5월 己巳 ; 권3, 태조 2년 6월 乙亥 ; 권4, 태조 2년 8월 乙亥.

41) 朴元熇, 1975,「明初 朝鮮의 遼東攻伐計劃과 表箋問題」『白山學報』19, 118쪽.

조선은 그 때마다 명나라에 해명하고 성의 있는 입장을 보였다. 그런데 태조 5년(1396) 6월에 명 태조가 牛牛·송패라 등을 보내 무례한 表文을 문제 삼아 작성자인 정도전·鄭擢을 보낼 것을 요구하였다. 이 사건이 있기 2달 전에 표전문을 문제 삼아 태학사 柳珦를 억류해 두었는데, 그가 황제의 표문에 대한 힐책에 정도전을 撰者라 했기 때문이었다.[42] 이때부터 정도전의 명나라 호송 문제를 둘러싸고 정도전 對 조준, 반정도 전 세력들 간의 대립, 요동공격론 제기 등 조선 조정 내부가 혼란에 휩싸이기 시삭하였다.

태조는 일단 정도전의 병명 및 표전문과의 무관함을 밝히면서 權近과 鄭擢, 盧仁度를 남경으로 보내고, 河崙을 계품사로 삼아 始末을 주달하도록 하였다.[43] 그런데 돌아온 하륜 등이 명나라에서 억류 사신을 돌려보내려 한다는 의외의 내용을 복명하였다. 태조가 이를 사은하기 위해 설장수·楊 天植 등을 파견하였는데, 명 태조가 그들을 통해서는 釁端을 내지 말라는 것으로 다시 돌변하였을 뿐 아니라, 자문에 정도전을 소인이고 禍首라고까 지 비난하고 있었다.[44]

일단락 된 듯했던 자신의 문제가 다시 악화되자, 정도전은 양천식·설장 수에게 혐의를 두고 비판하였다. 그러나 여론은 무고라고 그를 몰아세웠 다. 또한 자발적으로 入朝하여 여론의 광범한 지지를 받는 權近을 고려 구세력이라는 점을 들어 적극 제지하려 하였고, 태조에게 모함하였다고 비난받았다.[45] 그러나 고려 구세력 56인에 포함된 설장수가 전한 宣諭에

---

42) 『太祖實錄』 권9, 태조 5년 6월 丁酉 ; 권9, 태조 5년 4월 乙未 ; 『明太祖實錄』 권243, 洪武 28년 12월 己酉.

43) 『太祖實錄』 권10, 태조 5년 7월 甲戌.

44) 『太祖實錄』 권10, 태조 5년 11월 丁丑 ; 권11, 태조 6년 4월 己亥.

45) 『太祖實錄』 권11, 태조 6년 4월 壬寅.

서, 황제가 그들을 인견하는 가운데 정도전을 重用하는 태조를 질책한 것으로 볼 때, 그들이 정도전에 대한 이야기를 나누었을 개연성이 크다.[46] 후술하겠지만, 설장수는 하륜과도 연결되어 있었다. 楊添植(=양천식) 역시 명나라 사신에게 적극적으로 정도전을 데리고 돌아갈 것을 권하고, 또 뇌물을 써서 그 죄를 면하려다 유배된 인물이었다.[47] 권근도 처음에는 개국에 반대하는 입장이었다. 따라서 정도전이 이들을 의심하는 것은 자연스러운 것이었다. 그런데도 모든 비난이 정도전에게 쏠렸던 것은, 그가 '제1차 왕자 난' 때 제거되었기 때문으로 판단된다. 이렇듯 정도전의 호송 문제는, 명나라의 집요하고도 치밀한 계략에 조선 신료들이 협조하여 만든 산물이었다. 태조가 정도전의 호송 문제를 비공개적으로 하문하였을 때에 이방과·조준·하륜 등이 찬성하였다는 점 역시 주목할 만하다.[48]

이제 명나라에서 정도전을 지목한 이유를 살펴본다. 잘 알려져 있듯이 그는 태조에게 역량과 정치적 능력을 높이 평가받아 즉위 직후부터 국정에 참여하였다. 즉위교서를 지어 조선왕조의 국정 방향을 제시하였고, 2년 7월 의주도 군적 개정, 2년 8월 四時蒐狩圖 찬진(찬성사), 2년 9월 三軍摠制府의 義興三軍府로의 개정 및 重房 폐지(판삼사사) 등 군제와 관련된 변화를 주도하고 있었다. 그 외에도 2년 11월 군사의 陳圖 교습 건의 및 진도에 맞춘 군사 훈련 실시, 3년 정월 判義興三軍府事로서 纛祭 주관, 3년 2월 의흥친군좌·우위 및 8위의 개정과 諸道를 의흥삼군부에 분속시켜

---

46) 『太祖實錄』 권1, 원년 8월 壬申 ; 권11, 6년 4월 己亥. 李相佰도 이 문제를 다루고 있으나, 설장수·권근이 反開國論者였음을 언급하지 않았다(李相佰, 1947, 앞의 논문, 283~290쪽).

47) 『太祖實錄』 권12, 태조 6년 9월 丙辰.

48) 『太祖實錄』 권14, 태조 7년 8월 己巳 ; 『太宗實錄』 권9, 태종 5년 6월 辛卯 ; 권32, 태종 16년 11월 癸巳.

34

세부적인 부분까지 의흥삼군부의 지휘를 받도록 개정하였다.

정도전에 의한 군제 개혁과 군사력 강화는 이후로도 계속되고 있었다. 그 같은 사실을 이미 알고 있었던 명나라에서, 정도전이 제조로서 표문의 책임자였던 태조 5년(1396)의 賀正表文을 표적으로 삼은 것이었다. 이는 태조 원년 10月 謝恩使로 갔다가 돌아가는 길에 山海衛를 지나면서 '잘되면 좋고 잘못되면 한번 와서 한바탕 搶掠할 것'이라고 한 정도전의 말을 들은 명나라에서 조선의 요동공격 가능성에 대한 경계를 늦추지 않고 있다가, 그를 불러들여 제거하려 한 것이었다.[49] 따라서 실세 표문 교정에 참여하지 않았고, 명나라의 속셈을 알고 있었던 정도전이 처음 호송 요구에 稱病한 것을 개인적으로 모면하기 위한 행동이었다고 비난할 수만은 없다. 어쨌든 그는 그 여파로 동 7월에 奉化伯으로 물러났다.

요동공격론은 설장수 등이 돌아와 정도전 문제를 재론한 후 거론되고 있었다.

　　판의흥삼군부사 정도전이 일찍이 五陣圖와 蒐狩圖를 만들어 바치니, 임금이 좋게 여기어 명하여 訓導官을 두어 가르치고, 각 절제사·군관, 서반 각품 成衆愛馬로 하여금 진도를 강습하고, 또 잘 아는 사람을 각도에 나누어 보내어 가서 가르치게 하였다.(1) 당시 정도전·남은·沈孝生 등이 군사를 일으켜 국경에 나가기를 꾀하여 임금께 의논을 드렸는데, 좌정승 조준의 집에 가서 諭示하였다. 준이 병으로 앓고 있다가 즉시 가마를 타고 대궐에 나와 극력 불가함을 아뢰었다.
　　"본국은 옛날부터 사대의 예를 잃지 않았고, 또 새로 개국한 나라로서 경솔히 이름 없는 군사를 출동시키는 것은 심히 불가합니다. 이해관계로

　49) 朴元熇, 1975, 앞의 논문, 112~128쪽.

말하더라도 天朝가 당당하여 도모할 만한 틈이 없으니, 신은 거사하여야 성공하지 못하고 뜻밖에 변이 생길까 염려되옵니다." 임금은 이를 듣고 기뻐하였다. 남은이 憤然히 아뢰었다. "두 정승은 몇 말 몇 되를 출납하는 데는 가하지마는 큰일은 더불어 도모할 수 없다." 이것으로 말미암아 은 등이 준과 틈이 생겨 뒤에 은이 준을 임금에게 무함하니, 임금이 노하여 질책하였다.(『太祖實錄』 권11, 太祖 6年 6月 甲午)

위 사료에서 (1)의 내용은 요동정벌을 염두에 두고 시행된 것은 아니었다. 요동공격론은 명나라에서 끊임없이 조선을 劫迫하는데다가 자신을 집요하게 호송하려는 것에 분노한 정도전이 제기하였음이 확실하다. 그런데 태조는 정도전 주장의 타당성을 인정하면서도 다른 한편으로는 조준의 위에서 나타난 명분론과 현실적 상황, 즉 민생 문제, 군량 문제, 군사훈련 문제, 시기 문제 등을 감안한 적극적인 만류도 긍정적으로 받아들이고 있었다. 兩是論의 입장을 보인 것이다. 이외에도 요동정벌과 관련된 기록은 또 있으나,[50] 이는 이때의 상황이 다시 언급된 것으로 보아야 한다.

그렇다면 요동공격론에 대한 태조의 입장은 궁극적으로 무엇인가. 두 사람에 대한 태조의 신뢰는 대단한 것이었다. 태조는 필요한 사안에 명을 내리거나 조준·정도전·남은 등 소수 宰臣 중심으로 국정을 운영하였다.[51] 그러면서도 특히 정도전에게는 군제 개혁이나 제도·문물을 마련하는 일을 맡기고, 조준에게는 개국 직후부터 계속 좌시중을 맡겨 草創期의 공사를 처리하도록 하였다.[52] 두 사람에 대한 특별한 신임은 3년 3월에

---

50) 『太祖實錄』 권14, 태조 7년 8월 壬子 ; 『太宗實錄』 권9, 태종 5년 6월 辛卯.
51) 崔承熙, 2002, 앞의 책, 29~36쪽.
52) 『太宗實錄』 권9, 태종 5년 6월 辛卯.

좌시중 조준을 交州·江陵·西海·경기 좌·우 5도의 都摠制使로 삼고, 판삼사
사 정도전을 경상·전라·양광 3도의 도총제사로 삼아,[53] 이들에게 지방군
의 통수권까지 맡기는 것으로 나타났다. 이 조치는, 종친에게 있어야
할 兵權까지 정권을 잡은 양인이 兼竝하였다는 殿中卿 卞仲良(태조 庶兄
李元桂 壻)의 비난과, 태조의 失政에 대한 武將 朴苞(개국 2등 공신)의
불만을 수면으로 끌어올리면서, 변중량·박포 등이 처벌되는 파장을 불러
왔다.[54] 이 파동은 권력을 兩分한 조준과 정도전에 대한 무장과 신료의
불만을 보여수는 농시에, 누 사람을 국성 운영의 양 축으로 삼은 태소의
통치 방식을 보여준다. 그러므로 태조가 국초부터 군사 훈련을 친히
참관하고, 정도전의 군제 개혁을 독려하였으며, 군량을 비축하는 등 여러
방면에서 국방력을 꾸준히 강화하였더라도 두 사람의 대립을 감수하면서
까지 요동공격을 추진하기는 어려웠을 것이다. 일치된 國論과 고도의
군사 전략으로 대국인 명나라를 상대해도 쉽지 않은 전쟁을, 핵심 인물들
이 분열된 상태에서 추진하는 것의 위험 부담이 너무 크기 때문이었다.

더구나 요동공격론을 둘러싸고 조준과 정도전·남은이 다시 화합할
수 없을 정도로 돌아섰다.[55] 남은이 조준을 무함하거나 정치적 사건을
확대하여 조준에게까지 미치게 하려하였지만, 태조는 질책할 뿐 죄를
묻지는 않았다.[56] 또한 자주 조준의 단점을 말하는 정도전에게, 하사한
조준의 畵像에 讚을 짓게 하거나 병풍에 팔경시를 짓게도 하였다.[57] 이는
요동공격의 계획을 무산시킨 조준에 대한 정도전·남은 등의 불만이 계속

53) 『太祖實錄』 권5, 태조 3년 3월 壬寅.
54) 『太祖實錄』 권6, 태조 3년 11월 庚子 ; 권6, 태조 3년 11월 壬寅. 정도전은 判義興三
　　軍府事, 판삼사사, 3도 도총제사의 중직을 겸하고 있었다.
55) 『定宗實錄』 권2, 정종 원년 8월 庚子.
56) 『太祖實錄』 권11, 태조 6년 6월 甲午 ; 권14, 태조 7년 7월 甲申.
57) 『太宗實錄』 권9, 태종 5년 6월 辛卯 ; 『太祖實錄』 권13, 태조 7년 4월 壬寅.

되고 있음을 보여주는 것이자, 이제까지의 통설과는 달리 그 계획이
중단되었음을 보여주는 것이다. 비록 그렇더라도 조선의 자주성을 높이려
는 정도전의 요동공격에 대한 의지는 그 나름대로 의미를 갖는 것으로
생각된다.

3. 태조의 重患으로 인한 變數와 私兵 革罷

　조정 내부에서 요동공격론은 중단되었으나, 명나라의 고압적인 행태는
계속되었다. 입조한 鄭摠·김약항·노인도가 사망하였다는 悲報가 들렸
고,[58] 태조 7년(1398) 2월에는 하정사 趙胖·부사 李觀이 登州에 이르러
齊王에게 進獻과 方物 외의 물건을 모두 빼앗긴 채 돌아오기도 했다.
입조한 曹庶를 억류해 놓고 천추 계본 제작에 관여한 孔俯·尹珪·尹須
등 3인을 호송하라는 요구도 이어졌다.[59] 소수의 반대가 있었지만, 3인은
호송되었다.

　그러한 상황 속에서 陳圖 훈련은 계속되었고, 이에 대한 불만도 증폭되
고 있었다.[60] 이때의 진도 훈련, 군사 훈련은 일관되게 추진해 온 훈련의
일환이었다. 그러나 7년 6월 전라도와 경상도에 파견된 환자 朴英文이

---

58) 『太祖實錄』 권12, 태조 6년 11월 戊寅.

59) 『太祖實錄』 권14, 태조 7년 5월 庚申 ; 6월 丁未.

60) 『太祖實錄』 권14, 태조 7년 윤5월 癸卯 ; 甲辰. 명나라의 계속된 압박과 강도
　높은 진도 훈련을 요동공격을 계속 추진한 근거로 해석하기도 하였다(李相佰,
　1947, 앞의 논문, 290~295쪽 ; 朴元熇, 1976, 앞의 논문, 60~64쪽). 한편 정도전의
　진법은 進退와 坐作 기술을 습득하는 훈련과 槍劍이나 弓矢를 가지고 직접 전투하
　는 훈련으로 이루어졌다. 종전에 전자만 있던 것에 實戰을 중시하는 후자를
　보완한 것이다(민족문화추진위원회, 1977, 鄭道傳, 『三峰集』 1, 권7, 382~383쪽).
　제대로 실시한다면 상당히 고된 훈련이 될 것이므로 이에 따른 불만도 컸을
　것이다.

시찰하여 보고한 진도 연습 상황은, 즉위 초부터 강조되었고, 명나라에
대한 반감이 고조되고 있었던 상황 속인데도 나주진 외의 모든 진이
진도를 익히지 못하고 있다는 충격적인 것이었다. 태조는 즉각 관련자들
을 문책하도록 하였다.[61] 사헌부는 진도 훈련에 태만하였던 여러 왕자와
공신·장군 등 292인을 탄핵하였고,[62] 태조는 292인에 대한 처벌 수위를
정하기에 이르렀다.

> "절제사 남은·李之蘭·張思吉 등은 개국 공신이고, 李天祐(태조 庶兄
> 李元桂 2자)는 지금 內甲士提調가 되었으며, 義安伯 이화·회안군 이방간·
> 익안군 이방의·무안군 이방번·寧安君 李良祐(이천우 형)·영안군 이방과
> (上王의 예전 이름)·順寧君 李枝·흥안군 이제·정안군 이방원(우리 전하의
> 이름)은 왕실의 至親이고, 柳曼殊와 鄭臣義 등은 원종공신이므로 모두
> 죄를 논의할 수 없으니, 그 당해 휘하 사람은 모두 각기 笞刑 50대씩을
> 치고, 李茂는 관직을 파면시킬 것이며, 외방 여러 鎭의 절제사로서 진도를
> 익히지 않는 사람은 모두 곤장을 치게 하라."(『太祖實錄』 권14, 태조
> 7년 8월 임자)

이 사료에서, 특히 정도전의 최측근인 남은·이제·이방번 등과 '제1차
왕자 난' 때 정도전 黨與로 지목된 이지, 유만수·정신의 등도 진도 훈련을
하지 않았다는 사실은 대단히 주목된다. 다른 왕자·종친들의 진도 훈련
태만은 정도전의 병권 장악에 대한 저항으로 이해할 수도 있으나, 3인
및 그 당여의 훈련 소홀이야말로 진도 훈련이 요동공격을 위한 것이

---

61) 『太祖實錄』 권14, 태조 7년 7월 戊戌.
62) 『太祖實錄』 권14, 태조 7년 8월 丁未.

아니었음을 보여주기 때문이다.

위의 처벌이 이루어진 무렵 이방번을 제외한 다른 여러 왕자들의 侍衛牌가 혁파되었고, 이방원이 '제1차 왕자 난'을 일으킨 것은 시위패를 폐한 지 10여 일이 지났을 때였다.[63] 사병이 혁파된 날짜를 추정하면 7년 8월 10~15일 사이이다. 사병 혁파는 대단히 중대한 변화였다. 태조는, 초기에 정도전의 사주를 받아 중국의 예에 의거하여 여러 왕자를 各道에 나누어 보내자는 환자 金師幸의 주장을 물리치고 오히려 이방원에게 알려 경계하도록 하였을 뿐 아니라, 왕자의 兵權 환수를 청하는 변중량의 상소를 2, 3차례 물리친 적도 있었기 때문이다.[64] 명 태조가 정치적 사건을 일으켜 공신 세력을 모두 제거하고 諸王 분봉제도를 추진하여 태조 4년 (1395)까지 25명의 親王을 전국 군사적 요지에 分封하였다는 점에서,[65] 여러 왕자를 각도에 분견하자는 내용은 사실이었을 가능성이 크다. 태조가 이처럼 개국 초에 왕자들의 分遣이나 병권 환수를 반대한 이유는, 사병을 지휘하는 왕자·종친들을 가까이 두고 왕실의 藩屛으로 삼으려 했기 때문으로 판단된다.

그렇다면 태조가 사병을 혁파한 이유는 무엇인가. 요동 공격이 중단된 만큼, 사병 혁파의 근본적인 이유는 다른 특수한 상황에서 찾아져야 한다. 그것은 아무래도 7년(1398) 들어 잦아진 태조의 건강 이상이었던

---

63) 『太祖實錄』 권14, 태조 7년 8월 己巳, "時命罷諸王子所領侍衛牌, 已十餘日矣, 唯芳蕃摠兵如舊".

64) 위와 같음. 김사행의 왕자를 각도에 分遣하자는 내용을 의미 없는 것으로 단정하고, 또한 태조 3년에는 宗室의 병권을 주장하다가 뒤에서 왕자의 병권 빼앗기를 청한 변중량의 발언을 전부 개인적인 것으로 보면서, 그를 정도전의 腹心이 아니라고 한 견해도 있다(李相佰, 1947, 앞의 논문, 276~278쪽). 그러나 처음 주장 때와는 달리, 왕자 兵權 회수 발언은 '제1차 왕자 난' 당일 그가 제거된 것으로 미루어 정도전의 복심이 된 후의 일임이 확실하다.

65) 朴元熇, 1995, 앞의 책, 246쪽.

것 같다. 7년 5월·7월에는 각 1번이었으나, 8월에 들어서는 3일, 6일, 14일 3번 나타난다. 태조의 重患은 정국 안정을 흔드는 가장 중대한 요인이기 때문이었다.[66] 이로 인해 세자의 승계 문제가 긴급한 현안으로 부각될 수 있기 때문이기도 하다. 그런데 세자 이방석은 12세 때 좁은 거처를 불평하여 새 거처를 짓게 하는 소란을 피웠고, 賢嬪 柳氏는 內竪 李萬과 불미스런 사건을 일으켰다. 그의 노는 것을 막기 위해 태조는 特命을 내리기도 하였다.[67] 차기 繼位者로서 자질이 부족한 듯한 세자에게 큰 울타리이자 보호막 역할을 할 顯妃는 태조 5년 8월 이미 薨한 상태였다.[68] 부실한 훈련 지휘관들을 문책한 지 얼마 지나지 않았을 때에 태조가 私兵의 관군화를 전격 단행한 것은, 정도전과 조준이 대립하고 있는 상황에서 자신의 중환으로 불안정한 정국에 사병을 거느린 왕자·종친·공신들의 존재가 위협적일 수 있다는 인식 때문이었을 것이다. 이제까지 훈련조차 제대로 시키지 않았던 그들에 대한 태조의 不信이 내재된 조치였다. 이방번의 시위패만 존속시켰던 것은 세자에 대한 태조의 의중을 드러낸 것으로 볼 수 있다. 따라서 사병 혁파는 당시 여러 현실 여건을 감안한 태조의 결단이었고, 큰 틀에서는 병제 개혁을 통해 중앙집권적 지배체제로 전환해 나가는 과정이었다.[69] 그래서 요동공격을 반대한 조준의 반대도 나타나지 않았던 것이다.

사병 혁파의 조짐은 몇 개월 전에 있었다. 정총 등이 사망했다는 비보를

---

66) 태조의 위중한 병세를, 이방원 등의 위기감을 한층 부채질한 특별한 사정으로 주장한 견해도 있는데(李相佰, 1947, 앞의 논문, 261쪽), 사병 혁파와 직접 연결시키고 있지는 않다.

67) 『太祖實錄』 권3, 태조 2년 5월 辛亥 ; 권3, 6월 乙未 ; 권9, 태조 5년 정월 戊寅.

68) 『太祖實錄』 권10, 태조 5년 8월 戊戌.

69) 李相佰, 1947, 앞의 논문, 281·295쪽 ; 韓永愚, 1983, 『鄭道傳思想의 研究』, 132~136쪽.

접한 태조는 정도전을 동북면 都宣撫巡察使로 삼아 명나라와의 마찰을
피하였다. 그리고 순찰사로서 성보 수축 및 站戶 설치, 州郡의 경계 구획,
軍民의 등급 정리, 호구 등을 자세히 정리하라는 특명을,[70] 잘 수행한
정도전의 공로를 尹瓘보다 낫다고 극찬하였다. 그런데 그 자리에서 남은이
주목할 만한 진언을 한 것이다.

> "상감께서 잠저에 계실 때에 일찍이 군사를 장악하고 있지 않았던들
> 어떻게 오늘날이 있사오며, 신 같은 자도 또한 보전할 수 없었을 것입니다.
> 개국하는 처음을 당하여 여러 공신으로 하여금 군사를 맡게 한 것은
> 가하였지마는, 지금 즉위하신 지가 이미 오래오니, 마땅히 여러 절제사를
> 혁파하고 합하여 官軍을 만들면 거의 萬全할 것입니다." 임금이 말하였다.
> "누가 남은을 無實하다 하는가? 이 말이 진실로 始終의 경계라."(『太祖實
> 錄』 권13, 太祖 7年 3月 20일 丁卯)

위 내용은, 여러 절제사를 혁파하여 그 휘하의 병졸을 관군화하자는
가장 민감한 문제를 공식화한 것이다. 함경도를 끝으로 8도가 행정적으로
정비된 것에 고무된 태조가 그 제안에 매우 흡족해하였음을 보여준다.
이는 사병 혁파에 대해 처음으로 긍정적 입장을 드러낸 것이자, 몇 달
후 실제 사병 혁파로 이어지고 있다는 점에서 의미가 있다.

---

70) 『太祖實錄』 권12, 태조 6년 12월 甲午, 庚子.

Ⅳ. '제1차 왕자 난[戊寅之變]' 발생과 그 성격

사병을 혁파 당한 왕자·종친들의 충격과 반발은 극심하였을 것 같다. 이방번의 시위패만 건재하고 있는 상황에서, 특히 이방원은 조만간 자신들에 대해 단행될지 모르는 정치적 숙청에 대한 危懼心을 가졌을 것으로 추단된다. 더구나 그는, 그의 형제 중에서 天命을 받은 사람이 있다는 卜者의 말을 듣고, 그들을 제거할 것이라는 정도전의 계획을 이화로부터 들었다. 또한 정도전의 黨與로, 한씨 소생 왕자 제거 모의에 참여하였으면서도 중립을 지키다 이기는 쪽을 따르려고 한 李茂에게서도 정도전의 모의에 대해 들었으며, 海島로 찬출하려 한다는 남은 등의 모의 사실에 대해서도 남은의 戚屬이었던 李薿로부터 들었다.[71] 세 경로로 전달된 密告 내용이 사실이었는지 여부에 상관없이, 이방원의 위기감을 증폭시키고 있었음에 틀림없다.

이방원이 향후의 대비책을 하륜에게 물은 것은 사병 혁파가 처음 언급된 이후일 가능성이 높다. 그리고 '先手를 써서 정도전 등을 없애는 것만이 계책'임과 '그렇게 하는 것은 다만 아들이 아버지의 군사를 희롱하여 죽음을 구하는 것에 불과한 것'이라 한 하륜의 秘策을[72] 받아들였던 것으로 판단된다. 세자 이방석이 즉위한다면 아직 幼沖한 그를 대신하여 국정을 總治할 인물은 바로 정도전이었다. 그렇게 될 경우 그가 이방원을 비롯한 同母 형제를 제거하는 것은 당연한 수순일 것이었다. 따라서 막다른 상황에 몰린 이방원이 가졌을 절박한 위기감은 과장된 것이 아니었다. 비록 異母弟 등을 살해하는 悖倫을 저지르고 결과적으로 정권에 대한

---

71)『太祖實錄』권14, 태조 7년 8월 己巳 ;『定宗實錄』권5, 정종 2년 7월 乙丑 ;『太宗實錄』권22, 태종 11년 11월 己巳.

72)『太宗實錄』권32, 태종 16년 11월 癸巳.

야심을 드러냈다 하더라도, '제1차 왕자 난'을 전후한 시기의 이방원을 인간적으로 이해할 수 있는 부분이 아닐까 한다.

아무리 이방원이 정치적 행동을 결심했더라도 그를 지지하는 세력이 없다면 그것은 불가능한 일이다. 이방원 세력의 핵심은 하륜이었다. 그는 이방원의 妻父인 驪興府院君 閔霽를 통해 만난 후 마음을 기울여 섬겼다.[73] 이방원 세력의 중심인물로 지목되어 충청도 관찰사로 제배되었고, 개국 후 처벌되었던 고려 구세력 가운데 이미 정계에 재진출한 설장수 등 개국 동조 세력과 이방원을 연결하는 역할도 하고 있었다. 그 외에 이방원을 통해 자신들의 劣勢를 극복하려는 이무와 非開國 공신 계열의 문신들도 있었다.[74]

한편 '제1차 왕자 난'에서는 시기가 갖는 중요성이 대단히 크다. 이방원이 知安山郡事 李叔蕃에게 태조가 위독할 때를 정도전 등의 變故를 내는 시기로 예측한 기록은,[75] 오히려 태조의 병환이 위중해져 왕실과 신료들의 관심이 집중되어 있을 때를 適期로 잡고 있는 의중을 보여준 것이다. 실제 태조가 위급하여 이방의·이방간·이화와 이제 등이 모두 들어갔지만, 이방원은 이숙번을 대기시켜 놓고, 집에 들러 점검을 한 후 다시 궁궐로 돌아왔다. 다시 배앓이를 핑계대고 나와 거사의 適期 여부를 최종 고심하다가, 이방의·이방간을 만나면서 행동을 개시하였다. 궁궐을 나와 자신의 집 앞 동구에서 이숙번과 모여 있던 이거이·趙英茂·辛克禮·徐益·文彬·沈龜齡 등과 閔無咎·閔無疾(이방원의 처남)과 합류하였다. 이때 군사는 騎兵 10명에 步卒 9명에 불과하다고 하였으나, 안산군수 이숙번이 貞陵移安軍을 동원하였고, 조영무는 당시 갑사를 주관하고 있었으므로 이보다는

---

73) 『太宗實錄』 총서.
74) 柳柱姬, 2000, 앞의 논문, 35~43쪽 ; 李喜寬, 앞의 논문, 10~13쪽.
75) 『太祖實錄』 권14, 7년 8월 己巳.

많았을 것이다.76)

　이무의 밀고를 근거로, 정도전·남은·심효생 등이, 이방석·이제 등과
연계하여 태조의 위중설로 여러 왕자들이 이르면 內奴와 甲士로 공격하고,
자신들은 밖에서 응하기로 하여 己巳日('무인의 변' 일으킨 당일) 저녁에
일을 일으키기로 약속하였다는 기록 역시,77) '제1차 왕자 난'의 정당성을
강조하고, 그 책임을 정도전에게 돌리기 위한 것이었다. 이방원 등이
그들이 있는 곳을 급습하였을 당시 奴僕은 모두 잠들었고, 정도전과 남은
등은 모여 앉아 이야기하고 있었기 때문이다. 그래서 그들은 급습을
전혀 예상하지 못한 정도전 일파의 허를 찔러 심효생·이근·장지화 등과
정도전을 아무 어려움 없이 살해할 수 있었다.

　정도전과 그 핵심측근을 제거한 이방원은 좌정승 조준 등에게 자신의
同母兄弟들을 제거하려고 한 정도전 등의 죄상을 알리면서, 弱者인 자신이
先手를 쓴 것임을 밝혔다. 그러나 조준 등은 정도전 등의 계획을 전혀
알지 못했다는 입장을 보였다. 비록 정도전과 불편한 사이었으나, 조준
등이 激變에 휩싸이지 않으려 하였기 때문으로 짐작된다. 이방원은 조준·
김사형 등을 통해 백관들을 소집하고, 숙직하던 趙溫 휘하의 갑사의 무장
을 해제시켜 궁궐을 장악하였다. 세자 이방석 등은 하륜까지 군사를
이끌고 서울에 이른 탓도 있었겠지만,78) 사기가 꺾여 한번 대응하지도
못한 채 무너졌다.

　다음 날 都堂에서 宗親元勳을 해치려고 한 정도전·남은 등이 誅戮되었음

---

76) 柳柱姬, 2000, 앞의 논문, 50쪽 ;『定宗實錄』권5, 정종 2년 7월 乙丑. 이때 참여한
　무장 세력들은 개국에 큰 공을 세웠으나, 조준·정도전 등의 권력 장악으로
　권력에서 소외되어 있었다(李喜寬, 앞의 논문, 7~14쪽).
77)『太宗實錄』권18, 태종 9년 10월 己亥.
78)『太宗實錄』권32, 태종 16년 11월 癸巳.

을 태조에게 고하였다. 이방원은 태조의 쾌유를 위해 昭格殿에서 齋戒를 드리다 행방을 감춘 이방과를 찾아 태조에게 적장자를 세자로 세울 것을 청하였고, 태조는 그를 세자로 삼고 교지를 내렸다.

"嫡子를 세우되 장자로 하는 것은 만세의 常道이며, 宗子는 城과 같으니 과인의 기대이다. 다만 그대의 아버지인 내가 일찍이 나라를 세우고 난 후에 장자를 버리고 幼子를 세워 이에 芳碩으로써 세자로 삼았으니, 이 일은 다만 내가 사랑에 빠져 의리에 밝지 못한 허물일 뿐만 아니라, 정도전·남은 등도 그 책임을 사피할 수가 없을 것이다. 그때에 만약 楚나라에서 작은 아들을 사랑했던 경계로써 常道에 의거하여 조정에서 諫했더라면, 내 감히 따르지 않을 수 있었겠는가? 정도전 같은 무리는 다만 간하지 않을 뿐만 아니라, 오히려 그 세자로 세우지 못할까를 두려워하였다. 요전에 정도전·남은·심효생·장지화 등이 몰래 반역을 도모하여 국가의 근본을 搖亂하게 하였는데, 다행히 천지와 종사의 도움에 힘입어 죄인이 형벌에 복종하여 斬刑을 당하고 왕실이 다시 편안하게 되었다. 방석은 禍의 근본이니 國都에 남겨 둘 수가 없으므로 동쪽 변방으로 내쫓게 하였다. 내가 이미 전일의 과실을 뉘우치고, 또 백관들의 청으로 인하여 이에 너를 세워 왕세자로 삼으니, 그 덕을 능히 밝혀서 너를 낳은 분에게 욕되게 함이 없도록 하고, 그 마음을 다하여 우리의 사직을 鎭撫하라".

여기에서 나타난 정도전 등의 죄목은 이방석을 세자로 세우는 것을 간하지 않고 오히려 세자로 세우지 못할까 두려워하였다는 것과, 몰래 종친을 살해하여 국가의 근본을 흔들려 하였다는 것이다. 그러나 이방석 을 세운 것은 태조이므로 정도전 등만의 죄가 될 수는 없다. 같은 날

내린 교지에서는, 정도전이 종친을 살해하려 한 이유를, 자신을 명나라에
호송하는 것에 찬성한 이방과에 대한 원한 때문이라고 하였다. 9월 5일
태조가 세자에게 친히 양위하는 교서를 내리면서,[79] '제1차 왕자 난'은
이방원의 뜻대로 마무리되었다.

定社功臣 책봉 교지와 조준의 상소를 거치면서 정도전의 죄목은, 태조의
오랜 병환을 이용하여 이방석의 세력을 믿고 이방과 등 종친을 해치려
하였고, 조준 자신의 極諫에 의해 제지된 욕망(요동공격)을 이룩하고자
어린 孽子 세우기를 탐하여 이미 이루어신 土業을 顛覆하려 하였다는
것으로 각각 구체화되었다.[80] 세자를 즉위시키려는 문제는 태조의 잦은
重病으로 인한 현실적 이유 때문이었다. 그런데 조준은 요동공격을 단행하
기 위해 정도전이 획책한 것으로 단언하여, 이방원 擧措의 불가피성을
강조하면서 정도전 일파 제거의 정당성을 주장하였던 것이다. 그러나
아무리 정도전 등의 罪過를 열거하고, 이방원이 社稷을 위한 부득이한
행동이었다고 주장한다고 하더라도 '제1차 왕자 난[戊寅之變]'은 결국
국정 책임자인 태조에 대한 이방원의 叛起로 歸着된다.

즉위한 다음날 이방원과 논의하여 정종이 책록한 29명의 定社功臣
중 이방의·이방간·이방원이 1등 공신으로 책록되었고, 3인 모두 개국
1등 공신에 追錄되었다.[81] 이는 특히 이방원이 개국 공신에서 제외시켰던
태조에 대해 불만을 표시한 것이자, 자신의 위상을 현시한 것이었다.
그는 우군절제사와 판상서사사를 겸하여,[82] 권력을 장악한 것과 다름없
게 되었다.

---

79)『太祖實錄』권15, 태조 7년 9월 丁丑.
80)『太祖實錄』권15, 태조 7년 9월 己丑 ;『定宗實錄』권2, 정종 원년 8월 庚子.
81)『太祖實錄』권15, 태조 7년 10월 癸卯 ; 권15, 태조 7년 12월 丁巳.
82)『太祖實錄』권15, 태조 7년 9월 癸酉 ; 9월 丁丑.

이방원 일파는 '제1차 왕자 난'의 과정에서, 먼저 당일 이방석·이방번·
이제 및 정도전·남은·심효생·李懃·張至和·朴葳·변중량·盧石柱·柳曼殊·
柳源之(유만수 자), 鄭游·鄭泳·鄭湛(정도전 자, 정담은 자결) 등을 제거하였
다. 또한 그들의 당여인 象山君 康繼權·順寧君 李枝·寶城君 吳蒙乙·지중추
원사 정신의·대장군 康澤·정도전의 아들 鄭津과 또한 전 첨절제사 趙思義·
삼사 우복야 李恬·完城君 李伯由·이조 의랑 李慥을 수감하였다. 정진과
강택·대장군 韓珪 등 3명과 司僕卿 李寶劍과 장군 任得邦, 전 장군 河承海
등 4명을 수군에 충군하고, 이조 등 8명을 각각 유배하였으며, 金師幸과
趙思義 등 21인을 赦宥하기도 하였다. 다른 관련자들을 처벌·사면하는
한편 환관 조순을 참수하였다.[83] 그리고 남은의 당여인 전 합포진 첨절제
사 安質 외 4명을 외방에 부처하는 한편 오몽을을 참수하고, 정진을
수군에 충군하였다.[84] 南在를 의령으로 쫓아내고, 강계권 등 16명에 대한
정치적·경제적 권한을 박탈하였으며, 순녕군 이지 등 43인은 외방에
부처하였다. 그 외에 관련자들도 처벌하여,[85] 정도전 일파를 완전히 제거
하였다.

'제1차 왕자 난'의 여파로 이방번의 종 朴豆彦 등이 徒黨을 결성하여
난리를 일으키려 한 사건이 있었다. 그러나 주모자급인 박두언은 거열형,
그 외 4명이 참수되면서 진압되었다.[86] 향후 이방원은 정종을 능가하는
압도적 권력으로 정종대 국정 운영을 좌우하게 된다.

---

83)『太祖實錄』권14, 태조 7년 8월 壬申 ; 권15, 태조 7년 9월 辛丑.
84)『太祖實錄』권15, 태조 7년 10월 乙巳 ; 10월 壬子.
85)『太祖實錄』권15, 태조 7년 10월 戊辰 ; 9월 癸巳.
86)『太祖實錄』권15, 태조 7년 11월 戊戌.

V. 맺음말

공양왕 2년(1390) 발생한 '尹彝·李初의 獄'을 계기로 공양왕과 연합한 정몽주가 동 4년 3월 이성계의 낙마를 기회로 조준·정도전 등을 유배하면서, 이성계 일파의 정치 생명은 경각에 달려 있었다. 이때 이방원은 이방과·이화·이제 등과 의논하여 정몽주를 제거하였고, 이후 공양왕의 폐위를 주도하여 정도전·조준 등과 모의했던 이성계 추대를 현실화하였다.

즉위한 태조는 다음날 義興親軍衛를 설치하여 종친과 대신에게 군사를 分掌시켰고, 순차적으로 왕자·종친들을 封君하면서 이방과·이방번·이제를 각각 義興親軍衛 節制使로 삼았으며, 8남 李芳碩을 세자로 책봉하여 왕실 위차를 매듭지었다.

태조와 조준·정도전 등의 합의로 정해진 52명의 개국 공신에, 이화·이제는 포함된 반면 이방과와 이방원은 배제되었다. 이방원은 개국한 다음날 태조에게 가별치를 하사받고 국정에도 참여하였으나, 현비와 외척에 의해 조직적으로 견제를 당했고, 그 사이 세자 책립·공신 책록 등이 급박하게 추진되고 있었다. 또한 처음과는 달리 태조는 그를 동북면으로 보내놓고 전라도절제사로 제수하여, 같은 날 친군위절제사로 삼아 동북면을 맡긴 이방번에게 가별치를 양도하게 만들었다. 정도전이 주도한 군제 개혁 후에 이방원은 이방번의 좌군에 소속되었다. 그러면서도 태조는 遷都나 긴급한 외교 현안 같은 大事에 이방원의 지략을 빌리려 하였다. 일련의 정치적 과정을 거치면서 추락한 이방원의 태조·정도전에 대한 잠재된 원망과 분노가 이후 상황과 맞물리면서 '제1차 왕자 난'의 根因이 되었다.

태조 2년(1393) 이후부터 조선에 대해 고압적인 태도를 견지한 명 태조는, 동 5년 6월 억류해 둔 柳珣를 통해 정도전이 賀正 표문의 提調였던 사실을 알아낸 후, 표문을 트집 잡아 그의 호송을 요구하기 시작하였다. 이는 여진과 제휴한 조선이 요동에 진출하려는 것을 봉쇄하기 위해, 군제 개혁의 핵심 인물인 정도전을 불러들여 제거하려는 것이었다. 이때 그 속셈을 안 정도전은 稱病하고 가지 않았다. 일단락되었던 것 같았던 자신의 문제를 명나라에서 돌아온 설장수 등이 다시 거론하자, 정도전은 동 6년 6월 요동공격론을 제기하였다. 그러나 명분과 현실적 문제점을 역설한 조준의 만류로 태조가 요동공격론을 중지시켰는데, 이 일로 태조에게 가장 신임을 받는 조준 등에 대한 정도전 등의 분노가 계속되고 있었다. 두 사람의 분열로 인해 태조는 요동공격론을 더 이상 추진할 수 없었다.

그러한 상황에서도 국초부터 시행해 온 진도 훈련은 계속되었다. 그런데 나주진 이외의 모든 진의 훈련 상태가 총체적으로 부실했고, 그 중에는 절제사 남은·이방번·이제 등도 포함되어 있었다. 태조는 그 관련자들을 문책한 지 며칠이 지나서 이방번을 제외한 다른 왕자·종친들의 侍衛牌를 전격 혁파하였다. 이는 대단히 중대한 변화였다. 그 이전에 왕자·종친들에게 사병을 맡겨 왕실의 藩屛으로 삼았던 태조가, 7년 들어 잦아지고 예측할 수 없는 자신의 重患으로 고심하고 있었던 국정 안정과 세자의 안정적 계위 문제에, 사병을 지휘하는 종친·대신들이 오히려 위험을 야기할 수 있다고 판단한 때문이었다. 이제까지 훈련조차 제대로 시키지 않았던 그들에 대한 태조의 불신이 내재된 조치였다. 사병 혁파는 현실 여건을 고려한 태조의 판단이었고, 결과적으로는 중앙 집권체제로 전환하는 과정이었다.

한편 사병 혁파가 거론된 이후 숙청에 대한 두려움을 가지고 있었던 이방원은, 하륜의 계책에 따라 태조의 병환이 위중해져 모든 이들의 관심이 쏠려 있을 때를 적기로 판단하고, 미리 약속해 두었던 외척, 무인세력, 개국동조세력들과 연계하여 무방비 상태로 있던 정도전·남은 등을 급습하여 제거하였다. '제1차 왕자 난'을 일으킨 것이다. 조준을 앞세워 都堂을 장악한 이방원은 이방과를 세자로 추대하여 명분과 실익을 다 얻었다. 그리고 정도전의 죄목을, 최종적으로 요동 공격을 실행하기 위해 이방석을 세우려 한 것과 자신의 명나라 호송에 찬성한 이방과에 대한 원한으로 종친을 살해하려 하였다는 것으로 구체화하였다. 그러나 이방원이 아무리 정도전의 죄과를 나열하고, 社稷을 위한 부득이한 일이었다고 말한다 하더라도, '제1차 왕자 난'은 결국 태조에 대한 이방원의 반기로 귀착된다.

정도전 및 그 당여를 제거한 이방원은 이방의·이방간과 함께 定社 1등功臣으로 책록되었을 뿐 아니라 개국 1등 공신에도 追錄되었다. 이방원은 우군절제사 겸 판상서사사라는 압도적 위상으로 향후 정종대 정국을 좌우하게 된다.

文宗代의 國政運營

Ⅰ. 머리말

　文宗은 조선의 제5대 왕이다. 世宗의 長男으로 세종 3년 10월 世子에
冊封되었고,[1] 세종이 薨逝한 후 37세의 나이로 순조롭게 즉위하였다.
그러나 세자 시절부터 身病이 있던 문종은 즉위한 지 2년 4개월 만에
급작스럽게 死去하였다.

　통치 기간이 짧은 탓인지 문종대를 다룬 논고는 별로 없다. 문종대
대간을 검토하는 과정에서 세종 24년 詹事院을 설치하여 세자인 문종이
攝政[2]하던 연장선상에서 首陽大君·安平大君 같은 宗室의 대두로 왕권은
위축당하고 주목할 만한 특징이 없는 시기로 간주하거나,[3] 端宗代를 서술
하면서 신병 때문에 의정부 중심의 정치를 행한 결과 의정부의 기능이
더욱 강화된 시기로 이해하고 있다.[4] 문종대 전반을 다룬 논고로는 문종대

---

1) 『世宗實錄』 권13, 3년 10월 丙辰.
2) 崔承熙, 1994, 「世宗朝의 王權과 國政運營體制」『韓國史研究』87, 97～112쪽.
3) 崔承熙, 1976, 『朝鮮初期 言官·言論研究』, 135쪽.
4) 韓忠熙, 1995, 「王權의 再確立과 制度의 完成」『韓國史』22, 국사편찬위원회, 112쪽.

수양대군의 활동에 초점을 맞추면서 北方 정세로 인한 國防 强化策과 거기에 참여한 수양대군의 모습, 문종의 왕권 강화책과 수양대군·안평대군의 활동을 검토한 것이 유일한 것 같다.5) 이 연구는 문종대 정국 전반에 대한 이해를 돕고 있다. 그러나 국정 운영의 구조 속에서 사료를 분석적으로 검토하기보다는 평면적으로 해석하는데 치중하였고, 문종의 왕권 强化策이 有機的으로 서술되지 못하였으며, 국정 논의구조에 대한 差錯도 있다.

필자는 기왕의 연구 성과를 참고하면서, 문종대 국정 운영의 실제를 검토하고자 한다. 먼저 문종 또는 의정부(대신)의 국정 주도 여부와 직결되어 있는 公事를 논의·처결한 국정 논의구조와 공사 啓達 방식을 추적하고자 한다. 즉 '君臣共治'의 전형으로 말해지는 세종 18년 4월 이후 시행된 六曹直啓制와 議政府署事制를 절충한 방식이 문종대에는 어떠한 형태로 시행되고 있었는지를 추적하여 그 특징과 왕권의 강약, 의정부(대신)의 역할과 위상 그리고 승정원의 위상 등을 확인하려는 것이다. 그 다음에 국정 운영의 다른 한 측면인 문종의 인사권 행사와 특징, 주요 인물들의 面面과 연결 양상 그리고 문종 外家인 沈溫 家系의 부활이 갖는 의미를 분석하고자 한다. 이를 통해 문종대에 형성된 신료의 인적 구성이 端宗代와 그 이후까지 지속되어 영향을 미치는지 여부도 찾아보겠다.

마지막으로 국정의 한 부분이지만 문종과 대신·대간의 입장 차이가 잘 드러날 뿐 아니라 宗親과 밀접한 관련을 가지고 대대적으로 추진된 佛敎施策의 내용을 살펴보고, 안평대군·수양대군의 활동과 그 의미를 짚어보려고 한다. 이 과정에서 종친의 등장이 실제 왕권 위축과 관련된 것인지도 살피게 될 것이다. 이 같은 연구로 문종대 정치의 實相이 밝혀지고 단종대 정치와 그 이후에 끼친 영향 등이 구명되기를 기대한다.

---

5) 崔楨鏞, 1997,「文宗年間의 政局과 首陽大君」『昌原史學』 3.

Ⅱ. 문종의 국정 운영 방식

1. 육조직계제와 의정부서사제를 절충한 국정 논의 구조와 그 변화

문종은 即位敎書를 반포하고 赦免令을 내리는 것으로 공식적인 국정 운영을 시작하였다.[6] 그런데 즉위 초 당면한 문제인 國喪을 준비하면서부터 시작된 의정부(대신)의 啓聞은 문종의 통치 기간 내내 다른 관서보다 압도적으로 많았다. 또한 吏兵曹를 비롯한 六曹와 宣慰別監의 呈狀에 의거하여 아뢴 공사도 있었다.

의정부에서 계문한 내용 몇을 들자면, 磨箭·片箭을 만드는 등의 평안도 外敵 防禦 방법을 마련할 것, 僧人이 代納하는 貢物의 代價를 소재지 수령이 거두어 幹事僧에게 전해 주도록 하는 禁令을 어긴 代納價는 관청에서 몰수할 것, 軍役을 회피하려는 鄕吏를 엄벌할 것, 辛未年(문종 원년) 봄에 문과·무과와 生員試·雜科의 別試를 시행할 것[7] 등이었다.

또한 國喪의 禁刑日 안에 甲士를 함부로 잡아와서 侵虐한 대간을 파직하고 本宮의 奴屬으로 投託한 良民과 노비를 각도 관찰사로 하여금 推刷하게 한 것 등은, 下問에 대한 의정부의 논의를 문종이 따른 것이었다.[8] 駙馬를 君이 아닌 尉라 칭할 것(이조), 諸衛에 伍長·什長·隊正을 두어 侍衛軍을 각기 통솔하도록 할 것(병조), 庚午年(문종 즉위년)의 文科初場에 製述 문제를 『五經』『四書』에서 출제할 것(예조), 倭人을 붙잡은 高全道 외 74인에게 각각 상 줄 것(濟州宣慰別監 李宗謙의 啓本) 등은 각 조의 呈狀에

---

6) 『文宗實錄』 권1, 즉위년 2월 丁酉.
7) 『文宗實錄』 권1, 즉위년 3월 辛酉 ; 5월 己未 ; 권2, 즉위년 7월 癸卯 ; 권4, 즉위년 11월 癸卯.
8) 『文宗實錄』 권1, 즉위년 4월 庚寅 ; 권4, 즉위년 10월 庚辰.

의거하여 의정부가 아뢴 내용들이다.9) 의정부 계문과 육조 정문에 의한
계문을 정리하여 표로 만들면 다음과 같다.

〈표 1〉 의정부의 계문 및 육조 정문에 의한 계문

관서	의정부	예조정문	병조정문	이조정문	형조정문	호조정문	공조정문
횟수	37(60)	7(17)	12(23)	3(6)	3(3)	3(22)	0(1)
합계	97	24	35	9	6	25	1

* ( )안의 숫자는 즉위년 11월 직계 내용 조정 이후의 숫자

이제 각 조에서 直啓한 실태를 살펴본다. 먼저 이조는 藝文館 관원의
殿最하는 법을 成均館·校書館·承文院 관원들에게도 적용할 것10) 및 그
외에 2차례 直啓했고, 병조는 임금이 山陵에 있을 때의 留都 事目, 사신을
맞이할 때의 시위 절차, 甲士에 임명할 자의 조건 개정11) 및 그 외에
9번 직계하였다.

그렇다면 의정부의 계문이 활발하고 政曹의 직계가 많지 않았던 이유는
무엇인가. 여기서 세종대의 국정 논의구조를 살펴볼 필요가 있겠다.

"六曹에서는 각각 맡은 직무를 먼저 의정부에 稟議하고, 의정부에서는
可否를 의논하여 아뢴 뒤에 분부를 받아서 도로 육조로 돌려보내서 시행
하게 하고, 오직 이조와 병조에서의 관리 除授나, 병조에서 軍士를 쓰는
것과, 형조에서 사형수 이외의 刑決은 해당 曹로 하여금 직접 아뢰어서
시행하게 하고 즉시 정부에 보고하여, 만일에 합당하지 못한 일이 있으면

---

9) 『文宗實錄』 권2, 즉위년 7월 辛酉 ; 권3, 즉위년 8월 丁丑, 9월 辛亥 ; 권4, 즉위년
   10월 戊子.
10) 『文宗實錄』 권1, 즉위년 4월 丙子.
11) 『文宗實錄』 권2, 즉위년 6월 甲戌, 辛卯 ; 권4, 즉위년 11월 癸卯.

정부에서는 이에 따라 반대하고 다시 啓聞해서 시행하게 하라."(『世宗
實錄』권72, 18년 4월 무신)

太宗 14년 이후 국정 논의구조는, 각 조에서 모든 사안을 의정부를
거치지 않고 국왕에게 직접 啓하면 국왕이 사안에 따라 처리하는 六曹直啓
制 방식이었다. 이에 국정 전반을 국왕이 장악하게 되면서 왕권도 강화되
었다. 그러다 보니 이후로 모든 국정이 六曹로 돌아가고 의정부 재상이
국정의 핵심에서 소외되는 사태가 발생하게 되었고, 그 같은 상황을
타개하기 위해 세종이 議政府署事制로 전환하겠다는 것이었다. 그러나
세종이 의정부서사제를 채택한 보다 근본적인 이유는, 건강 악화로 啓事가
폭주하는 육조직계제를 감당하기 어려웠던 점과 集賢殿을 통해 많은
儒臣이 양성되고 왕권도 안정되었으므로 周代 冢宰의 制와 가깝고 유교정
치의 이상적인 체제였기 때문이었다.[12] 위 사료가 바로 세종 18년 4월부터
시행된 의정부서사제의 내용이다. 즉 세종이 운용하려는 의정부서사제
는, 의정부로 하여금 국정 전반을 주도하게 하되 가장 핵심이라 할 수
있는 인사·用軍·刑事는 의정부를 거치지 않게 하여 사실상 세종 자신이
직접 장악하는 방식이었다. 이 방식은 세종이 薨逝할 때까지 계속되고
있었다. 자연스레 문종도 그와 같이 국정을 처리해 나갔으므로 의정부의
활동이 활발하고 육조의 직계는 그리 많지 않았던 것이다. 다만 세종
21년 8월 예조에서도 급히 처리해야 될 일은 의정부에 보고하지 않고
직계하여 시행할 수 있게 한 때문에,[13] 喪葬祭禮와 세자 책봉·사신 접대·別
試 등의 업무를 맡은 예조의 직계가 육조 중 가장 활발하였다.

---

12) 최승희, 1994, 앞의 논문, 86~87쪽.

13)『世宗實錄』권86, 21년 8월 庚辰, "凡大臣之卒停朝 本曹報議政府 轉啓施行 故其日未
及擧行 誠爲未便 自今勿報議政府 直啓施行".

그 외에 의정부서사제 하에서도 각 조가 의정부를 거치지 않고 계하여 시행하는 세종대의 방식을 따라,[14] 공조·호조는 물론 감사나 司憲府·司諫院·集賢殿·承政院 등 주요 기관의 직계도 행해지고 있었다. 요컨대 문종은, 인사·用軍·刑事 관련 사안을 국왕이 처리하고 풍부한 국정 경험과 식견을 가진 의정부(대신)의 啓聞을 수용하고 의정부를 공사를 논의·결정하는 최고 기관으로 활용하면서, 다른 조나 관서의 직계도 허용한 세종 18년 이후의 의정부서사제와 육조직계제를 절충한 방식으로 국가 공사를 처리하고 있었던 것이나.

그러나 그 방식은 문종이 즉위년 11월에 "지금부터 육조는 可否를 헤아려 판단하지 말고, 前例가 있으니 일반적으로 행하는 公事는 의정부에 보고하지 말고 직계하여 시행하라"[15]고 의정부에 傳旨하면서 달라진다. 즉 6曹는 可否를 판단하지 말고 예컨대 이미 거론된 바 있는 下番 군사의 문제이지만 적의 聲息이 긴급한 상황이 발생하여 그들을 재정비하고 재배치하며 통솔자를 정해야 하는 경우와 같이,[16] 재논의할 필요가 있는 일반적인 공사는 굳이 의정부를 거치지 말고 직계하라는 것이었다. 논의된 적이 없는 사안을 의정부에 먼저 보고하는 것에는 변함이 없었지만, 직계 범위는 확대된 것으로 볼 수 있다.

문종은 왜 이때에 직계할 公事의 범위를 넓힌 것인가. 그 이유는, 咸吉道都節制使 李澄玉이 女眞 吾同古가 '吾弄草에 거주하는 李貴也에게 새 도절제

---

14) 최승희, 1994, 앞의 논문, 93~94쪽.

15) 『文宗實錄』 권4, 즉위년 11월 丙寅, "傳旨議政府曰 自今六曹 非商度可否 而有前例 常行公事 勿報議政府 直啓施行". 최정용은 앞의 논문, 126~128쪽에서 위 사료를 의정부 대신의 반발을 최소화한 문종대 부분적 육조직계제의 시행으로 이해하고 있다. 앞서 서술하였듯이 문종대의 국정 논의구조는 의정부서사제와 육조직계제를 절충한 방식이었으므로, 이 사료는 문종이 처음 육조직계제를 시행하는 의미로 해석될 수 없다.

16) 『文宗實錄』 권5, 원년 정월 甲辰.

사의 兀良哈 침공 가능성을 들은 所老帖木兒가, 諸種野人에게 兵亂을 대비
시켰다'는 사실 등을 寧北鎭都節制使에게 비밀리에 알린 사연을 상서한
때문이었다.[17] 여진 문제는 조선 건국을 前後한 시기부터 명의 대외정책
과 맞물려 조선과의 사이에 소위 '僚東征伐論'을 촉발시킬 정도로 민감한
외교 문제로 대두되어 왔다.[18] 주지하듯이 세종대를 거치면서 압록강
유역의 4군과 두만강 유역의 6진의 설치가 완료된 상태였다. 그런데
"여진의 형세는 마치 투항해 오는 것 같으나 마음으로는 성심껏 服從하지
않아서 방어가 제일 어렵다"[19]라는 세종의 인식에서 나타나듯, 4군과
6진을 개척한 이후에도 여진은 여전히 조선에게 부담스러운 존재였고,
회유와 정벌의 强溫 양면 정책으로 대응해야 할 대상이었던 것이다. 그
이전에도 중국을 다녀온 사신에 의해 야인 脫脫王이 중국을 공격하다가
여의치 못하면 조선을 공격할 것이라는 보고에 근거하여 변방 대비에
만전을 기하게 한 적[20]이 없었던 것은 아니었다. 그러나 이때에 이르러
문종은 조직적·지속적으로 여진으로 인한 돌발 사태에 신속하게 대응할
필요를 인식했고, 그래서 일반적인 공사를 직계하도록 하여 의정부를

---

17) 『文宗實錄』권4, 즉위년 11월 戊午. 최정용은 앞의 논문, 108쪽에서 문종 초기에
계속된 군사적 문제로 인한 긴장감이 거국적인 힘의 결집을 필요로 했기 때문에
집권 초기 문종의 왕권 확립에 중요한 변수가 되었다고 하였다. 그러나 문종은
이미 군사 문제를 직계하도록 하여 사안에 따라 처결하고 있었으므로, 긴장감
자체가 문종의 입지를 강화시켜 주고 왕권 확립에 영향을 주었다고 파악한
것은 무리인 것 같다.

18) 조선초기 여진을 둘러싼 명과 조선의 관계에 대해서는 다음의 논고가 참고된다.
박원호, 1975, 「明初 文字獄과 朝鮮表箋問題」『백산학보』19호 ; 1976, 「朝鮮初期의
遼東攻伐論爭」『한국사연구』14 ; 1983, 「明「靖難의 役」에 대한 조선의 對應」
『아세아연구』26권 2호, 고려대학교 아세아문제연구소 ; 1990, 「永樂年間 明과
조선間의 女眞問題」『아세아연구』33권 2호.

19) 『世宗實錄』권64, 16년 6월 丙午, "……本國南鄰島倭 北接野人 皆是防禦最緊之處也
而南方則倭寇 賓服 防禦稍弛 北方則野人 勢似投降 心未誠服 防禦最緊".

20) 『文宗實錄』권1, 즉위년 5월 辛亥.

거치면서 처리가 지연되는 것을 막으려 했던 것이다.

<표 2> 육조와 주요 관서의 직계

관서	이조	호조	예조	병조	형조	공조	승(지)정원	감사	(도)절제사
횟수	3(10)	1(12)	34(23)	13(40)	2(10)	5(3)	11(22)	11(34)	6(26)
합계	13	13	57	53	12	8	33	45	32

* ( )안의 숫자는 즉위년 11월 직계 내용 조정 이후의 숫자

<표 1>, <표 2>를 살펴보면 병조 정문에 의거한 의정부의 계문과 병조 직계 횟수가 비슷하다가 11월 이후 직계가 급증한 사실이 주목된다. 이를 통해 문종이, 이미 논의된 바 있는 사안에 다른 변수가 발생하여 재논의할 필요가 있을 경우 육조로 하여금 직계하도록 하였지만, 그 眞意는 병조의 직계를 염두에 둔 것이었음을 알 수 있다. 병조의 직계가 증가했다고 해도 국정의 최고 기관으로서의 의정부 위상은 여전하였다. 그러나 기능은 상대적으로 축소되었다고 할 수 있다.

반면 직계 범위를 넓히면서 문종은 이후 軍事 전반에 대한 지도력을 확대해 나가고 있었다. 즉 11월 이후에 문종은 判中樞院事 이천 외 군사관련자를 대대적으로 소집하여 環刀 길이와 너비를 재조정하였으며, 軍器監으로 하여금 헌 군기를 수리하도록 하는 등 군기 정비에 주력하였다.[21] 잠정적으로 보류했던 함경도 내 3곳에서 屯田을 시범적으로 실시하게 하고 正音廳에서 중국 체제의 갑옷을 만들도록 하였다. 여러 도의 병선을 모두 單造하게 하였으며 陣法을 훈련하여 進退에 절도가 있고 部伍가 심히 정비된 정예한 군사도 양성하고 있었다.[22] 軍制 개혁안을 마련하고,

---

21) 『文宗實錄』 권6, 원년 2월 甲午 ; 권7, 원년 5월 庚戌.

22) 『文宗實錄』 권5, 원년 정월 壬戌 ; 권5, 즉위년 12월 癸巳 ; 권8, 원년 6월 己卯 ; 권5, 원년 정월 丙辰, "上幸 慕華館 觀習陣 北虜聲息 連年不止 上銳意講武 凡武備之事

신료들의 상당한 반대에도 약간 수정하여 12司를 義興司·忠佐司·忠武司·龍驤司·虎賁司의 5司로 개편하는 등 中央軍 체제를 근본적으로 변화시켰고, 친히 모든 제도를 指授하여 火車를 만들고 臨瀛大君 李璆에게 명하여 제조하게 하였으며, 御製新陣書도 만들었다.[23] 이는 신료들이 부분적으로 수정하기도 하였지만, 모두 문종이 주도한 것이었다.

한편 감사 및 군사 관련 兵馬節度使·體察使·節制使·都節制使 등의 직계가 급증하였다거나 체찰사·절제사 등에 대한 諭示나 築城·武器에 관한 문종의 傳旨와 下敎가 빈번하게 내려지고 있는 사실 역시, 북방 정세 변동에 대해 문종이 지방관과 신속하게 연락을 취하고 대응책을 마련·지시하고 있었음을 보여준다.

〈표 3〉 문종의 하교 전지 및 유시 내용 (10회 이하의 여러 항목은 생략함)

내용	무역 외교	국방 무기	불교	감사 절제사	왕실	의례	인사	관직
횟수	15(15)	7(33)	14(21)	15(41)	3(9)	10(4)	6(8)	5(6)
합계	30	40	35	56	12	14	14	11

* ( )안의 숫자는 즉위년 11월 직계 내용 조정 이후의 숫자

직계 범위를 확대한 이후, 문종이 군사체제 개편과 무기정비 및 정예 군사 양성 등 강력하게 국방 강화를 추진해 나간 사실은, 의정부를 능가하는 왕권의 實相 및 이를 바탕으로 한 문종의 역량과 즉위 후 육조직계제와 의정부서사제를 절충하여 '君臣共治'하던 상황이, 문종이 주도하는 형세로 전환되었음을 보여주고 있다. 초기와 달리 국사 처리를 문종이 주도하고 있었으므로 문종과 의정부와의 갈등이 없을 수 없었다. 예컨대 함길도

慮無不周 器械精緻 又親閱陣法 武士咸精其能矣".
23) 『文宗實錄』권8, 원년 6월 丙午, 戊戌 ; 권6, 원년 2월 壬午 ; 권7, 원년 5월 戊午.

穩城·鍾城의 邑城을 修築하려는 문종과 내외 城子를 수축해야 한다는 좌의정 皇甫仁의 주장이 충돌하였다. 그러나 문종은 축성 방면의 제 일인 자인 황보인이 추천한 사람에게 읍성 수축 감독을 맡기면서 자신의 계획대로 추진해 나가고 있었다.[24] 호조의 직계도 많아졌지만, 그 내용은 貢納과 뽕나무·軍資穀 등에 관한 것이었다.

2. 宦官을 통한 大小 出納

이제 문종대 국정 전반에 관해 올린 주요 기관의 啓聞과 直啓가 啓達되고 처리되는 구조를 살펴본다.

　　"지금 우리 주상 전하께서는 큰 기업을 계승하여 民庶를 새로 통치하게 되었으니 이때가 바로 萬機를 친히 결정하며 정성을 다하여 정치에 힘을 쓸 시기입니다. (중략) 그런데도 朝啓의 例聞하는 일 이외에는 大小의 出納을 환관에게 위임하여 門戶의 役으로써 喉舌의 임무로 삼아서 寬弘大度로써 대우해 주시니 그 세력이 점차 떨쳐지므로 자못 일을 맡은 것과도 같아서 무릇 말을 올리려고 하는 사람은 저들을 경유하여 稟達하지 않을 수가 없게 되니, 누가 즐거이 바른 말로 숨기지 않고 그 폐단을 논하다가 君主의 측근 사람들에게 원망이나 사려고 하겠습니까? (중략) 또 是非의 분별을 논하고 得失의 기틀을 分辨하는 것은 言辭의 밖에 많이 있게 되는데, 지금 臺省의 進言을 승지가 나와서 그 말을 듣고, 들어가서 환관에게 알리면 환관은 그제서야 위에 아뢰게 되니 세 번이나 옮겨 전하게 되면 어찌 능히 그 말 밖의 隱微한 뜻을 다 稟達할 수가 있겠습니까?

---

24) 『文宗實錄』 권8, 원년 6월 戊寅.

이 폐단이 제거되지 않는다면 上下가 장차 막히게 될 것이니, 어찌 이것이 작은 일이겠습니까? (중략) 엎드려 바라옵건대 날마다 朝啓를 보고는 무릇 臺省과 대소 신료로서 일정한 때가 없이 進言하는 사람에게 혹은 接見을 허가하시기도 하고, 승지로 하여금 친히 아뢰도록 하여 耳目을 넓히고 新政을 바로잡아서 先王의 부탁의 중대함을 계승하여 萬世의 한정이 없는 기업을 키우고 넓히시면 매우 다행하겠습니다."(『文宗實錄』 권3, 즉위년 9월 계해)

위 사료는, 사헌부 장령 申叔舟 등이 朝啓의 例聞하는 일 이외에 大小의 出納을 모두 환관이 맡고, 臺省이 進言한 말 역시 승지가 듣고 환관에게 알리면 환관이 문종에게 품달하는 구조의 불합리성과 부정확성의 문제를 상서한 것이다. 환관이 公事를 문종에게 품달하는 방식은, 같은 상서에서 언급되고 있는 "환관은 잗단 일만 傳命하고 그 외의 직계한 대소 공사를 代言이 모두 朝啓에서 친히 품달"한 세종대와는 전혀 다른 것이었다. 그래서 사헌부가 國事의 전달 방식을 朝啓 후에라도 진언하고자 하는 대성과 大小臣僚의 접견을 허가하고 공사를 승지가 아뢰도록 하는, 즉 신료들이 직접 말로 하는 面啓와 승정원을 통하여 전달하는 방식으로 전환하기를 청한 것이다. 그러나 政事 때에나 경연에서 時務를 논의·결정하는 것 자체가 접견임을 강조한 문종은, 경연을 열 때에 한해서만 승지의 공사 계달을 허용하였다.25) 佛事를 비판한 黃孝源을 승지 鄭而漢이 詰問한 후 承傳宦者에게 "황효원이 그 죄를 스스로 알고 있다"라고 하여 문종이 파면시킨 사례에서26) 환관이 출납을 맡은 구조가 확인된다.

---

25) 『文宗實錄』 권3, 즉위년 9월 癸亥, "上曰……宦竪傳命事 予於視事及經筵 每與大臣臺諫 商確時務 不可謂之不接見 然自今經筵時 如有公事 承旨親入啓之".

26) 『文宗實錄』 권1, 즉위년 3월 庚戌.

문종이 환관에게 일을 맡긴 것은 섭정한 세종 末年에 司豹局이나 左右鷹坊을 主管하도록 하면서부터이다.[27] 그렇다면 문종이 환관에게 대소 출납까지 맡긴 이유는 무엇인가. 결론부터 말하자면 그것은 왕권을 강화하여 국정을 주도하려는 문종의 의지 때문이었다. 그 배경을 살펴보기 위해 세종 24년(1442) 7월~32년 2월까지 문종이 세자 시절 행한 섭정을 살펴보겠다. 눈병으로 정상적인 국정 처리가 어렵다는 이유로 세종이 세자에게 政務를 처결케 할 뜻을 밝힌 것은 동 24년 6월이었다. 세자 섭정을 대소신료들은 격렬하게 반대하였다. 그럼에도 세종은 7월 섭정을 뒷받침하는 기관인 詹事院 설치를 기정사실화 하였고, 書筵官인 集賢殿 학사 10명 중에서 擇定된 詹事 1인(종3품), 同詹事 2인(정4품) 등의 관원을 두었으며, 나중에 胥吏 10인을 배치하였다.[28] 그 외에 동 25년 5월에 왕세자가 조회 받을 집인 繼照堂을 짓고, 6월에는 세자가 朝參을 받는 규정을 마련하였으며, 20일 후 進講할 때 의정부·육조 堂上 중에 한 사람과 中樞院 당상관으로 동·서반 4품 이상인 한 사람이 날마다 輪番으로 참석하고, 아뢸 만한 일은 進達할 수 있도록 한 書筵官 輪參官制를 정하는 등 섭정을 위한 일련의 제도적 장치를 마련하였다.

이때 공사는 첨사원에서 승정원과 함께 논의한 다음에 세자에게 陳達하여 결재를 받는 방식으로 시행되고 있었다.[29] 승정원(승지)보다는 첨사원이 공사를 아뢰는 방식이 문종에게 덜 부담스러웠을 것이다.

그런데 동 27년(1445) 정월과 4월에 세자에게 讓位할 뜻을 밝힌 바

---

27) 『文宗實錄』 권12, 2년 3월 癸亥, "末年置司 司豹局 令寺人主之 又置左右鷹坊 皆上在東宮時 所規畫也 初上欲以宦寺 兼內司僕軍器監忠扈衛之任 問可否於諸承旨 諸承旨未及對 左副承旨鄭而漢 應聲曰 甚好甚好 時號讚美承旨".

28) 『世宗實錄』 권97, 24년 7월 丙戌, 庚申 ; 권97, 24년 9월 庚午.

29) 『世宗實錄』 권100, 25년 5월 辛未, "傳旨 今後如有不得已世子前親申公事 詹事院與承政院同議後 申達取決".

있는 세종은, 동 5월에 "무릇 벼슬의 제수와 科田의 折給과, 祭享 및 災祥과, 타국을 應接하는 별다른 일과, 군사의 調發 및 邊警과, 大小刑獄과 토목공사를 크게 일으키는 일과, 일체 새 條章을 세우는 외의 그 나머지 여러 일은 모두 세자로 하여금 결재하게 할 것"을 의정부에 下敎하였다.[30] 처음보다 세자의 섭정 범위가 보다 구체화되고 있었다. 며칠 후 세자의 명령을 徽旨라 일컫고, 諸司에서 申達하는 글을 申本·申目이라 일컬으며, 그것을 모두 승정원에 올리면 승지가 出納申達하고, 그 署衡申本에는 "知某曹事"라 하며, 俱衡申本에도 "지모조사"라고 일컬으며, 승지는 臣이라 일컫지 않으며, 그 신본·신목을 行移하는 일은 승정원에서 매 초하루·보름마다 抄錄하여 계문하도록 하는 규정이 정해졌다.[31] 이는 '政出多門'을 우려하여 大小公事를 모두 啓目과 啓本으로써 승정원에 올려 승지로 하여금 큰일은 啓達하게 하고, 작은 일은 세자에게 아뢰게 하자는 신료들의 건의를 세종이 수용한 결과였다.[32] 요컨대 국사 재결의 범위가 구체화되고 확대된 세자의 섭정을 돕는 기관이 의정부·육조의 반대로 첨사원에서 승정원으로 바뀌게 된 것이었다. 승정원의 정치적 역할과 위상이 회복되었고, 이후 승지는 兼詹事의 직함으로 공사를 申達하고 있었다.[33]

그 후 세종 29년 3월에는 중국과의 外交 사무와 宗廟에 祭享하는 내에 별도로 의논하는 일이 있거나, 모든 軍士를 사용하는 일과 堂上官을 제수하고 죄를 科하는 일과 새로 법규와 규정을 만드는 외의 나머지 사무를

---

30) 『世宗實錄』 권108, 27년 5월 己卯.

31) 『世宗實錄』 권108, 27년 5월 乙酉.

32) 『世宗實錄』 권108, 27년 5월 戊寅, "議政府六曹詣時御所啓 今令詹事院申事于東宮 有違大體 請大小公事 皆以啓目啓本呈承政院 令承旨大事則啓達 小事則申東宮 若是則 政出於一 庶合於義 不允 政府六曹固請者數四 上曰 卿等極言其弊 予將使承政院申事于 世子".

33) 『世宗實錄』 권121, 30년 8월 癸未.

모두 聽決하는 것으로 업무가 더욱 확대되었고, 9월에는 모든 신하들이 세자에게 稱臣하였으며, 동 31년 10월에는 백관이 처음으로 四拜禮를 행하였다.[34] 세자는 점차 국왕에 준하는 예우를 받고 있었던 것이다.

세자가 섭정한 내용은 백관의 朝參을 받는 일, 書筵의 進講 후 輪參官의 申達을 받는 일, 관원 인견, 세종의 명을 해당 기관에 전달, 의정부·육조·각 사의 申達을 받는 일 그리고 視事 등이었다. 그 가운데서도 가장 핵심적인 일은 국가 주요 기관의 신달을 받고 그것을 처리하는 일이었다.[35] 따라서 본격적으로 십정한 세종 27년 이후 세사는 공사를 신날하고 왕명을 출납하는 승정원(승지)뿐 아니라, 父王의 여러 신료를 직접 對面하였고, 그 과정에서 적지 않은 부담을 느꼈을 것이다. 게다가 신병 때문에 세종 28년·31년·32년에 政務를 처결하지 못하는 어려움도 경험하였다. 즉위했을 당시에도 종기가 完治되지 않은 상태였다. 그러한 상황에서 문종은 인사·用軍·刑決 이외의 대부분 사안들을 父王 세종과 함께 국정을 共治해 온 노련하고 경륜이 풍부한 의정부 대신을 거쳐 처결해야했다. 섭정 시에도 첨사원 대신 승정원으로 하여금 공사를 계달하도록 변경한 의정부(대신)인 만큼, 그 권한을 강화시킬 소지가 있었다. 문종은 그 같은 상황의 초래를 방지하고 더 나아가 자신이 의정부(대신)보다 優位를 유지하면서 안정적으로 국정을 운영할 방안이 필요했다. 그래서 末年에 신병으로 外人 접견이 어렵게 된 세종이 苦肉之策으로 환관에게 출납을 맡겼던 방법을 선택했다.[36] 다시 말하자면 아직 대소신료를 접견하지 못할 정도로 문종의 신병이 중한 것은 아니었지만, 환관에게 출납을 맡김으로써

---

34) 『世宗實錄』 권115, 29년 3월 戊寅 ; 권117, 29년 9월 辛卯 ; 권126, 31년 10월 戊辰.
35) 최승희, 1994, 앞의 논문, 100~104쪽.
36) 『文宗實錄』 권3, 즉위년 9월 癸亥.

신병 때문에 정사를 중지하거나 승정원이 계달한 국사를 정상적으로
처리하지 못할 경우 의정부(대신)가 국정을 장악하게 될 상황을 막고,
일상적인 경우에도 자신의 의지대로 국정을 운영할 수 있는 폭을 확대하려
하였다는 것이다. 이같이 문종은 환관에게 출납을 맡김으로써 안정된
왕권으로 국정을 운영할 수 있었고, 그러한 분위기 속에서 즉위년(1450)
11월 여진 사태를 계기로 왕권을 강화할 수 있었으며, 이후 자신이 국정을
주도하는 방향으로 국면을 전환시킬 수 있었던 것이다. 또한 치료와
재발이 반복된 종기나 원년 2월에는 치질이, 동 7월에는 허리병 등 질병이
끊이지 않던 문종의 건강 상태를 감안한다면, 그 같은 출납 방식은 왕권
안정과 강화에 상당한 기여를 하고 있었음이 분명하다. 마침 남보다
뛰어나게 총명하고 才幹이 있으며, 글자를 알지 못하면서도 古今 經史의
말을 引用하여 내용이 상당한 세종의 傳敎나 近臣의 대답을 정확하게
출납하였던 환관 田畇이 있었다. 그래서 문종은 전균에게 출납을 맡겼고,
그가 출납을 잘 수행한 사실은 후에 嘉善大夫(종2품)에 제수된 것에서
알 수 있다.37)

그 외에도 문종은 환관에게 忠扈衛·上林園·司僕寺 등의 衙門 감독, 軍器
監 관리의 勤怠 규찰 그리고 正音廳과 蠶室도 맡겼고, 都薛里의 印信을
만들어 주는 등 우대하고 있었다. 문종이 중국의 예를 내세워 환관을
우대한 것은 그들의 性行이 굳세고 곧은데다가 맡긴 일들을 성공적으로
수행했다는 나름대로의 평가에 기인하는 것이었다. 그래서 대간의 비판에
도 그들의 업무를 계속 확대하고자 하였다. 특히 문종이 심혈을 기울인
무기 제조, 보수 등을 담당한 군기감의 勤慢을 환관 嚴自治가 감찰하고
있었다.38) 요컨대 문종은 환관을 사실상 자기 세력화하였고, 그들의 업무

---

37) 『文宗實錄』 권12, 2년 3월 癸亥.

를 출납과 아문 관리로 이원화시켜 각각 전균·엄자치 등에게 맡기고 있었던 것이다. 환관에 대한 신임을 逆으로 생각하면, 문종이 대소 신료들의 성행과 능력을 불만스럽게 생각하고 있었다는 말이 된다. 궐내에 工匠을 두고 군기를 修鍊하게 하는 것을 두고, '잗단 일을 염려한다.'고 강력하게 비난한 집의 申叔舟 등에게, 문종이 '武備 닦는 일 같이 절실한 일을 쉽게 성취하지 못하는 有司(軍器監) 대신 빨리 이루는 환관에게 시켜야 한다.'39)라고 일축한 말에서 신료에 대한 문종의 불만이 확인된다. 실제 대간은 환관으로 하여금 군기 보수를 감녹케 하는 것을 비판한 것이었다. 그럼에도 더 나아가 문종은 환관을 兼司僕에 제수하고, 또 군사를 영솔하는 사냥을 시키는가 하면, 그들에게 순찰 군사를 지휘하는 임무까지 맡기고 있었다.40)

이와 같이 문종이 왕권 강화라는 전략적 측면에서 환관을 重用한 만큼, 대간의 불만과 비판 수위는 높을 수밖에 없었다. 대간과 같이 노골적으로 비판하지 않는다고 해서 대소 신료들의 불만이 없는 것도 아니었다. 대간의 비판이 본질적으로는 '환관 중용'에 대한 것이었지만, 실제 처벌받

---

38) 『文宗實錄』 권2, 즉위년 6월 乙未 ; 『文宗實錄』 권4, 즉위년 10월 戊戌, "且中朝皆以宦寺任事 以宦寺性行勁直 能辦事務 可任使令也 肆予近日授宮內數事 知其勁直而能辦事務 故以 嚴自治 檢劾軍器監之事 非特此監 欲於奉常寺 常遣此輩 檢劾諸事".

39) 『文宗實錄』 권8, 원년 6월 丙子, "司憲執義 申叔舟啓 闕內工匠太盛 請罷之 上曰 修鍊軍器 國之大事 不可已也……叔舟 對曰 臣之所啓 雖若迂闊 自古明王 不以迂闊之論而不聽 其不付有司者 爲有司不能辦 上曰 非也 曰 然則爲體貌不中歟 上曰 非也 有備無患 且欲速也 叔舟曰……臣等今日之啓 亦非欲其廢之也 但以軍器監 自有官員 提調苟嚴加檢擧 則事無不濟 何必置禁內 軫聖慮 以代有司細之事耶……上曰 言官多以闕內修軍器爲非 蓋惡令宦官監之也 然欲速成 宜付此輩 若付有司 未易就也".

40) 『文宗實錄』 권10, 원년 11월 丁酉, "御經筵 講訖 同副承旨慮叔仝啓 兵曹所啓 別巡軍士數目 仍請別巡軍士 以何等官吏率領乎 上曰 或注書或宦官 予臨時命之 叔仝對曰 議政府言 自太宗世宗朝 內城內巡點檢外 宦官未嘗監巡 行巡也 上曰 此不緊之言也 以宦官典兵之 漸爲忌也 今宦官兼司僕 又有領軍田獵者 豈可疑也 行巡之官 予當臨時 或承旨或注書宦官 鎭撫中命之".

아야 할 정사에 간여하는 등의 越權과 朝臣을 凌辱하는 행태를 비판한 경우도 있었다.[41] 그럼에도 문종은 어느 경우든 그 비판을 거의 수용하지 않았다.

한편 문종은 즉위 후 승지들을 대폭 교체하였고,[42] 승정원 본래의 喉舌 기능도 크게 약화시켰다. 그렇더라도 승지들은 <표 2>에서 알 수 있듯이 계문하여 국정에 참여하였고, 문종도 자신이 필요한 사안에 대해 선택적으로 승지들을 인견하여 의논하였다. 예를 들면, 즉위교서를 반포하기 전에 大慈庵의 증축과 華嚴經 조성 및 불상 제조 문제 등을 승정원과 의논하였고, 內醫 16인 중 도태할 6명을 승정원에서 정하도록 하였으며, 무시로 군졸을 동원하여 절도범을 체포케 하는 일을 비밀히 승정원과 의논한 후 別巡하는 법을 세운 것[43] 등이다. 그 외에 사신을 맞이하거나 佛事를 감독하는 일 등도 승지들이 담당하고 있었다.

Ⅲ. 인사 행정 — 문종의 인사권 행사

인사권은 왕권의 핵심이다. 따라서 문종의 인사권을 검토하는 것은 국정 운영의 다른 한 측면을 살펴보는 것으로 공사 처결에서 단계적으로 왕권을 강화시켜 나간 문종이 인사에서 어느 정도의 권력을 행사하고 있었는지를 확인하는 작업이다.

관직이 通政大夫(정3품위 상위 품계=당상관)까지 이르면 特旨가 있어야만 종2품 이상의 品階에 오를 수 있었다.[44] 따라서 정승이나 인사를

---

41) 『文宗實錄』권5, 원년 정월 癸亥 ; 권12, 2년 2월 己巳.
42) 최정용, 1997, 앞의 논문, 17~20쪽.
43) 『文宗實錄』권1, 즉위년 2월 癸巳 ; 권4, 즉위년 11월 己巳 ; 권9, 원년 8월 丁卯.

담당한 政曹판서는 통상 왕의 의중에 부합되는 인물이 除拜되었다고
볼 수 있다. 그런데 문종은 즉위년 7월 6월 15일과 12월 15일에 행하는
都目政과 수시로 하는 관원 이동에 대한 일을 친히 주관할 뜻을 새삼
밝혔다.[45] 이는 이제까지도 그러했지만 앞으로는 더욱 자신의 의도대로
인사를 행하겠다는 것이고, 인사를 통해 국정을 장악해 나가겠다는 의미
로 해석된다. 그런데 그 이전에 문종은 이미 그 영향력이 국왕의 신임에
토대하고 있으면서,[46] 왕과 의정부를 중심한 대신들의 세력 균형이나
정세에 기인하여 이소나 병소의 上位에서 인사의 권한을 행사하는 判吏兵
曹事 제도[47]도 운용하고 있는 터였다. 이 제도는 置廢를 반복하였는데,
세종 19년(1437)에 부활되었을 때에 의정에게 권력이 집중되는 폐단을
막기 위해 이전에 좌·우의정이 例兼한 것과는 달리 贊成·參贊이 兼帶하는
것으로 바뀌었다.[48] 문종이 인사권 장악을 선언하였고, 판이병조사 제도
도 운용된 만큼, 정승이나 政曹판서보다는 판이병조사 역임자를 주목해야
할 필요가 있다.

　문종대 의정부는 세종 말부터 구성된 영의정 河演·좌의정 皇甫仁·우의
정 南智 체제가 원년 7월 하연이 致仕할 때까지 계속되었고, 그 후 원년
10월 영의정 황보인, 좌의정 남지, 우의정 김종서로 교체된 정도였다.

　문종대 첫 이조판서는 李堅基였다. 그는 세종 31년(1449) 12월부터
문종 즉위년 7월까지 비교적 장기간 재직하였다.[49] 그러나 의정부 좌참찬

44) 『文宗實錄』 권1, 즉위년 3월 戊辰, "國制 官至通政 非特旨 不得例陞資".
45) 『文宗實錄』 권2, 즉위년 7월 庚戌, "傳旨 吏兵曹 自今於都目及轉動 予當親聽 其考舊例
　　施行".
46) 韓忠熙, 1985, 「朝鮮初期 判吏·兵曹事硏究」 『한국학논집』 11, 계명대 한국학연구
　　소, 115쪽.
47) 韓忠熙, 1984, 「朝鮮初期 判六曹事硏究」 『歷史學大會 發表要旨文』, 82~88쪽.
48) 『世宗實錄』 권78, 19년 8월 甲戌 ; 권79, 19년 10월 庚辰 ; 권90, 22년 8월 辛巳.

으로서 이조판서와 같은 기간 동안 判吏曹事로 재직하였고, 원년 6월
이후 우찬성으로 다시 判吏曹事에 재배된 鄭苯이 주목된다.[50] 이때 그는
겸 판이조사로 재임명된 상태에서 모든 儲蓄·救荒·營繕 등 호조·공조의
직무까지도 맡고 있었기 때문이었다.[51] 軍政과 軍事를 제외한 국정의
핵심을 맡은 것에 다름 아니었다. 정분은 문종이 섭정할 때에도 좌참찬으
로서 판호조사를 겸하였고, 세종이 추진한 內佛堂 營造 역사를 주관하면서
도 임금의 뜻을 잘 받들었다.[52] 朝臣으로 土木의 일을 전적으로 관장하면
서 남다른 신임을 받게 되었고, 그 신임으로 판이조사에 장기간 재직하게
된 것으로 판단된다.

병조판서는 문종의 통치 기간 내내 閔伸이 맡았다. 그는 세종 30년
12월 이후 계속 병조판서의 자리에 있었다.[53] 要職인 병조판서에 4년
이상 재직할 수 있었던 이유는, 繕工提調를 겸하여 내불당 영조 등에
정분과 함께 적극 충성한 때문이었다.

그 같은 인사가 갖는 의미는 무엇인가.

안평대군 李瑢·병조판서 민신·이조참판 李思哲·도승지 李季甸이 英陵
에 나아가서 함께 비석을 살펴보았다. 그때에 津寬寺·大慈庵의 役事와
비석을 우찬성 정분과 민신으로 하여금 오로지 맡아보게 명하고, 대군과
도승지로 하여금 참여하여 맡아보게 하였다. 도승지는 신임하는 近臣이
요, 대군은 왕실의 懿親이며, 제조 민신은 군졸을 장악하였고 정분은

49) 『世宗實錄』 권126, 31년 12월 壬申 ; 『文宗實錄』 권2, 즉위년 7월 戊申. 그 후는
    權孟孫, 李思哲 등이 차례로 맡았다.
50) 『文宗實錄』 권8, 원년 6월 丁亥.
51) 『文宗實錄』 권8, 원년 6월 己丑.
52) 『文宗實錄』 권116, 29년 4월 丁酉 ; 권122, 30년 12월 丁巳.
53) 『文宗實錄』 권1, 즉위년 2월 辛丑 ; 『世宗實錄』 권122, 30년 12월 丁巳.

國政을 맡았으므로, 그 다른 의논을 없애고 일의 工役을 쉽게 이루고자 함이었다.(『文宗實錄』 권5, 원년 정월 신해)

즉 문종은 최측근으로 국정의 핵심 부분을 맡긴 정분과 병조판서이자 선공제조로 군졸을 장악한 민신을 장기간 布置하고, 안평대군과 도승지를 묶어 英陵 수축과 세종을 追悼하기 위한 대자암 重創 및 진관사 改修 등과 같이 자신이 특별히 관심을 가지고 있는 부분의 일들을 신속하게 추신하려 하였던 것이다. 그러면서도 세종대에 6진을 개척하였을 뿐 아니라 국방이나 軍政에도 안목과 식견을 갖춘 우찬성 金宗瑞를 판병조사에 세종 31년 2월부터 문종 원년 10월까지 重用하고 있었다.[54]

평안도 3고을 수령과 判官·都事의 교체를 주장한 평안도 관찰사 鄭而漢의 주장을 허락하고, 승정원에서 함께 의논하여 추천한 인물 전원을 문종이 그대로 제수한 것을 두고,[55] 대간이 마음대로 自薦하였다고 정이한을 비난하자 "평상시에는 吏曹에서 내 명을 좇아서 銓注하고 있는데, 이제 이 일도 역시 내가 정이한에게 명하여 한 것이니 불가할 것이 없다."[56] 라는 반박에서, 문종이 인사를 장악하고 있는 실상이 재확인된다. 그래서 앞서 이조의 계가 특히 적었던 것이다.

문종이 행한 인사 중, 청렴하고 스스로 조심하여 당대에 名望이 높은 鄭甲孫을 좌찬찬 겸 판이조사로 제배한 것과 밀린 獄訟을 신속·정확하게 처리한 허후의 형조판서 제수 및 청렴하고 節操있는 鄭昌孫의 대사헌

54) 『世宗實錄』 권123, 31년 2월 壬子.
55) 『文宗實錄』 권9, 원년 9월 丁酉, 壬寅.
56) 『文宗實錄』 권9, 원년 9월 癸卯, "司諫院右正言 尹恕啓曰 昨日吏曹判書詣英陵 都承旨 亦在告 監司鄭而漢 詣承政院 自薦都事守令 用人固銓曹之任 豈宜人人擅便爲之乎 上曰 非 而漢自薦也 予令而漢 巽揀啓達 常時吏曹聽予命而銓注 今此事亦予令 而漢爲之 何不 可之有".

임명, 그리고 노쇠하면서도 물러나지 않는 河演을 영의정으로 삼아서 致仕시키는 한편 關節이 행해진 漢城府尹을 깨끗하고 유능한 김조·洪深으로 교체한 것 등은 탁월한 人選으로 호평을 받았다.57) 그 외에도 적절한 인선에 대한 긍정적 평가가 더 있지만, 잘못된 인사도 있었다. 예컨대 문종이 成均司城 金淳을 星州牧使로 시켰다가 이내 築城從事官으로 바꾸었고, 軍器判事 韓瑞龍으로 대신하게 하였다가, 얼마 지나지 않아서 군기감 일이 긴요하다고 다시 교체한 인사가 그러하였다. 이로 인해 문종은 대간의 신랄한 비판을 받았다. 各司의 관리들이 혹 外補되거나 사신으로 돌아갈 때에, 그 司의 제조가 마음대로 그 자리에 留任시키기를 청하지 못하게 하는 법을 어기고 都體察使 정분과 군기 제조 李思任이 각각 김순·한서룡의 교체를 아뢰었고, 문종이 이를 허락했기 때문이었다.58) 그래서 이후 관작을 自占하는 데에 관계되는 모든 사안은 승정원으로 하여금 계달하지 말 것을 명하는 선에서 수습하지 않을 수 없었다.59)

역적의 죄명으로 廢錮된 沈氏 一門에게 관직을 제수한 것도 강한 문종 왕권의 일면을 잘 보여 주고 있다. 문종은 영릉 축조를 계기로 의정부 대신들 전원의 동의를 얻어 母后의 皇考인 沈溫에게 영의정을 환급하였다.60) 이어서 문종은 심온 자손에게 관직을 제수하려 하였으나, 문제는 간단하지 않았다.

임금이 말하기를, "이제 심씨의 자손은 어느 전례를 본떠야 하며,

---

57) 『文宗實錄』권4, 즉위년 10월 丙子 ; 권7, 원년 5월 辛丑 ; 권8, 원년 7월 기유. 이외에 문종의 인사를 긍정적으로 평가한 기록은 더 있다.
58) 『文宗實錄』권6, 원년 2월 丁酉, 戊戌.
59) 『文宗實錄』권7, 원년 4월 壬午.
60) 『文宗實錄』권8, 원년 7월 戊午.

어느 品秩무터 시작하여야 하겠는가?” 하였다. 황보인과 우의정 남지·좌
찬성 김종서는, “심씨에게는 일찍이 變故가 있었으므로, 한씨·민씨의
전례와 같이 논할 수는 없으니, 우선『六典』에 실린 1품의 자손에게
관직을 제수하는 규례에 따라서 7, 8품으로 적당하게 제수하소서.” 하고,
좌참찬 安崇善·우참찬 허후는, “參上官은 3代를 제사하는 것이 常例이니,
嫡長孫에게는 參上을 제수하고, 衆子에게는 參外를 제수하는 것이 마땅합
니다.”

　하니, 임금이 말하기를, “외척으로 하여금 일의 實權을 맡게 하고자
하는 것이 아니다. 元舅는 마땅히 존경하여야 할 것인데, 어찌 常例에
얽매어서 참외를 제수하겠는가? 내 생각으로는 5, 6품을 제수하는 것이
옳겠다.” 하였다. 모두 말하기를, “職秩은 마땅히 갑자기 높아지지 말아야
하는 것이니, 점차로 높이 옮겨야만 자기에게도 편하고 남들의 마음에도
합당할 것입니다.” 하니, 황보인이 말하기를, “옛사람이 이르기를, “높이
오르려면 반드시 낮은 데로부터 하여야 하고, 멀리 가려면 반드시 가까운
데로부터 하여야 한다.” 하였거니와, 먼저 의논드린 대로 7품을 제수하는
것이 마땅합니다.” 하고, 김종서가 말하기를, “지금 7품으로 한정하는
것이 아니고, 다만 벼슬길을 열어 줄 따름이니, 7품에서 비롯하여 한
해에 여러 번 높여 옮기면 무슨 어려움이 있겠습니까?”(『文宗實錄』권8,
원년 7월 을축)

　여러 차례 논란을 거친 후 최종심의에 들어간 위 사료에서, 안숭선·허후
를 제외한 대신들은 문종의 외숙에게 參外職을 제수할 것을 건의하고
있었다. 문종이 5, 6품을 제수하겠다고 하자, 특히 황보인·김종서가 7품을
강력하게 주장한 점이 주목된다. 단지 외척에게 참상직을 제수하는 것에
대한 반대일 뿐 아니라, 문종의 인사권 장악에 대한 불만을 표출한 것으로

해석되기 때문이다. 그러나 문종은 沈溫의 아들인 沈澮·沈決을 모두 敦寧府
注簿(종6품)에, 이미 사망한 심온의 장자 沈濬의 아들 沈湄을 典農直長(종7
품)에 각각 임명하였다.[61] 이들의 관직 진출은, 태종 18년(1418) 忠寧大君
(세종)에게 禪位하고 上王이 되어서 軍國重事를 親斷하는 자신에게 군사
문제를 先啓하지 않고 세종에게 啓한 병조참판 姜尙仁의 행위를 문제
삼아 심온을 배후 조정자로 끌어들인 후, 反上王 세력의 首魁로 몰아
사은사로 나갔다가 귀국한 영의정인 그를 賜死한 후 처음으로 이루어진
것이었다.[62] 그 이전에 활동한 외척으로는 태종의 왕권 강화와 관련하여
反太宗 인물로 지목되어 동 10년 3월 自盡한 閔無咎·閔無疾 형제와 두
형이 無罪로 죽음을 당했다고 말한 사실로 인해 동 15년 12월 閔無恤·閔無
悔가 자진함으로써 滅門之禍를 당하다시피 한 元敬王后 민씨[63]의 親屬인
민신, 閔謹 그리고 顯德王后(단종 生母)의 近親인 權自恭뿐이었다.[64] 따라서
심씨 일문의 재등장은 외척의 전면적인 등장이라는 점에서 상당한 의미를
갖는 것이었다.

　문종은 또한 엘리트로서 10년에서 20여 년 간을 재직하면서 다른 관직
으로의 이동을 원하고 있었지만, 他官轉出을 금한 세종의 의지 때문에
쉽게 이동하지 못한 集賢殿 學士[65] 중 辛碩祖·魚孝瞻·申叔舟·河緯地, 金鉤·

61) 『文宗實錄』 권9, 원년 8월 辛未. 그 후 심정(심온의 弟)에게 직첩을 주려는 문종의
　　시도가 대신들의 반대로 문산된 것에서 심회 등의 관직 제수에 대한 그들의
　　불만이 재확인된다(권10, 원년 10월 壬午).
62) 金成俊, 1985, 「朝鮮太宗의 外戚除去와 王權强化」 『朝鮮中世政治法制史硏究』,
　　271~274쪽 및 최승희, 1994, 앞의 논문, 54~57쪽.
63) 金成俊, 앞의 책, 224~250쪽 및 최승희, 1994, 앞의 논문, 52쪽.
64) 『世宗實錄』 권123, 31년 3월 丙午 ; 권113, 28년 8월 甲寅 ; 『端宗實錄』 권5, 원년
　　2월 戊申.
65) 최승희, 1976, 앞의 논문, 73~74쪽 및 鄭杜熙, 1983, 『朝鮮初期 政治支配勢力硏究』,
　　일조각, 144~176쪽.

崔恒 등을 대간에 진출시키기도 하였다.[66] 왕권에 저촉되거나 왕실이 추진하는 일에 대한 비판에 단호히 대처하는 문종 때문에 이들의 언론은 朝野의 기대에 부응하지 못하였다.[67] 그러나 端宗代에 癸酉靖難에 가담하는 인물과 世祖代 死六臣으로 분열한다는 점에서, 이들의 관직 진출의 의미 역시 크다 하겠다.

국정과 인사를 주도한 문종의 왕권 인식의 일단이 다음 사료에 나타나 있다.

> "대체로 사람을 쓰는 데 간여되는 일은 당연히 위에서부터 나와야 한다. 비단 사람을 쓰는 일뿐만 아니라 모든 것이 이와 같아야 옳다. 만약 그렇게 되면 거의 煩碎하지 않을 것이다. 그러므로 모든 것을 有司에 붙이어 이제 落點을 하여서 이조에 내린 것이 무엇이 불가함이 있는가?"
> (『文宗實錄』 권5, 즉위년 12월 신묘)

승정원이 薦望할 수 없는 宗簿寺 提調로 천망한 인물을 그대로 落點받아 이조에 내리자, 당시 판이조사인 좌참찬 鄭甲孫이 "비록 敎旨가 있었더라도 이조로 하여금 천거하게 하는 것이 마땅하다."고 항의한 것에 문종이 답한 내용이다. 문종은 국정과 인사는 오로지 국왕이 주도하는 것임을 강조하였다. 그래야 명령이 여러 곳에서 나오지 않아 혼란이 없고, 공사도 일사분란하게 추진될 수 있다는 것이었다. 원래 승정원에서 천망하기로 되어 있는 都鎭撫·義禁府·尙衣院의 제조만 구례를 따라 천거하고, 나머지는 이조에 맡기도록 명하였지만, 문종은 국정 운영과 인사에서 신권에

---

66) 『文宗實錄』 권1, 즉위년 5월 丙辰 ; 권2, 즉위년 7월 己巳.
67) 『文宗實錄』 권3, 즉위년 9월 甲寅.

대한 왕권의 우위를 지극히 당연시하고 있었던 것이다.

IV. 佛敎施策과 宗親

1. 불교시책의 내용

문종대에는 세종의 冥福을 추천하는 佛事가 대대적으로 행해졌다. 그
중심에는 중 信眉와 安平大君 李瑢이 있었다.

①이때 信眉의 설로써 대궐 안에 工匠을 모아 두고 佛像과 佛經을
이룩하게 되는데, ②안평대군 이용이 일찍이 大慈庵으로써 願刹로 삼아서
여러모로 비호를 베풀고, 임금에게 아뢰어 無量壽殿을 헐어 버리고는
이를 새롭게 하면서 그 예전의 제도에 보태어 丹靑을 중국에 가서 구해
사고, 燈籠의 彩玉을 구워 만들어 사치하고 화려함을 극도로 하여 절
이름을 極樂殿이라 하고, 또 불경을 간수할 장소도 건축하였다. ③처음에
임금이 大行大王의 追福을 위하여 의정부에 의논하니 어떤 이는 彌縫策으
로써 대답하는 사람이 있기 때문에 이를 하기로 결심하였던 것이니,
이로부터는 비록 대간·집현전·三館과 여러 유생들이 疏를 올려 힘써
諫하였는데도 곧 大臣들과 의논함으로써 결정하고 마침내 윤허하지 아니
하고, 鄭芬과 閔伸에게 명하여 重修하여 새롭게 하도록 감독하게 하였다.
④이미 완성되니 마침내 불사를 크게 행하였으니, 이에 府庫가 텅 비게
되어 州縣의 貢物을 미리 받아들여도 오히려 모자라게 되었다.(『文宗實錄』
권1, 즉위년 4월 癸未)

이 사료는 문종대 불사의 여러 측면을 잘 보여주고 있다. 먼저 불사를
이끈 핵심 인물은 ①에서 신미임을 알 수 있다. 신미는 병인년(세종 28,
1446) 중궁(昭憲王后 심씨)이 병들었을 때 세종에게 알려지게 되었다.
그 후 세종이 孝寧大君의 私第에서 精勤할 때에 불러서 優待하였고, 그를
위해 俗離山 福泉寺에 기거하면서 重創하라는 명까지 내렸었다.[68] 그래서
문종도 그 도의 감사로 하여금 救恤하게 할 정도로 신미를 극진히 비호하였
다.[69] 더 나아가 津寬寺 幹事僧이 漕運해 온 전라도 각 고을의 종이와
草芚의 代納價 일부를 운반해 간 것에 관련되어 懸燈寺 중 雪正이 구금되자,
신미가 거주한 절의 중으로서의 의로움을 강조하고, 쌀을 운반해 간
사실을 안평대군이 알고 있을 것임을 들어 석방을 명하였다.[70] 설정이
구금 상태에 있다는 사실은 대자암에 있는 안평대군이 사람을 시켜 문종에
게 알린 것이었다.[71] 이는 신미와 안평대군이 긴밀하게 연결되어 있고,
불교시책 등에 관련된 일은 이들을 통해 바로 문종에게 전달·처리되는
구조가 작동되고 있음을 보여준다. 福泉寺를 개창하려는 신미에게 문종이
감사로 하여금 단청의 제구를 갖추어 주도록 하고, 세종을 薦導한다고
안평대군이 私財를 내어 開倉에 참여한 것[72]도 그러한 구조 작동의 또
다른 實例였다. 비록 대간의 끈질긴 爵號 회수와 개정에 대한 비판으로
개정되기는 하였지만, 문종이 國朝 이래 최고의 僧職인 禪敎宗都摠攝 密傳
正法 悲智雙運 祐國利世 圓融無碍 慧覺尊者를 신미에게 준 것[73]에서 그에
대한 우대가 잘 드러나고 있다.

---

68) 『文宗實錄』 권1, 즉위년 4월 己卯 ; 권9, 원년 9월 更子.
69) 『文宗實錄』 권1, 즉위년 4월 己卯.
70) 『文宗實錄』 권1, 즉위년 3월 壬申.
71) 『文宗實錄』 권1, 즉위년 4월 壬午.
72) 『文宗實錄』 권2, 즉위년 6월 甲午.
73) 『文宗實錄』 권3, 즉위년 8월 戊寅 ; 권2, 즉위년 7월 戊申.

한편 문종이 즉위 초에 추진하려는 불교시책은 대간의 논란을 불러일으키고 있었다. 그 중 특히 문제가 된 것은, 세종이 祖宗을 위해 지으려는 津寬寺의 水陸社 改修가 아니라, 세종 追薦의 명목으로 안평대군이 사사로이 불경 간행과 금 寫經 및 大慈庵을 3간으로 重修하려는 ②의 불사였다. 그래서 대간과 集賢殿副提學 鄭昌孫 등은 명분있는 津寬寺의 水陸社를 수축하는 일도 喪葬禮를 준비하는 지금 행할 수 없는데, 하물며 처음에 誠寧大君을 위해 설치하였고 間閣이 견고한 大慈庵을 改造하는 것은 선왕의 뜻도 아니고, 재정의 소비도 막대한 만큼 추진할 수 없다고 극력 반대하였던 것이다.[74] 문종은 병인년 겨울에 '太宗과 나의 後事를 모두 대자암에서 행하라.'고 했다는 세종의 遺敎 등을 重修의 당위성으로 내세우면서 강행할 뜻을 분명히 하였다. 다만 옛날에는 50여만 섬이던 軍糧이 현재 10여만 섬으로 줄었다는 재정 상태에 대한 대간의 언급을 듣고, 청기와 사용만 정지시켰을 뿐이었다.[75] 논란을 불러일으켰던 대자암 極樂殿은 극도로 화려한 모습으로 완성되었다. 이를 기념하여 7일 동안 불사를 행하였고, 그보다 앞서 금으로 36권의 불경을 寫經하였다.[76] 안평대군이 私財를 내어 重創하는 것이라 했지만, 자재며 사경에 필요한 금·종이 등을 공식·비공식적으로 공급하였던 만큼, 대자암 불사를 행한 후

---

74) 『文宗實錄』권1, 즉위년 3월 乙巳, "『文宗實錄』권1, 즉위년, 2월 辛丑, 集賢殿副提學 鄭昌孫 等啓曰 臣等 聞造佛寫經與 大慈庵 改造等事 大臣臺諫極言 而未得蒙允……津寬 水陸社 爲先王先后而設也 改造之備 先王已曾措置矣 然今當國葬 山陵調費頗多 及此時 而改造 猶爲不可也 大慈庵 則其初爲 誠寧大君 而設也 今而改造 亦非先王之命也 而間閣 完固 其可毀而改造乎 今又燔造彩玉 臣等 詮聞以佛之故 而各司所需之物 蕩盡無遺 必將 引納乎民矣".

75) 『文宗實錄』권1, 즉위년 2월 癸卯. 그 외에도 3일과 七七日에 水陸齋를 행하고, 小祥은 물론 그 전후에 불사도 계획하고 있었다(『文宗實錄』권1, 즉위년 2월 癸巳).

76) 『文宗實錄』권3, 즉위년 9월 戊午 ; 권1, 즉위년 4월 癸未.

國庫는 4만여 석으로 줄었고, 그 외에 各司 공물이 전부 소진되어 引納하더라도 부족할 지경에 이르고 있었다.[77] ④에 나타난 재정 고갈은 사실이었던 것이다.

문종대의 대자암 重創을 비롯한 각종 불교시책은, 세종 26년(1444) 12월 廣平大君 李璵, 동 27년 정월 平原大君 李琳, 동 28년 3월 昭憲王后 심씨 등이 차례로 사망하여 왕실에 悲患이 계속되는 상황에서, 세종이 동 30년 7월 맹렬히 반대하는 대사헌과 집현전에 대해 "비록 一千 議政이 말한대도 내가 이미 뜻을 정했으므로 어찌 이에 좇아야 할 리가 있겠는가."[78]라고 강행 의지를 단호히 천명한 후, 內佛堂을 영조한 연장선상에서 추진되는 것이었다. 당초에 여러 신하들은 왕실의 비통함을 생각하여 내불당 영조를 힘써 중지시키지 못하였다.[79] 내불당이 영조된 후에 하루 동안 7, 8백여 명 이상을 供饋하는 慶讚會를 5일 동안 베풀었고, 會를 파한 후에는 수양대군이 경찬회를 그림으로 그리고, 契文을 짓는 등 적극 참여하고 있었다.[80] 왕실의 불사 設行을 잘 살펴보면 세종대에는 수양대군이 중심적인 역할을 하고 있었으나 문종대에는 안평대군으로 바뀐 사실이 주목된다.

③에서 알 수 있듯이 문종대 불교시책은 대신들의 동조 하에 추진되는 것이었다. 그래서 대자암 중수나 화려한 건축과 불사의 功으로 인한 관직 제수에 대해서도 一言半句의 말이 없는 그들을 '迎合한다'라고 사헌부가 맹비난하자, 영의정 河演 등 의정부 대신들이 사직하였다.[81] 왕실의

---

77) 『文宗實錄』 권4, 즉위년 10월 庚寅.
78) 『世宗實錄』 권121, 30년 7월 壬寅.
79) 『世宗實錄』 권123, 31년 3월 丙午.
80) 『世宗實錄』 권122, 30년 12월 丁巳.
81) 『文宗實錄』 권4, 즉위년 10월 戊戌.

비통한 입장을 생각한다 하더라도 유교정치를 지향하고 그 같은 정치가 행해지고 있는 상태에서, 여러 형태로 추진되고 있는 불교 정책에 대해 아무런 反論을 제기하지 않는 대신들의 태도를 언관의 입장에서는 묵과할 수 없었던 것이다. 그러므로 문종도 '모두 이치에 합하는 말을 했을 뿐'이라는 승정원의 의사를 수용하여 대간을 처벌하지 않았다.[82]

문종대에는 사헌부가 다소 활발하게 활동할 뿐이었는데, 탄핵(40) 불교(31) 인사(16) 등에 대한 순으로 言論하였다. 사간원은 인사(23)와 탄핵(11) 등을 논하였고, 집현전의 활동은 미미하였다. 이는 세종 27년 이후 대간의 활동이 침체되었기 때문이었다.[83] 더구나 왕실에서 강한 의지를 가지고 추진하는 일에 대한 대간과 집현전의 極諫이 수용되기는 아직 시기상조였다. 그래서 사찰과 불상·불경을 부수고 태워버리겠다고 極言한 獻納 黃孝源이 파면되고, 신미를 老奸으로 지칭하며 官爵의 부당성을 極力 진달한 집현전 직제학 朴彭年이 분노한 문종의 명으로 告身을 회수 당하였던 것이다.[84]

한편 진관사의 수륙사도 改修되고 있었다. 그 사업에 대해 국가는 재정을 지원해야 했다. 문종은 충청도의 祿轉 남은 쌀 1천여 석을 절을 조성하는 비용으로 삼고 幹事僧이 각도의 草芚을 代納하는 폐단을 없애자는 좌의정 皇甫仁·우의정 南智 등의 계청을 물리치고, 중들에게 代納을 행하여 개수 비용을 마련토록 하고 있었다. 그런데 己巳年(세종 31, 1449)에 대납한 중의 초둔 값을 늦게 거두어 주었다고 坐罪되어 罷黜된 후로부

---

82) 『文宗實錄』 권4, 즉위년 10월 己亥, "上謂承政院曰 河緯地 登第時 試策譏刺大臣 今在憲府亦然 政府大臣 幷皆辭職 予欲責憲府 何如 其議以聞 承旨 鄭而漢 鄭昌孫 金文起 李崇之 等啓曰 臺諫 與人主爭是非者也 今言其君上之失者 或有之矣 而言大臣之非者無之 況今所言皆合於理乎".

83) 정두희, 1983, 앞의 책, 82~87쪽.

84) 『文宗實錄』 권1, 즉위년 3월 庚戌 ; 권2, 7월 丁巳·戊午.

터, 감사와 수령은 징수 기일이나 값을 그들의 뜻에 맞추고 있었다. 때문에 중들은 대납한 값의 倍 이상을 거둬들이고 있었다. 그러한 폐단을 들어 의정부에서 반대하였음에도 문종은 각 고을에서 代納價를 收合하여 간사 승에게 주는 방법을 제시하면서, 상당한 이익을 취할 수 있는 각도 공물의 대납을 진관사 幹事僧 覺頓에게 관장시키고 있었다.[85] 말하자면 백성에게 부담을 증가시키고 감사·수령의 감독과 지휘까지 무력화시키는 중들의 防納은 불사를 추진하는 문종의 비호 하에 이루어지고 있는 셈이었다.

2. 불교시책의 추진과 안평대군·수양대군

이제 문종대의 불교 문제를 정치적 측면에서 살펴보겠다. 문종은 신료들에게 佛道에 대해 부정적인 입장을 피력하고 있었다.[86] 그러면서도 불사를 베푸는 수양대군이나 안평대군을 저지하지 않았다. 도리어 심정적으로나 재정적으로 적극 지원하고 있었다. 이는 왕실의 사정과 무관하지 않은 것 같다. 문종의 첫 번째 세자빈인 徽嬪 김씨가 세종 11년(1429)에, 동 14년 두 번째 맞은 세자빈 봉씨는 동 18년 각각 廢黜되었고, 세 번째 세자빈인 權承徽는 元孫을 생산한 다음 날 사망하였다.[87] 그 후 문종은 중궁을 들이지 않은 상태였다. 그런데다가 26년부터 28년 사이에 두 명의 종친과 昭憲王后까지 사망하였다. 왕실은 불미스러운 일과 연이은 喪事로 고단하고 비통한 처지였던 것이다. 왕권과 왕실을 호위할 功臣·戚臣 같은 특정한 지지 세력도 없었다. 문종에게는 종친이 유일한 右翼인 셈이었다. 그래서 수양대군·안평대군이 올린 상서를 따라 황효원을 파면

---

85) 『文宗實錄』 권1, 즉위년 4월 辛丑 ; 권4, 즉위년 10월 更子.
86) 『文宗實錄』 권3, 즉위년 8월 壬午.
87) 『文宗實錄』 권93, 23년 7월 丁巳.

하여 연일 불사를 공격하는 대간에게 경고하였고, 의정부 대신의 반대로
무산되었지만 두 종친이 만들어서 올린 議親의 가자하는 기간과 遞差하는
기간을 각각 5개월 단축하고, 遞兒職 5개 증설하는 규정도 시행하려 하였
던 것이다.[88]

　문종대 불교시책이 주목되는 이유는, 무엇보다도 즉위 초 문종의 弟로
불사를 적극 추진한 안평대군이 직·간접적으로 문종의 지원을 받으면서
점차 정치적 입지를 군히고, 자연스레 왕권과 밀착되고 있었기 때문이다.
불사를 행하기 전에는 다만 종친에 불과했던 안평대군이 파격적인 인사나
여러 인사에 영향력을 행사한 것[89]과 의정부 대신 전원의 반대로 무산되
기는 했지만 영릉 碑銘을 쓴 것을 계기로 문종이 그에게 문신의 직을
제수하려 한 것에서[90] 그 같은 정황이 포착되고 있다.

　특히 贓吏로 처벌받았으나 젊어서부터 안평대군과 어울린 李賢老가
日德이 불길하다고 하자, 문종은 7월 초하루로 예정된 왕세자 冊封日을
20일로 연기하였다.[91] 국가의 大事인 책봉일을 연기하였다는 것은 그만큼
문종이 이현로의 말을 신임하고 있었다는 뜻이고, 그 신임은 안평대군과
의 관계에 의한 것으로 살펴진다. 안평대군의 청으로 세종대왕을 祔廟할
때 加資받는 執事를 얻게 된 것[92]도 두 사람의 특별한 관계를 말해 주고

---

88) 『文宗實錄』 권10, 원년 10월 壬午. 의친은 八義 가운데 하나로 곧 임금이 袒免以上
　　親, 왕대비·대왕대비의 緦麻以上親, 왕비의 小功以上親, 세자빈의 大功以上親을
　　말한다. 그런데 임금 이하의 조항은 당시 해당 사항이 거의 없었으므로, 이
　　논의의 중점은 종친에 있었다고 하겠다.
89) 『文宗實錄』 권1, 즉위년 5월 丙辰 ; 권8, 원년 7월 辛亥 ; 권12, 2년 2월 丁卯.
90) 『文宗實錄』 권10, 원년 11월 戊午.
91) 『文宗實錄』 권6, 원년 3월 甲寅 ; 『文宗實錄』 권2, 즉위년 6월 壬寅, "司憲掌令申叔舟
　　啓曰 王世子封崇 以七月初一日爲定 今聞更定他日 夫定國本 大事也 旣告 社稷宗廟輝德
　　殿, 而以陰陽小小拘忌 輕易進退 臣等以爲不可 上曰 封世子 大事也 日辰不吉而行之,
　　於義未安 且予近日得疾 身未寧 而行大事亦不可 故以二十日爲定 以李賢老 啓曰德不吉
　　故也".

있다. 다른 한편으로 그는 점술도 알고 武才도 있다는 平安道都體察使 金宗瑞의 천거로 告身을 돌려받고 軍中의 掌書記가 되었으며, 김종서에게 문종의 명과 중앙의 사정을 전달하고 있었다.[93] 문종의 신임을 받는 안평대군이 이현로를 통해 김종서와 연결되었고, 왕릉을 축조하면서 정분·민신 등 핵심 인물과 교류한 만큼, 그 입지는 대단히 강화되어 있었다고 판단된다. 안평대군의 입지 강화의 통로가 된 문종대의 불사는, 이런 점에서 다른 王代의 불교시책과는 달리 상당한 정치적 의미를 담고 있는 것이다.

한편 수양대군은 원년(1451) 4월 龍門社에서 불사를 크게 설행하였다. 이에 사헌부가 대자암에서 불사를 설행한 안평대군과 함께 비판하자, 문종은 병인년 大故 이후부터 수양대군이 계획하여 자기 물자를 내어서 벌인 것으로, 안평대군 역시 대고 이전부터 뜻은 두고 수행하지 못한 것을 대자암에서 安居會를 베풀고자 한 것으로 각각 해명하였다.[94] 그런데 문종과 富國强兵에 대해 논하고 向化 野人에 대한 대책을 의논한다거나, (원년)정월에 문종의 명을 받아 陣法을 제정하는 등[95] 주로 군사 관련 일에 참여하였고, 수양대군 스스로가 불사를 베푼 것은 처음이었다. 그래서 수양대군의 불사 설행은 입지가 강화된 안평대군을 의식한 행동이라는 점을 부인하기 어려운 것이다.

또한 사헌부에서 圖帖이 없다는 이유로 칼을 씌워 호송하는 중을 길에서 만난 수양대군은, 중의 칼을 풀어 버리고 사람을 시켜서 데려오게 하였고, 그 사유를 문종에게 아뢰었다.[96] 불교에 대한 순수한 개인적 호감 때문에

---

92) 『文宗實錄』 권13, 2년 4월 丁亥.

93) 『文宗實錄』 권5, 원년 정월 癸丑 ; 권6, 원년 2월 辛未.

94) 『文宗實錄』 권10, 원년 10월 丙申 ; 권7, 원년 4월 庚辰.

95) 『世祖實錄』 권1, 總序.

수양대군이 중을 풀어 주었을 수 있다. 그러나 사찰 중수에 赴役하는 중들에게 상을 주고, 보호하며[97] 度牒없는 중들의 처벌을 완화시킨 문종의 입장을 염두에 둔 행동으로 해석될 소지도 있는 것이다.

대간은 수양대군의 행동을 문제삼고 나섰다. 좌정언 洪應은, 耳目의 관원이 하는 일을 마음대로 방해한 것과 같은 행위의 재발을 막기 위해 수양대군을 처벌할 것을 주장하였다. 그러나 문종은 이제까지의 수양대군의 판단과 행동을 극구 칭찬하며 '禁亂吏가 체포한 중을 구타한 행위 때문에 풀어 준 것이라면 조짐이 될 것이 없다'며 오히려 반박하였다.[98] 이 문제는 얼마 후 우헌납 趙元禧가 많은 騶從을 거느리고 보은현의 福泉寺에 가서 폐를 일으키며, 享宴까지 받고 있는 안평대군의 불법을 馭車해야 한다고 강력하게 주장하면서 다시 쟁점화되었다. 이에 대한 문종의 반응은 다음과 같았다.

임금이 노하여 말하기를, "騶從者가 얼마인가? 그 분수에 지나쳤는가? 향연을 받았다니 사실 그러한가? 어디에서 향연을 하였는가?" 하고 두세 번 詰問하니, 조원희가 依違하면서 대답하기를, "추종자의 숫자는 자세하게 알 수 없지만, 민간에서 모두 말하기를, "많이 데리고 갔다." 합니다. 또 남의 饋餉을 받는 것도 옳지 않으니, 감사와 수령으로 어찌 와서 궤향하는 자가 없겠습니까?" 하니, 임금이 말하기를, "首陽이 枷鎖를 풀어 준 것이 어찌 큰 不法이겠느냐? 칼을 풀어 준 이튿날 즉시 와서 아뢰기를, "무슨 뜻이 있어서 풀어 준 것이 아니고 길에서 칼을 쓴 중을

---

96) 『文宗實錄』 권9, 원년 9월 辛酉.
97) 『文宗實錄』 권2, 즉위년 6월 乙亥 ; 권4, 즉위년 10월 戊寅 ; 11월 丁巳 ; 권1, 즉위년 3월 丁未.
98) 『文宗實錄』 권10, 원년 10월 丙申.

만나자 불쌍하여 풀어 준 것뿐입니다." 하였으니, 어찌 큰 일이라고
하겠는가? 안평이 복천사에 가겠다고 나에게 청하였으므로 내가 그것을
허락하였고, 이어서 그 도에 諭示하여 草料와 粥飯을 주라 하였다. 水陸齋
를 지낼 때에 혹은 백성들에게 다과·음식물과 중에게 시주하는 布帛을
받은 것이 어찌 큰 불법으로써 어거할 수 없는 것이란 말인가?" 하고
소리 높여 詰責하니 조원희가 두려워하며 물러갔다.(『文宗實錄』권10,
원년 10월 계유)

문종은 조원희가 근거없는 말로 과장해서 아뢰었다고 힐책했다. 반면
수양대군의 忠直성을 강조면서 중의 항쇄를 풀어준 것은 별일이 아니고,
복천사행과 수륙재를 지낼 때 필요한 물품을 제공받는 편의를 이미 문종에
게 허락받은 만큼 안평대군의 행위도 불법이 아니라는 것이었다.[99] 요컨
대 이미 문종에게 아뢰거나 허락을 받은 양 대군이 공무 집행을 방해한
행위나 편의를 제공받는 과정에서의 불법은 문제될 것이 없다는 것이었
다. 그후 이 사안에 대한 대간의 탄핵은 더 이상 이어지지 않았다.
　얼마 후 문종이 陣設을 새로 정하고, 편찬한 儀注의 교정을 수양대군으
로 하여금 관장하도록 하였다.[100] 그리고 문종 말년에는 음악을 안다는
이유로 수양대군을 慣習都監의 도제조로 임명하였다. 종친에게 일을 맡기

---

99) 그런데 이 일을 두고 수양대군·안평대군을 탄핵한 趙元禧의 언론을 왕권에
　　위협이 될 수 있는 종실 세력을 견제하기 위한 것으로 이해한 견해가 있다(최승희,
　　1976, 앞의 책, 137쪽). 그러나 앞서 언급한 바와 같이 문종은 수양·안평을
　　우익으로 생각하고 있었다. 따라서 대간의 비판은 왕권에 위협이 되는 종실을
　　견제하여 왕권을 보호하려고 한 것이 아니었다. 또한 앞서 정부대신들을 비판하
　　여 사직을 이끌어 대간 언론의 성격을 왕권 보호를 위한 것으로 이해하였다.
　　그러나 이는 왕실의 불사 추진에 대해 무비판적으로 동조한 대신들의 처신을
　　비판한 것이므로, 왕권을 보호하는 것과는 거리가 있다.
100)『文宗實錄』권10, 원년 10월 己丑.

지 않는다는 『續六典』 조항을 들어 맹렬하게 반대하는 사간원과 사헌부의
비판도 일축하였다.[101] 문종 초반과는 달리 원년 이후 불사와 정치적
행보 모두에 적극성을 띠면서, 수양대군의 입지도 점차 확보되고 있었
다. 이는 문종의 의도와는 상관없이 수양대군과 상당한 유력자로 이미
위치를 굳힌 안평대군과의 사이에 보이지 않는 긴장된 기류가 형성되었
음을 보여주는 것이다.

V. 맺음말

　정치 사회적 안정 속에서 수준 높은 유교정치와 민족문화를 꽃피웠던
세종의 뒤를 이어 문종이 37세에 조선의 제5대 왕에 즉위하였다. 문종의
통치 내용을 정리하고 이후를 전망하는 것으로 맺음말을 대신하고자
한다.

　세종 24년부터 세종의 신병으로 攝政을 하게 된 문종은 국정 논의구조와
공사 계달 방식이 왕권에 미치는 有不利를 잘 파악하고 있었다. 세자
시절부터 신병으로 政務를 중지한 경험이 있었고, 즉위 후에도 종기가
완치되지 않은 상태였던 문종은, 人事·用軍·刑決 외에 다른 사안들을
노련하고 국정 경험이 풍부한 의정부(대신)을 거쳐 처결할 경우-세종
18년 4월 이후 시행된 육조직계제와 의정부서사제를 절충한 방식-의정
부(대신)의 권한 강화를 우려하지 않을 수 없었다. 그래서 말년에 신병으로
外人을 접견하지 못하게 된 세종이 고육지책으로 행한 환관에게 출납을
맡기던 방식을 택하였다. 대소신료를 접견하지 못할 정도로 병세가 악화

---

101) 『文宗實錄』 권13, 2년 4월 신묘.

된 것은 아닌 만큼, 문종은 환관에게 출납을 맡겨 향후 발생할 수 있는 신병으로 인한 국정 공백과 지연 그리고 그에 따른 의정부(대신)의 獨走를 방지하고 국정 운영의 폭을 확대하려 했던 것이다. 이로 인해 즉위 초 문종의 왕권은 안정되었고, 좀더 탄력적으로 국정을 운영할 수 있었다. 따라서 문종의 전략적 왕권 강화책인 '환관의 대소 출납 업무'를 폐지하고, 승정원(승지)의 계달과 신료들의 面啓 확대를 주장하는 사헌부의 요청은 강력할 수밖에 없었지만, 문종은 이미 행하고 있는 朝啓 외에 경연에서의 승지 啓達만을 허락하였다. 출납은 이미 세종대에 탁월한 업무 능력을 보였던 田畇이 맡았다.

즉위년 11월 여진에서 兵亂을 일으킬 조짐이 있는 것을 계기로, 문종은 이미 논의된 바 있는 공사를 재논의해야 할 필요가 생겼을 경우에 직계할 것을 명하였다. 그 후 특히 병조의 직계가 급증하고 있었다. 이로 인해 최고 기관인 의정부의 국정을 담당하는 기능은 즉위 초보다 상대적으로 축소되었다. 반면 軍事 전반에 대한 문종의 統攝은 확대되었고, 군사체제 개편과 무기정비 및 정예 군사 양성 등의 국방력 강화는 그 구체적 산물이었다. 그 같은 사실은 의정부를 능가하는 왕권의 실상 및 이를 바탕으로 한 문종의 역량과 문종이 국정을 주도하는 형국으로 전환되었음을 보여주는 것으로 주목된다. 의정부 대신들이 혁파를 주장했음에도 우예 등 4군을 영토로 유지시킨 사실[102]도 그 같은 형세를 확인시켜 주는 또 다른 사례였다.

더 나아가 문종은 중국 조정의 예와 환관의 곧은 性行 및 높은 업무 능력을 내세워 엄자치로 하여금 군기감 감찰을 맡기는 등 환관의 兼務를

---

102) 『文宗實錄』 권3, 즉위년 8월 丁酉. 이후 단종 3년 4월에 자성군을 제외한 3군이 철폐되고, 세조 5년에 자성군도 철폐됨으로써 4군은 완전히 철폐된다(方東仁, 1995, 「4군 6진의 개척」 『한국사』 22, 152~153쪽).

확대하였다. 대소신료 및 대간의 맹렬한 반대와 실제 환관을 중용한 폐단도 있었다. 그럼에도 문종은 환관을 자기 세력화하여 출납과 아문 관리 등을 맡김으로써, 왕권을 강화하고 국정을 주도하는 실효를 거두고 있었던 것이다. 반면 즉위 후 승지를 대폭 교체하였고, 승정원(승지) 본래의 喉舌 기능을 최소화하였다. 그렇더라도 그들 스스로 啓聞하여 국정에 참여하였고, 문종도 사안에 따라 선택적으로 승정원(승지)에게 下問하거나 명령하고 있었다.

문종은 즉위년 7월에 判吏兵曹事 제도를 운용하고 있는 상태에서 인사권을 장악하겠다는 의지를 천명하였다. 인사권 장악은 왕권 강화의 한 축이었는데, 문종은 명망 있는 인사를 제수하여 호평을 받았다. 英陵 築造나 불교시책을 차질 없이 추진하기 위해, 세종대부터 그 같은 일에 전념한 鄭苯과 閔伸을 최측근 인물로서 장기간 각각 판이조사와 병조판서에 포치한 것 역시 문종 인사의 특이한 단면을 보여주고 있다. 그러면서도 북방 개척의 공로자이자 軍政의 大家인 김종서를 장기간 판병조사에 배치하기도 하였다. 특히 역적으로 몰려 賜死된 外舅 沈溫에게 영의정을 환급하면서, 의정부(대신)의 반대를 일축하고 沈澮 등에게 6품직을 제수한 것은 문종이 강력한 인사권을 행사한 전형적 實例였다. 이들의 등장은 세조 처남으로 대표되는 尹氏 一門과 戚臣의 양대 가문이 되어 靖難·左翼功臣과 더불어 세조대 勳戚 세력을 형성한다는 점에서 큰 의미를 지니는 것이다.[103] 문종이 대간 등에 제수한 집현전 학사들이 단종대의 癸酉靖難과 세조대 死六臣 사건에 핵심적인 역할을 담당한다는 점에서, 그들의 관직 진출의 의미 또한 적지 않다.

---

103) 金泰永, 1994, 「朝鮮초기 世祖王權의 專制性에 대한 一考察」 『한국사연구』 87, 138~144쪽.

국가 공사 처결과 인사 양 측면을 주도하고 있던 문종에 대한 의정부(대신)의 불만은 문종이 추진한 국방 정책이나 인사에서 드러나고 있었다. 더 나아가 악화되는 문종의 병세를 전혀 알지 못하였고, 병의 치료에 효과적인 노력을 전혀 강구하지 않았다.104)

한편 문종은 세종을 추도하기 위한 불교시책을 대대적으로 추진하였다. 그 중심에는 세종대에 우대받은 중 信眉와 安平大君 李瑢이 있었다. 명분과 과다한 재정 지출로 대간과 집현전의 강력한 반대에 부딪쳤지만, 안평대군이 추신한 大慈庵은 화려하게 重修되었고, 그로 인한 재정 지원도 한 원인이 되어 國庫는 거의 고갈된 상태가 되었다. 세종 말년에 연이은 광평대군·평원대군·소헌왕후의 사망을 애도하기 위해 세종이 내불당을 영조한 연장선상에서 불교시책이 행해지고 있었으므로, 대신은 그에 대해 비판하지 않았다. 그러나 왕실이 대대적으로 추진하는 寺刹 營造에 여러 모로 동조만 하는 대신을 대간이 '迎合한다'고 비난하는 것은 당연한 일이었다. 그럼에도 문종대 대간 언론이 활발했던 것은 아니었고, 그나마 불사나 환관에 관련된 언론은 대부분 수용되지 않았다.

개인적으로 불행했고, 특정 지지 기반도 없는 문종에게 수양대군과 안평대군 등은 유일한 右翼이었다. 그래서 문종은 大慈庵 重修는 물론 다른 불사에도 심정적·재정적 지원을 아끼지 않고 있었다. 문종대의 불교시책이 주목되는 이유는, 문종 즉위 초부터 적극 불사에 나선 안평대군이 왕권과 밀착되고, 그것을 배경으로 인사에 영향력을 발휘하면서 重臣들과의 교류를 확대하고 있었기 때문이다. 안평대군의 李賢老·김종서 등과의 교류와 정분·민신과의 관계가 단종대에도 계속되면서, 그들은 癸酉靖難 때 같은 黨與로 제거되었다.105)

---

104) 『文宗實錄』 권3, 2년 5월 丙午.

수양대군도 문종 초반과는 달리 元年 이후에 불사를 크게 設行하거나, 범법한 중을 우대하는 등의 행보를 보였다. 이는 불사를 통해 정치적 입지를 확고히 한 안평대군과 불교시책에 적극적인 문종을 의식한 행위로서의 의미를 갖는다. 따라서 원년 이후 陣法 교정에 참여하고, 慣習都鑑 도제조에 임명되는 등 점차 변화를 보이는 수양대군의 입지는, 능력만이 아닌 또 다른 정치적 행보 즉 好佛 행위에 대한 평가가 합해진 결과로 판단된다. 수양대군·안평대군은 문종 초 국왕의 弟일 뿐이었지만, 말년에 이르러서는 초기와 달리 각각의 정치적 영향력을 가지는 존재로 변모하고 있었던 것이다.

통치 기간은 짧았지만 문종은 안정적으로 인사와 국정을 주도하였다. 문종 왕권은 의정부(대신)보다 강했던 것이다. 그러나 문종이 국정을 주도하는 체제가 정착되기 전에 특별한 遺命없이 薨逝하면서, 12세 세자가 즉위하게 되었다. 단종에게는 垂簾聽政할 대왕대비나 대비가 없었고, 훙서하기 며칠 전 의정부로 하여금 모든 일상적인 공사를 入啓하지 말고 처리하도록 명하였으므로,106) 단종대에는 자연 의정부의 권한이 강해질 것이었다. 이러한 복합적인 상황은, 단종 왕권이 허약한 상태에서 정국의 흐름이 순탄하지 않을 것임을 시사해 주고 있다.

---

105) 『端宗實錄』 권8, 원년 10월 戊申.
106) 『文宗實錄』 권13, 2년 5월 丙申.

단종대 癸酉靖難과 그 성격

I. 머리말

문종이 즉위한 지 2년 4개월 만에 홍서하자, 12세의 端宗이 보위에 올랐다. 세종으로부터 문종·단종으로의 왕위 승계는 적장자에게 이어졌다는 점에서 의미가 있다. 그러나 왕권은 정통성과 명분에 하자가 없다는 것만으로 유지될 수 있는 것은 아니고, 국정 운영이나 군신과의 권력관계, 인사권 행사 등을 통해 통치의 정점으로서의 권위를 바탕으로 지켜내야 하는 것이었다. 단종은 문종의 통치 기간이 짧았기 때문에 세자로서의 교육을 충분히 받지 못하였다. 그에게는 攝政으로 국정을 조력해 줄 수 있는 母后나 大王大妃도 없었다. 그에게 유일하게 藩屛의 역할을 할 수 있는, 先代의 정치에 참여한 바 있는 首陽大君은 安平大君의 위상 강화에 위기를 느껴 문종대부터 보이지 않게 견제에 나서고 있었다. 이 같은 상황에서 단종 1년 10월 癸酉靖難이 발생하였다.

계유정난은 정치사적으로 매우 중요한 사건이다. 그 과정에서 集賢殿 학사들의 분기와 관료들의 이합집산이 이루어졌고, 수양대군의 권력 장악 및 정치세력 재편, 집권, 그리고 사육신 사건에도 영향을 미쳤기 때문이다. 그래서 군신권력관계의 측면, 왕위 승계의 관점, 군신 및 종친 사이의 대립구도, 종친 사이의 갈등 구도 등 여러 각도에서 최근까지도 연구가 진행되었다.[1] 그 가운데 계유정난을 전면적으로 다룬 논고로는 김성배의 연구가 유일하다. 그는 단종대에 이르러 재상권에 압도당한 왕권을 회복하기 위해 수양대군이 계유정난을 일으켜 臣權 우위의 권력구조를 개편하였다고 주장하였다. 그러나 이 연구는 계유정난의 중요한 원인인 안평대군에 대해 간과하였고, 『단종실록』,[2] 『세조실록』의 내용을 그내로 인용하고 있나. 최정용은 수양대군을 오직 국가와 왕실을 위하는 충직하고 의로운 인물이라는 관점으로 일관하고 있고, 양지하는 의정부 대신을 견제할 수 있는 인물로 수양대군과 함께 안평대군을 주목하면서도 안평대군의 역모 혐의는 그대로 수용하고 있다. 수양대군 일파가 성공한 계유정난뿐 아니라, 그 후의 정치적 사건에서도 그들의 정당성을 추구하

1) 김성배, 1981, 「조선 단종대의 계유정난 연구」, 연세대학교 석사학위논문 ; 한충희, 1995, 「왕권의 재확립과 제도의 완성」 『한국사』 22, 국사편찬위원회 ; 최정용, 1996, 『수양대군 다시 읽기』, 학민사 ; 최정용, 2000, 『조선조 세조의 국정 운영』, 신서원 ; 최승희, 1997, 「世祖代 王位의 취약성과 王權强化策」 『조선시대사학보』 1 ; 김돈, 2006, 「世祖代 '端宗復位運動'과 왕위승계 문제」 『역사교육』 98 ; 김경수, 2006, 「세조대 단종 복위운동과 정치세력의 재편」 『史學硏究』 第83號 ; 김경수, 2014, 「세조의 집권과 권력 변동」 『백산학보』 99 ; 김용흠, 2007, 「조선 세조대 정치를 보는 시각과 생육신」 『역사와 현실』 64 ; 양지하, 2008, 「世祖 2년(1456) 단종 복위사건의 성격」, 이화여자대학교 석사학위논문 ; 지두환, 2013, 『조선시대 정치사-조선전기편』, 역사문화 ; 2014, 「세조 집권 과정에서의 내종친의 정치성향」 『백산학보』 99.
2) 『단종실록』의 편찬 연대는, 예종이 춘추관에 입내한 『魯山君日記』 및 '계유정난 시 사초'의 범례를 보고자 하였다는 내용을 근거로(『睿宗實錄』 권5, 원년 4월 18일 신미), 세조 10년(1464) 10월에 『靖難日記』를 편찬하면서 함께 편찬된 것으로 보인다(『端宗實錄』 해제1. 『端宗實錄』의 편찬 경위 및 체제). 『세조실록』은 예종 원년에 시작하여 성종 2년에 완료하였다. 『단종실록』은 유일하게 편수관이 기록되어 있지 않지만, 『세조실록』과 같이 세조의 최측근인 申叔舟·韓明澮 등이 담당했을 것이므로 그들의 입장에서 서술되었음을 의심할 여지가 없다. 이 글에서는 아직 즉위하기 전이므로, '세조' 대신 '수양대군'으로 표기하겠다.

는 방향으로 역사를 서술했다는 점을 감안한다면,3) 당대 사료를 그대로
인용하기에는 무리가 있다. 한계가 있겠지만, 『단종실록』의 기록에 대한
비판적 검토는 필요하다고 하겠다. 한편 김경수는 당시 수양대군 대
皇甫仁·金宗瑞 간의 갈등 구도, 수양대군과 안평대군의 대립 등 이중적인
대립 구도가 형성되었고(2014) 수양대군이 김종서·황보인 제거에 중점을
두고, 그들과 결탁한 안평대군을 제거하였다고 하였다.(2006) 지두환은
수양대군을 찬탈세력으로 규정하고, 그가 단종의 보호세력인 안평대군
및 김종서·황보인 등을 제거하기 위해 계유정난을 일으켰다고 단정하였
으나(2014), 그 주장을 뒷받침하는 사료를 제시하지는 않았다. 또한 김돈
은 의정부 대신의 권력 증대로 인한 왕권 약화가 수양대군과 안평대군의
세력 경쟁의 원인이 되었고, 왕위를 넘보는 두 종친들의 의지를 막은
대신들을 제거하기 위해 수양대군이 계유정난을 일으켰다고 하였다.
이 논문들에서는 다른 주제를 다루면서 계유정난을 부분적으로 언급한
탓인지, 공통적으로 안평대군의 면모나 활동, 그리고 정치적 위상 등이
구체적으로 드러나 있지 않다.

이 글은 계유정난의 발생과 그 성격을 밝히기 위한 것이다. 필자는
수양대군과 안평대군을 이해하기 위해 먼저 문종대 두 사람의 정치적
행보를 검토하고자 한다. 이어 단종대 김종서·황보인 등의 국정 운영을
검토하고, 당시 안평대군의 실제 면모와 정치적 위상, 그리고 수양대군의
야심과 정변을 선행 연구와 다른 시각에서 살펴보겠다. 또한 이제까지

---

3) 중종대 관리 陰崖 李耔는, "魯山君이 錦城大君의 패함을 듣고 자결했다는 실록의
기록은 아첨하는 무리들이 지어서 한 말이고, 실제로는 賜死 당한 것"이라고
비판하였다(민족문화문고 간행회, 1985, 『大東野乘』 2, 「陰崖日記(중판)」, 169쪽).
세조정권이 실록 편찬을 통해 어떻게 그 정당성을 추구했는가와 그 내용의
편향된 시각을 완전히 거둬내기 어렵다는 점에 대해서는 김영두, 2013, 「실록
편찬에 나타난 세조 정권의 정당성 추구」 『한국사학사학보』 27에 자세하다.

언급된 바 없는 계유정난이 발생할 즈음의 구체적 상황을 분석한 후, 그 성격에 대해 서술하겠다. 이를 통해 결과론적으로는 왕위 찬탈의 발판이 되었지만, 계유정난 당시의 목적은 안평대군을 제거하기 위한 것이었다는 것을 밝히고, 그 구체적 실상에 좀 더 접근할 수 있기를 기대한다.

Ⅱ. 문종대 불교시책과 안평대군의 위상 상화[4]

문종대에는 세종의 冥福을 추천하는 佛事가 대대적으로 행해졌다. 그 중심에는 중 信眉와 安平大君 李瑢이 있었다. 신미는 병인년(세종 28, 1446) 중궁(昭憲王后 심씨)이 병들었을 때 세종에게 알려지게 되면서 우대를 받았고, 俗離山 福泉寺에 기거하면서 重創하라는 명까지 받을 정도였다. 문종도 신미를 극진히 비호하였다.[5] 신미와 안평대군은 긴밀하게 연결되어 있었고, 불교시책 등에 관련된 일은 이들을 통해 바로 문종에게 전달·처리되는 구조가 작동되고 있었다.

문종이 즉위 초 추진하려는 불교시책 중 특히 논란을 불러일으킨 것은, 세종이 祖宗을 위해 지으려는 津寬寺의 水陸社 改修가 아니라, 세종 追薦의 명목으로 안평대군이 사사로이 불경 간행과 금 寫經 및 大慈庵을 3칸으로 重修하려는 불사였다. 대간과 집현전의 강력한 비판에도 문종은 太宗과 자신의 後事를 모두 대자암에서 행하라고 했다는 세종의 遺敎 등을 중수의 당위성으로 내세웠다. 마침내 극도로 화려한 모습으로 대자암 極樂殿이

---

4) 이 부분은 한춘순, 2005, 「文宗代의 國政運營」『조선시대사학보』33, 59~67쪽의 내용을 수정·요약한 것이다.
5) 『文宗實錄』권1, 문종 즉위년 4월 기묘.

중수되었고 금으로 된 36권의 불경이 寫經되었으며, 7일 동안 불사가
행해졌다. 이 불사는 안평대군의 私財뿐만 아니라, 문종이 자재며 사경에
필요한 금·종이 등을 공식·비공식적으로 공급하여 국가 재정을 고갈시키
는 후유증을 남겼다.

문종대의 대자암 重創을 비롯한 각종 불교시책은, 세종 26년 12월
廣平大君 李璵, 동 27년 정월 平原大君 李琳, 동 28년 3월 昭憲王后 심씨
등이 차례로 사망하여 왕실의 비통함이 계속되자, 세종이 동 30년 7월
內佛堂을 營造한 연장선상에서 추진되는 것이었다. 내불당이 영조된 후에
하루 동안 7, 8백여 명 이상을 供饋하는 慶讚會가 5일 동안 베풀어졌고,
수양대군은 경찬회를 그림으로 그리고, 契文을 짓는 등 적극 참여하고
있었다. 안평대군은 誠寧大君 집에서 감독해 만든 금부처 세 구를 안치하였
다. 왕실의 불사 設行을 살펴보면, 문종대에 안평대군의 활동이 두드러지
고 있다는 점이 주목된다.

문종은 佛道에 대해 부정적인 입장을 피력했다. 그러나 불사를 베푸는
수양대군이나 안평대군을 심정적으로나 재정적으로 적극 지원하고 있었
다. 이는 문종이 고단하고 비통한 처지였기 때문이었다. 2명의 세자빈이
폐출되었고, 후궁으로 元孫을 생산한 권씨는 다음 날 사망하였다.[6] 그
뒤 동생들과 모후의 喪事가 이어졌기 때문에 문종은 유일한 右翼인 종친들
을 각별하게 대하였던 것이다. 그런데 무엇보다 주목해야 할 사실은,
문종대 불교시책을 추진한 핵심인물인 안평대군이 왕권과 밀착되고 있었
다는 점이다. 안평대군이 鄭孝康·金永濡·鄭永通·朴夏 등의 인사에 영향력
을 행사한 것과, 의정부 대신 전원의 반대로 무산되기는 했지만 영릉
碑銘을 쓴 것을 계기로 문종이 그에게 문신의 직을 제수하려 한 것에서

---

6) 『世宗實錄』권93, 세종 23년 7월 24일 무오.

그 같은 정황을 알 수 있다.

이제 세종대부터 계유정난 발생 전까지 안평대군과의 긴밀한 관계와 특이한 행보로 논란의 중심에 있었던 인물이지만, 선행 연구에서는 별로 언급되지 않았던 李賢老에 대해 살펴보겠다. 그는 세종 20년 과거에서 3/33의 성적으로 급제한 집현전 학사 출신으로, 세종 26년 2월에 수양대군·안평대군이 함께 관장한『韻會』번역 사업에 부수찬으로 참여하면서 처음으로 등장했다. 그는 동 윤7월 풍수서를 섭렵하였다는 이유로 수찬으로서 壽陵의 길흉을 정하는 일에 영향력을 행사했는데, 그 전에 이미 안평대군과 詩聯을 唱和하는 사이였고, 그로부터 厚待를 받고 있었다.7) 동 31년에는 병조정랑 시 청탁인사로 논박을 받아 贓吏로 서용이 금지되었다.8) 그는 경박하고 남을 해치기도 하며, 안평대군에게 가장 아첨한 인사로 비난받았지만, 詩·文과 雜術의 능력은 인정을 받고 있었다.9) 김종서가 평안도 도체찰사 시에 군중의 掌書記로 추천하면서 고신을 돌려받는데,10) 그 뒤 김종서에게 문종의 명과 중앙의 사정을 전달하였다. 그는 일찍이 풍수를 맡았고, 日德의 불길함을 들어 왕세자 冊封日을 연기시켰으며,11) 문종의 명으로 風水秘密의 서적을 상고할 정도로12) 문종대 풍수의 대가로 인정받고 있었다.

문종의 신임을 받는 안평대군은 이현로를 통해 김종서와 연결되었고, 왕릉을 축조하면서 鄭苯·閔伸 등 핵심 인물과 교류한 만큼, 그 위상은 상당하였다고 판단된다. 결과적으로 안평대군의 위상 강화의 통로가

---

7)『世宗實錄』권105, 세종 26년 윤7월 15일 임진.
8)『世宗實錄』권124, 세종 31년 6월 10일 무오.
9)『世宗實錄』권127, 세종 32년 윤1월 29일 갑술.
10)『文宗實錄』권5, 문종 1년 1월 13일 계축.
11)『文宗實錄』권2, 문종 즉위년 6월 30일 임인.
12)『文宗實錄』권8, 문종 1년 7월 5일 신축.

된 문종대의 불사는 단순한 불사가 아닌, 대단히 정치적 의미를 갖는
행위였다. 한편 수양대군은 원년 4월 龍門社에서 불사를 크게 설행하였다.
이는 富國强兵 또는 向化 野人에 대한 대책, 陣法 제정 등13) 주로 군사
관련 일에 참여한 그가 스스로 처음 베푼 불사였다는 점에서 주목된다.
이는 사찰 중수에 赴役하는 중들을 보호하며, 度牒없는 중들의 처벌을
완화시킨 문종의 입장14)을 염두에 둔 치밀한 행위로 해석될 여지가 있고,
문종대에 불사를 통해 정치적으로 입지가 강화된 안평대군을 의식한
행동으로 볼 수도 있기 때문이다. 그 뒤 그는 길에서 만난 사헌부에서
圖帖이 없어 호송하는 중의 칼을 풀어버리고 사람을 시켜서 데려오게
하였다. 이 사건을 비난한 대간에 대해 문종은 수양대군의 忠直함을 강조
하면서 비호하였다. 얼마 후 수양대군은 陣設을 새로 정하고, 편찬한
儀注의 교정을 관장하게 된다.15) 문종 말년에는 慣習都監의 도제조로
제수되었다. 문종 원년 이후 수양대군도 점차 입지를 다져가고 있었던
것이다.

Ⅲ. 단종대 정국 추이와 首陽大君의 政變 모의

1. 金宗瑞·皇甫仁의 국정 운영(인사권)

문종은 홍서하기 며칠 전 의정부로 하여금 모든 일상적인 공사를 入啓하
지 말고 처리하도록 명하였다.16) 이에 따라 12세의 단종이 즉위하면서

---

13) 『世祖實錄』 권1, 總序.
14) 『文宗實錄』 권2, 즉위년 3월 3일 정미 ; 권4, 문종 즉위년 10월 19일 기축.
15) 『文宗實錄』 권10, 문종 1년 10월 24일 기축.

국정 운영 방식은 의정부서사제로 정해졌고, 인사권은 정부·政曹가 맡았
으며, 왕명 출납은 승정원이 담당하게 되었다.[17] 이는 국정을 주도하고
인사권을 강력하게 행사하며, 환관에게 출납을 맡겼던 문종대의 상황과는
크게 달라진 것으로,[18] 대신들 중에서도 모든 국사를 결정하는 영의정
황보인과 우의정 김종서에게 권력이 집중되는 구조였다.[19] 따라서 왕권
은 취약할 수밖에 없었다. 당시 대신들은 항상 자신들이 공사를 결정하고,
수양대군·안평대군은 큰일(왕실 관련 일)을 맡아야 한다고 인식하고 있었
다.[20] 그들은 실제 수양대군의 뜻을 존중했는데, 대간의 반대에도 '尊長의
말이라 따르지 않을 수 없다.'고 수양대군의 말을 따르기 위한 안평대군의
평양행을 막지 않았다. 또한 수양대군을 隨從한 사람들과 안평대군을
치료한 사람에게 내린 가자를 도로 거두자는 논란에 대해, 황보인은
'지금은 마땅히 종친과 화목해야 한다.'고 가자 환수를 반대했다.[21]

처음 정사에서 대신들은 臺省·政曹·연변 고을의 장수와 수령에 대해
3인을 추천하였는데, 그 중에 자신들의 의중에 있는 1인에 黃標를 붙여서
단종이 落點하는 형태의 黃標政事를 하였다.[22] 이는 단종의 인사권을
배제하려는 의도였다. 약 한달 뒤에 행해진 인사에서 김종서는 아들
金承珪를 사복 소윤에, 차자인 金承璧을 충훈부 녹사에 제수하였다. 이를
두고 '탈상한 지 수 일밖에 안된 장남 및 차남을 동시에 인사 이동했다.'는

16) 『文宗實錄』 권13, 2년 5월 4일 병신.
17) 『端宗實錄』 권1, 단종 즉위년 5월 18일 경술.
18) 한춘순, 2005, 앞의 논문, 11~30쪽. 문종이 즉위하자 황보인·김종서 등이 정사를
    擅斷하게 되었다는(『端宗實錄』 권3, 즉위년 윤9월 6일 을축) 내용은 사실이 아니
    다.
19) 『端宗實錄』 권1, 단종 즉위년 5월 18일 경술.
20) 『端宗實錄』 권1 단종 즉위년 6월 11일 임신.
21) 『端宗實錄』 권5, 단종 1년 2월 2일 기축 ; 권6, 단종 1년 5월 26일 임오.
22) 『端宗實錄』 권2, 단종 즉위년 7월 2일 계사.

비난이 있었다.[23] 그러나 이는 비상한 시기에 軍馬를 장악하고, 공신들의 동태를 파악하려는 조치로 이해될 수 있는 측면이 있다. 단종 1년 3월에 李穰을 도체찰사로, 민신을 이조판서로, 趙克寬을 병조판서로, 趙順生을 사복제조로, 정효강을 병조지사로, 尹處恭을 軍器判事로, 조번을 군기녹사로, 李澄玉을 함길도 도절제사로, 鄭而漢을 평안도 관찰사로 삼은 인사가 있었다. 이 인사에 대해 '안평대군이 김종서·황보인 등을 뇌물로 끌어들여, 그 우익인 수많은 인물을 樞要에 배치한 것'이라고 맹비난을 받았다.[24] 그러나 안평대군이 김종서 등을 뇌물로 끌어들였다는 것은 수양대군 일파의 주장일 뿐이고, 국가 경영을 책임져야 하는 대신들이 안평대군의 의도대로 인사를 했다고 볼 수도 없으며, 오랜 관직 생활을 한 대신들이 많은 下僚들을 포폄하여 그 능력 정도를 평가했던 바가 있었을 것이므로 믿을 만한 인물을 요직이나 군사 관련 직책에 배치할 수 있는 일이었다.

김종서는 인사에 대한 여론에도 신경을 썼다. 즉위년 윤9월의 인사에서 황보인도 청탁인사를 하였고, 황보인과 김종서의 手下 수십 명이 모두 당상관으로 陞階하였다. 그런데 주목할 부분은, 이 인사가 있기 전에 토목공사를 주도하는 都廳 때문에 선공감에서 경희전 수리를 하지 못하면서 논란이 일었는데, 김종서가 鄭麟趾를 1품으로 올리고 병조판서에 제수되도록 하였다는 것이다.[25] 당시 도청(영선을 맡은 비공식 임시관청)의 총감독은 황보인이었다. 그는 繕工監官을 나누어 營繕을 관장하는 도청에 정분과 민신을 제조로 삼고, 直長 李命敏으로 하여금 이를 관장하게 하였다. 문제는, 도청의 전권을 갖다시피 한 이명민이 창덕궁·흥인문의 役事를 관장하면서 禁軍인 방패·섭육십을 도청에 예속시키고, 섭육십을 使令이

---

23) 『端宗實錄』 권2, 단종 즉위년 8월 7일 정묘.
24) 『端宗實錄』 권5, 단종 1년 3월 21일 무인.
25) 『端宗實錄』 권3, 즉위년 윤9월 3일 임술 ; 권4, 단종 즉위년 10월 1일 기축.

라 칭하여 의정부·승정원·병조에서 사역시키는 등 마음대로 부리고 있는 것에 있었다. 세종 말부터 시작된 도청은 굳센 병졸 수천 명을 한곳에 모아 놓고 관장하였기 때문에 자칫하면 위험한 상황이 발생할 수 있었다. 김종서가 그 폐단을 개혁하려고 정인지를 병조판서로 삼은 것이었다. 정인지는 여러 과정을 거쳐 禁兵을 모두 숙위하도록 하는 등 兵權을 제 위치로 돌려놓았다. 그러나 오래 동안 도청을 장악해 온 이명민 등의 아룀으로 황보인은 다시 도청의 제조가 되었다. 뿐 아니라 그는 정인지의 직위를 1품인 판승추원사로 삼아 實權을 빼앗고, 조극관을 병조판서에 제수하였다. 이 인사에서 김종서가 좌의정으로, 정분이 우의정으로, 韓確이 좌찬성으로 제수되었다.26) 이때의 인사는 도청 문제를 놓고 김종서와 황보인의 異見이 드러나고 있다는 점이 눈에 띈다. 또한 계유정난 직후 정인지가 權擥을 시켜 교서를 작성하는 것이나, 얼마 후 그의 아들 鄭顯祖를 수양대군이 사위로 맞는 것에서 황보인 등에게 불만을 품은 그와 수양대군이 밀착되는 계기가 되었을 것이라는 의미도 있다.

도청의 역사가 끊이지 않자, 그에 대한 논란도 이어졌다. 우참찬 겸 이조판서인 許詡는 단종에게 헌부의 비판을 따라 독자적으로 도청 혁파를 결정하도록 청했다. 그는 문종대부터 도청 혁파를 주장해 왔었다.27) 그는 계속 도청의 혁파를 주장하였는데, 정부는 役事를 끝마치면 혁파하겠다고 하였다.28) 이에 대해 황보인이 세종~단종이 영선을 자신에게 맡기고 사임을 허락하지 않았기 때문에 도청을 맡은 것이라고 불만을 가진 채, 전 방위적 비판에 직면하여 어쩔 수 없이 사면을 청하자, 단종은 그의 사직을 철회하였다. 그는 물러날 생각이 없음을 분명히 했다.29)

---

26)『端宗實錄』권4, 단종 즉위년 12월 11일 기해.
27)『端宗實錄』권6, 단종 1년 4월 28일 을묘.
28)『端宗實錄』권6, 단종 1년 5월 12일 무진.

김종서·황보인 등이 국정 안정을 위해 믿을 만한 측근을 요직에 배치하는 것은 자연스러운 일로 볼 수 있다. 그러나 규정을 무력화시키면서까지 행하는 정실인사가 문제였다. 단종 등의 반대로 1년 3월 黃籤을 사용하지 못하게 되자, 그들은 자신들의 친족과 姻婭를 제수하기 위해 相避法을 무시하고, 매번 注擬할 즈음에 아들·사위·아우·조카를 서로 바꾸어 천거하였다. 대간의 논박을 피하기 위해 임금에게 아뢰어 제수한 뒤에 '啓特旨'라 하는가 하면, 微官末職까지도 모두 좌우하였다.30) 그들은 공공연히 그 아들·사위에게 벼슬을 시키고, 세종대 이후 영향력이 확대된 韓確의 아들 韓致仁을 공조정랑으로 승직시켰다.31) 대간은 그 같은 인사의 부당성을 논박하였다.

> "(지평 金係熙 등) 전날에 金承珪를 知刑曹事로 삼고, 皇甫錫은 守司僕寺尹으로 삼고, 韓致仁을 공조정랑으로 삼으니, 김승규와 황보석은 지난 봄에 加資하여 臺省에서 論駁하였었는데 얼마 안 되어 또 김승규를 당상관으로, 황보석을 3품으로 제수하니, 그 超躐함이 너무 빠르며, 한치인은 공조좌랑이 되어 고만이 되지 않아서 喪을 당하였었는데, 이제 갑자기 정랑을 제수하니 옳지 못합니다. 청컨대 모두 개정하소서."32)

대간의 비판에 대해 도승지 박중손은 舊例를 끌어다 언론을 꺾었고, 앞서 대간이 세우기를 청한 상피법 역시 세종대의 일을 끌어들여 논의를 끊어버렸다. 단종이 글을 알지 못하는 金忠을 田畇으로 교체하기를 원하였

---

29) 『端宗實錄』 권6, 단종 1년 5월 26일 임오.
30) 『端宗實錄』 권6, 단종 1년 6월 8일 계사.
31) 『端宗實錄』 권7, 단종 1년 7월 1일 병진.
32) 『端宗實錄』 권7, 단종 1년 7월 22일 정축.

지만, 승정원은 대신들의 결정임을 들어 대신에게 묻도록 청하였다.[33)
승정원은 대간의 언론을 꺾고, 단종의 명보다는 정승들을 더 의식하고
있었던 것이다. 겸 판서 허후는 김종서와 황보인의 뜻에 영합한다는
비난을 받았다. 그렇다면 그들이 물의를 일으키면서까지 정실 인사를
행한 까닭은 무엇인가. 그 아들들에 대한 인사 논란이 있었을 무렵의
일이다.

> 허후기 황보인괴 김종서의 집에 가서 은밀히 말하기를, "근래 세상
> 사람들의 의논이 의정부의 자제가 官爵을 외람되이 차지한다는 말이
> 많으니 어떻게 할까?" 하니, 두 사람이 모두 오랫동안 잠자코 있다가
> 말하기를, "우리가 죽을 때가 가까웠는데 앞날이 얼마 남았겠는가?
> 만약에 자손을 위하여 도모하지 않으면, 누가 다시 그들을 쓰겠는가?"[34)

이날 사관은, 임금이 어려 나라가 위태로운데도 황보인·김종서가
의리를 버리고 사사로이 권력을 행사했다고 개탄하였다. 김종서는 문종
대에 내금위의 자격 미달자를 파출하는 개혁을 추진하려 하였고, 함길도
감사·도절제사직을 수행하면서 民物을 융성하게 만들었으며, 성균관
유생들이 縉紳의 영수로서 詞林의 표준으로 일컬었던 전 지성균관사였
던 그를, 우의정 된 후에도 영성균관사로 삼아 달라고 상언할 정도로
重望을 받았었다.[35) 그런데 이때에 자손의 현달을 위한 정실인사를 자행
하여 대간의 비판과 관료들의 원성을 자초하고 있었던 것이다.

---

33) 『端宗實錄』 권2, 단종 즉위년 8월 5일 을축.
34) 『端宗實錄』 권7, 단종 1년 7월 15일 경오.
35) 『端宗實錄』 권7, 문종 1년 5월 6일 계묘 ; 권9, 문종 1년 9월 15일 경술 ; 권10,
   문종 1년 11월 29일 계해.

2. 안평대군의 교유 관계와 권력 강화

단종이 즉위한 이후의 안평대군의 행보는 어떠하였을까. 환관을 중용했던 문종대에 안평대군은 그 인사에 영향력을 행사했을 정도로 위상이 높았고, 그 위세는 단종대에도 이어졌다.[36] 그는 단종이 즉위하기 전에 金衍을 승전색으로, 그 후에 韓崧을 도설리로 정하는데도 역할을 하였다. 김연이 안평대군에게 사람을 보내 편찮은 단종에의 문안을 독촉하거나, 안평대군의 생일에 환관 金得祥·李貴·崔濕 등과 함께 참석한 것 등에서,[37] 환관 인사가 안평대군과 김종서 등이 교감한 결과였음을 알 수 있다. 수양대군은 안평대군이 환관 제수에 개입한 것을 단종을 독살하기 위한 것이라 하였으나, 그것은 분명 단종을 보호하기 위한 조치였다.[38] 그러므로 외형상으로는 수양대군이 尊長이었으나, 실제로는 안평대군이 단종의 정치적 보호자격인 셈이었고, 그래서 권세 있는 위치에 있었다고 할 수 있다.

『단종실록』에 안평대군은 정치적으로는 모반을 꾀하는 자이고, 뇌물로 대신들을 비롯한 소인들을 끌어 모으는 자이며, 윤리적으로는 양모와 相避붙었고 유부녀인 딸을 매개로 황보인을 끌어들여 고명사은사가 되려 한 호색한이자 파렴치한이며, 國喪 중에 거리낌 없이 음주가무와 유흥을 즐기는 패륜적 인물로 기록되어 있다.[39] 그 내용대로라면 그는 가정·사회

---

36)『端宗實錄』권2, 단종 즉위년 7월 3일 갑오.

37)『端宗實錄』권1, 단종 즉위년 5월 15일 정미 ; 권4, 단종 즉위년 10월 5일 계사 ; 권 3, 단종 즉위년 9월 23일 임자 ; 권3, 단종 즉위년 윤9월 8일 정묘.

38)『端宗實錄』권4, 단종 즉위년 10월 5일 계사. 수양대군이 계유정난을 일으킬 때, 단종에게 밀계하지 못할 정도로 환관 김연과 한숭이 밤낮으로 모시고 있었다 (『端宗實錄』권7, 단종 1년 9월 25일 무인).

39) 김영두, 앞의 논문, 85~87쪽.

104

·국가에 암적인 존재였다. 그 사실 여부를 分辨하기 쉽지 않지만, 그
아내 정씨가 卒한 후 안평대군이 다른 사람에게 했다는 다음의 내용을
통해 그의 삶과 그에 대한 사료의 객관성의 일단을 살펴보겠다.

  "내가 불사에 지극히 정성을 드리고 지극히 부지런하였으나, 세종과
  소헌왕후와 문종이 서로 잇달아 崩御하시고, 아들 李友諒도 또 따라서
  죽고, 이제 또 아내도 죽으니 비로소 불사가 사람들에게 무익하다는
  것을 알게 되었디." 하고, 드디어 불사를 일으키지 아니하였다.[40]

  위에서 안평대군이 문종대에 불사에 전념한 것은 바로 소헌왕후와
세종에 대한 효심의 발로였음을 알 수 있다. 세종대에 불법을 행한 중들에
대해 관대한 입장을 취한 것도 그 연장선상에서의 행동이었던 것으로
판단된다. 그는 이어진 문종의 죽음에 큰 충격을 받았던 것 같다.[41] 게다가
둘째 아들과 부인까지 잇달아 사망하자, 그가 때로는 대간에게 논박을
받을 정도로 세종 30년부터 7, 8년간 열성을 갖고 추진했던 불사의 허망함
을 깨달았다는 것이다. 그런데 '생전에는 부인을 박대하여 7, 8년간 보지
않았고, 죽어서는 장례에도 무심하였다.'고 그를 비난하는 내용이 이어지
고 있다. 이는, 그가 불사를 통해 왕실 가족의 잇단 죽음으로 인한 불행을
멈출 수 있다고 믿어서 나름대로 竭力하다보니, 집안이나 부인에게도
소홀한 점이 있었던 것을 마치 의도적으로 박대한 것처럼 왜곡한 것이다.

---

40)『端宗實錄』권6, 단종 1년 4월 23일 경술.
41) 단종 즉위 당일 '백관들과 수양대군 모두가 비통해 하는데 유독 안평대군만
   문종의 승하를 기뻐하였고, 哭臨에도 참여하지 않고 술과 고기를 먹었다.'라는
   (『端宗實錄』권1, 단종 즉위년 5월 18 경술) 내용은 안평대군이 왕위를 엿보고
   있다는 점을 드러내기 위한 의도적인 서술로 판단된다.

그렇다면 실제 안평대군은 어떠한 인물이었는가? 그는 타고난 資品이 탁월한 데다 학문을 좋아하였고, 至誠으로 善을 좋아하였을 뿐 아니라 지극히 부지런히 儒雅에 주력하였다. 그래서 이것을 가상하게 여긴 세종이 세종 24년 '匪懈'라는 堂名을 내려 주었다.[42] 동년에 그가 宋 寧宗의 八景詩를 얻어 그 시를 탁본하고 그림을 그려 넣은 八景詩에 시를 짓게 하였는데, 참가자 총19명 중에 李甫欽·成三問·崔恒·鄭麟趾·安崇善·申叔舟·河演·김종서 및 朴彭年 등이 모두 시를 지어 친필로 썼다.[43] 이 내용은 박팽년의 기록이라는 점에서 신뢰할 만하고, 안평대군에게 세종대부터 일세의 문사들이 몰렸던 이유를 보여준다는 점에서 상당한 의미가 있다고 판단된다. 또한 김종서를 비롯하여 성삼문·박팽년·李塏·신숙주·정인지 등은 세종 29년 4월에 안평대군이 꿈을 꾼 桃園을 3일 만에 완성한 安堅의 「夢遊桃園圖」에 교유하던 인물들로서 撰文을 실어 놓았다.[44] 이 같은 교유에는 안평대군이 성삼문의 재당고모인 성억의 딸의 양자가 되면서, 성삼문과는 내외종 8촌이었다는 점, 朴仲林의 문하에서 그 아들인 박팽년과 성삼문·하위지 등이 함께 수학했었다는 점도 영향을 미쳤을 것이다. 또한 박중림의 재종숙(7촌 아저씨)인 김종서가 그 아들인 박팽년에게는 3종숙(9촌 아저씨)이 되는 점도 작용했을 것으로 짐작된다.[45] 따라서 안평대군과 성삼문·박팽년·신숙주·정인지·김종서 등과의 교유가 세종 24년 이전부터 시작되어 지속되었던 것은 성삼문과의 관계뿐 아니라,

---

42) 조동영, 1999, 『六先生遺稿』「朴先生遺稿-匪懈堂記」, 한국고전번역원.

43) 조동영, 1999, 『六先生遺稿』「朴先生遺稿-匪懈堂의 瀟湘八景 詩卷에 쓰다」, 한국고전번역원.

44) 김돈, 앞의 논문, 217쪽. 그는 이러한 안평대군의 교유가 유충한 단종의 王位를 염두에 두고 세력을 규합한 것인지에 대해서는 확실하지 않다고 보았다.

45) 김경수, 2006, 앞의 논문, 83~85쪽. 1년 7월 인사에서 김종서는 박중림의 대사헌 제배에 일정한 역할을 하였다.

그 자신도 학문 및 詩·書·畵도 삼절로 일컬어질 정도의 수준을 갖추고
있었기 때문이라고 할 수 있다.46)

　안평대군은 자신이 세종 29년 꿈에서 보았던 桃園과 흡사한 곳을 찾아
문종 1년 7월 무렵 武溪精舍를 지었다. 휴양하면서 은거하기 위해서였
다.47) 그는 무계정사에서 이현로·李承胤·이개·박팽년·성삼문 등과 '門下'
라고 칭하면서 문사로서 교유하였다. 안평대군이 그 중심에 있었고, 주위
에 문종대에 친분을 맺은 인사들도 있었다. 김종서도 여기에 참여하였다.
그러다 보니 다른 관료들로부터 비난을 받을 일이 생기기도 했을 것이
다.48) 안평대군의 교유관계를 종합하면, 그가 세종의 건강 이상과 詹事院
에서 세종 27년부터 섭정을 맡은 세자 역시 병마에 자주 시달린 상황을
염두에 두고 정치적 목적으로 세력을 규합하려 한 교유였다라기보다는,
문사로서의 취향과 의기투합, 그리고 인간적 관계를 바탕으로 한 교유였
다고 볼 수 있다. 그러므로 단종이 즉위하고 왕권이 약화되자 안평대군이
謀反을 위해 세력을 규합한 것은 결코 아니었다. 문종대에 이미 대간에
진출하였던 집현전 학사들과 새로 친분을 맺어 가세한 문사들, 그리고
김종서·정분·민신 등 세종 후반부터 문종대에 걸쳐 안평대군과 교유하던
형세가 단종대에도 그대로 유지되는 것일 뿐이었다. 그럼에도 단종이
유충하고 왕권이 미약한데, 한쪽으로 권력의 추가 기울어져 있는 상황을
다른 관료들의 입장에서는 의구심을 가지고 바라볼 수 있는 소지도
있었다.

---

46) 『端宗實錄』 권3, 단종 즉위년 윤9월 6일 을축.
47) 조동영, 1999, 『六先生遺稿』 「朴先生遺稿-武溪 酬唱詩에 차운하다」, 한국고전번역
　　원.
48) 『端宗實錄』 권6, 단종 1년 5월 19일 을해. 단종이 즉위한 직후부터 수양대군처럼
　　안평대군도 모반을 위해 세력 모으기를 시작했다는 견해가 있다(최승희, 앞의
　　논문, 10쪽).

안평대군은 측근과 자리를 마련하는가 하면, 생일에 마포의 정자에서
환관 김연 등을 비롯하여 이현로·이명민·趙藩 등과 모이기도 하였다.[49)
이현로는 그의 측근이자 참모로 인식되었다. 안평대군은 평양에 머물면서
본부의 軍器를 검열하면서 軍紀를 살피고, 관찰사와 더불어 위로하는
자리를 갖기도 했다. 안평대군은 김종서와 서로 내왕하였고, 김승규·元矩
도 그에게 자주 들렀던 것 같다.[50) 실록에는 이 역시 안평대군이 술판을
벌여 흥청망청 유흥을 즐기고, 不軌를 꾀하려는 것으로 비난해 놓았지만,
앞서 살펴 본 바와 같이 안평대군이 모반을 꾀하고 있었다고 볼 개연성은
거의 없다. 그는 이런 활동을 통해 주변을 돌보고, 외방의 군사 실태와
무기 상황을 들었으며, 국정에 대한 의견을 나누었던 것으로 판단된다.
반면 수십 명의 종자와 중들을 이끌고 해주로 갈 때 公廩과 驛馬를 사용했
고, 여러 고을의 수령을 소집하여 활을 쏘며 사냥하였다가, 민생이 곤란한
황해도에 가서 오래 머물러 소요를 일으키고 있다고 대간의 비판을 받은
적도 있었다.[51) 안평대군은 황보인과도 왕래하였고, 김종서·정분·허후·
민신·이양·조극관·鄭孝全·鄭孝康과 모이기도 했다. 이에 대해 수양대군
일파는 그들이 밤에 자주모여 잔치를 벌이고 술을 마셨다고 경멸하였으
며, 서로 뇌물로 사귀고 있다고 도덕성을 비난하였다.[52) 그러나 그들
사이의 관계를 고려한다면 이 같은 만남은, 공식적인 직책이 없어 운신할
수 있는 폭이 제한되어 있었던 안평대군의 입장에서 공무를 마친 대신·재
상들과의 만남을 통해 현안이나 지방의 상황, 군기, 인사 문제 등에
대해 의견을 교환하려 했던 것으로 볼 수 있다. 따라서 안평대군의

---

49) 『端宗實錄』 권2, 단종 즉위년 7월 3일 갑오 ; 권3, 즉위년 9월 19일 무신.
50) 『端宗實錄』 권5, 단종 1년 2월 17일 갑진 ; 권6, 단종 1년 4월 27일 갑인.
51) 『端宗實錄』 권5, 단종 1년 3월 23일 경진 ; 권6, 단종 1년 4월 9일 병신.
52) 『端宗實錄』 권5, 단종 1년 3월 21일 무인.

이러한 움직임들은 당시 정국에서 차지하고 있던 그의 대단한 위상을 보여주는 것이라 판단된다.

3. 수양대군의 정치적 고립과 政變 모의

단종 즉위를 전후한 즈음에 수양대군의 행보를 살펴보겠다. 그는 단종이 즉위하기 전날 도승지 姜孟卿에게 세 가지 할 일을 지시하였고, 즉위일에 대간의 간언에 따라 종친기에 분경을 금지한 것이 종친을 배제하는 것이라고 반발하여, 그 다음날 취소시켰다. 또한 자신이 지은『歷代兵要』를 올리는 등53) 종실의 연장으로서의 역할을 자임하고 있었다.

당시 수양대군은 정치적으로 고립되어 있었다. 그래서 그는 한명회를 만나기 전부터 급박하게 움직였다. 단종이 즉위한 지 두 달 남짓한 즈음에, 이현로가 대신들과 통해 臨瀛大君을 포섭하려 하였고, 대신들에게 獻策하여 종친의 집에 奔競을 금하도록 획책했다는 이유로 그를 축출하려 하였다.54) 분경 금지는 수양대군에게 더욱 치명적이었기 때문에 이현로를 문책하는 것으로써 안평대군을 공격하였다고 볼 수 있다. 당시 그의 절박한 심중과 야심을 꿰뚫고 있던 이는 한명회였다. 그는 문종대에 수양대군과 함께 병서 편찬에 참여했던 친구 權擥에게 안평대군의 逆謀論과 그에 대해 수양대군이 직접 나서야 한다는 말을 전하도록 했고, 그 말을 들은 수양대군은 다음과 같이 말하였다.

"안평대군의 사람됨이 凶狂하고 狠戾하여 반역할 마음[異心]을 품은

---

53)『端宗實錄』권1, 단종 즉위년 5월 26일 무오.
54)『端宗實錄』권2, 단종 즉위년 7월 15일 병오 ; 권2, 단종 즉위년 7월 23일 갑인.

지가 이미 오래이다. 세종조에 있어서 宮嬪에게 후하게 施與하여 晉王廣(수 煬帝)의 음모를 본받고자 하였으나, 다만 明聖을 두려워하여 감히 틈을 타지 못하였다. 大行王이 왕위를 이으니 대신들과 몰래 결탁하고 널리 不逞한 사람을 유인하고 무릇 국정에 대하여 연줄을 통해 계청하여 점점 威福을 펴더니, 오늘에 이르러서는 조정의 대신이 모두 그의 심복이어서 두려워하고 꺼리는 바가 없었다. 主上의 幼沖한 것을 경멸하고 더욱 방자 횡포하며 내가 손위인 것을 꺼려서 밤낮으로 꾀를 내어 나를 해치려고 하니, 禍幾가 이미 절박한데 장차 이를 어찌할꼬?"[55]

수양대군은 세종대부터 안평대군이 逆心을 품고 있었다고 단언하였다. 수 양제인 楊廣은 형을 모함하여 태자 자리를 빼앗고, 병이 중한 父帝를 살해하였으며, 그의 妃를 범한 인물이었다.[56] 수양대군이 언급한 음모의 내용을 특정할 수 없지만, 세종대부터 안평대군에게 적대감을 가지고 있었던 것은 분명하다. 이 내용의 실체에 접근하기 위해 먼저 두 사람에 대한 『세종실록』의 몇몇 기록들을 살펴보겠다. 그들은 세종의 명으로 세종 12년 5월 함께 성균관에 입학하였고, 세종 23년 1월 대궐에 들어와 강독하고 집현전 관인에게 가르침을 받았으며, 집현전에서 운회를 번역할 때 동궁과 함께 그 일을 관장하기도 하였다. 함께 사신을 접대한 적도 있었다.[57] 수양대군 단독으로는 세종 15년 12월과 동 17년 4월에 전별연을 행하였으며, 세자를 대신하여 사신을 영접하고, 전별연을 대행하였다.[58]

55) 『端宗實錄』 권2, 즉위년 7월 23일 갑인.
56) 네이버, 두산백과, 수 양제.
57) 『世宗實錄』 권48, 12년 5월 17일 병진 ; 권92, 세종 23년 1월 10일 무신 ; 권103, 세종 26년 2월 16일 병신 ; 권27, 세종 32년 윤1월 11일 병진.
58) 『世宗實錄』 권127, 세종 32년 윤1월 1일 병오 ; 권127, 세종 32년 윤1월 18일 계해.

110

田制詳定所 도제조, 壽器色 제조, 그리고 종부시 제조를 맡기도 하였다.59) 특히 세종이 심혈을 기울였던 貢法을 완성하기 위해 토지비옥도와 풍흉의 기준을 새로 마련했던 전제상정소의 총책임을 맡은 것 등으로 볼 때, 수양대군은 상당히 비중 있는 공사를 수행하였었고, 세종이 능력과 인성을 겸비하였다고 그를 칭찬하고, 그의 존재를 나라의 안위와 관련지을 정도로 신뢰하고 있었다는『세조실록』총서의 내용은 타당성이 있다고 보인다. 그럼에도 수양대군은 문사들과의 교유나 관료와의 친밀한 접촉은 많지 않았을 것으로 판단된다.

안평대군의 경우를 보자면, 그는 문묘 앞에서 유흥을 즐기는 典吏들과 몸싸움을 벌여 수금된 유생들의 태형을 속죄하고, 전리들을 처벌받도록 하였다. 세종의 명으로 왕세자빈의 무덤혈을 살폈고, 3년 만에 완성된 『醫方類聚』를 감수하는데 참여한 바 있었다.60) 다른 한편 이조정랑의 간통 사건 청탁에 연루되었고, 나주 등 30여 고을의 수령들이 草芚의 防納을 방해했다는 津寬寺 幹事僧 覺頓의 말을 아뢰어 그들 모두를 파직되게 하였으며, 초둔의 값인 쌀 1백 석을 사사롭게 쓴 각돈의 범죄는 처벌하지 않았다.61) 안평대군도 공사에 참여하였으나 수양대군에 비해 비중이 큰 공사였다. 또한 그는 엄격하기보다는 포용적이었던 것 같다.

수양대군은 세종대부터 많은 문사들과 교유하고 있던 안평대군의 움직임에 불안을 느꼈고, 그 위기감은 세종 이후를 도모하려 한다는 것으로 이어졌을 가능성이 크다. 자신이 처한 위기를 오히려 기회로 삼으려는

---

59) 『世宗實錄』권102, 세종 25년 11월 13일 갑자 ; 권106, 세종 26년 9월 3일 무인 ; 권1, 총서.

60) 『世宗實錄』권99, 세종 25년 3월 3일 무오 ; 권93, 세종 23년 8월 26일 경인 ; 권110, 세종 27년 10월 27일 무진.

61) 『世宗實錄』권120, 세조 30년 6월 5일 기미 ; 권127, 세종 32년 윤1월 29일 갑술.

야심을 가진 수양대군이 광범위하게 지지세력을 두고 있는 안평대군을
제거하겠다는 의중을 드러낸 위의 내용에서, 그러한 정황이 드러나고
있다. 그 배경에는 능력이 출중하여 인정받았으나, 세종대 이후 권력에서
소외된 수양대군의 처지가 자리하고 있다. 권람도 '안평대군의 권세가
우익이 이미 이루어져 조정의 안팎을 위협하는 것'으로 판단하였다. 7월
23일에 수양대군과 권람은 단종에게 극진히 충성하면서 은밀하게 동조세
력을 규합하는 방법을 의논했다. 닷새 후 권람의 추천으로 한명회가
처음 수양대군을 만났을 때, 그는 대신들과 결탁한 안평대군의 모반을
수양대군이 反正으로 수습해야 한다는 것과 그 방책으로 첩자 활용을
제안하였다.62) 수양대군 일파는 정변의 정당성과 명분을 얻고, 先手를
쳐서 안평대군을 제거하기 위해 단종을 보호하고 있던 그를 오히려 '謀反'
하려 한다고 낙인찍은 것이었다. 이미 광평대군·평원대군 등 두 명의
왕자가 사망하여 왕실이 적막한 상태에서, 안평대군 제거로 인해 야기될
명분이나 윤리적 측면에서의 비난을 피하기 위해 황표정사·정실인사로
물의를 일으킨 김종서·황보인을 역모에 관련된 것으로 조작해 놓고,63)
그들도 함께 제거하려 하였다. 그렇다면 한명회는 누구인가? 그는 가문의
지위 안정에 크게 기여한 개국 공신이자 태종 14년에 영의정에 제배된
韓尙敬의 형 韓尙質의 孫이었다. 조선왕조에 들어와 활약하는 인물은
모두 韓渥系의 자손인데, 그 4代孫인 상질계는 미미하였고, 그 孫인 한명회

---

62) 『端宗實錄』 권2, 단종 즉위년 7월 28일 기미 ; 권5, 단종 1년 3월 21일 무인.
63) 김종서가 안평대군에게 시를 보내 반역을 재촉하였다는 내용이 있다(『端宗實錄』
    권1, 단종 즉위년 6월 30일 신묘). 이는 자신에게 권력이 집중되는 구조에서
    김종서가 반역자로 영원히 남을 일을 성급하게 서두를 이유가 없었다는 점에서,
    그를 제거하는 명분을 만들기 위한 것으로 볼 수 있다. 또한 매를 맞은 이현로
    때문에 흉모가 드러나 수양대군이 알 것을 근심하여 황보인이 울었다는 내용도
    (『端宗實錄』 권3, 단종 즉위년 윤9월 8일 정묘), 한 달 후에 김종서가 정인지를
    병조판서로 삼아 도청 개혁을 시도하였다는 점에서 볼 때, 조작된 것으로 보인다.

역시 늦은 나이에도 궁지기로 있었다.[64] 그는, 명망은 있었지만 당시 고립된 수양대군의 야심에 편승해 단종 보호세력을 제거하여 권력을 차지하려 했던 것이다.

안평대군을 제거하기 위해 수양대군과 한명회가 행한 첫 번째 계략은 무계정사를 이용하는 것이었다. 안평대군이 무계정사를 지은 곳은 秘記에 '명당이 장손에 이롭고 만대에 왕이 일어난다는 땅'으로 일컬어진 普賢峯 아래였다. 그 풍설의 진원지는 성녕대군의 종 金寶明이었다. 그 풍설은 그가 거짓으로 꾸며 안평대군을 유혹한 것이었고, 장손은 그의 장남 李友直을 가리킨 것이었는데. 김보명은 이미 죽었다.[65] 김보명의 풍수설은, 수양대군이 산릉도감 掌務로서 자신을 무뢰하게 대했다는 것을 빌미로 안평대군의 최측근인 이현로를, '禍福을 말하고, 안평대군에게 아부하여 골육을 이간했다.'고 그 앞에서 매를 칠 때 언급되었다.[66] 수양대군은 고명사은사로 결정된 이후에 이 사건을 일으켰고, 김종서에게도 매질한 까닭을 말하였다. 더 나아가 수양대군은, "이현로가 '백악산 뒤에 궁을 짓지 아니하면, 정룡이 쇠하고 傍龍이 發한다. 태종과 세종은 모두 방룡으로서 임금이 되었고, 문종은 정룡이라서 일찍 세상을 떠났다.'고 말했다." 고 강맹경을 통해 단종에게 아뢰었다. 또한 종친들에게는 이현로를 반역을 획책하는 모사꾼으로 각인시키고, 그가 안평대군을 위험에 빠뜨리려 한다는 점도 알렸다.[67] 여기에서 이현로가 말했다는 풍수설이, 그가 수양대군 등에게 말했다는 즉위년 7월 15일에 처음 등장하는 풍수설인 '백악산

---

64) 李泰鎭, 1976, 「15세기 후반기의 '鉅族'과 名族意識」『한국사론』3, 서울대 국사학과, 259~262쪽.
65) 『端宗實錄』권6, 단종 1년 5월 19일 을해.
66) 『端宗實錄』권3, 단종 즉위년 윤9월 6일 을축.
67) 『端宗實錄』권3, 단종 즉위년 윤9월 8일 정묘.

뒤에 궁을 짓지 아니하면, 김보명의 말과 같이 정룡이 쇠하고 방룡이 반드시 일어날 것이다.'와 많이 달라졌다는 점이 주목된다. 이는 문종 1년 7월 건축되었을 당시에는 아무 문제가 없었는데, 수양대군이 이때에 이르러 풍수설을 조작하여 안평대군을 제거하려는 모반의 명분으로 삼으려 했기 때문이었다. 수양대군이 이현로를 축출하려 했던 이때의 시도는, 그가 파직되었다가[68] 유사로 곧 풀려나면서 실패로 돌아갔다.

그러나 후에 세종의 후궁 惠嬪 양씨가 '이현로의 말을 듣고 안평대군이 무계정사를 지었으니, 그 위험성을 미리 막아야 한다.'고 밀계하였다.[69] 혜빈은 일찍이 단종을 보육했고, 그 소생인 壽春君 李玹은 안평대군의 둘째 처남 延日 鄭自濟의 사위였고, 永豊君 李瑔은 박팽년의 사위였다.[70] 단종을 보호하려는 측인 혜빈의 밀계는 안평대군을 모반자로 몰아 제거하려는 수양대군의 계략이 성공했음을 보여준다. 계유정난 뒤에 무계정사는 안평대군이 모반하려 하였다는 25조목 가운데 첫 번째 증거로 제시되었다.

수양대군 일파는 자기 세력 확장과 첩자를 활용하는 등 본격적으로 움직였다. 먼저 세력 확장을 살펴보자면, 수양대군의 야심을 알고 있었던 洪允成, 그리고 전 병조참판 黃守身, 安知歸·洪逸童 康袞과 洪純老 등이 자발적으로 수하가 되었다.[71] 수양대군은 단종 인견, 자신을 전별하는

---

68) 『端宗實錄』 권3, 단종 즉위년 윤9월 27일 병술.

69) 『端宗實錄』 권6, 단종 1년 5월 19일 을해. 같은 날, 이현로가 자신이 꾸었던 大位와 관련된 상서로운 꿈을 기록해서 인편으로 안평대군에게 보낸다는 내용을 의도적으로 배치해 놓기도 하였다.

70) 김경수, 2006, 앞의 논문, 84쪽.

71) 『端宗實錄』 권2, 단종 즉위년 7월 25일 병진 ; 권2, 단종 즉위년 8월 13일 계유 ; 권7, 단종 1년 7월 28일 계미. 계유정난 당일에 林自蕃·崔閏·安慶孫·閔發 등도 합류한 것으로 나타난다.

114

射侯 모임, 전별, 종친 70인과 봉장을 올린 것 등을 통해 종친을 아울렀다.[72] 세종의 후궁인 신빈 김씨 및 그의 소생 桂陽君 李璔 같은 왕실세력 그리고 이증의 妻父인 한확 등은 그의 적극적인 후원자였다.[73] 또한 수양대군은, 세종대에 누이를 명의 成祖와 宣宗의 후궁으로 보낸 일을 계기로 명나라에서 仁宗皇帝의 딸과 혼인을 시키려고까지 한 청을 몇 차례 뿌리친 후, 세종에게 중용된 한악의 4대손인 한확의 6녀를 장자 桃源君의 배필로 맞아들였다.[74] 조정의 상황을 파악하는데 수양대군은 그의 절대적인 도움을 빌었을 것이다. 둘째, 수양대군은 고명사은사라는 승부수를 넌겼다.[75] 그것은 세력 규합에 필요한 시간을 확보하고, 충성한다는 명분도 챙기면서, 이현로 사건을 일으켜 김종서·안평대군에 타격을 가할 다목적 카드였다. 사은사행을 통해서 수종관 金文達·康袞, 서장관 申叔舟 등이 합류하였다.[76] 수양대군은 여기에 皇甫錫·김승규를 인질적 성격으로 동행시켰다.[77] 또한 그는 집현전 출신 관료들에게도 공을 들여, 河緯地 등 10여인에게 『兵要』를 修撰했다는 공으로 각각 한 資級을 더하여 주기를 청했다.[78] 그러나 지평 柳誠源이 성삼문·하위지·이개 등의 가자를 개정하기를 청하였고, 당사자인 집의 하위지도 '은혜를 종실에서 내려주는 것'이라 비판하며 개정 논란에 가세하였다.[79] 수차례 논란 끝에, 사직한 하위지를 제외한 다른 이들은 가자를 받았다.

---

72) 『端宗實錄』 권3, 단종 즉위년 윤9월 2일 신유 ; 권3, 단종 즉위년 윤9월 27일 병술 ; 권4, 단종 즉위년 10월 8일 병신 ; 권6, 단종 1년 5월 27일 계미.

73) 지두환, 2014, 앞 논문, 33쪽 ; 『端宗實錄』 권4, 단종 즉위년 10월 11일 기해.

74) 『世祖實錄』 권5, 세조 2년 9월 11일 무인.

75) 『端宗實錄』 권3, 단종 즉위년 9월 10일 기해.

76) 『端宗實錄』 권3, 단종 즉위년 9월 21일 경술 ; 권4, 즉위년 10월 7일 을미.

77) 『端宗實錄』 권3, 단종 즉위년 9월 10일 기해.

78) 『端宗實錄』 권6, 단종 1년 4월 20일 정미.

79) 『端宗實錄』 권6, 단종 1년 4월 22일 기유.

셋째, 한명회는 수양대군 측에 꼭 필요한 내금위 楊汀·柳洙·柳河를 차례로 불러들였고, 선제공격에 결정적 역할을 할 洪達孫을 합류시켰다. 홍달손은 武略이 있는 자로서, 첨절제사에서 해임되어 돌아와 첨지중추원사로 제수되었는데, 아래 내용에서 그의 합류가 수양대군 측에 어떤 의미였는지 잘 드러나고 있다.

> 한명회가 권람에게 말하기를, "내가 홍달손과 마음이 통한 지가 아주 오래인데, 忠實하고 무략이 있어 큰일을 부탁할 만하다. 이제 마침 해임되어 돌아왔으니, 거의 하늘이 주신 것이다." 하고, 곧 수양대군에게 고하니, 수양대군이 말하기를, "나도 또한 일찍이 그 사람됨을 알고 있으니, 함께 오는 것이 좋겠다." 하였던 까닭에 한명회가 홍달손과 와서 알현하였던 것이다. 홍달손이 무과에서 발탁되어 僉知中樞로 임명되었는데, 상례대로 監巡을 감당하게 되었으므로, 한명회가 권람에게 이르기를, "홍달손이 이제 감순이 되었으니 이와 더불어 協謀한다면 巡卒 수백 인을 얻을 수 있으니, 우리 일이 성사될 것이다." 하였다. 권람이 말하기를, "이것은 실로 하늘이 준 기회이니, 빨리 수양대군에게 아뢰는 것이 좋겠다." 하고, 즉시 가서 이를 고하니, 수양대군도 또한 기뻐하면서 말하기를, "이와 같이 한다면 일이 성사될 수 있을 것이다."[80]

홍달손은, 수양대군이 먼저 김종서·황보인 등을 제거할 때 대궐에서 내응할 세력을 확보해 줄 수 있는 인물이어서 그들은 환호했던 것이다.

첩자 활용을 살펴보자면, 수양대군의 종 趙得琳으로 하여금 안평대군의 종 및 여러 사람들과 교제를 맺게 하여 앞서 서술한 바 있는 안평대군과

---

80) 『端宗實錄』 권6, 단종 1년 5월 15일 신미.

황보인·김종서 및 다른 관료들과 만남 등을 알아내었다. 한명회는 조번에게 접근하고 유도심문하여 안평대군 측의 군사력 규모와 결탁관계 등의 정보를 얻었다. 즉, 조번이 判事 尹處恭과 함께 武庫의 兵仗을 주관할 수 있고, 수백 명 이상이 되는 別軍과 모든 匠人들을 장악하고 있으며, 役夫를 영솔하고 있는 李命敏도 1천인을 얻을 수 있어서 언제라도 상당한 물리력을 동원할 수 있고, 삼공과 찬성 이양, 이조판서와 병조판서도 모두 안평대군과 생사를 같이 할 것이라는 내용이었다.[81] 이는 조번이 한명회에게 밀한 내용이므로 勢를 과시하거나 대신·재싱들과의 관계가 과장되었을 수도 있지만, 당시 황보인 등이 도청을 장악하고 있었을 때이므로 군사력 동원이나 이들의 연대 관계는 사실일 가능성이 크다. 한편 수양대군도 안평대군이 마포에 있을 때 불시에 방문한 적이 있었다.[82]

이와는 대조적으로 김종서·황보인 등은 수양대군 일파에 대한 정보가 없었고, 별다른 경계심을 갖지도 않았던 것 같다. 안평대군이 항상 가노 尙忠 등으로 하여금 몰래 수양대군의 집을 엿보게 했다지만,[83] 그들이 은밀하게 움직인 탓인지 특별한 움직임을 포착하지 못했다. 이현로는 한명회를 안평대군에게 추천했고, 황보인은 양주부사 權摯에게 그 동생 권람으로 하여금 수양대군을 만나지 말도록 권했으며, 홍윤성이 수양대군의 사람인 것을 알면서도 김종서는 그 앞에서 수양대군을 비판하고, 안평대군을 치켜세웠다.[84] 권력에 안주하고 자만하였던 것 같다.

---

81) 『端宗實錄』 권5, 단종 1년 3월 21일 무인.

82) 『端宗實錄』 권6, 단종 1년 4월 28일 을묘.

83) 『端宗實錄』 권3, 단종 즉위년 9월 12일 신축. 수양대군을 경계하지 않았던 상황은 계유정난 당일 유배되었던 李友直이 강화에 이르러 안평대군에게 "제가 여쭙지 않았습니까?" 하니, 그가 "부끄럽다. 할 말이 없다"라는 대화에서도 드러나고 있다.

IV. 癸酉靖難의 발생과 그 성격

계유정난이 발생하기 전의 정국 상황은 어떠하였을까. 먼저 김종서·황보인 등은 이조를 맡은 지 오래되지 않았다고 하여, 민신을 좌참찬에 제수하고자 한 단종의 뜻을 받들지 않았다.[85] 그러면서 각각의 姻婭를 제수한 원년 9월의 인사에서 다시 黃標를 썼고, 이례적으로 황보석은 1년 동안에 다섯 품계의 가자를 받기도 했다.[86] 단종이 도승지 박중손에게 창덕궁에 부역하는 船軍을 놓아 보내는 문제를 의정부와 의논하라고 했으나, '선군을 보내면 공역을 마칠 수 없으니 10월 보름에 파할 수 있다.'는 황보인 등의 말을 듣고, 단종의 명을 전하지도 않은 채 돌아왔다. 단종은 다시 공역 마치는 시기를 감역관에게 물어 의정부에 의논하도록 명했다.[87] 다음 날 이명민이 10월 보름으로 말하자, 다시 의정부와 논의하도록 했다. 단종의 강경한 태도는 이틀 전에 올렸던 수양대군의 봉장 내용 중 군사관련 조항의 영향을 받았기 때문이 분명했다. 김종인·황보인의 인사 행태와 도청 운영은 왕권의 행사를 거부한 것이어서 단종이 그들에게 충분히 분노할 만 하였다. 수양대군이 사람을 시켜 목수를 청했으나 이명민은 공역을 핑계로 거부하였고, 그것을 따지는 한명회에게 대놓고 수양대군을 무시하였다.[88]

반면 수양대군은 그 무렵, 매월 한 번씩 종친을 만나달라고 단종에게 청하여 '寧海君 이상과 寧字 이상의 대군과 여러 군만 웨見하는 것'으로

---

84) 『端宗實錄』 권3, 단종 즉위년 윤 9월 8일 정묘 ; 권5, 단종 1년 3월 22일 기묘.
85) 『端宗實錄』 권7, 단종 1년 7월 28일 계미.
86) 『端宗實錄』 권7, 단종 1년 9월 13일 병인 ; 권8, 단종 1년 10월 2일 을유.
87) 『端宗實錄』 권7, 단종 1년 9월 27일 경진.
88) 『端宗實錄』 권7, 단종 1년 9월 5일 무오.

허락받았다.[89] 단종에게 4가지 조목의 봉장도 올렸다. 봉장의 세 번째 내용은 '군사를 사랑하라'는 것이었다. 내금위의 처우를 개선하고, 토목역사에 동원되는 防牌·六十을 훈련하여 임금을 호위하는 精卒로 삼기 위해 그 임무에 전념하게 해야 한다는 주장이었다.[90] 수양대군의 행동은, 인사와 도청 문제로 분노하고 있을 단종에게 자신이 국가와 단종에 대해 얼마나 깊이 생각하고 있는지, 그 衷心이 어느 정도인지를 보여주려는 것이었다.

계유정난은, "황보인이 김종서 등과 의논하여 장차 안평대군을 임금으로 삼으려고 하고, 오는 10월 12일과 22일로 기한을 정하였다."라고, 황보인의 가동이 권람의 종 계수에게 발설하는 것에서 처음으로 드러났다. 가동이 스스로 말한, 안평대군이 황보인에게 물었다는 군사 동원방법은, 창덕궁 역사를 핑계하여 외방의 군인 수천 명을 불러서 이명민으로 하여금 거느리게 하고, 황해도·충청도의 한두 州郡의 군사를 징집하여 배에 싣고 마포에 대면, 안평대군이 새벽을 타서 거느리고 들어와 이명민과 합세한다는 것이었다. 또한 윤처공과 조번이 군기감 兵仗을 안평대군의 집으로 비밀히 운반하고, 거사하는 날짜를 약속하여 병기를 공급하기로 했다는 것이다.[91] 황보인 등이 모반을 계획하지도 않았지만, 설령 황보인이 모반 계획을 했다고 하더라도 革工인 가동이 비밀스럽고 중차대한 내용을 저 정도로 상세하게 알기는 거의 불가능한 일이다. 안평대군도 또한 모반을 도모하지 않았다. 더 나아가 이 내용을 잘 들여다보면 단종 1년 3월에 한명회가 조번에게 얻어낸 정보와 흡사하다. 이런 점에서 볼 때, 수양대군 일파가 황보인이 도청을 계속 장악하고 있는 이유를

89) 『端宗實錄』 권7, 단종 1년 9월 6일 기미.
90) 『端宗實錄』 권7, 단종 1년 9월 25일 무인.
91) 위와 같음.

'모반을 꾀하기 위한 것'으로 내세우고 있었음을 알 수 있다. 도청의 권한을 일찍 내놓지 않고 버티던 황보인 등의 욕심이 자승자박하는 결과로 이어지고 있었던 것이다. 같은 날 수양대군 일파는 먼저 김종서 등을 제거한 후에 계문하기로 정했다. 수양대군이 김종서를 먼저 제거하려한 까닭은 영의정인 황보인·우의정 정분보다 지략이 뛰어나 당시 사람들이 大虎라 칭하고 있었기 때문이었다.92) 그들은 정변일을 홍달손이 감순으로서 巡綽軍이 도성을 순찰하는 것을 감독하는 날인 10월 10일로 잡았다.93) 따라서 12일과 22일이라는 날짜는 수양대군 일파가 정변일로 결정한 10월 10일을 기준으로 본다면 도청이 혁파되는 10월 보름 전이고, 김종서·황보인에 대한 단종의 반감이 고조된 때이므로 그들을 제거하는 명분과 정당성을 얻기 위해 조작된 것으로 추단된다. 수양대군 일파의 주장과는 달리 황보인·김종서는 은밀하게 불시에 움직인 그들의 정변을 사전에 인지하지 못했던 것으로 보인다.

거사 당일 밤에 수양대군은 김종서 집을 방문하여 자신이 건네준 편지를 그가 읽는 사이에, 어을운이 철퇴로 그를 쳤고, 김종서 위에 엎드린 김승규를 양정이 베었다. 이렇게 그날 밤 김종서 부자를 살해하였다. 정변이 성공한 것이다. 권람은 홍달손에게 巡卒을 대기시키도록 하였고, 수양대군은 돌아와 곧 이어 시어소를 장악하였다. 도승지 崔恒에게 김종서 부자의 처지를 알리고, 조극관·황보인·이양·윤처공·이명민·조번·원구·김연·민신 등을 죽였다. 또한 田畇을 불러 단종에게 '안평대군에게 뇌물을 받은 황보인·김종서 등이 종사를 위태롭게 하기를 꾀하여 이미 김종서 부자를 죽였고, 아직 남아 있는 황보인 등을 지금 처단하기를 청하는

---

92) 민족문화추진회, 1988, 『燃藜室記述』 1, 단종조 고사본말-東閣雜記, 373쪽.
93) 『端宗實錄』 권7, 단종 1년 9월 29일 임오.

것'이라고 아뢰도록 하는 한편, 안평대군과 그 아들 이우직을 강화에 유배하였다. 정인지는 권람을 시켜 교서를 작성하였다, 이현로도 주살되었고, 그날 단종이 軍國의 중한 일을 모두 수양대군에게 맡기면서,[94] 정국은 그의 수중에 들어갔다.

안평대군은 강화된 권력으로 단종을 보호하고 있었다. 과도한 정실 인사를 하였고, 도청을 계속 장악하려 했다 하더라도 김종서·황보인은 모반을 획책하지 않았으며, 단종을 보호하고 있었다고 할 수 있다. 따라서 癸酉靖難은, 즉위한 단종의 왕권이 취약한 상태에서 야심을 가진 수양대군이 세종대부터 엘리트 문사들을 비롯하여 대신들 및 관료들과 교유하여 권세가 있던 안평대군을 반역자로 낙인찍어 제거하되, 그로 인한 윤리적 비난을 피하기 위해 표면적으로는 정실인사로 비난받던 김종서·황보인을 모반을 부추긴 원흉으로 몰아 먼저 제거함으로써 권력을 탈취한 것이었다. 김종서·황보인 등의 인사 행태에 불만이 많았던 허후가 정난하는 날에 세조가 말한 그들이 난을 꾀했다는 사유를 부정하였고, 그들의 머리를 梟示하는 것과 그 자손까지 죽이는 것의 부당성을 지적하였으며, 사실상 그들의 모반을 강하게 부정했던 것도,[95] 계유정난이 수양대군의 야심에서 비롯되었음을 보여준다.

정난 다음 날 이루어진 정사에서 수양대군은 영의정부사 영경연서운관사 겸 판이병조사라는 직책에 제수되었다. 동시에 김종서·황보인 친인척과 측근들에 대한 대대적인 처벌이 이루어져 『大明律』의 謀反大逆條의 해당 절목에 따라 정분·李澄玉 등이 변군에 안치되고, 誅刑을 받은 사람들의 아비와 자식으로 나이 16세 이상인 자는 영원히 변군 관노에 붙이고,

94) 『端宗實錄』 권8, 단종 1년 10월 10일 계사.
95) 박대현, 2007, 『秋江集』 제8권, 「續錄-許詡傳」 한국고전번역원.

나이 15세 이하인 자 및 모녀·처첩·조손·형제·자매 또는 자식의 처첩은
영구히 외방 관노에 붙이고, 백숙부와 형제의 아들은 외방에 안치하는
조치가 내려졌다. 허후도 결국 유배되었고, 남은 자들에 대한 처벌이
지속적으로 이루어졌다.96) 이징옥은 계유정난의 또 다른 희생자였다.
그는 홍달손이 해임되어 돌아와서 자신이 宣沙浦 僉節制使로 있을 때
함길도로부터 온 자로부터 들었다는 '이징옥이 비밀히 李耕畎로 하여금
鏡城의 병기를 서울에 옮기도록 하였다.'라는 말을 수양대군에게 전하면
서, 반역을 꾀한다는 의심을 받았다.97) 그는 朴好問이 함경도 도절제사가
되자, 그를 죽이고 난을 일으켰으나, 중앙 정부의 지침을 들은 부하의
계략에 빠져 살해당하였다.98)

　정난을 성공시킨 주역들은 靖難功臣에 책훈되었다. 즉 수양대군·鄭麟
趾·한확·朴從愚·金孝誠·李思哲·李季甸·朴仲孫·최항·홍달손·권람·한명
회를 정난 1등 공신, 신숙주 외 10명을 2등으로, 성삼문 외 19명을
3등으로 삼고, 3품 이하는 세 資級을 超資하는 특전이 주어졌다. 43명의
정난공신 중 무신이 19명이라는 것과 그 중 내금위 출신이 9명이라는
점이 주목된다.99) 성삼문이 정난 3등 공신에 책록된 것은 안평대군과의
특수한 관계를 의식하였기 때문일 것이다. 또한 수양대군 등은 안평대군
이 반역을 모의했다는 25조목을 열거하여 효유하였다.100)

96) 『端宗實錄』 권8, 단종 1년 10월 13일 병신 ; 권9, 단종 1년 11월 28일 경진.
97) 『端宗實錄』 권6, 단종 1년 4월 20일 정미. 이징옥의 6진 개척에 대해서는 김성준,
　　1985, 「조선초기 육진 개척과 이징옥」『한국중세정치법제사연구』, 일조각 참조.
98) 『端宗實錄』 권8, 단종 1년 10월 11일 갑오 ; 권8, 단종 1년 10월 25일 무신 ; 권8,
　　단종 1년 10월 27일 경술.
99) 『端宗實錄』 권8, 단종 1년10월 15일 무술 ; 정두희, 1983,『조선초기 정치지배세
　　력연구』, 196~209쪽.
100) 『端宗實錄』 권8, 단종 1년 10월 25일 무신.

수양대군은 분충장의광국보조정책정난공신 수양대군 영의정부사 영집현전 경연 예문춘추관 서운관사 겸 판이병조사 중외 병마도통사로 제수되었다.[101] 병권까지 장악하게 된 것이다. 대간이 겸 판이조사의 동서이며 이조판서 정인지의 종형제인 洪元用을 상피하지 않고, 特旨없이 호조참의에 제수한 것을 개정할 것을 주장하자, 그는 공신과 종실, 그리고 대신을 이간하는 조짐이 있다고 비난하여 그들을 국문당하는 처지로 내몰았다.[102] 뿐만 아니라 '인사에 만약 친히 보고 그 재주와 덕행을 살핀다면 차례에 매이지 않고 擢用하겠지만, 기왕에 봄소 보지 않았다면 자신들이 천거한 바를 쓰는 것이 마땅하다.'[103]고 단종을 겁박하기까지 하였다. 또한 그는 안평대군의 처리문제에 대해 울면서 賜死할 수 없다고 반대하였다.[104] 다음 날 양녕대군 등이, 그 다음 날 좌의정 정인지, 우의정 한확 등이 안평대군 등의 죄를 청할 때에도 그를 반드시 보전하겠다는 뜻을 아뢰었다. 그러다 정인지 등이 다시 청하자, 자신은 '공론을 저지하는 것이 아니고, 다만 私恩으로서의 소회를 말하여 上裁를 기다리는 것일 뿐'이라고 돌변하여 단종으로 하여금 이용을 사사하게 하였다. 이우직은 진도로 옮겨졌다.[105] 온갖 위선적인 행태를 연출했지만, 그는 공론임을 내세워 안평대군을 제거하려는 본래 목적을 이루었던 것이다.

수양대군의 권력은 점점 더 견고해지고 있었다. 반면 민심은 들끓었다. 그러자 奸黨이 근본까지 제거되지 않아 訛言이 떠들썩하다고 주장한 수양대군 측은 '다시는 逆黨에 대한 처벌을 논하지 말라.'는 단종의 전교를

---

101) 『端宗實錄』 권8, 단종 1년 10월 17일 경자.
102) 『端宗實錄』 권9, 단종 1년 11월 15일 정묘 ; 권9, 단종 1년 11월 26일 무인.
103) 『端宗實錄』 권9, 단종 1년 12월 27일 기유.
104) 『端宗實錄』 권8, 단종 1년 10월 16일 기해.
105) 『端宗實錄』 권8, 단종 1년 10월 18일 신축.

무시한 채, 안평대군의 아들, 황보석 아들, 김종서 아들, 김승규 아들 등 많은 이들을 처형하였다.[106] 그 뒤 국정을 장악한 수양대군은 手足을 전부 떼어 단종을 고립시키고, 공포에 떨고 있는 단종을 겁박하여 선위라는 형식으로 왕위를 찬탈하였던 것이다.

V. 맺음말

12세인 단종이 즉위하면서, 대신들이 국정 운영 및 인사에 대해 전권을 부여받다시피 하였다. 단종의 왕권은 구조적으로 취약할 수밖에 없었다. 김종서·황보인은 군사 관련 요직에 아들이나 측근들을 배치하여 단종을 보호하고, 정국을 안정시키려 하였다. 그러나 황표정사나 과도한 정실인사로 비난을 받았고, 이를 비난하는 대간의 언론을 겪었다. 금군을 역사에 동원하는 도청 문제로 논란이 일자, 김종서는 정인지를 병조판서로 삼아 폐단을 개혁하려 한 반면, 황보인은 계속 도청을 맡으려 했다.

단종에게 藩屏의 역할을 할 수 있는 안평대군과 수양대군은 세종 후반부터 다른 길을 걷고 있었다. 이들은 세종대에 함께 궁궐에서 학문을 익혔다. 수양대군은 탁월한 능력을 인정받아 국정에 크게 힘을 보탰지만, 다른 관료들과의 교유나 접촉은 거의 없는 편이었다. 안평대군도 공사에 참여하였지만, 수양대군에 비해 비중이 작았다. 그러나 그는 학문을 좋아하고, 지성으로 선을 좋아하여 儒雅에 주력하였다. 시서화에도 뛰어났다. 이런 성향과 성삼문과의 인척 관계 등으로 문사들이 몰려 세종 24년 이전부터 당대 엘리트인 집현전 학사 이개·성삼문·박팽년·신숙주·정인지 및 김종

---

106) 『端宗實錄』 권12, 단종 2년 8월 15일 갑오.

서와 교유를 맺고 있었다. 문종대에는 불사 설행을 주도하면서 왕권과 밀착되었고, 정분·민신 등과도 친분을 맺었다. 문종 1년 7월에 무계정사를 지어 은거하면서 교류도 계속하였다. 반면 수양대군은 뒤늦게 불사를 설행하는 등의 방법으로 문종 원년 이후에 제조를 맡는 등 입지를 확보하게 되었다.

단종이 즉위하자, 안평대군은 단종을 보필하는 환관 인사에 영향력을 행사하였다. 그는 왕실에서 단종의 보호자 격이어서 권세가 있었다. 세종대부터 교유했넌 문사·대신·관료들과의 관계도 지속되었다. 위상과 권력이 더욱 강화된 상태에서, 그는 김종서·황보인을 비롯한 측근들과 왕래하면서 국정에 대한 의견을 듣고 나누었다. 외방에도 나가 기강이나 분위기를 살피기도 했다.

당시 정치적으로 고립되었던 수양대군은 왕권이 취약한 단종이 즉위한 직후부터 안평대군을 모반자로 단정하여 제거할 뜻을 드러내었다. 그에 따르는 윤리적 비난을 피하기 위해 표면적으로는 정실인사로 비난받던 김종서·황보인을 모반을 부추긴 원흉으로 조작해 놓고, 그들을 먼저 제거하려 하였다. 그래서 한명회를 만나기 전부터 급박하게 움직여 이현로를 축출하려 하였고, 권람이 추천한 한명회를 만나 정변을 결정하였다. 그는 먼저 왕위와 관련된 풍수설을 조작하여 이현로의 주장으로 만들고, 그곳에 무계정사를 지은 안평대군의 모반의 증거로 삼았는데, 그 계략은 혜빈의 밀계로 성공하였다. 또한 그는 고명사은사행을 자청하여 시간을 벌었고, 무인·종친·왕실세력도 확보하였다. 첩자를 활용하거나 한명회 등이 직접 나서서 안평대군·김종서·황보인의 동태를 파악해 놓았다.

정변을 인지하지 못했던 김종서·황보인은 계속 정실인사를 하였고, 다시 황표를 사용하였으며, 도청을 신속하게 혁파하지 않고, 부역하는 船軍을 보내려는 단종의 뜻도 받들지 않았다. 기회를 엿보고 있던 수양대

군 일파는 단종의 분노가 고조되고, 도청이 혁파되기 직전이어서 정변의
명분과 정당성을 얻을 수 있는데다가, 홍달손이 순작군을 감독하는 날인
10월 10일을 정변일로 정했다. 그리고 그들은 기습적으로 거사하여 당일
밤에 김종서 부자를 살해하였고, 잇달아 황보인 등 단종을 보호하는
측에 속했던 관료들을 제거하였다. 그러므로 계유정난은 왕권이 취약한
상태에서 야심을 가진 수양대군이 자신들의 준비가 완료되자, 단종을
보호하던 김종서·황보인 등을 모반에 가담한 자로 몰아 먼저 제거하였고,
얼마 후 본래 목표였던 안평대군까지 사사케 하여 권력을 탈취한 것이었
다. 권력을 장악한 수양대군은 남은 인사들까지 제거하였고, 靖難功臣의
책훈을 주도하였다. 더 나아가 수족을 다 잘라 단종을 고립시켜 놓고,
공포에 떨고 있는 그를 겁박하여 왕위를 찬탈하기에 이르렀다.

세조~성종대 과거에 관한 일 고찰

I. 머리말

門蔭·薦擧와 같은 선발 방식이 없는 것은 아니었지만, 鄕擧里選의 제도가 없는 우리나라에서 과거가 인재를 선발하는 가장 중요한 통로였다는 것은 다 아는 사실이다. 조선이 건국된 이후에 문음의 제도가 고려에 비해 대폭 축소되고, 문무 양과가 비로소 본격적으로 시행되었다. 뿐만 아니라 모든 관료는 기본적으로 과거 및 각종 시험을 통해야한다는 원칙을 세워 놓음으로써 과거의 중요성은 한층 확대되었다고 하겠다. 그래서 일찍이 그 중요성이 주목되었고, 이 분야에 대한 연구 성과는 상당히 축적되어 있다.

국왕과 양반이, 각각 국가 관리를 선발하는 관문이라는 점과 가문과 신분을 지키기 위해 필수적인 관직을 차지하는 요건인 과거에 대해 지대한 관심을 갖는 것은 당연한 일이었다. 그러므로 과거제도는 교육 정책을 포함한 국가 제반 정책 방향을 결정하는 정치권의 영향 아래 놓이게 되고, 국왕의 통치 성향이나 집권세력의 성격에 따라 그 시행 내용이 달라질 수 있게 되는 것이다.

院相制·육조직계제·勳戚支配體制는 세조대 핵심적인 정치 제도였다. 예종·성종대에도 왕권의 강약에 따라 다소 차별적인 운영 양상을 보이지만, 이러한 제도는 계속 유지되고 있다. 특히 훈척지배체제의 경우 전제적 왕권을 행사한 세조가 훈구는 물론이고 척신·종친까지 特待한 것과는 달리 성종대에는 척신이 대폭 증가한 반면 종친은 정계에서 축출되고 있다는 점에서 類比된다. 그러나 필자는 그 같은 지배체제가 계속되고 있다는 점에서 과거제와 관련하여 주목할 필요가 있다고 생각한다. 왜냐히면 장기간 집권세력으로 행세힌 훈칙과 국왕과의 길항 관계가 과거의 설행, 선발 과정, 운용 방식 등에서 표출되었을 것이고, 이에 따라 과거제와 밀접하게 관련된 성균관의 변화 또한 불가피한 것으로 생각되기 때문이다.

이 글에서는 먼저 세조~성종대의 왕권과 정치 상황을 간략히 살핀 후, 式年試와 각종 別試로 구분되어 있는 문과 중 식년시는 특별한 경우에만 다루되, 선발을 둘러싸고 국왕·훈척세력의 이견이 잘 드러나고 있다고 생각되는 문과 별시 중 별시·重試·拔英試·登俊試 및 鄕試를 집중적으로 다루고자 한다. 즉 국왕이 별시·중시를 頻數하게 시행한 실태, 목적, 설행을 둘러싼 찬반논란 및 그 결과를 성균관 교육과 유기적인 관계 속에서 파악하고, 집권훈척세력이 중시나 중시와 함께 설행된 초시 및 향시를 사사롭게 이용하고 있는 실상을 밝히려는 것이다.

또한 세조대로부터 寬典이나 特恩을 표방하고 국왕과 가깝거나 의중에 둔 科試 不許者에게 赴試가 허락되고 있었다. 이를 둘러싸고 참여 계층을 넓히려는 국왕과, 배타적 특권을 향유하려는 신료들 간에 논란이 계속된 세조~성종대 과거 특징의 하나인 응시 불허자의 과시 참여 실태의 추이도 알아보고자 한다.

한편 세종 20년(1438)에 설치된 후 斷續的으로 설행되던 진사시가 단종 원년(1453)에 복구된 후 계속 시행됨으로써, 이전 생원시만으로 시행된 과거와는 차별성을 가지는 점에서도[1] 세조~성종대 과거를 살펴보는 의미가 있다 하겠다. 이와 관련하여 성균관의 활성화와 거관 유생의 학문 향상을 위한 서로 다른 입장이 講經論·製述論의 시험 방법을 둘러싸고 나타난 조신들 간의 논란도 구체적으로 살펴보고자 한다. 이는 성종대 강경론과 제술론을 둘러싼 마찰이 道學派와 詞章派의 정치적 갈등의 성격을 띠고 있었는지 여부를 아울러 검토하는 것이기도 하다.

Ⅱ. 세조~성종대 왕권과 정치 상황

세조~성종대는 18년 동안 5차례 공신 책봉이 이루어진 격변기였다. 먼저 세조대부터 군신 권력 관계와 정치상황의 특징을 간략히 살펴본다. 癸酉靖難으로 집권의 발판을 마련한 세조는 비정통성을 극복하기 위해 누구보다도 왕권을 확고히 하기 위한 의도적인 노력을 기울였다. 그래서 즉위 이전에 靖難功臣을 策勳하고, 즉위 후 우익을 망라하여 佐翼功臣을 책훈하였다. 이때 책훈된 申叔舟·韓明澮·鄭麟趾·鄭昌孫·具致寬·洪允成·曺錫文·朴元亨·尹子雲 등을 세조 일대에 중용하여 공신·宰樞로 삼고, 일차적 우익 집단으로 배치하고 있었다. 그러면서도 다른 한편으로 종친에게 고위 관직까지 수여하면서 의도적으로 활용하였다. 세조 13년(1467) '李施愛 亂'에 친조카 龜城君 李浚을 최고 사령관으로 임명하여 이를 토평케 하고, 다음 해에는 젊은 나이의 그를 영의정으로 삼았을 정도로 우대한

---

1) 『世宗實錄』 권80, 20년 2월 辛酉 ; 권103, 26년 정월 정축 ; 『端宗實錄』 권7, 원년 9월 丁巳 ; 권12, 2년 11월 甲寅. 세조대에는 세조 4년부터 생원·진사시가 설행되고 있다.

것이 대표적 사례이다. 그러나 가령 잔치 자리에서 실언한 정창손, 이시애 난에 연루되었다는 소문이 있은 한명회·신숙주 등에 대해서 엄중하게 문책한 것과 같이, 아무리 親信하며 중용하는 近臣이라 할지라도 세조는 결코 마음속까지 그들과 일체가 되지는 않고, 항상 자기 지위의 超越性을 따로 생각하면서 그들을 대하고 있었다.

세조는 척신에 대해서도 공신에 못지않은 우대를 하였다. 외숙인 沈澮를 당상관으로 擢用하는가 하면, 문과 출신 처남 尹士昕을 정난·좌익공신에 참여시키고, '문무과 출신이 아닌' 처남 尹士昕을 1년도 안되는 사이에 이조참판까지 승진시키는 파격을 보이고 있었다. 이는 3정승 전부와 인사를 담당하는 政曹의 경우도 擧皆를 훈척으로 구성해서 꾸려가는 세조 통치 행태의 특이성의 하나였다. 세조는 또한 공신들을 다음 세대를 통치할 세자에게까지 연결시켜 가고자 의도적인 노력도 하였다. 그같은 훈척 우대 정책은 만년에 병이 위중하게 되자, 세자로 하여금 신숙주·한명회·구치관 등과 협의하여 국정을 처리하도록 명하여 이른바 院相의 시초를 이루게 하였다. 그의 遺命으로 원상제는 예종대에도 지속되었다.[2]

예종대의 정치 상황은 어떠하였는가. 19세에 즉위한 예종은 원상 및 훈구대신의 권력 독점을 견제하기 위해 재상가의 분경을 금지하는 정책을 강력하게 추진하였다. 그러나 가령 신숙주 등 재상가의 분경 사실을 적발하고도 아무런 처벌도 내리지 못할 정도로 예종의 왕권은 취약하였다. 그러한 정국 구도에서 柳子光의 고발로 '南怡가 분경금지법에 편승하여 한명회 등의 훈구대신을 제거하려 한다.'는 '남이옥사'가 발생하면서,

---

2) 김태영, 1994, 「조선초기 세조 왕권의 전제성에 대한 일 고찰」『한국사연구』 87, 120~144쪽.

훈구에 반대되는 세력으로 지목된 남이 등 무인들이 처형되고, '이시애 난'의 연루설로 일시 정치 일선에서 물러났던 한명회가 다시 영의정으로 복귀하고 있었다. 이는 세조대 이래 훈구대신들의 정치적 승리를 의미하는 것이었다. 이어 정계 재편의 의미를 담은 39명의 翊戴功臣의 策勳으로 그들의 입지는 한층 확고해졌다.[3]

왕권 강화를 추진하던 예종이 즉위한 지 1년 2개월 만에 薨逝하였다. 왕실 어른인 대비 貞熹王后(이하 대비로 약칭)는 嗣王의 적장자나 懿敬世子의 장자 月山君 李婷을 배제하고, 세조의 遺愛를 내세워 者山君을 主喪 즉 왕위 계승자로 지명하였다. 이를 입시해 있던 高靈君 신숙주·上黨君 한명회·綾城君 구치관·寧城君 최항·영의정 홍윤성·昌寧君 조석문·좌의정 윤자운·우의정 金國光 등 원상이 동의함으로써, 당시 13세인 자산군의 즉위가 결정되었다. 곧 이어 신숙주 등 원상들의 권고를 따라 대비가 성종과 함께 政事를 직접 듣고 친히 聽斷하는 수렴청정이 시작되고 있었다.

성종의 즉위는, 세조대 寵臣이자 왕실과 連婚을 맺고 성종의 國舅이기도 한 한명회를 왕실의 대리인 격으로 내세워 왕권을 보호하려는 대비의 입장에, 남이 옥사 후 강화된 정치적 위상을 계속 유지하려는 한명회 및 원상들의 이해관계가 맞물린 결과였다. 그래서 상당군·고령군·능성군이 성종대 국정을 함께 처리할 인물로 지명되고, 각각 병조·예조·호조 겸 판서로서 該曹 판서 상위에서 해조의 일을 관장하였던 것이다. 그 중에서도 원상이자 겸 병판인 한명회는 척신의 首長으로 지명된 것이었다. 당시 삼정승은 육조직계제 하에서 영경연사와 원상으로 그들의 직책을

---

3) 정두희, 1983, 「세조~성종대 공신집단의 정치적 성격」『조선초기 정치지배세력 연구』, 일조각, 231~241쪽.

행하고 있을 따름이었다.

　대비는 육조직계제의 활용을 극대화하여 의정부·육조 등 국가 기관에
서 올라온 공사를 內殿에서 직접 듣고 친히 결정하였고, 성종의 국정
운영에 속하는 경연·상참 후 시사·朝啓 등에서의 정책 결정을 축소시킴으
로써 원상의 국정 참여를 최소화하고 있었다. 대비나 성종은 필요할
경우에만 원상의 자문이나 계문한 공사를 수용하였다. 따라서 국가 정책
에 있어서 원상의 영향력은 상당히 제한된 상태였다.

　또한 내비는 훈구 견제, 懿敬王 追封 문세와 종친의 관직 진출 금시
등 여러 정치적 목적을 위해 75명의 佐理功臣을 책훈하였다. 여기에는
세조대 이래 공신인 신숙주·한명회·정인지 및 그들의 친인척이 다수
포함되었다. 특히 세조의 동서인 韓繼美 등과 인수왕비(성종 모후) 형제·사
촌 등 척신이 약 25% 정도 錄勳된 점 등이 특기할 만하였다. 이렇게
훈척지배체제 운용을 위해 문음 출신 척신의 진출 발판을 마련한 대비는,
이들을 정조 판서·겸 판서로 제배하는 방식으로 훈구의 인사권 독점을
막고 있었다. 이들 훈·척은 성종대 尹壕를 제외한 의정부 3정승을 독점하
고, 鄭佸·成俊·鄭文炯·盧公弼·成健·洪貴達을 제외한 이조판서를 차지하
며, 魚世恭·孫純孝·魚世謙·정괄·성준을 제외한 병조판서를 채우고 있었
다. 반면 녹훈된 종친은 3명에 불과했다. 이를 기화로 즉위 초 구성군
이준의 제거로부터 시작된 종친에 대한 압박이 '종친 부시 금지'로 이어지
면서 종친의 정계 진출 금지가 공식화되었다.[4]

　성년이 된 성종은 성종 7년(1476) 親政에 즈음하여 대비 撤簾 만류
발언을 문제삼아 청정의 상징적 인물인 좌의정 한명회를 파직하고, 승정

---

4) 한춘순, 2002, 「성종초기 정희왕후(세조 비)의 정치청단과 훈척정치」『조선시대
　사학보』 22.

원 진용을 일신하는 등 친정체제의 기틀을 마련하였다. 원상제도 동 7년 5월 혁파하였다. 국정 운영과 필요할 경우 인사를 주도하면서 육조직계제나 훈척지배체제의 틀은 유지하고 있었다. 그러나 파행적인 척신 중용을 자제한 반면, 武臣을 폭넓게 요직에 제배한 것은 특기할 만한 일이었다. 그렇더라도 집권세력은 여전히 훈척이었다.

정치세력에 변화의 조짐도 나타나고 있었다. 金宗直을 필두로 등장한 그의 문인들이 성종 9년(1478) 도승지 任士洪의 '대간 諫言 봉쇄 발언'을 놓고 훈척과 한 차례 대공방을 벌이는 가운데 정치세력화 되고 있는 점이 그러하였다. 사림파의 시작이었다. 이 과정에서 사림파 보호에 전위적 역할을 한 金宏弼의 문인 朱溪副正 李深源은 고신을 박탈당하고 유배되었으며, 이로 인해 종친과 조관과의 교제를 처벌하는 율이 공식 발효되는 등 종친의 지위는 격하되고 있었다.

한편 성종대 정치적으로 중요한 역할을 담당한 대간은, 초기에 대부분 훈구 가문 출신으로 구성되어 있었음에도 성리학적 인식으로 무장되어 명분과 도의를 중시하는 방향에서 언론을 행하였다. 친정기에 이른바 사림계열의 인물들이 대간에 진출하기 시작하였고, 홍문관의 언관화도 보태져 언론 활동은 더욱 활발해지고 있었다. 그런데 대간이 성종의 국정 운영, 인사 특히 척신에 관련된 비리와 인사에 대해서는 집요하게 論劾하는 면모를 보이면서, 성종과 갈등이 단계적으로 첨예해지고 있었다. 이에 성종 12년부터 국정 논의의 중심이 된 영돈녕 이상 집권 훈척세력의 일반 정책에 대한 자문은 계속된 반면, 성종 친인척 관련 사안에 대해서는 대간의 논핵을 꺼려 점차 자문을 회피하거나 침묵하는 상황이 전개되면서, 정치쟁점으로 부각되고 있었다.

Ⅲ. 과거 시행의 추이

1. 별시

조선시대 과거는 문과·무과·잡과와 문과 예비시험으로서 생원시·진사
시로 되어 있었다. 그러나 국가에 경사가 있거나 문무관·성균관 유생의
사기를 북돋아 주기 위하여 문과 별시인 增廣試·별시·謁聖試·庭試·중시·
발영시·등준시·進賢試 등을 시행하였다. 별시는 예고 없이 실시되었으므
로 중앙 유생에게 유리했고, 선발 인원은 일정하지 않았다.[5]

먼저 세조는 원년(1455)에 왕의 즉위를 기념하는 증광별시를 베풀고,
별시문무과와 아울러 吏科도 시행하였다. 별시는 초시·殿試의 두 단계로
시험하였으므로 초시가 會試에 해당된다. 이때 별시 문과 회시는 식년의
예대로 초장을 제술만으로 시험하였고, 문과에서 任元濬 등 33인, 武擧에
서는 魚有沼 등 28인의 급제자를 선발하였다.[6] 이 해는 식년의 해였으나,
증광별시만 설행된 것이었다.[7] 예종 원년 가을에 설행할 (증광)별시에
원점과 상관없이 시험 응시 자격을 주어,[8] 그 해 가을에 생원 金塊·진사

---

5) 이성무, 1994, 『한국의 과거제도(개정증보)』, 113~129쪽. 그런데 증광별시를
제외한 각종 별시는 문과 또는 무과만 특별히 실시된 것이 아니라, 필자가
검토한 해당 시기의 별시는 문무과 모두 시행되는 경우가 많았다.

6) 『世祖實錄』 권1, 원년 7월 辛卯 ; 권2, 원년 11월 甲戌 ; 권3, 2년 2월 기유.

7) 『世祖實錄』 권4, 2년 6월 丙辰. 그런데 심승구, 1989, 「조선초기 무과제도」 『북악사
론』 창간호, 20쪽 ; 이성무, 1994, 앞의 책, 134쪽 표 15 ; 최진옥, 1998, 『조선시대
생원진사연구』, 생원·진사시의 설행 실태 35쪽 <표 2-3>에서는 각각 세조대에
식년시가 설행된 것으로 되어 있다. 증광별시는 식년문과와 같은 정원을 뽑고
문·무·잡과, 생원·진사시를 다 시행한다. 세조 2년 정월 생원, 진사 각각 1백인을
뽑고, 식년 문무과와 같은 급제자를 선발한 것으로 보아 세조대 증광별시가
시행된 것은 확실하다.

8) 『睿宗實錄』 권5, 원년 4월 乙亥.

韓堰 등 각각 1백인을 뽑고, 余吉昌 등 28인을 무과 합격자, 성균 생원
蔡壽 등 33인을 문과 급제자로 각각 뽑았다.9) 성종대는 실농을 우려하여
식년시는 연기하고, 즉위를 기념하는 별시만 설행하고 있었다. 이는 대비
의 수렴청정에 따르는 정국 안정이 급선무인 데다가, 흉년이 예상되는
상황에서 대대적인 증광별시 시행은 부담스러웠기 때문인 것으로 판단된
다. 고령부원군 신숙주·영성부원군 최항·좌찬성 盧思愼·우찬성 徐居正을
讀卷官으로 삼아 문과에 신숙주의 아들 申浚 등 16인을 뽑고, 무과는
겸사복 李季소 등 13인을 선발하였다.10)

한편 세조는 세조 3년(1457) 별시를 시행한 몇 달 후에 親試하고 있었
다.11) 이 같은 세조의 별시 시행에 대해서 다음의 사료를 주목해서 살펴볼
필요가 있다.

A. **정언 河漢近** : 曹敬智(내의)를 超資하여 嘉善대부에 제수하였으나, 관
　　작이 외람하여질까 그윽이 두려우니, 청컨대 과거의 법을 고쳐서
　　바로잡아 3년에 1차례씩 시행하는 것으로 정식을 삼으소서. 근년에
　　과거가 빈번하였고, 하물며 금년 가을에는 이미 문과·무과를 뽑았는
　　데, 만약 또 다시 뽑는다면 擧子들이 학업을 닦을 겨를이 없을까
　　두려우니, 청컨대 이를 정지시키소서.
　　세조 : 조경지의 일은 내가 마땅히 고쳐서 바로잡겠다. 秋場은 말하지
　　않는 것이 좋겠다.(『世祖實錄』 권21, 6년 8월 신해)

하한근이 식년시를 3년에 한번 정기적으로 설행할 것과 세조 6년 7월에

---

9) 『世祖實錄』 권7, 원년 9월 丁亥 ; 권8, 원년 10월 辛未, 壬申.
10) 『成宗實錄』 권6, 원년 6월 己未 ; 권8, 원년 10월 丙辰, 甲子, 丙申, 을축.
11) 『世祖實錄』 권6, 3년 정월 임진 ; 권7, 3년 5월 甲戌.

136

이미 문무과 별시에서 각각 李孟賢 등 4인, 朴仲善 등 51인이 급제한 상태에서,12) 또 추장을 열고, 장차 평양에 순행해서도 선비를 뽑을 경우 관작이 넘치게 됨을 우려하여 그 중지를 청한 것이다. 그럼에도 세조는 시험 방법을 4서 중 자원하는 2서와 3경 중에서 찌를 뽑은 1경을 강경하는 것으로 간소화하여 시행하였고, 평안도의 별시도 이 예에 의하도록 하였 다.13) 이후 해마다 별시를 설행하다시피 하면서도 동 8년(1462) 8월에는 친시를 보이기도 했다.

ㄱ 외에 행재에 나온 모든 자에게 파격석으로 과거 응시 자격을 허여한 세조 10년(1464) 3월의 온양 行宮에서의 별시도 특이하였다. 영의정 신숙 주·인산군 홍윤성·행상호군 임원준 등 대부분 훈구 독권관이 뽑아 올린 12인의 試券에 자신이 중히 쓰는 선전관 梁震孫은 끼이지 못하자, 세조가 그의 시권을 찾아 급제에 둔 것이다. 이로 인해 양진손은 문과에서 特旨로 등제한 최초의 인물이 되었다.14) 세조 왕권의 전제적 성격을 드러낸 파격이라 할 수 있겠다.

성종대에도 자주 설행된 별시로 논란이 벌어지고 있었다.

  B. "이번에 친히 先聖께 향사하고 별시를 특설하심은 참으로 성대한 일입니다. 다만 지난번에 視學하였을 때는 반드시 그 날로 命題하여 취사하였으므로 수도 많지 않았습니다. 그런데 이번에 인원수를 정한 것은 館試에서 1백 50명, 한성시에서 1백 명으로 모두 2백

12) 『世祖實錄』 권21, 6년 7월 辛巳, 丙戌.
13) 『世祖實錄』 권21, 6년 8월 辛未. 평양에서 치른 외방 별시에서 문과 22인과 무과 1백인이 급제하였다(권22, 6년 10월 甲子).
14) 『世祖實錄』 권32, 10년 3월 庚申. 무과에서는 韓哲同 등 60인을 취하였다(同書, 辛酉).

50명입니다. 비록 식년시에서 取士를 하여도, 관시는 50명, 한성시는 40명으로, 팔도의 향시의 인원을 합쳐도 겨우 2백 40명밖에 안됩니다. 그런데 지금은 다만 서울에 있는 유생과 조사만을 뽑는 것인데도 정원이 식년시보다 많으니, 신 등은 미편하게 여깁니다. 지난해에도 식년시에 취사하였는데, 금년에 별시, 내년에 중시를 보이고, 또 그 다음해에 식년시를 보이게 되면, 이는 해마다 취사하는 것입니다. 지금 친히 책문하시는 수는 전하께서 반드시 이미 참작한 것이겠지만, 그러나 초시의 수를 무엇 때문에 굳이 이렇게 많이 해야 합니까? 또 근년의 회시에는 반드시 경서를 강독하였으므로, 유생들이 마음을 가다듬고 독서를 하였는데, 지금은 하나의 경서도 강독하지 않고 제술만을 허용하니, 신 등은 유생들이 경학에 힘쓰지 않고 요행만을 일삼을까 걱정입니다. 원컨대 초시의 인원수를 줄이고, 또 경서를 강독하게 하여 요행을 바라는 길을 막도록 하소서."(『成宗實錄』권53, 6년 3월 신해)

대사간 鄭佸 등은 ① 알성한 후 거경 유생과 조사만을 대상으로 한 별시의 취사 인원이 관시·한성시·향시의 합보다 많은 250명인 점, ② 이 별시를 시행할 경우 지난해의 식년시-금년 별시-내년 중시-그 다음 해 식년시로 이어져 해마다 취사하게 된다는 점, ③ 시험을 제술만으로 할 경우 회시 초장 강경으로 고쳐되고 있는 유생들의 학습 의욕이 沮喪될 수 있다는 점 등을 비판하고 있었다. 그러나 처음부터 많은 인원의 참여를 의도한 성종은 아예 시험방법을 제술로 택하였던 것이다. 관시와 한성시를 폐지하고 설행된 이 과시에서 무과 鄭讓 등 19인, 문과는 朴衡文 등 20인이 선발되었다.[15] 그 후 과거는 성종 7년(1476) 중시-8년 식년-9년 별시-10년 중시-11년 식년-12년 별시로 이어지고 있었다.

138

다만 성종 13년(1482) 별시에서는 입격한 시권 중 전혀 이름이 알려져 있지 않은 김기손, 그 형 김준손을 각각 1·2등으로 하여 모두 11인을 뽑은 것이 이례적이었다. 김기손의 책문은 廣博하고 雅健하여 평판이 매우 놀라왔다. 그는 새로운 인재였던 것이다.16)

성종대에 자주 별시가 설행되다 보니, 성종 17년(1486) 11월에 유생이 글을 올려 별시 시행을 청하는 것을 시작으로, 동 18년에는 '세자의 입학'을 기념한 별시를 미리 짐작하여 외방의 유생들이 양식을 가지고 모여드는 상황도 벌어지고 있었다. 별시의 명분이 없다는 대간의 반대에 도 성종은 시행을 결정하였다.17) 동 19년 4월에는 유생들이 연명하여 별시 설행을 요청하면서, 설행을 반대하는 대간과 찬성하는 성종이 극단적으로 대립하였다. 그러나 별시는 성종의 의도대로 설행되었다. 동 25년에는 '성균관 중수'와 '원손 탄생'을 기념하는 별시를 예상한 외방 유생이 서울로 운집하고 있었다. 이때 대간은 물론이고, 영돈녕 이상과 의정부 대신 중 노사신·韓致亨·鄭文炯이 반대의 입장을 분명히 밝히고 있는 점이 주목된다.

C. "원손의 탄생이 아무리 큰 경사라고는 하나, 취사하는 것은 전에 예가 없었으며, 학궁을 수리하는 것은 심상하고 사소한 일인데, 어찌 이것으로써 취사하겠습니까? 국가에서는 취사할 뜻도 없는데, 유생들이 함부로 자신의 생각만 가지고 요행이나 만일을 바라는 마음으로 서울에 와서 모인다고 하니, 이것으로 본다면 반드시 모두 조급하게

---

15) 『成宗實錄』 권53, 6년 3월 丁巳, 戊午.
16) 『成宗實錄』 상서 권147, 13년 10월 己丑. 제4등의 신종흡(신숙주 손자)은 전시의 한 책문을 楷字가 아닌 초서로 써서 불합격되었다.
17) 『成宗實錄』 권200, 18년 2월 丁亥, 庚寅.

진출하려고 날뛰는 경망한 무리라, 아마도 값을 기다리는 어진 선비
는 아닌 듯합니다. 어찌 그 열 명을 뽑는 데서 올바른 인재 한 명을
얻기를 바라겠습니까? 또 유생이 많이 모인 것을 핑계하여 과장을
연다면, 이는 인재를 취하는 권한이 유생이 모이고 흩어지는 데
달려 있고 국가에 있지 않는 것이니, 유생에게 요행스러운 마음을
조장시킬 뿐만 아니라, 또한 유생이 揣度하는 속에 빠져들게 되는
것이니, 사체가 어떻겠습니까? 이런 때에 취사하는 것은 아마도 불가
한 듯합니다."(『成宗實錄』 권288, 25년 3월 임인)

이들이 반대한 이유는 ① 원손 탄생을 기념하는 별시는 전례가 없다는
점, ② 과거 설행을 요구하는 유생 중에서의 인재 선발이 無望하다는
점, ③ 인재를 취하는 권한은 국가에 있어야 한다는 점으로 요약될 수
있겠다. 이 별시도 설행되었음은 다시 말할 필요가 없다.[18]
그렇다면 훈척 재상이 별시를 찬성한 이유는 무엇인가. 성종 22년(1491)
에 윤필상·尹壕 등이 언급한 그 이유는, 불시에 거관하고 있는 자의 원점의
다과를 상고하여 試取하는 것이 거관하지 않고 있는 생원·진사를 권면하
고 격려하는 최상의 방법이라는 것이었다. 성종 역시 이에 동조하고
있었다. 성종의 별시 설행의 취지를 알 수 있게 하는 대목이다. 이때는
워낙 강경한 성종의 뜻에 밀려 별시 불가론을 고수한 심회 등도 어쩔
수 없이 찬성으로 돌아서고 있었다.[19]

---

18) 『成宗實錄』 권288, 25년 3월 壬寅. 문무과 각 22인씩을 선발하였다.
19) 『成宗實錄』 권251, 22년 3월 辛卯.

2. 중시

세조는 세조 3년(1457) 정월과 5월에 별시와 친시를 보이는 사이에
친히 문과중시의 책문을 내어 시험하고, 奇材라 칭찬한 李永垠 외 20인에게
급제를 내렸다.[20] 동 12년(1466)에 시행된 중시에서는 중시 10인, 초시
11인이 뽑혔다. 그런데 문과 초시 응시자 중 진사 楊守泗·전첨 申澍·도사
權體의 策이 雷同하였고, 진사 南潤宗·사직 任士洪도 뇌동한 것으로 나타났
다. 신정 등의 책문은 처음부터 뽑히지 않은 반면 임사홍은 임자로 결정되
고 있었다. 문과 중시에 金克儉 등 15인과 초시에 신승선 등 17인을
뽑고, 무과 중시에 李秉正 등 40인과 초시에 崔適 등 27인을 뽑았다.
그 후 落卷 중에서 尹子濚·柳子漢·李吉甫·柳洵 등 네 사람을 중시에, 李仁錫·
임사홍·吳亨 등 세 사람을 초시에 각각 추가 합격시키고 있었다. 뿐 아니라
세조는 鄭蘭宗의 시권을 찾아 아울러 뽑았다. 시관인 홍윤성·도승지 신면
의 아룀으로 양수사·신정·권체 등도 선발되고 있었다.[21]

그런데 임사홍은 그 전 해 설행된 식년시에서 그 아비 예조참판 임원준
이 시관을 맡은 1소에서 진사 1등, 생원 2등에 합격한 바였다. 이때 임사홍
뿐 아니라 盧公弼·김화도 각각 그 아비 노사신·金守溫이 借述한 글로서
급제하였다는 점에서 충격적이었다.[22] 임원준은 갑자년(세종 26, 1444)의
과시장에서 代作하여 赴擧가 영구히 정지된 상태였다. 그런데 세조 즉위
초 停擧者에 대한 대대적인 허용 조치가 취해질 즈음에, 죽은 조부의
거상 중에 있는 幼學 김적손을 꾀어 교사하여 모친으로 하여금 상언하도록

---

20) 『世祖實錄』 권6, 3년 2월 己亥, 辛丑. 이때 어떤 문신은 과장이 파한 후 試紙를
　　완성시켜 급제할 정도로 그 공정성에 문제가 있었다.
21) 『世祖實錄』 권38, 12년 3월 기유, 庚戌, 辛亥.
22) 『成宗實錄』 권189, 17년 3월 庚申.

하여 "회시가 禫祭 뒤에 있으면 赴試하게 하는 것이 가하다"라고 허락받음으로써, 아비 喪 중에 허통을 받아내어 과시에 합격한 것이었다.[23] 이후 고관에 이르렀고, 동 12년 중시·초시에 정인지 이하 재상과 함께 독권관으로 참여하고 있는 상태에서[24] 부정 試紙의 대상자인 아들 임사홍이 中格되고 있었던 것이다. 신정·권체는 양수사의 책권을 훔쳐 써서 모두 입격한 것이었다.[25]

세조 12년(1466) 중시는 가장 많은 인원 19인이 선발되고 있는 점, 낙권 중에서 추가 합격자를 뽑는다거나 세조가 친히 의중에 둔 인물을 합격시킨 것, 그리고 초시에서 부정행위로 작성된 시지의 인물을 훈척 시관이 모두 합격시킨 것 등 여러 특징이 찾아진다.

조선시대의 식년 문무과는 超資·超職의 의미뿐 아니라, 장원 급제를 하였을 경우는 종6품을 받아 7년여의 승진 기간을 단축하게 되고, 현직 관리의 경우는 더욱 큰 혜택을 받도록 하여 循資法·고과법과 같은 까다로운 진급 규정을 뛰어 넘어 고급 관료로 올라갈 수 있는 길을 열어 주고 있었다. 응시 자격을 당하관 이하로 국한한 점도 당상관 이상의 고급관료를 뽑기 위한 시험이었음을 뒷받침해 준다. 구체적으로 식년시의 합격자에게는 관품이 있던 장원·갑과·을과·병과 합격자에게 가4계, 가3계, 가2계, 가1계하고, 관품이 없던 합격자는 각각 종6품 1인·정7품 2인·정8품 7인·정9품 23인을 제배하는 것으로 되어 있었다.[26] 세조~성종대 식년시는 흉년, 명사 파견, 國恤 등을 제외하면 대부분 원칙대로 설행되고 있었다.

---

23) 『世祖實錄』 권2, 원년 8월 壬戌 ; 권3, 2년 2월 己巳.
24) 『成宗實錄』 권221, 19년 10월 임진. 실제 임원준은 세조 조부터 여러 번 고시관이 되어 사사로운 뜻을 자행하여 많은 청탁자를 과거에 급제시킨 것은 물론이고, 송영을 장원급제까지 시킨 바 있다(권276, 24년 4월 辛酉).
25) 『成宗實錄』 권221, 19년 10월 辛丑.
26) 이성무, 앞의 책, 105~112쪽 및 254쪽 표 40.

그럼에도 합격을 둘러싼 논란은 다만 세조 5년의 식년시의 문과 급제자 중 시관이 1등으로 삼은 閔粹를 제치고, 세조가 高台鼎을 1등으로 삼은 경우와 성종 8년(1477) 식년 문과 8등인 申季琚를 성종이 제일에 둔 경우에만 이례적으로 나타나고 있다.[27]

중시는 10년에 한번씩 당하관 이하의 문신을 대상으로 시행되는 정기시험으로 순위는 단번에 결정되었다. 이때에는 문무과 초시도 함께 설행되고 있었다. 중시 합격자는 을과 1·2·3등으로 나누어 장원한 사람은 4등급, 2~3등은 3등급, 을과 2등은 2등급, 을과 3등은 1등급을 특진시켜 주는, 말하자면 당하관은 당상관으로 참하관은 참상인 6품으로 승진시키기 위한 제도였다.[28] 따라서 관료들의 경쟁과 청탁 역시 치열하였을 것이다. 또한 국왕이나 집권 훈척세력도 각각 의중에 둔 인물과 친인척 및 사사로운 관계에 있는 인물들을 단번에 승진시키기 위해 선발에 따른 입장 차이가 나타나고 있었던 것이다. 식년시와는 차별되는 양상이다. 세조의 경우가 특히 현저한데, 이는 또 다른 전제적 왕권의 행사였다.

그런데 세조는 중시를 설행한 지 불과 2달 후, 유신의 화답해 바친 卷子를 선발하여 34인에게 발영시란 명칭을 하사하고, 장원한 중추부지사 김수온 및 합격자들을 과거의 예로 대우하였다.[29] 다음날 발영시에 나가지 못한 姜希孟 등 문신 1백여 인에게 2차 발영시를 보여 강희맹 등 6인을 선발하였고, 합격자 40인 중에서는 김수온을 甲科 1등으로 선발하고 있었다. 이때에 문과 1등·2등·3등을 각각 을과·병과·정과로 삼았던 제도를 갑과·을과·병과로 삼아 중국 조정의 제도와 같게 조정하였다.[30]

27) 『世祖實錄』 권16, 5년 4월 壬子 ; 『成宗實錄』 권77, 8년 윤2월 무오.
28) 조좌호, 1974, 「학제와 과거제」 『한국사』 10, 153~154쪽.
29) 『世祖實錄』 권39, 12년 5월 戊寅.
30) 『世祖實錄』 권39, 12년 5월 己卯, 庚辰.

다시 두 달 후에 세조는 지은 글을 考閱하도록 하고, 친히 차례를 매겨 중추부판사 김수온 등 12인을 뽑고, 그 명칭을 등준시라 하였다. 그런데 이 등준시에 종친 永順君 李溥가 2등에 합격한 점은 주목을 요한다.[31] 발영시에 장원한 김수온은 1품으로 승진시키고, 노사신 외 합격자 모두의 품계를 올려 주었으며, 資窮자는 그 아들과 조카에게 代加하도록 한 것과 같이,[32] 등준시 합격자에게도 각각 가자와 승직 그리고 대가를 내려주었다.

그렇다면 세조 12년 3월 중시가 시행된 이후 2달 간격으로 발영시·등준시 등 그야말로 특별한 중시(전시만 있는 점)를 세조가 전격적으로 시행한 이유는 무엇인가. 그것은 바로 1달 후에 실시될 과전 혁파와 직전법 시행[33]을 위한 사전 포석이었다. 다시 말하면 세조는 직전법의 시행으로 경제적 이익이 대폭 격감될 훈척에 대한 사전 반대급부로서 글을 짓게 한 후, 과거의 명칭을 붙이는 변칙적인 중시를 시행하고, 파격적으로 대우하여 훈척을 위무한 것이었다. 이는 세조 왕권의 전제성이 극도로 발휘된 부분이자 그가 우익으로 천명한 훈구를 본격적으로 견제하고, 영순군을 합격시켜 종친의 본격적인 등용을 예고하는 의미를 함축한 조치였다. 더하여 무과 등준시에 입격한 51인 중 世係가 미천한 崔適을 과거에 나아가게 하고, 으뜸으로 삼아 대부의 지위를 내려주어 또 다른 파격을 보이기도 하였다.[34]

세조 14년에 온양에서 설행한 문무과 중시 또한 도내 향시 문무과의

---

31) 『世祖實錄』 권39, 12년 7월 癸巳. 대개 재상이 시험에 나아간 것은 발영시로부터 비롯되고, 종친이 시험에 나아간 것은 등준시로부터 비롯되었다.

32) 『世祖實錄』 권39, 12년 5월 甲申. 戊申의 경우는 8백 30인을 시험하여 琴徽 등 43인을 뽑았다.

33) 『世祖實錄』 권39, 12년 8월 甲子.

34) 『世祖實錄』 권39, 12년 9월 辛卯 ; 권40, 12년 11월 庚寅.

수효를 각각 2·3배로 하고, 호종인에게도 참여 자격을 준 특징을 보인다.[35] 문과 중시에 합격한 5인 중 영순군을 1등으로 하였다. 종친의 중용 의지를 거듭 밝힌 것이었다. 崔灝元의 대책을 4등에 두어 4등급제의 단초도 열고 있었다.[36] 더구나 고령군 신숙주가 올린 문과 초시 합격자 3인에서 제외된 병조 정랑 유자광의 對策을 뽑아 1등으로 삼고, 柳常·鄭顯祖, 李枰을 각각 2, 3등으로 조정하였다. 庶子인 유자광을 시험에 나아가게 하고, 특별히 상등의 급제에 두었을 뿐 아니라, 즉시 병조 참지에 제수하기까지 히였다.[37] 시관의 대부분인 훈척도 나름대로 세력권 안의 인물 선발에 주력하고 있었음을 알 수 있다.

성종대의 중시는 어떠하였는가.

> D1. "그윽이 생각하건대, 과거를 설치하여 선비를 뽑는 것은, 다만 布衣의 선비로서 학업이 이루어졌는데도 조정에 임용되지 못한 사람을 위한 것이니, 이 길을 거치지 않으면 進用될 수가 없습니다. 그러므로 이것을 설치하여 선비를 뽑아서 벼슬을 하는 계단으로 삼은 것인데, 중시의 경우에 그 과거를 보는 사람은 그 이름이 이미 사판에 등록되어 있으므로, 그 사람은 이미 조정에서 임용된 바가 되었으니 다시 그 재주를 시험할 필요는 없습니다. 그러나 10년 만에 한 번 중시하는 법이 『대전』에 기재되어 있기 때문에, 전하께서 즉위하신 이후로 병신년(성종 7)에 이를 시험하고 또 기해년(성종 10)에 시험했으니, 4년 만에 한 번씩 시험하고 있으므로, 자주 시험하는 것이 너무 심하니 매우 옳지 못한 일입니다."(『成宗實錄』 권146, 13년 9월 임술)

---

35) 『世祖實錄』 권45, 14년 2월 辛丑.
36) 『世祖實錄』 권45, 14년 2월 甲辰, 乙巳.
37) 『世祖實錄』 권45, 14년 2월 壬寅, 丙午.

D2. **영사 洪應** : 지금 이미 관시와 한성시와 覆試에서 선비를 뽑은 지 겨우 두서너 달을 걸렸는데, 지금 또 선비를 뽑는다면 다만 너무 자주할 뿐 아니라 유생들로 하여금 末藝만 교묘하게 꾸며서 도리어 본업을 버리도록 할 뿐입니다. 옛날에 선비를 뽑을 적에는 사람들이 반드시 칭찬을 늘어놓기를, '아무 사람은 아무 재주에 능하다'고 했는데도 지금은 그런 소문이 없으니, 어찌 과거가 너무 잦아서 본업을 폐기하여 實才가 없어서 그렇게 된 것이 아니겠습니까? 더구나 중시는 더욱 적당하지 못하니, 이미 과거에서 출신했는데 어찌 다시 중시할 필요가 있겠습니까?

성종 : 본국은 중국을 섬기는 나라이므로 문예는 진실로 뒷전으로 돌려서는 안 될 것이다. 문신이 겨우 과거의 명성을 얻게 되자 그 전업은 버리게 되니, 옳지 못한 일이다. 내가 뜻밖에 만들어서 문예를 시험하려고 한다면 사람들이 장차 스스로 힘을 쓸 것이다. 하물며 무재와 같은 경우는 연습하지 않을 수가 없으니, 연습하지 않는다면 廢工이 되기 때문이다. 다만 무재만 연습하고 문예를 배워 익히지 않으면 되겠는가? 그런 까닭으로 이런 행사를 만들어 인재를 격려하려고 하는 것뿐이다.(『成宗實錄』 권146, 13년 9월 癸亥)

D1은 대사간 李世弼 등이 여러 능을 참배하고, 문묘를 배알한 후 발영시의 형태로 설행할 進賢試는 반드시 필요하지 않을 뿐 아니라, 더구나 중시가 평균 4년 만에 한번 시행되고 있다는 점을 들어 그 불가함을 강도 높게 비판한 것이다. 대간의 입장에 동조한 홍응이 별시 및 중시의 잦은 설행은 유생의 학문 폐기를 조장할 뿐이라고 반대한 반면, 사대상 반드시 필요한 제술을 소홀히 할 수 없으므로 느닷없이 중시를 시험하여 인재를 격려하겠다는 성종의 입장이 D2에 나타나 있다. 성종의 중시

설행 목적이 사대 상 필요한 제술을 격려하기 위해서라는 점이 주목된다. 이 중시 역시 성종의 뜻대로 설행되었다.

신료들이 중시 시행을 반대한 또 다른 이유를 살펴본다.

E1. **시강관 洪貴達** : 과거는 上古에는 없던 것이나, 한나라·당나라에서 선비를 뽑을 때 오로지 과거에 의지하였으니, 과거는 진실로 후세에서 폐지할 수 없는 것입니다. 중시 같은 것이라면 중국 조정에서는 없는 것인네, 문사의 뜻이 배우는 사에게 있어서 어씨 중시가 있거나 없거나에 따라 부지런하거나 게을러지겠습니까? 중시가 있은 뒤부터 자궁한 자가 당상관을 희망하고, 직질이 낮은 자가 1자급을 희망하는데, 이로 말미암아 선비의 기풍에 昇進을 다투는 폐단이 있으니, 이를 정지시키는 것이 편하겠습니다.

성종 : 김종직도 중시 중지를 청하였다. 비록 그렇다고 하나 이미 『대전』에 실려 있다. (하략)(『成宗實錄』 권65, 7년 3월 갑인)

E2. **집의 金礪石** : 근년 이래로 과거가 빈번하여 유생이 요행을 바라게 되니, 국가에서 인재를 양성하는 뜻에 어떻겠습니까? 『대전』에는 3년에 한 번 과시하고, 10년에 한 번 중시하게 되어 있습니다. 더구나 중시는 我朝에서 비롯한 것으로서 古制가 아닌데, 이제 또 별도로 설치하였으니, 옳지 못합니다.

헌납 金楣 : 근자에 명하여 서얼의 자손으로 재능이 있는 자를 가려서 아뢰게 하고, 또 소명을 받고서 온 자가 있는데, 신의 생각으로는 서얼은 임용할 수 없다고 여겨집니다.

성종 : 내가 갑자기 이 무리들을 임용하려는 것은 아니다. 그러나 재능이 卓異하면 비록 임용한들 무엇이 해롭겠는가?

이극배 : 서얼을 포상하여 임용하면 위를 업신여기는 조짐이 생길까

두렵습니다. 그 근원이 한번 열리면, 末流의 폐단은 장차 이루 말할 수 없을 것입니다.(『成宗實錄』 권100, 10년 정월 辛巳)

자주 시행되지 않은 태종·세종대 등 역대 중시를 상고하면서, 식년인 명년에 아울러 중시를 보이자는 정창손의 반대에도[38] 성종이 중시를 강행하려 하였다. 이에 대해 중국에도 없는 중시를 시행함으로써 조급히 승진하려는 부작용만 조장한다는 홍귀달의 '중시 중지' 논리가 E1이다. 김종직 역시 중시 반대론자였다. 그럼에도 설행된 중시에서 응시자 거의가 책을 끼고 들어가 대대적으로 부정행위를 함으로써 폐기되고, 재시험을 치르는 우여곡절을 겪었다.[39] 친정 직후 성종이 의욕적으로 설행한 중시에서 권력 이양기의 기강 해이 때문에 부정행위가 극심하게 자행되고 있었던 것이다.

E2는 고제가 아닌 중시를 설치하고 자주 설행하는 것과, 특히 이미 추천받은 서얼의 자손을 중시를 통해 발탁하려는 것에 대한 신료들의 반대라는 점에서 주목된다. 성종이 서얼 등용 의도를 공개적으로 밝히고 있기 때문이다. 이 중시에서 문과에 趙之瑞 등 5인, 초시에서 생원 鄭光世 등 10인이 선발되었다.[40] 서얼은 대상에서 제외되고 있었다. 서얼을 공식적인 통로를 거쳐 서용하기에는 아직 시기 상조였던 것이다. 이 중시에서는 E1에 나타난 반론에도 설행된 중시에서의 부정을 염두에 두고 문과초시와 중시의 시험 장소를 각각 달리하였고, 중시에 강경을 쓰지 않은 관례를 깨고 초시에 粗通을 썼다는 상당부원군 한명회의 아룀으로, 경학에 조통한 그의 외손 진사 申從濩(신숙주의 손자)가 참여하기도 하였다.[41]

---

38) 『成宗實錄』 권63, 7년 정월 丁卯.
39) 『成宗實錄』 권65, 7년 3월 庚午, 辛未.
40) 『成宗實錄』 권101, 10년 2월 丁酉.

그렇다면 해마다 설행되다시피 한 별시·중시 등에 대한 유생들의 입장은 어떠하였는가. 성균관의 생원 劉瑾 등이 올린 상소를 살펴보자.

F. "공경히 생각하건대 우리나라에서는 3년에 한 번 과거하고 10년에 한 번 중시하는데, 이것은 국가의 常法이고, 중시가 있으면 반드시 別擧가 있는데, 이것도 조종의 遺制입니다. 신들이 삼가 살펴보건대, 태종 때에는 병신년(태종 16, 1416)에 중시가 있고 별시가 있었는데, 金緖·鄭之澹 등 약간 명을 뽑았고, 세종 때에는 정미년(세종 9, 1427)에 중시가 있고 별거가 있었는데, 정인지·南季瑛 등 약간 명을 뽑았으며, 더구나 정묘년(세종 29, 1447)에는 중시가 있었는데 정묘년은 식년이었습니다. 초시에 李承召 등을 뽑고, 중시에 成三問 등을 뽑고, 별거에 강희맹 등을 뽑았습니다. 그러므로 식년이라 하여 별거를 폐지하지 않은 것은 선비를 뽑는 길을 넓히기 위한 것이었으니, 참으로 조종의 아름다운 법이고, 斯文의 성대한 일이었습니다. 이제 사방의 선비 가운데 국가에서 중시의 과거가 있을 것으로 알고, 서울로 몰려와 성명의 殿庭에서 大對할 수 있으리라고 생각하는 자가 얼마인지 모릅니다. 요즈음 경상도의 유생인 신 蔣子璽 등도 상소하여 아뢰었으나, 윤허 받지 못하였습니다. 신들이 가만히 생각하건대, 성상께서 즉위하신 이래로 무릇 시행하는 것은 한결같이 조종의 제도를 따랐는데, 중시·별거만은 식년이라 하여 폐지하였습니다. 이것이 어찌 조종께서 유림을 激昻하고, 문풍을 振起하신 뜻이겠으며, 성상께서 모두 구법에 따라 인재를 널리 뽑으시는

---

41) 『成宗實錄』 권101, 10년 2월 辛卯. 신종호는 17년 중시에 합격한 것으로 보아 이 중시에서는 탈락한 것으로 보인다.

도리이겠습니까?"(『成宗實錄』 권196, 17년 10월 경인)

식년이라고 시행하지 않은 중시·별시를 구례대로 설행해 달라는 것이
었다. 말하자면 해마다 별시가 설행되었지만, 식년에 중지한 것에 대한
노골적인 불만이었다. 성종 17년은 식년시가 있는 해였고, 중시가 동
10년에 시행되었으므로 중시의 시행은 무리였다. 그러나 과시 시행을
청한 유생을 국문하자는 예조나 정창손·윤필상의 강력한 반대에도, 성종
은 중시한 뒤에 별시하는 것으로 결정하였고, 무과·문과에 각각 黃衡
등 16명을, 신종호 등 8명을 선발하고 있었다.[42] 어느 경우든 대간과
신료의 반대가 있었음에도 별시·중시는 언제나 설행되었던 것이다. 다만
好文의 군주였던 성종은 자의적으로 선발하지 않고, 시관과의 입장 차이가
나타나지 않는 점에서 세조와 달랐다.

3. 향시

성균관의 입학 자격시험인 생원시·진사시의 초시인 향시에서는 각
도에 따라 차등을 두어 모두 500인을 시취하도록 되어 있고, 한성시의
200인과 합해 700명 중 회시에서 생원·진사 각각 100명씩 선발하도록
규정되어 있었다. 또한 문과 초시인 향시는 각 지역에서 인재를 골고루
뽑기 위해『경국대전』에 경기 20, 강원 15, 황해 10, 충청 25, 경상 30,
전라 25, 평안 15, 함경 10인 등 합 150명으로 규정되어 있었다.[43]
생원시의 고시 과목은 국초부터 四書疑 1편과 五經義(예기·춘추·시·서·

---

42) 『成宗實錄』 권196, 17년 10월 임진, 乙未, 丁酉.
43) 『경국대전』 권3, 예전 제과.

역의) 1편이었다. 주로 大文에서 출제하였고, 그러다 보니 초집이 유행하였다. 진사시의 고시 과목은 비교적 자주 바뀌었는데, 『대전』에는 賦한 문제, 古詩와 銘·箴 중에서 한 문제를 출제하는 것으로 되었다. 그러나 실제로 명이나 잠을 출제하는 경우는 거의 없었고, 시와 부를 한 문제씩 내어 각각 50인을 뽑도록 되어 있었다.44)

향시에서의 가장 큰 논란거리는 바로 부정 행위에 관한 것이었다. 다음의 사료에서 그 같은 사실의 일단을 찾아볼 수 있다.

G1. "벼슬아치를 뽑는 공도로는 과거만한 것이 없는데, 향시에서 사람을 뽑을 때에 자못 공평하지 못한 일이 많으니, 청컨대 臨時하여 문신·대관을 나누어 보내어서 검찰하게 하소서. 경중에서 시취할 때의 禁亂官으로는 다만 의금부의 관원 1인으로 하여금 검찰하게 하는데, 청컨대 부장을 더 차정하여 군사를 거느리고 장옥을 에워싸고 지키며, 시관의 根隨까지도 드나드는 것을 금하소서."(『睿宗實錄』 권7, 원년 8월 정묘)

G2. **좌부승지 蔡壽** : 고려의 말기에는 과거가 공정하지 못하여 시관이 혹 거자의 封彌한 이름을 엿보고는, 만약 권신의 자제일 경우에는 비록 나이가 적고 재주가 疎愚한 사람이라도 반드시 뽑았으니, 그런 까닭으로 세상에서 이들을 紅粉榜이나 吹螺學士라고 말하게 되었습니다. 지금에 와서는 이런 폐단이 없지만, 그러나 삼가지 않을 수가 없습니다.

성숙 : 갑자년의 생원시에는 시험 보는 날에 이미 도회에 입격한 사람이 시장 밖에 있으면서 대신 제술하여 시장 안에 던져 넣다가

---

44) 이성무, 1994, 앞의 책, 228~231쪽.

일이 발각되어 그 시험을 폐지시켰으며, 정묘년에 이르러서야 생원 2백 명을 뽑았습니다. 과거보는 사이에도 혹 이와 같은 일이 있었으니, 향시는 더욱 외람될 것입니다. 그러므로 시기에 임하여 마땅히 首領官을 보내어 검찰하도록 해야 할 것입니다.(『成宗實錄』 권110, 10년 윤 10월 己巳)

G1은 2품 이상 3인, 3품 이하 4인, 대간 각 1인이 함께 시험을 보이는 경중의 과시와는 달리, 감독이 허술한 향시에서의 부정행위 발생을 막기 위한 방법으로 예문관 봉교 安處良이 그 시기에 임박하여 문신·대관을 보낼 것을 주장한 것이다. 이에 대한 원상 전원의 일치된 견해는 '수령에 의한 엄중한 검찰'이었다. 이는 당시 의정부·육조를 장악한 훈척이 감사·수령 등 외관에 대한 인사권을 행사한데다가, 武衛에서 일정한 기간 복무를 마친 그들 자손도 수령으로 나아간 경우가 많았으므로, 이들의 반대는 오히려 당연한 것이었다.

G2는 채수가 고려 문종 16년(1062)에 처음 실시된 과거의 답안지 오른편 끝에 응시자의 성명, 생년월일, 주소, 四祖 등을 쓰고 봉하여 붙인 데에서 이름을 엿보고 자질 미달의 권신 자제라도 모두 합격시킨 것과 같은 제술에서의 폐단을 막아야 할 것과 향시의 수령관 파견을 제기한 것이다. 또한 易書하지 않고, 그 본래의 초고를 보고 뽑는 부정에 대한 우려도 있었다. 성종은 부정 합격의 근본적인 원인을 시관과 搜挾官이 책을 가지고 들어가는 거자를 제대로 검찰하지 않은 때문으로 인식하고 있었다.[45]

그러나 G2의 논란 이후에도 구체적인 향시의 부정 방지 대책이 마련되

---

45) 『成宗實錄』 권200, 18년 2월 癸巳.

지 않은 상태에서, 여러 도의 향시에서 수령의 자제와 조관으로서 出使한 자가 거의 합격되는 상황이 발생하였다. 이를 근거로 조사 파견과 아예 수령의 자제와 조사로서 출사한 자의 '향시 응시 금지법'을 세우자는 방안이 제기되고 있었다.[46] 강경할 적에 정면으로 대하는 시관과 거자 사이에 행해질 私情을 막기 위한 칸막이 설치 주장도 있었으나, 성종은 재상과 대간을 의심할 수 없다고 일축하였다.[47]

그런데 성종의 이러한 입장에 큰 변화가 나타나고 있었다.

H. **시강관 李昌臣** : 국가에서 과거를 중히 여기므로, 제술을 시험할 때에는 封彌·謄錄·收卷 등의 관원을 정하여 상세히 살펴서 간사한 짓을 못하도록 막는데, 간혹 奸僞한 일이 있습니다. 하물며 강경할 때에는 대면하여 서로 보는데, 그 戚屬으로서 아는 사람에게 어찌 사정을 둠이 없겠습니까? 그러므로 입격자는 모두 京華子弟이고, 외방의 寒土로서 합격한 사람은 대개 드뭅니다. 금후로 侍講할 때에는 얼굴을 보지 못하도록 하여 간위를 막게 하는 것이 어떻겠습니까? (임금이 좌우를 돌아보고 물으니)

영사 노사신 : 당나라 때에 帖經法이 있었는데, 이것은 거행할 만한 것입니다. 그러나 지금의 강경 때에는 재상과 대간 등이 함께 시험하는데, 어찌 私情을 행하겠습니까?

성종 : 비록 얼굴을 보지 못하더라도 만약 본래부터 아는 자라면 그 목소리를 듣고서 그 사람을 알 수 있을 것이다.(『成宗實錄』 권215, 19년 4월 갑진)

---

46) 『成宗實錄』 권115, 11년 3월 辛丑.
47) 『成宗實錄』 권116, 11년 4월 辛亥.

입격자가 모두 서울의 경화자제이고, 지방의 선비로서 합격한 자가 드문 결과를 강경에서 사정이 행해진 때문임을 성종이 인정하였던 것이다. 이는 사정 개입을 부정한 노사신의 발언을 정면 반박한 것이어서 그 의미는 더욱 큰 것이었다. 부정으로 입격한 자 중 수령의 자제가 거의 반인 반면, 재예 있는 선비가 모두 불합격한 것은 사실이었다.[48] 이에 조속히 도사나 조관을 감찰자로 파견하는 여러 방안 등이 구체적으로 제기되고 있었다. 그러나 훈척 재상의 반대도 만만치 않아 결정은 다시 유보되었다.[49]

급기야 경중의 초시에서는 강경의 정액이 차지 않은 반면, 인재가 1/10에 불과한 외방에서는 정액의 배에 달하는 인원이 합격되는 사태가 벌어지고 있었다.[50] 해당자만 처벌한다는 방침을 밝힌 이틀 후 집의 李宗灝 등을 통해 그 부정의 실체가 낱낱이 드러나고 있었다.

Ⅰ. "국가에서 유생들이 經術을 닦지 않고 오로지 詞華를 숭상하는 것을 염려하여 특별히 초시에 강경하는 법을 마련하였으나, 학업을 게을리하고 강구하지 않는 폐단이 쉽게 고쳐지지 않아 올해 관시의 액수가 50인 중 강서에 입격한 자는 40인이고, 한성시의 액수 40인 중 강서에 입격한 자는 36인입니다. 인재가 많은 경중에서 입격한 자가 이처럼 적은데, 외방에서 향시의 액수가 10인이라면 강서에 입격한 자가 혹 수십 인에 이르니, 어찌 경중에 인재가 적고 외방에만 많기 때문이겠습니까? 이는 다름이 아니라, 경중에서는 이미 시관을 가려 뽑고, 또 대간을 시켜 들어가 참여하게 하므로 사사로운 일을 용납할 수

---

48) 『成宗實錄』 권215, 19년 4월 甲辰.
49) 『成宗實錄』 권215, 19년 4월 기유.
50) 『成宗實錄』 권220, 19년 9월 甲子.

없는 형세이나, 외방에서는 문신인 수령과 교수의 수가 적어서 가려서 차출할 겨를이 없고, 또 검찰하는 사람이 없으므로 뻔뻔스레 강서를 시험할 즈음에 私情에 끌리고 위세를 겁내어, 아무는 재상의 자제이고 아무는 한때의 수령이고 아무는 수령의 자제이고 아무는 평소의 친구라 하여 사정을 쓰고 사사로운 일을 행하되 꺼리는 것이 없어서 그러한 것입니다. 이 때문에 올해의 향시에 입격한 자는 陳腐하고 배우지 못한 무리가 아니면, 반드시 권세 있는 집의 젖비린내 나는 아이입니다. 그 방목에는 충청우도의 원액은 13인데 具壽永의 아들 具崇璟·鄭崇祖의 아들 鄭承忠·임사홍의 아들 任熙載도 끼었습니다. 오직 이 3인은 나이가 약관이 못되고 학업이 성취되지 못하였으나, 외람되게 13인의 줄에 끼었습니다. 대저 경학을 강습하는 것은 글을 짓는 따위와 달라서 여러 해 동안 강독한 뒤에야 정통할 수 있으니, 본래 구승경 등이 할 수 있는 것이 아닙니다. 올해의 향시에 입격한 사람은 서울에 모아서 다시 시험하도록 명하시는 것이 적당하겠습니다. 그것이 불가능하다면 구승경 등 3인을 따로 다시 시험하게 하여 진위를 밝혀야 하겠습니다. 그렇게 하지 않으면 전조의 홍분방과 같은 것이 여기에서 비롯될 것입니다."(『成宗實錄』 권220, 19년 9월 병인)

초시 초장에서 강경하여 시험한 결과 검찰이 엄중한 경중의 관시·한성시는 정액 각각 50인·40인 중 입격자가 각각 40인·36인에 불과한 반면, 시관·검찰이 모두 부실한 향시에서는 사정과 위세에 눌려 재상의 자제·수령·수령의 자제·친구 등을 선발함으로써 정액을 훨씬 뛰어 넘는 합격자가 나왔다는 것이다. 특히 문제가 된 것은 충청우도였다. 원액 13인에 나이가 약관이 못되고 학문도 없는 구수영(영응대군 사위)의 아들 구승경(임희재

의 처형)·정숭조(세조 부마 정현조 제 ; 좌리공신)의 아들 정숭충·임사홍
(자 임광재 예종 부마)의 아들 임희재 등이 끼인 때문이었다. 임희재의
조부 임원준과 정숭충의 숙부인 鄭敬祖와 교제하는 시관 2인이 글제를
누설하여 합격한 이들 3인은,[51) 왕실과 혼인 관계에 있는 집안의 자손이었
으므로 그 처리는 간단하지 않았다. 향시 합격자 전원 또는 3인을 재시험해
야 한다는 주장이 바로 그러하였다.

게다가 경기좌도 監試, 경기우도 문과 향시, 명제 누설로 인한 합격자
급증, 임희재 등 3인이 성종 17년(1486) 생원시·진사시에 차술로 입격한
사실, 그리고 원점이 차서 응당 관시에 응시해야 할 유생 39인이 향시로
나아간 사실[52) 등 과거 부정의 총체적인 양태가 드러나고 있었다. 그뿐만
이 아니었다.

J. "(전략) 충청감사 李德崇은 자신의 아들 李龜壽를 그 도의 향시에
    나아가게 하였으니, 이것은 외람된 것 입니다. 신들이 또 듣건대,
    이뿐이 아니라, 제 사위 南麟과 처남 洪貴孫과 형의 아들 李鐵壽도
    그 도의 향시에 나아가 문과에 입격하거나, 감시에 입격하였다 합니
    다. 이는 이덕숭의 일가의 자제가 충청도에 모여 응시한 것인데,
    선거를 맡은 수령도 감사 때문에 그 사이에서 사사로운 짓을 용납하지
    않을 수 없었던 것입니다. 이덕숭은 뻔뻔스레 방목에 署押하여 예조에
    移報하였으니, 이는 이덕숭의 자제가 있는 것만을 알고, 국법이 있는
    것을 모르는 것입니다. 엎드려 바라건대, 임희재 등을 다시 강서시켜
    선비의 풍습을 바루고, 부형을 추국하여 간사하게 속이는 것을 징계

---

51) 『成宗實錄』 권220, 19년 9월 癸未.
52) 『成宗實錄』 권220, 19년 9월 丁亥.

하소서. 또 이덕숭은 잘못이 매우 크므로 벼슬에 있기에 마땅하지
않으니, 체차하고 추국하여 선비들의 마음을 쾌하게 하소서.”(『成宗
實錄』 권220, 19년 9월 무자)

(장령)권경희가 충청감사 이덕숭의 아들·사위·처남·형의 아들 등 일가
가 그 도의 향시·문과·감시 등에 모두 입격한 충격적인 사실을 밝힌
것이었다. 성종은 이덕숭의 체차·추국만 윤허하였다. 또한 관시를 제외한
모든 과거를 내년 봄에 다시 시험하도록 하였다. 이는 계속 제기된 구숭경,
정승충, 임희재 3인의 재강서를 결국 받아들이지 않은 조치였던 것이다.[53]
과시에서의 부정이 하필 이 해에 국한된 것은 아니었을 것이다. 다만
이때에는 과거 전체에서 부정이 만연한데다가, 특권층 자제가 부정을
거듭하여 대과 응시 자격을 얻고, 한 도의 감사 일가가 권력형 부정으로
모두 합격되는 등 더 이상 묵과할 수 없는 상태가 된 때문에 쟁점화된
것이었다. 한 차례 대파란을 겪은 후 생원·진사과의 향시에 성종 20년
(1489)부터 兼御使가 파견되었고, 명제를 도용한 경우나 생원시에서의
대술한 것[54] 등의 부정행위를 적발해 내고 있었다.

IV. 응시 자격을 둘러싼 논란

세조는 亂臣 조부 閔無疾의 죄에 연좌되지 않았다는 閔奇에게 仕官과
부시를 허락하고, 원종공신인 安愈·安惠·安忠 등 平壤府院君 趙浚의 비첩

---

53) 『成宗實錄』 권220, 19년 9월 戊子.
54) 『成宗實錄』 권225, 20년 2월 임진, 丙申.

의 딸의 아들들의 과시 허용 요청도 결국 허락하였다.[55]

K. "본조에서 문무 양과를 설치하여서 많은 선비들을 뽑았지만, 무릇
　　과거에 응시한 사람들이 만약 先世에 허물이 있거나, 만약 자기 자신
　　이 죄를 범하였거나, 만약 派系가 서얼에 관련되거나 하면, 그 가계가
　　비록 훈공의 大官이라 할지라도, 그 재주가 비록 준수하여 남보다
　　탁월하게 뛰어날지라도 모두 과거에 응시할 수가 없었습니다. (중략)
　　거자들의 이름을 기록하는 법에는 그 허물을 더욱 마땅히 상고하고,
　　그 적서를 변별하고 내외 파계가 명백하여 의심이 없는 다음에라야
　　바야흐로 시험에 응시하도록 허락합니다. 안유 등은 그 아비 安善貴가
　　평양부원군 조준의 첩의 딸에게 장가들어서 낳은 자식으로 온 나라를
　　통하여 모두 알고 있는 첩의 손자이므로 거자의 반열에 참여할 수
　　없음이 분명합니다. 지금 성상의 은혜를 특별히 받아서 처음으로
　　과거에 응시할 수 있게 되었으니, 장차 서얼의 무리들로 하여금
　　이 예에 의거하여 벌떼처럼 일어나서 다투어 성총을 煩瀆하게 한다면,
　　전하께서 어찌 오로지 금일에만 허통하시고 後來의 사람들에게 막아
　　서 금하겠습니까?"(『世祖實錄』 권21, 6년 8월 庚午)

서얼로서 안유 등이 처음 부시를 허락받은 것이었다. 예문 봉교 정난종
등은 특히 그들이 조준의 妾産임을 모두 알고 있는 점을 염려하고 있었다.
이는 그 이전 시기까지 서얼의 부시가 엄격하게 금지되어 왔다는 점에서
파란을 일으킬 만한 사안이었던 것이다. 그러나 세조는 백성에는 본래
귀천이 없었다는 것과, 공신으로서 길이 양인이 되도록 허락한 점을

---

55) 『世祖實錄』 권2, 원년 10월 丁卯 ; 권15, 5년 2월 己卯 ; 권21, 6년 8월 戊辰.

들어 그대로 허락하였다. 이와는 대조적으로 어머니의 상중에 그 아비로 하여금 상언하게 하여 무과 중시에 나가기를 청한 趙孝禮는 예의의 풍습을 경박하게 한다고 추핵하였다.56)

예종이 즉위하자 서얼의 부시 청원이 잇달았다. 먼저 三館에서 서얼이라 녹명을 거부당한 武靈君 유자광의 同母弟 柳子炯 등 2인의 부시 청원이 있었다. 문제는, 유자형의 어미가 이미 부인에 봉해진 상태에서 그 아들의 부거는 문제될 것 없다는 예종의 입장과, '유자광이 첩의 아들인 데다가 유자형의 출산 당시 그 어미는 봉작되지 못한 상태'임을 들어 '부시 불가'를 주장한 신료 및 예조의 해석 차이에 있었다. 원상 홍윤성의 '유자광의 勳勞로 그 어미가 내명부 반열에 오른 만큼, 그 자녀 누구라도 허통이 가능하다.'라고 한 발언을 따라, 예종은 유자광 형제의 부시를 허용하였다.57) 그 외에 세조의 명으로 사족 尹沈의 딸로 적처를 삼은 巴山君 趙得琳의 先妻 소생으로 삼관에서 녹명을 거부당한 趙成도 부시 허용을 청하고 있었다. 이미 세조가 조득림의 전처 및 그 아들 조성·조찬을 양인으로 해 주었으니 조성의 부시는 문제될 것이 없다는 승지들과, 적처인 윤씨에게 아들이 있는 만큼 비록 양인일지라도 전처의 아들에게 부시를 허용해서는 안 된다는 원상 전원의 일치된 반대로 논의는 양분되었다. 그렇지만 예종은 이들의 부시도 특별히 허용하였다.58) 유자광이나 조득림이 모두 공신이라는 점을 주목할 필요가 있겠다.

그러나 이들의 과시 참여에 대한 자격 논란은 예종대뿐만 아니라, 성종 16년(1485)까지도 이어지고 있었다.

---

56) 『世祖實錄』 권6, 3년 2월 戊戌.
57) 『睿宗實錄』 권6, 원년 7월 癸卯.
58) 『睿宗實錄』 권7, 원년 8월 壬子.

L. "과거의 법은 오래되었으며, 국가에서 조종 때부터 이 법을 첫째로 중하게 여겼습니다. 그 당초 이름을 기록할 때에 四館이 모여 의논해서 그 사조를 상고하고, 또 내외 족친의 보증을 상고하며, 사조 안에 만일 현달한 벼슬이 없으면 또한 본관을 경재소에 물어서 질정하여, 그 중에 만일 작은 하자라도 있으면 내치고 기록하지 않게 하였으니, 과거의 법이 중함이 이러합니다. 더구나 蘖産의 자손이나 노예의 자손이겠습니까? 지금 유자광·최적은 얼산이고, 조득림은 노예입니다. 비록 한때의 훈로로 고관에 참여하기는 하였으나, 서얼과 노예의 자손이 과거에 참여하지 못하는 것은 『대전』에 실려 있는데, 어찌 한두 신하의 연고로 인하여 조종 만세의 법을 무너뜨릴 수 있겠습니까? 내려진 명을 거두소서."(『成宗實錄』 권179, 16년 5월 戊寅)

대사간 한언 등이 유자광 형제·조득림 아들의 '부시 허용'에 대해 반대하고 있었던 것이다. 『대전』(성종 16년의 을사대전)에 명시되어 있는 문과, 생원·진사시의 응시 자격에 관한 규정 즉 양반 문무과는 通訓大夫(정3품 당하관)이하가, 생원·진사시는 通德郞(정5품)이하가 각각 응시할 수 있었고 수령은 응시할 수 없었으며, 또한 범죄를 저질러 영구히 관직에 임명될 수 없는 자, 贓吏의 아들, 재가했거나 실행한 부녀자의 아들과 손자, 서얼 자손은 응시하지 못하며, 해당 도에 살고 있지 않은 자나 현직자는 향시에 응시하지 못하도록 되어 있었다.[59] 유자광·조득림이 선왕 대에 이미 허통된 상태였지만, 또 다른 경우의 발생을 차단하기 위해서라도 신료들은 계속 논란하지 않을 수 없었던 것이다. 마침내 성종이 재상의 첩이 낳은 아들로 향리의 딸을 아내로 삼은 유자광과

---

59) 『경국대전』 권3, 예전 제과.

본래 천인으로 천인의 딸에게 장가든 조득림과의 차이를 인정하여 그 아들의 과시는 금지하는 것으로 결론을 내렸다.[60]

전처를 棄別하고 다시 장가들어 黃碩卿·黃俊卿을 낳은 후, 전처와 다시 결합하여 동거한다는 商山君 黃孝源의 두 아들의 녹명을 사관에서 거부한 경우는 처리를 달리하였다. 즉 황석경 형제가 忠勳府 공신 자손 기록에 적자의 서열로 기록되고, 이미 생원·진사·한성시에 응시한 바 있음을 들어 우선 응시를 허락한 후, 그 어머니의 적첩에 대한 사실 여부를 밝히게 한 것이다.[61]

한편 성종은 '난신에 연좌된 사람으로 이미 赦宥를 입어 방면된 자는 벼슬길에 통하기를 허락하고, 그 형제와 조카는 부시를 허락'하는 조치를 내렸다.[62] 이는 전대의 불행한 역사를 불교의 인과응보적 관점에서 화해하려는 대비 인식의 소산이 성종의 명을 통해 나타난 것이었다. 이 조치의 수혜자로 宋琚(단종 처남)와 鄭眉壽를 들 수 있다. 먼저 송거는 세조대에 주벌된 宋玹壽의 아들로 내금위에 소속되어 있다가 부시를 청원하여 허락받고 있었다. 송거의 관직진출과 부시허용이 모두 그 삼촌숙모인 永膺大君 부인의 상언으로 이루진 데다가, 만약 과거로 진출하게 될 경우 女謁의 실마리가 싹틀 것이라는 점 때문에 대간과 정창손을 위시한 신료들이 대대적으로 반대하고 나섰다.[63] 성종은 송거의 처벌을 인정하지 않음으로써[64] 그의 부시를 기정사실화하였다.

중부 참봉 정미수는 계유정난 때 역당으로 복주된 鄭悰(단종의 매부)의

---

60) 『成宗實錄』 권180, 16년 6월 辛卯. 그러나 조득림의 아들은 성종 23년 2월 부시가 허용되고 있다.
61) 『成宗實錄』 권53, 6년 3월 甲寅.
62) 『成宗實錄』 권34, 4년 9월 丙申.
63) 『成宗實錄』 권67, 7년 6월 丙戌, 丁亥.
64) 『成宗實錄』 권69, 7년 7월 丁未.

아들이었다. 대비가 성종 4년 4월 그를 돈녕부 직장에 제수하려고 했을
때, 대간은 물론이고 원상 역시 강력하게 반대하였다.65) 그럼에도 성종은
그를 돈녕부 참봉에 제수하였었다.66) 이번에도 성종은 정미수의 서용에
관련하여 세조가 예종에게 내린 유명을 빌어 '부시 허용'을 못박았다.67)
양인은 戚里여서 특히 원상·훈구의 반대가 끝까지 이어졌던 것이다.
　贓吏 자손의 赴擧도 원칙적으로 엄격하게 금지되어 있었다. 그러나
그 원칙의 적용은 유동적이었다. 세조대에 장리로 논죄된 文孟孫이 발영시
에 합격하였고, 성종은 장리 金孟規의 아들 金友謙의 부시를 특별히 허가하
였다가, 신료들의 반대로 며칠 후 철회하였다.68) 성종 16년(1485) 부시를
허락받은 김우겸과 인신을 위조하여 반인을 濫占한 죄로 사형 당한 신정의
아들 申永徹에69) 대한 논란은 다음 해까지 계속되고 있었다. 서얼의 경우
와 마찬가지로 과시 불허자의 정치권 진입은 집권 훈척세력에게는 결코
간과할 수 없는 문제였기 때문이었다. 장리 자손의 부시를 허락할 경우
『대전』의 법을 무너뜨리는 것이 되고, 대간의 간언으로 그 명을 취소할
경우 아랫사람에게 신용을 잃게 되는 딜레마에 빠지게 된 성종은, 신정의
아들만 응시를 허용하였다.70) 이는 대전의 법을 무너뜨린다는 부담을
덜고 累代의 공신 신숙주의 자에게 特恩을 베푼 형식을 취한 것이었다.
그러나 조정의 물의를 들끓게 하면서 부거한 신영철은 崔世寶로 하여금

65)『成宗實錄』권29, 4년 4월 己巳.
66)『成宗實錄』권29, 4년 4월 戊子.
67)『成宗實錄』권65, 7년 3월 甲寅.
68)『世祖實錄』권39, 12년 5월 癸巳 ;『成宗實錄』권147, 13년 10월 癸未, 丙戌.
69)『成宗實錄』권180, 16년 6월 辛卯.
70)『成宗實錄』권193, 17년 7월 乙丑 ; 최진옥, 1998, 앞의 책, 69쪽에서는 김맹규
　　아들을 허통한 것으로 되어 있고, 그 아들 이름이 밝혀져 있지 않는 것으로
　　서술되어 있다.

대술하게 하다가 발각되어, 국문 당하는 처지로 전락하고 있었다.[71]

그렇다면 과거 응시 자격을 엄격하게 제한하지 않는 결과는 어떻게 나타나고 있었는가.

> M. **특진관 윤효손** : 서얼과 倫常을 무너뜨린 자도 이제 모두 과거를 볼 수가 있음으로 하여 풍속의 각박함이 주로 이에서 연유하니, 청컨대 이후로는 과거에 응시하려는 사람과 군사로서 지방에서 종사할 자는 모두 留鄕회의의 保擧를 거쳐서, 수령이 첩지를 준 뒤에 비로소 과거에 응시하고 벼슬에 종사토록 허가하여 이것으로써 항식을 만들게 한다 면, 거의 사람마다 각각 행실에 힘써 풍속이 후한 곳으로 돌아가게 될 것입니다.(『成宗實錄』 권245, 21년 윤 9월 갑신)

과시 불허자인 인물에게 응시를 허용함으로써 성종 후반기 풍속이 각박해졌다는 것이었다. 이 같은 풍조를 막기 위해 유향소에서 신원보증 을 받고 수령의 첩지를 받은 사람에게만 부거를 허락하는 새로운 조치가 내려지고 있었다.

반면 자격이 정지된 경우도 있었다. 먼저 살인죄를 짓고 도망한 생원 金碬·金磽·金碼 등은 영영 停擧되었다. 아비 李丙奎가 두 아내를 거느린데 다가, 어미 출신이 미천하여 적처·첩이 구분되지 않아 사관에서 녹명을 허락하지 않은 생원초시에 입격한 유생 李壅의 경우는, 복시에 우선 응시 할 수 있었다. 그러나 어미가 비첩 소생이며 첩인 것이 확인되면서 그는 방목에서 삭제되고 백패도 환수당하였다.[72] 어미의 상을 당한 지 3년

---

71) 『成宗實錄』 권219, 19년 8월 戊申.
72) 『成宗實錄』 권98, 9년 11월 庚申 ; 권226, 20년 3월 己未 ; 권230, 20년 7월 壬午.

안에 아비의 명이라 거짓 청탁하고 부시하기를 청한 유학 柳珍의 경우는
본죄보다 중하게 영영 부거를 정지당하였고, 齋舍에 기숙하는 성균관
長官生員을 회초리로 때리고, 여러 생원들을 부추겨 성균관을 비우고
가버린 생원 5인도 모두 율대로 처벌받고, 영영 부거를 정지당하였다.[73]

V. 성균관 교육과 강경론·제술론

과거제도는 성균관 교육과 밀접하게 연관되어 운용되기 마련이었다.
먼저 세조대 성균관의 상태를 알아본다.

N. "성균관은 인재를 교양하고, 풍습을 교화시키는 곳인데, 근년 이래로
    생원과 진사 등이 전혀 성균관에 있지 않고서 인연으로 청탁하여
    혹은 成衆官으로 들어가기도 하고, 혹은 여러 고을의 학장으로 임명되
    기도 하고, 혹은 거짓으로 어버이가 늙어 병들었다고 일컫고는 文憑을
    속여 받아서 비록 원점에 차지 않더라도 안이하게 시험에 나가게
    되니, 비단 국학이 허술할 뿐만 아니라 외람됨이 막심합니다."(『世祖
    實錄』 권18, 5년 10월 계유)

예조가 성균관에 거관하는 유생이 전혀 없다는 충격적인 상황을 아뢰고
있다. 성균관에 거관하는 유생들은 입학시험에 합격한 생원·진사로 구성
된 上齋生(=정규생) 100인과 四學升補生·門蔭升補生으로 구성된 下齋生(=
寄齋生) 100인으로 구성되어 있었다. 기재생도 생원·진사와 같은 대우를

---

73)『成宗實錄』 권11, 2년 9월 계유 ; 권32, 4년 7월 丁巳.

받았는데, 사학승보의 특전은 문음자손에게 편중되어 있었다. 유생들은 성균관에 거관하면서 춘추도회(춘추 두 번에 걸친 競詩 대회)·관시·알성시·별시 등에 참여할 수 있는 특전을 부여받고 있었다. 그 중에서 문과 초시인 관시는 조석으로 참석하는 것을 원점 1점으로 계산하는 식당 到記인 원점 300점을 쌓아야 응시할 수 있었다. 별시에서의 원점은 그때그때 결정되었다.74) 그런데 특권 훈척의 자제가 대부분인 성균관 유생은 거관하여 힘든 원점을 확보하기보다는, 각종 특혜·편법·불법적 방법을 통해 出仕를 도모하고 있었다. 이에 따라 과서세도가 교육세노와 일치뇌지 못한 채 운용되었고, 더구나 정통성이 취약한 세조가 세조 2년 사육신 사건 이후 집현전을 혁파하고, 경연을 정지하는75) 등 더욱 무단적인 정치를 행함으로써 성균관의 상태가 더욱 악화되고 있었던 것이다.

그렇다면 학문과 인재에 대한 세조의 인식은 어떠하였는가.

O. "'지금 유사 중에 경학에 정통한 사람이 絶無하고, 문장에 유의하는 사람도 또한 드물다. 대체로 학문을 게을리 하는 것이 더욱 심하다. 또 그 성공한 사람도 이름이 사판에 등록되면 조그마한 성취에 만족하고 있으니, 누가 즐겨 학문을 하는 일에 힘쓰겠는가? 과거를 자주 시행하여 학자를 격려하려고 하지만, 그러나 과거도 또한 자주 시행할 수가 없다.'라고 하면서 오랫동안 師表를 담당한 金鉤에게 반드시 학교를 일으켜 인재를 육성하는 방법을 알고 있을 것이니, 그것을 李克堪과 더불어 의논하여 말하라."(『世祖實錄』권18, 5년 12월 갑자)

---

74) 이성무, 1967, 「선초의 성균관연구」 『역사학보』 35·36합집, 254~261쪽.
75) 『世祖實錄』 권4, 2년 6월 更子, 甲辰.

세조는 경학에 정통하지 못할 뿐 아니라, 학문에 게으른 유사들의
실태를 힐난하고 있다. 문신에 眞儒는 고사하고, 효경에 通한 자조차도
없다고 통탄하기도 하였다.[76]

이러한 인식이 심화되면서, 세조는 '성균관은 腐儒들이 모여드는 숲이
다. 하루 동안 두면 하루만큼 썩고, 10일 동안 두면 10일 동안 썩는다.'라고
하여 유능한 인재를 성균관에 두지 않고 즉각적으로 轉職시켰다. 또한
종친·재추들이 모인 자리에서 현직 성균관 대사성에게 '병서와 노자·장
자와 한문의 글을 강론케 하고는 그것이 자기 마음에 거슬리자, 그를
사육신의 무리에 견주어 죽음으로 몰아가 처형하는 일'을 자행하기도
하였다.[77] 이는 유교와 유교정치 그리고 그것의 근본인 주자학을 보급하
고, 유생의 교육을 담당하는 성균관의 기능도 극단적으로 부정하는 행태
였다. 그러면서도 다른 한편으로 그러한 행태를 호도하기 위해 O에서처럼
성리학과 유교정치 등을 표방하는 수사적 발언을 하고 있는 것이다.
이 같은 세조의 입장은 자신이 섭렵하고 강구한 '제서·經史 및 律呂·풍수
의 서책은 강독시킬 만한 것이 못된다.'고 한 그의 말에서도 뒷받침되고
있다.[78]

그래서 아직 세종대 강경의 遺習이 남아 있는 세조대에 문과 복시(=회
시) 초장에서 강경하게 한 뒤부터는, 거자가 모두 다 경학에 留心한다는
효과가 나타나고 있었음에도 별시 문과 회시는 제술만으로 시험하였고,
세조 8년(1462) 식년 문과에 강경을 하지 말도록 명하였던 것이다.[79]
을유년(세조 11, 1465)의 식년 과거는 온양에 행행하기 이전에 시험을

---

76)『世祖實錄』권33, 10년 4월 甲辰.
77) 김태영, 1994, 앞의 논문, 119~120쪽.
78)『世祖實錄』권3, 2년 3월 丁亥.
79)『世祖實錄』권3, 2년 3월 丁亥 ; 권2, 원년 8월 癸亥 ; 권29, 8년 8월 戊寅.

끝마치게 하면서 문과의 강경을 없애는 한편, 명 사신의 방문을 이유로 문무과의 시험에서 강경을 없앴다.[80] 말하자면 강경을 거의 시행하지 않고 있는 셈이었다. 따라서 세조가 성균 생원 5인에게 경서를 강하게 하였을 때, 모두 不通한 것은 당연한 결과였다.[81]

강경은, 문과 복시의 三場連券法에서 초장이 끝난 하루 뒤에 중장, 중장이 끝난 하루 뒤에 종장을 보이는 가운데, 초장에는 경학, 중장에는 시·부·표, 종장에는 시무책을 시험 보이면서, 제술과 함께 초장에서 경학을 시험하는 방법의 하나였다. 강경은 경서의 뜻을 말로 물어보는 구술시험이고, 제술은 경서의 내용 중에서 논문식으로 써내는 필답시험이었다. 강경에는 책을 보지 않고 물음에 답해야 하는 背講과, 책을 보고 물음에 답하는 臨文考講이 있었는데, 문과에만 있고 생원시에는 없었다. 문과 제술에는 4서의와 3경의(시·서·역경)만 보였다. 초시 초장에서 경서의 고시 방법의 강경·제술 여부는 회시 참여와 직결된 문제였다. 따라서 거자들의 관심이 집중되고 있었다. 조선 초기에는 여말선초 신진 사류의 강경을 중시하는 추세가 반영되어 생원시만 시험하고 있었으나, 세종 20년(1438) 이후 단속적으로 설행된 진사시와 짝하여 제술의 중요성이 강조되기도 하였다. 그러다 보니 자연 강경론과 제술론을 둘러싼 대립이 있게 된다.[82]

세조대 이래 시행되어 온 과거에서의 강경·제술을 시행한 결과는 동지 경연사 徐居正이 경연에서 아뢴 다음의 내용에서 찾아진다.

P. "(전략) 근래에 중외의 학도들이 오로지 사장만 힘쓰고 경서를 읽지

---

80) 『世祖實錄』 권34, 10년 11월 癸丑 ; 권45, 14년 3월 庚辰.
81) 『世祖實錄』 권32, 10년 2월 甲申.
82) 이성무, 1967, 앞의 논문, 241~245쪽.

않습니다. 신이 성균관의 직을 띠고 있을 때에 제생들을 모아 강의하였더니, 경서를 통한 자가 심히 적었고, 근일의 문과회시 때에도 신이 시관이 되어 제생에게 경을 강하게 하니, 또한 이와 같았습니다. 그래서 신이 그 까닭을 알아보니, 근래에 식년 試士 외에 해마다 별시를 행하여, 선비들에게 시험을 보이지 않는 해가 없었는데, 모두 제술을 사용하였으므로, 선비들이 모두 요행을 바라며 독서에 힘쓰지 않았으며 이것이 積習成弊가 되어서, 이 지경에 이른 것입니다. 지금 『대전』에 관시와 한성시·향시에 제술을 사용하고, 회시에서만 강경을 행하기 때문에 사람들이 모두 독서를 하지 아니하고, 간혹 경서에 능통한 자가 있어도 그 능함을 발휘하지 못하게 되었고, 시험에 합격하는 자는 모두 다 연참의 요행을 바라는 무리들입니다.

신은 원컨대, 구례에 의하여 문과와 관시·한성시·향시에서도 또한 강경을 모두 행하시면, 거의 참다운 학문을 한 자는 진출하게 되고, 요행을 바라는 자들은 물러가게 될 것입니다. 신이 또 금년의 제도 향시의 방을 보니, 수령이 차지한 것이 많사온데, 이들은 簿書를 취급하는 기회에 어느 여가에 독서하였겠습니까? 지금 액수에 너무 많이 충당하여 회시에 응시할 적에 왕래하는 데 제공되는 비용 때문에 그 폐단 또한 적지 않을 것입니다. 이는 오로지 향시에서 강경을 하지 아니한 데서 연유하는 것입니다. 만약에 강경을 다시 하게 되면 폐단이 장차 저절로 제거될 것입니다. 신은 생각건대, 생원·진사를 국가에서 儲養하는 것은 뒷날에 쓰임을 기다리는 것입니다. 구례에는 參上 이상은 시험에 응시하지 못하였사온데, 신이 금년 생원·진사의 향시를 보니 3, 4품의 질이 높은 수령은 굳이 생원·진사에 일을 삼을 필요가 없습니다. 신은 원컨대, 관직이 있는 사람이 생원·진사시에 응시하는 자는 구례에 의하여 직질을 詳定하는 것이 어떻겠습니

까?"(『成宗實錄』 권17, 3년 4월 계미)

　서거정이 지적한 문제는, 크게 강경과 향시 참여 자격 2가지였다. 먼저
『대전(예종대 己丑大典)』의 조문대로 초시인 관시와 한성시·향시에 제술,
회시에 강경한데다가 별시에서 제술만 사용함으로써 중외에서 오로지
사장에만 힘을 썼고, 그래서 성균관 유생이나 회시에서 강경한 결과
통한 자가 적게 배출되었다는 것이다. 두 번째는 금년 향시에 3, 4품의
직질이 높은 수령이 많이 합격하였다는 것이다. 이 두 문세를 극복하는
해법으로 초시 초장에 강경하는 방안을 제시하고 있었다. 아울러 두
번째 문제를 더욱 확실하게 해결하기 위해 수령 응시 자격 기준을 마련하
자는 것이었다. 이에 따라 성종은 논의를 거쳐 응시 자격 기준을 문과
및 생원·진사를 각각 통훈대부(정3품 당하) 이하와 통덕랑(정5품) 이하로
결정하고, 문과와 관시·한성시 및 향시의 초장에 강경하는 것으로 결정하
였다.
　그런데 조선 초기 상당 기간 동안 강경만으로 생원을 선발하는 생원시
를 두고 세종 20년까지 지속적으로 실행한 것은, 국가에서 최고 학부인
성균관을 설치하고서 성리학적 경학 소양이라는 단일 기준을 적용하여
인재를 육성하고 선발하기로 제도화한다는 실로 중대한 개혁이었다.
게다가 문과 초시의 초장을 강경만으로 시험보이도록 규정하여 경학을
문과의 기초 과목으로 확정해 둠으로써, 무릇 과거를 통해 관인으로
진출하려면 특히 성리학적 경학에 힘쓰지 않으면 안 된다는 국가적 의지를
보인 것이기도 했다.[83] 따라서 초시 초장에 강경하는 것으로의 방향
선회는 성균관 경학 교육의 활성화와 이를 통해 경학적 소양을 갖춘

---

83) 김태영, 2002, 「여말선초 성리학 왕정론의 전개」『조선시대사학보』14, 36~38쪽.

인재를 배출하는 의미 있는 변통이었던 것이다.

그 후 실제 초장에 강경하는 효과가 나타나고 있었다.

> Q. **성종** : 성균관에 있는 유생으로서 글을 잘하는 사람이 몇이나 되느냐?
> **좌부승지 李克基** : 지금 성균관에 있는 유생들이 비록 많기는 하나 글을 잘하는 사람은 겨우 30여 인입니다. 지난번에는 유생들이 모두 浮文만을 익히며 요행을 기대하였었는데, 요즈음은 경서를 강독함으로 인하여 상당히 학업에 충실해졌습니다. 그런데 사람들은, '경서를 강독하여 취사하면 아마도 私心을 쓰는 폐단이 있을 것이다'라고 합니다. 그러나 유생들이 어떻게 나에게 사심을 쓰는 자가 있을 것이라는 것을 미리 예측하고서 독서를 하지 않겠습니까? 만약 독서를 하지 않는다면, 어떻게 연원의 학문이 있을 수 있겠습니까? 경서를 강독하는 법은 폐지할 수 없습니다.(『成宗實錄』 권53, 6년 3월 壬子)

『대전(성종 5년의 甲午大典)』에 문무과 회시 초장 강경을 규정하여 관시·한성시·향시는 모두 제술로 시험하고, 회시의 초장에서 사서삼경을 강하도록 되어 있었다. 그러나 성종 3년(1472) 초시 초장에 강경을 결정한 이후 적어도 성종 6년 3월 무렵까지는 초장 강경이 계속되었고, 그 결과 성균관에 거관하는 유생이 많아지고 학업에 충실하는 등 긍정적인 변화가 나타나고 있었던 것이다. 세조대와 비교하면 실로 놀랍게 반전된 상황이 아닐 수 없다.

그러나 Q의 내용이 언급된 이후 어느 시기부터 다시 회시 초장에 강경하고, 매년 행해진 별시에서 제술만으로 시험하는 것으로 상황은 달라졌다. 즉 성종 9년(1478) 무렵 경서에 능통한 자가 없고, 장차 경서에 밝은 사표의 적임자조차 얻기 어렵게 될 상황을 달성군 서거정이 우려할 정도로 경학이 침체된 것이다.[84] 그러면서 明經科에 높은 관심을 보인다.

명경과는 세조 6년(1460) 6월에 설치하여 조사와 원점이 70이상인 자에게 시험에 응시할 자격을 주고, 시험 과목과 방법은 『啓蒙』에 略通하고, 사서 중에 추첨한 1서에 통하고, 오경 중에 자원한 2경에 통하고, 『左傳』·『綱目』·『資治續編』·『宋元節要』 중에서 자원한 1서 약통 이상인 자는 전시에 나오도록 허락하며, 초시에서는 정원의 숫자에 구애하지 않는 것으로 정하였다.[85] 이때 시행된 명경과에서 응시자 7명 중 李孟賢이 장원으로 선발뇌었다.[86]

성종대의 명경과는 어떠하였는가. 성종대의 경우 유생들의 학업 태만과 요행을 잡으려는 풍조를 없애고, 사관의 결원 보충은 식년 강경을 이용하자는 정창손의 반대에도, 한명회 등 대부분의 훈척 대신들의 찬성으로 그 시행이 결정되었다.[87] 시행 결과 한 사람의 합격자도 없었다. 그 이유로는, 다만 사장만 일삼고 있는 유자들의 태도와 경학에 밝아서 능히 사표가 될 만한 사람이 적은 것, 명경과가 33인의 밖에 있는 점, 그리고 합격자들이 기껏해야 교수에 임용되는 점 등이 지적되고 있었다.[88] 이는 당시 성리학 보급 수준이 아직 낮은 반면 과거에서도 사장을 중시하고 있는 추세를 단적으로 보여주고 있는 것이다.

다시 명경과를 보완하여 사서와 오경을 강하여 한성시·향시 및 복시에서 각각 略 이상과 7통 2약을 뽑는 등 여러 조목을 정해 시험하였다.[89] 70세의 훈도 權景溫이 유일하게 합격하였다. 그러나 경학에 精熟한 불합격

84) 『成宗實錄』 권91, 9년 4월 乙巳.
85) 『世祖實錄』 권20, 6년 6월 壬申.
86) 『世祖實錄』 권21, 6년 7월 更子.
87) 『成宗實錄』 권98, 9년 11월 庚辰.
88) 『成宗實錄』 권110, 10년 윤10월 己未.
89) 『成宗實錄』 권111, 10년 11월 癸巳.

자를 숭장한다는 의미로 모두 훈도로 차임하고 있었다.[90) 1달 만에 졸속으로 정한 규정으로 재설행된 명경과에서 합격자가 배출되지 않은 것은 너무나 당연한 결과였다.

그렇다고 유생들의 경학 부실이 초시 초장에 강경하지 않는 것에 기인하는 것만은 아니었다.

R1. "(전략) 국가에서 선비를 뽑는 법규에는 참으로 의논할 것이 없으나, 제수하는 법이 혹 마땅함을 잃은 듯합니다. 왜냐하면, 前職이 있고 과거에 오른 사람은 科次의 고하를 물론하고 오로지 전의 자급에 따라 자궁한 사람에게는 갑자기 寺·監의 정·부정을 주거나 뛰어서 당상관을 주고, 그 나머지도 모두 자급에 준하여 서용하여 아침에 鼓簋이었는데 저녁에 函丈의 스승이 되고, 오늘의 韋布의 선비가 명일에 朱紫의 귀인이 되니, 수업한 師長과 조정의 예전 무리들이 도리어 그 아래에 있게 됩니다. 이것으로 말미암아 배우는 자들이 빨리 현달하는 것을 이롭게 여기어, 먼저 경서를 공부하지 않고 먼저 진취를 꾀하여, 혹은 兵伍에 이름을 넣어 두고 혹은 成衆에 자취를 붙이고, 혹은 문음을 이어받아 자급을 높이고 거듭하여 학도에 비견하면서, 만일의 요행을 바라는 자가 모두가 이러하니, 다른 날에 선배를 짓밟아 버리고 사장을 경멸하는 것이 의당 그러할 일입니다. 이것은 조급히 경쟁하는 문을 열어 놓고, 진취를 탐내는 길을 넓히고서 법을 베풀어 몰아넣는 것입니다. 이렇게 하고서 진유가 나오고 士風이 아름다워지기를 바라는 것은 또한 어렵습니다. (중략) 저 문음·성중으로 나와서 계급을 바라는 자는 모두 배움에 뜻을

---

90)『成宗實錄』권115, 11년 3월 辛丑.

독실히 하지 못하는 자들입니다. 仕進하는 데에 따로 길이 있으니, 반드시 과목으로 말미암아 나올 것이 없습니다. 청컨대 과거에 함께 부시하는 것을 허락하지 말아서 得隴望蜀하는 희망을 막으소서."(『成宗實錄』권84, 8년 9월 무자)

R2. **지평 曺偉**: 근자에 유생들을 보면 나이 겨우 약관에 忠順衛에 대부분 소속되어서 자급을 차지하였다가, 다행히 과거에 합격이 되면 곧바로 5품, 6품의 직위에 임명되므로, 조급하게 진취하려는 것에 마음을 써서 專業히는 자가 적어져 유학의 기풍이 날로 무니집니다.

영사 노사신: 충순위는 나이를 제한하는 것이 좋을 듯합니다.(『成宗實錄』권144, 13년 8월 庚申)

태조대 이후 공신 우대책이 계속되면서 세종 즉위년(1418) 10월과 세종 5년(1423)에 각각 설치된 충의위·충순위에 18세 이상의 삼공신인 開國·定社·佐命의 자제가 분속·입직할 수 있었다. 거개가 훈척 자손인 성균관 유생 역시 충의위·충순위 뿐 아니라, 충찬위·성중관 등에도 入屬하였다. 武衛에 입속해서 소정의 복무 기간을 마치면 곧 수령이나 경관에 임명되는 특전을 부여받고 있었기 때문이다. 이에 성균관에서 수학하던 문음 자제들이 특권을 누리려 다투어 무위에 들어감으로써, 성균관은 거관하는 유생이 없는 허소한 상태를 면치 못하고 있었다. 더구나 성종 2년(1471) 8월부터는 무위 입속자들에게 성균관의 二重籍을 가지는 것을 인정하고, 出番 여가에 원점 150점을 받으면 문과 초시에 응시할 수 있도록 하는 특혜까지 보태진 상태였다.[91]

실제 생원·진사의 거주지를 분석한 통계에 의하면, 서울은 15세기에는

---

91) 이성무, 1967, 앞의 논문, 236~241쪽.

44%, 16세기 전반에는 46.15%, 16세기 후반에는 50.85%가 거주하는
것으로 나타나 있다. 이는 조선시대를 통틀어 양반이 가장 집중되어
있는 현상을 보이는 16세기 후반[92]과 비교해 보면 다소 낮지만, 세조~성
종대에 해당하는 15세기는 오히려 16세기 전반 통계에 가깝다고 보는
것이 적절하다고 생각된다. 따라서 이러한 통계는 누대 권력자인 집권
훈척의 서울 집중도가 정점을 향하고 있음을 나타내는 동시에, 성균관
거관 유생의 다수가 훈척 자제임을 반증해 주는 것이기도 하다. 이 유생들
은 병오·성중·문음 등의 방법으로 散階를 받았는데, 과거에 급제하면
그 산계가 바로 實階로 바뀌게 된다. 갑자기 고품계의 관료가 되는 것이다.
이로 인해 발생되는 관료 사회 내에 위계질서가 문란해지고, 선배와
사장을 경멸하는 등의 폐단을 불식시키기 위해 문음·성중 등에 해당되는
자의 부시를 불허해야한다는 예문관 부제학 이맹현 등의 주장이 R1이다.
R2에서는 R1의 상태를 확인하고, 그 대책으로 충순위의 투속을 허용할
나이 제한을 마련하도록 한 것이다. 그러나 후속 조치는 찾아지지 않는다.
 여러 문제점이 복합적으로 얽힌 성균관의 상태는 어떠하였는가.

S. "학문하는 사람은 모름지기 스승에게 질문을 하고 벗들과 切磋해야
 능히 성취하게 되는 법입니다. 신이 나이 젊어 거관하였을 때에는
 유생인 사람들이 더러는 경학을 업으로 삼는 사람도 있고 더러는
 史學을 업으로 삼는 사람도 있고, 더러는 제술을 업으로 삼는 사람도
 있었습니다. 지금은 거관하는 생원·진사가 겨우 30여 명인데, 이
 세 가지 것에는 모두 힘을 쓰지 않고, 다행히 스승에게 학업을 받는
 사람이 있다 하더라도 책을 끼고 다니는 사람을 보지 못하며, 재

---

92) 최진옥, 1998, 앞의 책, 204쪽 <표 5-13>.

안에서도 글 읽는 소리를 들어보지 못합니다. 유생들의 태만함이
이때보다 심한 적이 없으니, 청컨대 초시에도 강경을 하도록 하여
이런 풍습을 고치도록 하소서."(『成宗實錄』 권206, 18년 8월 갑술)

　지경연사 李克增이 거관 유생이 30여 명에 불과한 것, 그나마 경학·사학
·제술에 전혀 전념하지 않는 여러 실태를 지적한 것이다. 이는 성종
6년(1475) 거관하는 유생이 많고 글을 잘하는 유생이 30여 명에 이르렀던
상황과는 격단의 차이를 보이고 있었다. 그러나 초장 초시 강경 주장은
불허되었다. 당시 발에는 삽혜를 신고 머리에는 단모를 쓸 정도로 사치스
러우면서도 책을 가지고 다니지 않았고, 선생이나 장자를 예모로 대하지
않는 거관 유생의 천박한 儒風도[93] 이 발언의 사실성을 뒷받침해 준다.
　이러한 분위기에서 專經 문신 5인을 강경한 결과 2인만 통하였다.
이를 계기로 성균관과 유생의 총체적인 문제에 대해 성종과 조신들 간에
격론이 벌어졌다. 廣陵府院君 李克培는 초시 초장에서의 강경·제술의 선택
이 거관 유생의 증감, 경학 숭상 그리고 학문의 열성 정도 등을 결정하는
관건임을 주장하고 나섰다. 또한 초시·복시가 각각 전해 가을과 식년
봄에 시행되는 것도 거관을 기피하는 이유로 들었다. 성종이 초장에
강경하는 것을 상황 돌파의 유일한 방법으로 수용하면서, 성균관 사장
및 師席을 전담할 인물을 정하는 후속 조치도 뒤따랐다.[94] 이는 거관하는
유생 10여 명을 제외한 모든 유생의 가동을 가두고, 관원이 직접 유생의

---

93) 『成宗實錄』 권219, 19년 8월 戊申.
94) 『成宗實錄』 권210, 18년 12월 辛未. 성종도 이후 세자빈을 맞아들인 것을 기념하여
　　문묘에 親祭한 후 취사할 때 강경을 먼저 하였다(『成宗實錄』 권215, 19년 4월
　　辛丑). 그런데 이 같은 입장은 김종직의 발언으로 별시에 강경하지 않는다는
　　것을 1년 만에 번복한 처사였다.

원점을 점검하는95) 등 위기감이 팽배한 상황에서 전개되는 것이었다. 따라서 초시 초장에 강경하는 핵심적인 목적은 바로 성균관 교육의 활성화 및 거관 유생을 증가시키려는 것이었음을 알 수 있다. 그러나 이러한 방안은 지속되지 못하였다. 강경만으로 시험함으로써 유생들의 제술 실력이 많이 저하되었고, 경학도 한갓 구두만 익힐 뿐이라는 이유를 들어 2년 만에 다시『대전』대로 복귀한 때문이었다.96)

성종 25년(1494) 성균관의 생원·진사 등의 강경 실력은 10여 인 중 두어 사람만이 殿講에서 약·조를 받았을 뿐, 나머지는 다 불통할 정도로 저하된 상태였다. 성종은 조정 신료들을 대대적으로 참석시킨 가운데 종합적이고 총체적인 교육 정책 회의를 주재하고, 勸學節目의 시행을 명하였다. 그 절목의 대략은 ① 한 달에 10일 이상 청강한 자와 3旬에 한 번 제술하여 次等 이상으로 입격한 자는 착명한 日數대로 원점을 주고 그 외는 원점을 반으로 줄일 것, ② 별시의 원점은 朝點만을 계산할 것, ③『大典』과는 달리 초시·복시를 모두 초봄에 시험하여 뽑을 것, ④ 생원·진사가 收養·侍養인 경우 부모의 노병으로 인한 원점은 인정하지 말 것, ⑤『周易』을 講試의 삼경 중에서 먼저 강하게 할 것, ⑥ 달마다 전강하여 講劃한 뒤에 식년에 통계하여 3통 이상인 자는 회시에 직부(直赴) 시키고, 2통 이하인 자는 초시 때에 분수를 아울러 계산하되, 조와 약은 쓰지 말 것97) 등이었다. 다음과 같은 반론이 제기되는 것으로 볼 때, 이 권학절목의 효율성 역시 불투명하였다.

T. "유생이 청강하지 않고 글읽기를 부지런히 하지 않는 것은 참으로

---

95)『成宗實錄』권210, 18년 12월 庚辰.
96)『成宗實錄』권233, 20년 10월 癸卯, 기유.
97)『成宗實錄』권277, 24년 5월 戊辰.

시험하여 뽑는 수에 말미암고, 또 사장으로 뽑는 데에 말미암습니다. 우리나라에서 중국의 제도를 본떠서 3년에 한 번 과거를 베푸는 것은 미리 기르려고 뽑는 것이며, 이따금 여러 관의 관원이 모자라거나 학문을 권장하려고 때 없이 별시하는 것은 예전부터 내려오는 방도입니다. 그러나 신이 보건대, 병오년(성종 17) 이래로 별시하여 사람을 뽑는 것은 없는 해가 없고, 한 해에 두 번 뽑기도 한데다가, 한 글에서 粗를 받은 자까지 다 뽑기도 하고, 오로지 사장으로 뽑기도 하였으니, 국가에서 어느 겨를에 유생을 미리 길렀겠으며, 누가 성서에 전념하였겠습니까? 신의 망령된 생각으로는 옛 법에 따라 과목을 드물게 하여 미리 기르고 별시를 당하더라도 오로지 강경을 주로 한다면, 유생이 어찌하여 청강하고 글 읽기에 전념하지 않겠는가 합니다."(『成宗實錄』 권277, 24년 5월 戊辰)

정문형은 별시를 자주 설행한 것, 사장만으로 선발한 것, 그리고 수준 미달자의 선발을 유생 학업 부실의 총체적인 원인으로 진단하고 있었다. 그 대안으로 일정한 기간을 두고 별시를 설행할 것과 강경을 주로 할 것을 제시하였다. 그러나 성균관과 유생의 가장 근본 문제인 거관하지 않고도 쉽게 고위 관직에 진출하는 특권을 훈척 자제에게 열어 놓은 채, 강경·제술 등의 시험 방법을 포함한 시기·횟수 등의 문제에만 집착하는 것은 말단적인 조치일 뿐이었다. 따라서 회생 불능 상태인 성균관과 그 교육을 활성화 할 방책은, 경화자제가 아닌 향촌에 내려간 생원·진사에 주목하고, 그들의 거관을 강제하는 동시에 합리적인 과거제도를 일관되게 운용하는 것에서 찾아야 할 것이었다.

VI. 맺음말

조선왕조에서 인재를 선발하는 가장 중요한 통로는 과거였다. 과거에 대한 국왕과 양반의 관심은 세조~성종대에 국왕 및 집권세력으로서 시관을 맡은 훈척이 문과 별시에서 선발 인물을 놓고 입장 차이를 보이는 것과, 훈척의 부정·편법이 현저하게 나타나고 있는 것이었다.

세조는 세조 3년에 두 차례, 동 6년의 경우 무려 3차례의 별시를 설행하고 있었다. 동 10년의 별시에서는 낙방한 양진손을 급제시키는 파격을 보였다. 성종도 느닷없이 거관하는 유생의 원점을 상고하여 응시 자격을 부여한 별시를, 침체된 성균관 기능을 정상화시키고 유생을 격려한다는 명분으로 해마다 설행하다시피 하였다. 성종 17년에 유생이 식년에 정지한 중시·별시 설행을 청하는 상소를 올린 이후, 계속 세자의 성균관 입학, 성균관 수리, 원손 탄생 등의 이유로 별시 설행을 청하는 상소가 이어졌고, 그대로 설행되었다. 대간이나 대다수 훈척 재상들조차 잦은 설행에 반대하는 상황에서도 언제나 별시는 설행되고 있었던 것이다. 워낙 무단적이어서 반대조차 하지 못한 세조대나 반대가 우심했던 성종대를 막론하고 별시가 왕의 의도대로 설행된 사실은 세조~성종대 과거 시행의 또 다른 특징이라 할 수 있겠다.

당하관 이하에게 10년마다 한 번씩 베풀어진 중시는 한 번의 시험으로 순위가 결정되었고, 문무과 초시도 함께 치러졌다. 세조는 세조 3년·12년에 문과 중시를 설행하고 있었다. 특히 12년 중시 및 초시는 가장 많은 인원 선발, 중시·초시자를 추가 합격시킨 점, 세조가 낙방자 정난종을 합격시킨 점, 초시에서 차술한 임사홍·노공필·김화·신정 등 훈척 자손을 훈척 시관이 합격시킨 점 등에서 특이성을 드러내고 있었다.

또한 세조는 중시를 시행한 지 두 달 간격으로 1·2차에 걸쳐 재상급에게 변칙적으로 발영시와 등준시를 보여, 직전법의 시행으로 경제적 이익이 격감될 훈구를 위무하는 동시에 견제하고, 등준시에서 종친 영순군 이보를 2등에 선발하여 종친 서용 의지를 천명하였다. 그러한 의지는 동 14년(1468) 온양의 문무과 중시에서 영순군을 1등에 두고, 문과 초시에서 탈락된 첩자 유자광을 1등으로 삼아 즉시 병조 참지에 제수하는 것에서 재천명되고 있었다. 이에 대응하여 훈척 시관 역시 자신의 자제나 같은 세력권의 인물을 합격시키고 있었다.

성종대에는 7년·10년·13년·17년에 중시가 설행되었다. 조급히 승진하려는 폐단을 조장한다는 신료들의 반대에도 성종 7년 처음 설행된 중시는, 응시자 전원의 부정행위로 재시험을 시행하는 우여곡절을 겪었다. 동 10년에는 성종이 서얼자손 중 재능있는 자를 발탁하려 하였으나, 신료들의 반대로 선발하지 않았다. 4년 만에 한번 설행되다시피 한 중시였으나, 사대 상 반드시 필요한 제술을 중시해야 한다는 성종의 주장대로 동 13년에는 진현시가 시행되고 있었다. 특히 식년의 해인 동 17년에는 유생의 요청대로 중시·별시까지 설행되었다. 세조 5년과 성종 8년의 경우에만 시관인 훈척과의 입장 차이가 나타난 식년시와는 달리, 별시·중시에서 그것도 세조의 경우 입장 차이가 극명하게 드러나고 있는 점이 특기할 만하다. 별시·중시를 지나칠 만큼 자주 설행하면서도, 합격자의 선발을 놓고 시관과의 입장 차이를 전혀 보이지 않은 점에서 성종은 달랐다. 어쨌든 유생을 격려한다는 명분으로 빈삭하게 설행된 별시·중시로 인해, 유생이 학문에 정진할 기간을 갖지 못하여 실력이 저하되고 요행만 바라게 됨으로써, 그 표방한 목적과는 달리 국왕의 권력 현시에 그치고 있었다.

과시에 참여한다는 것은 지배계층인 양반만이 누릴 수 있는 배타적 특권이었다. 세조가 서얼로서 처음 안유 등에게 과시를 허용했을 때,

맹렬한 반대가 이어진 것도 그 때문이었다. 예종대 첩자·천예로 훈신인 유자광 형제·조득림 子가 부시를 허락받았다. 그러나 성종대에 이르러 난신 연좌자나 서얼·장리 자손으로서 부시가 허락된 인물에 대한 반대는 끈질기게 이어지고 있었다. 이는 선왕 대에서 이미 사환까지 한 인물이라 하더라도『경국대전』에 과시 불허자의 조건이 명문화된 만큼, 그들의 허용 확대를 막아야 하는 훈척의 공통된 이해관계에 바탕하고 있는 것이었다. 이러한 문제는 성종과 신료 간에 일정한 접점을 찾아 절충하는 선에서 처리되고 있었다.

한편 향시는 부정행위의 온상으로 일찍부터 지목되었다. 훈척 재상의 반대로 검찰자의 파견이 쉽지 않은 상황에서, 여러 도의 향시에서 수령의 자제와 조관으로서 출사한 자가 거의 모두 합격하는 사태가 벌어지고 있었다. 특히 성종 19년(1488)의 과시는 총체적인 부정으로 대파란을 불러일으키고 있었다. 즉 경중의 관시·한성시는 정액에 미달한 반면, 향시에서는 정액을 훨씬 초과한 합격자가 나온 것이었다. 더구나 충청우도의 향시에 척리의 자제 구숭경·정승충·임희재 등이 누설된 글제로 합격하고 있었다. 그 외에도 경기좌·우도의 감시·문과 향시의 부정뿐 아니라, 원점이 찬 유생 39인이 향시에 응시한 것, 충청감사 이덕숭 일가가 그 도의 향시·문과·등에 모두 입격한 사실이 밝혀져 파란을 더하였다. 이로 인해 관시를 제외한 중외의 모든 과거의 재시험이 결정되는 한편, 겸어사가 성종 20년부터 각도 향시에 파견되는 등 제도 정비의 계기가 되기도 하였다. 임원준→임사홍→임희재, 노사신→노공필, 김수온→김화, 그리고 신정→신영철로 이어진 과거 부정은 훈척 과거 부정 행태의 전형을 보여주고 있다.

과거와 성균관 교육은 밀접하게 연관되어 있었다. 그러나 세조대에 이미 대부분 훈척 자제인 성균관 유생이 원점이 아닌 무위 입속·청탁 등 각종 편법으로 출사를 도모하면서, 학교제와 일치된 과거제 운용은 점점 멀어지고 있었다. 거기다 세조 2년 사육신 사건 이후의 무단적인 통치까지 겹쳐 동 5년에는 성균관에 거관하는 유생이 한 명도 없는 상태였다.

단종 원년 이후 진사시가 복구되면서, 초장에서 강경과 제술 중 어떤 것을 먼저 하느냐를 놓고, 강경론자와 제술론자의 마찰이 생기고 있었다. 성종 3년에 문과 초시 및 별시에 제술을 먼저 시험함으로써 강경의 실력이 지하된 깃으로 나타나자, 초시 초장에 강경하는 섯으로 바꾸었다. 그 결과 동 6년 무렵에는 거관 유생이 많아지고 학업이 향상되는 등 긍정적인 변화가 나타났다. 그러나 다시 대전의 규정대로 회시 초장 강경으로 바꾸었다. 이로 인해 침체된 경학을 만회하기 위해 명경과를 시행하기도 하였으나, 별 효과는 없었다.

무엇보다도 성균관의 虛疎와 유생 학업 부진의 가장 근본적인 원인은, 대부분 세조~성종대의 훈척 자제인 거관 유생이 원점을 쌓기보다는 무위에 입속하여 일정한 기간을 복무한 후, 수령·경관으로 출사하거나 다양하게 산계를 받는 방법을 택하는 것에 기인하는 것이었다. 다시 말하면 유리한 입장에서 한성시·향시 등을 치를 수 있고, 합격하면 산계가 그대로 실품계로 바뀌는 방법을 택하였다는 것이다. 위계질서 문란과 선배 및 사장을 경멸하는 등의 폐단은 바로 그 산물이었다.

성종 18년 무렵 성균관의 공백 상태가 심각한 것으로 드러나고 있었다. 유생의 거관을 독려하고 원점을 엄히 검찰하며, 초시 초장에 강경하는 등의 조치로 사태 수습에 나섰다. 그러나 2년 후 다시 회시 초장 강경으로 바꾸었다. 과거 정책이 특히 초시·회시의 초장 강경 방침이 자주 변경되는 등 일관성이 결여된 채 운용되고 있었다. 양반자제에게 관직에 진출할 수 있는 여러 특전을 온존시킨 채, 과거 시기·방법·횟수 등이 수시로

바뀜으로써 과거제도와 성균관 교육의 불일치가 심화되고 교육 기능도
극도로 저하되었던 것이다.

성종대 일관되게 초시 초장 강경을 주장한 인물은 정창손·이극증·이극
배·서거정·정문형 같은 전형적인 훈구들이었고, 그 이유는 성균관 교육의
활성화와 거관 유생의 증가 및 실력 향상 때문이었다. 김종직은 오히려
사장을 중시하는 면모를 보였다. 따라서 적어도 성종대 강경론·제술론을
둘러싼 마찰은 도학파·사장파의 대립은 아니었던 것이다.

이제 성균관과 그 교육을 활성화 할 방책은, 향촌에 내려간 생원·진사에
주목하고 그들의 거관을 현실화하는 동시에 합리적인 과거제도를 일관되
게 운용하는 것에서 찾아야 할 것이었다.

成宗 초기 貞熹王后(세조 비)의 政治 聽斷과 국정 주도의 실제

I. 머리말

성종대는 조선 초기의 국가 경영에 근간이 된 제도·문물이 『經國大典』에 수렴·집약된 시기인 동시에, 대간 활동의 격증, 弘文館의 성립 및 언론 기관화, 前代와 자못 양상을 달리하는 경연, 사림계열의 진출 등 당대의 특징으로 일컬을 수 있는 면모 또한 나타나는 변혁기이기도 했다. 이러한 변혁기 초기 정치를 주도한 인물이 대왕대비(세조 비 : 이하 대비로 약칭) 貞熹王后였다. 성종대 대비의 정치 참여는 조선왕조 開倉 이후 왕실 어른인 대비가 본격적으로 국정 운영을 맡은 최초의 사례이자, 성종이 친정한 후에도 그 틀 자체는 유지되고 있는 만큼, 당대 정치의 초석을 다졌다는 점에서도 연구의 의미가 있다 하겠다.

이 같은 논점에서 최근 성종대 국정 운영 체제와 왕권을 주제로 하여 대비의 攝政을 다룬 논문과 정희왕후 수렴청정의 배경, 청정의 구체적 실태 그리고 청정의 운영 구조를 성종 초기 정치적 성격 구명과 여성의 정치 참여라는 입장에서 수렴청정기만을 본격적으로 다룬 논고가 동시에 나왔다.[1] 이 두 편의 논문은 성종대 원상제나 대간 언론을 살피기 위한

184

전제로 대비의 정치 참여를 간략하게 언급한 논고2)에 더하여, 왕권을
중심으로 성종대 정치사를 구체적으로 밝힘으로써 각 주제별로 축적되어
있는 기왕의 성종대 연구 성과와 함께 당대 역사상을 종합적으로 이해하는
데 도움을 준다고 하겠다.

다만 성종대 국정 운영의 핵심 구조인 육조직계제의 정치적 기능을
전적으로 간과함으로써 대비가 성종과 함께 현안을 듣고 정책을 결정하는
권력 행사가 파악되지 않았고, 이에 따라 원상의 국정 운영에서의 제한적
인 활동이 드러나지 않고 있다. 왕권 행사의 다른 한 축인 銓曹제 운용에
있어서 대비가 戚臣을 政曹 판서 및 겸 판서로 내세워 인사 전반을 관장하도
록 한 '勳戚지배체제'를 구축·유지시킨 양상이, 정치 구조적 특징과 정치
세력과의 유기적인 관련 하에서 검토되어야 할 필요도 있는 것으로 판단된
다. 성종 2년 3월 단행된 佐理功臣의 책훈도, 훈구 권력의 확대 재생산을
위한 조치 또는 龜城君 제거의 논공, 왕권 안정에 기여한 논공행상 등의
성격이 아닌 지배체제 등과 관련되어 취해진 왕실의 조치였다는 시각으로
살펴볼 여지도 있다. 또한 원상의 일원이면서도 성종대 초기 정치 상황과
맞물려 겸 병판으로 5년 5개월 동안 장기 재직한 한명회의 위상을 재조명
해 볼 필요도 있을 것 같다.

이제까지 성종대 육조직계제의 정치적 기능에 대해서 주목한 논고는
없는 듯하고, 당대 집권세력의 한 축인 척신에 대해서는 훈척적 지배체제
가 성립되는 세조대의 연장선상에서 성종대 정치의 훈척적 속성을 언급한

1) 崔承熙, 2001,「成宗朝의 國政運營體制와 王權」『朝鮮史硏究』10집, 조선사연구
회 ; 金宇基, 2001,「朝鮮 成宗代 貞熹王后의 垂簾聽政」『조선사연구』10집, 조선사
연구회.
2) 金甲周, 1973,「院相制의 성립과 기능」『東國史學』12 ; 南智大, 1985,「朝鮮 成宗代
의 臺諫言論」『韓國史論』12, 서울대 국사학과.

것이 있을 뿐이다.3) 육조직계제와 훈척지배체제를 권력 행사의 양축으로 운용하였던 대비는 원상의 협찬은 받되 국정 장악력은 축소시켰고 원상을 비롯한 훈구의 인사 독주를 막고 있었던 것이다. 따라서 이미 정설이 되다시피 한 원상의 '인사와 국정 장악'은 실제와는 다른 것이라고 할 수 있겠다.

　이 글은 대비가 성종 초기 정치를 주도하면서, 척신을 내세워 훈구를 견제하며 국정을 이끌었던 실상을 구조적으로 검토하는 데 그 목적이 있다. 그래서 먼저 성종 즉위와 대비의 정치 청단의 배경을 살피고, 앞서 언급한 육조직계제 하에서의 공사 처리 방식을 분석하면서 대비·성종의 국정 참여 형태 및 왕명이 하달되는 방식의 단계적 변화상도 추적하고자 한다. 다만 무수하게 결정된 정책 내용, 논란된 정책 내용과 이에 참여한 계층 등은 일일이 제시하지 않고, 필요할 경우 제한적으로 다룰 것임을 밝혀 둔다. 이어서 대비가 佐理功臣을 책봉한 목적과 공신 성분의 재분석 및 한명회의 정치적 위상, 척신의 역할·정치참여 양상 등도 검토하겠다. '훈척지배체제'의 운용 실태와 체제 운용 과정에서 조선 건국 이래 왕실의 藩屛으로서 일정하게 정치적 역할을 담당해 온 종친이 정계에서 완전히 배제되고 있는 점도 유기적으로 검토하고자 한다.

　官階만으로 久任이 가능한데다가 吏曹 외에 僚下를 추천·제수할 수 있고, 경제적 利權도 챙길 수 있어 원상제와 더불어 성종대 훈구의 또 다른 권력 독점 장치로 이해되어 온 提調制의 추세와 특징도 간략하게 살피겠다.

---

3) 金泰永, 1994,「朝鮮初期 世祖王權의 專制性에 대한 一考察」『韓國史研究』87, 138~144쪽. 최근 김우기는 2001, 앞의 논문, 198~205쪽에서 정희왕후의 정국 운영을 뒷받침하기 위한 세력으로 혈연관계에 있는 인물들을 상세하게 거론하고 있다. 대비가 자신의 척족을 중용한 것은 훈구의 견제를 위한 방편이었던 만큼, 그러한 구도에서 당시 척신 중용의 정치적 의미가 살펴져야 할 것으로 생각된다.

이러한 성종 초 대비의 국정 주도의 실제는, 사림계열이 등장하고 권력구조 변동의 端初가 나타나기 시작하는 親政 후 성종의 국정 주도나, 왕권 약화로 훈척이 권력구조·정치구조를 장악한 명종대 훈척정치와 類比된다는 점에서도 연구의 의의를 찾을 수 있을 것이다.

II. 정치 청단의 배경

睿宗이 즉위한 지 1년 2개월 만에 薨逝하자, 대비는 後嗣 문제를 다음과 같이 거론하였다.

> A. "元子는 바야흐로 포대기 속에 있고, 月山君은 본디부터 질병이 있다. 者山君은 비록 나이는 어리지마는 世祖께서 매양 그의 기상과 도량을 일컬으면서 太祖에게 견주기까지 하였으니, 그로 하여금 主喪하게 하는 것이 어떻겠는가?"(『成宗實錄』 권1, 즉위년 11월 戊申)

嗣王의 적장자나 懿敬世子의 長子 月山君 李婷의 여의치 않은 상황과 세조의 遺愛를 내세워, 대비가 者山君 李娎을 主喪 즉 왕위 계승자로 지명하였고, 이를 입시해 있던 高靈君 申叔舟·上黨君 韓明澮·綾城君 具致寬·寧城君 崔恒·영의정 洪允成·昌寧君 曹錫文·좌의정 尹子雲·우의정 金國光 등 원상이 동의함으로써, 당시 13세인 자산군의 즉위가 결정되고 있었다. 자산군은 成服 후 즉위한다는 관례를 깨고 예종 薨逝 당일 즉위하였다. 이는 '擇賢'의 명분으로 월산군을 배제하고 자산군을 추대한 데 따라 정상적인 절차를 밟을 수 없는 긴박한 분위기 때문이었다. 곧 이어 신숙주 등 원상들의 권고를 따라 대비가 성종과 함께 政事를 직접 듣고 친히 聽斷하는

수렴청정이 결정되고 있었다.[4]

그렇다면 성종 즉위는 어떠한 배경 하에 이루어졌으며, 대비의 청정은 어떻게 이해해야 할 것인가. 이를 위해서 먼저 예종대의 정치 상황을 살펴 볼 필요가 있다. 19세에 즉위한 예종은 훈구 대신의 권력 독점을 견제하기 위해 재상가의 奔競을 금지하는 정책을 강력하게 추진하였다. 그러나 가령 신숙주 등 재상가의 분경 사실을 적발하고도 아무런 처벌도 내리지 못할 정도로 예종의 왕권은 약한 상태였다. 그러한 정국 구도에서 柳子光의 고발로 '南怡가 奔競禁止法에 편승하여 한명회 등의 훈구대신을 제거하려 한다.'는 '南怡獄事'가 발생하였다. 그 결과 훈구에 반대되는 세력으로 지목된 남이 등 무인들이 처형되고, 李施愛 난으로 일시 정치 일선에서 물러났던 한명회가 다시 영의정으로 복귀하고 있었다. 이는 이시애 난 이후 등장한 남이를 대표로 하는 신진세력에 대한 훈구대신들의 정치적 승리를 의미하는 것이었다. 그 후 책봉된 39명의 翊戴功臣은 정계 재편의 의미를 담고 있는 것으로, 그 구성의 특징은 ① 문인 수 급증, ② 무인 수 격감(3명), ③ 종친 우대(5명), ④ 한명회·신숙주 등 세조대 공신 대다수 참여 등으로 요약될 수 있다.[5]

그러나 왕권 강화를 추진하던 예종이 급서하자, 後嗣가 미정인 상태에서 가장 긴급한 현안인 후계자 지명권은 아무래도 왕실 어른인 대비가 갖는 것이 순리적이었다. 이는 성종 母后(粹嬪 : 후에 仁粹대비)의 영향력을 배제할 수는 없겠으나, 세조대에 중궁으로서 宴會나 심지어 講武에까지 참석하여 종친·공신들에게 謁見을 받는가하면, 신숙주 같은 寵臣에게

---

4) 『成宗實錄』 권1, 즉위년 11월 戊申. 며칠 후 성종은 '軍國의 機務를 대비의 裁斷을 받들어 시행한다'고 천명하고 있다(권1, 12월 戊午).

5) 鄭杜熙, 1983, 「世祖~成宗代 功臣 集團의 政治的 性格」 『朝鮮初期 政治支配勢力研究』, 일조각, 231~241쪽.

拜辭를 받기도 하는 등 公席에서 신료들을 자주 대면하였던[6] 대비의 정치적 위상은 세조대의 餘震이 남아 있는 당시에도 상당한 것으로 판단되기 때문이다.

더구나 누구를 후계자로 지명하든 국정 운영에서 원상을 비롯한 훈구대신의 협조를 받아야하는 상황이었던 만큼, 비록 성종 모후가 문자를 알고 事理를 안다 하더라도 청정하면서 그들과 정국을 원만하게 이끌기에는 정치적인 경륜이나 연륜의 측면에서도 거리가 있었다고 살펴지기 때문이기도 하다. 따라서 대비의 청정 양보 빌언[7]은 수사적 표현일 가능성이 높다. 이에 더하여 원상이나 훈구대신의 협조를 받으면서도 그들의 강화된 권력을 견제해야하는 왕실의 엄연한 현실 앞에서, 당시 16세인 월산군의 妻父 朴仲善보다는 세조대 寵臣이자 왕실과 連婚을 맺고, 성종의 國舅이기도한 한명회를 왕실의 대리인 격으로 내세워 왕권을 보호하도록 하는 것이 대비를 위시한 왕실의 가장 현실적인 선택이었을 것이다. 이 같은 대비의 입장에 남이 옥사 후 강화된 정치적 위상을 자신의 사위를 즉위시켜 계속 유지하려는 한명회 및 원상들의 이해관계가 맞물려 성종의 즉위가 결정되었다고 판단된다.

이러한 입장은 성종 즉위 직후 대비가, 세조가 만년에 세자로 하여금 元勳대신과 협의하여 국정을 처리하도록 하면서 성립된 院相制의 최초 원상이자,[8] 성종대 원상인 고령군·상당군·능성군을 국정을 함께 처리할 인물로 지명한 것으로 나타나고 있었다.[9] 한명회는 예종·성종의 國舅이고, 신숙주 역시 한명회 및 대비 5촌과 姻戚이었으며,[10] 3인은 공히 세조에

---

6) 金泰永, 1994, 앞의 논문, 139쪽.
7) 『成宗實錄』 권1, 즉위년 11월 戊申.
8) 『世祖實錄』 권41, 13년 2월 甲寅. 원상제에 대해서는 김갑주, 앞의 논문 참조.
9) 『成宗實錄』 권1, 즉위년 12월 丁巳.

게 신임을 받던 인물이었다. 대비는 한명회·신숙주·구치관을 각각 병조·
예조·호조 겸 판서로 제수하여 該曹 판서 상위에서 판서 이하를 지휘하면
서 해조의 일을 관장하도록 하였다.[11] 3인의 지명은 전체 원상에 대한
上位를 설정한 것이었다. 특히 겸 병판인 한명회는 인사권을 부여받고,
국가의 大事가 있을 경우 다른 원상 1인과 날마다 仕進하며, 숙직을 교대로
하는 신숙주·구치관과도 대우를 달리 받고 있었던 점[12]이 주목되는 것이다.

원상의 구성은 앞서 거론된 인물 외에 金礩이 있고, 성종 원년(1470)
12월에 鄭麟趾·鄭昌孫이 추가 補任된 후,[13] 삼정승의 교체로 동 2년 10월
우의정이 된 成奉祖와 동 6년 7월 우의정이 된 尹士昕이 새롭게 참여하고,
사망자가 빠지는 것 외에 큰 변동은 없었다. 원상은 경연의 領經筵事로서,
당직 원상으로 2인씩 승정원에 輪番으로 입시하여 자문에 응하였고, 常參·
朝啓에도 참여하고 있었다.[14] 따라서 삼정승은 육조직계제 하에서 영경연
사와 원상으로서 그들의 직책을 행하고 있는 셈이었다.[15]

그러므로 성종 초기 국정 운영과 정국 주도의 향배는 한명회를 전면에
내세워 통치 기반을 강화하려는 대비와, 원상제라는 제도를 통해 국정
전반에 참여하려는 신숙주 등 원상의 길항 관계에 따라 결정될 것임을
예상할 수 있다.

---

10) 李泰鎭, 1976, 「15세기 후반기의 '鉅族'과 名族의식」 『한국사론』 3, 서울대 국사학
　　과, 304쪽.
11) 韓忠熙, 1985, 「朝鮮初期의 判使·兵曹事研究」 『韓國學論集』 11, 계명대 한국학연구
　　원.
12) 『成宗實錄』 권4, 원년 4월 갑술.
13) 『成宗實錄』 권5, 원년 5월 을유 ; 권8, 원년 12월 癸丑.
14) 『成宗實錄』 권1, 즉위년 12월 丁巳 ; 권60, 6년 10월 戊寅.
15) 『成宗實錄』 권13, 2년 11월 丙辰, "(司憲府大司憲 金之慶等)……況今之政府 非古署事
　　時比也 六曹各率其屬 凡有稟裁 皆自直達 政府無所與聞 三公雖職帶其官 所以行三公之
　　職 只於經筵院相而已".

Ⅲ. 대비의 육조직계제 운용과 국정 주도

1. 대비의 정책 결정 주도

성종이 즉위한 직후, 청정을 수락한 대비가 세조대 이래 시행된 육조직
계제를 국정 운영구조로 한 것은 자연스러운 일이었다. 그러나 恣意的이고
전제성이 강했던 세조대와는 그 운용이 달랐다. 성종대 육조직계제 하에
서 국가 정책이 제기되는 통로는 크게 의정부·육조·사헌부·사간원·예문
관·승정원·각사·각 아문 및 개별 신료 등이 승정원을 통해 국왕에게
계달하는 방법(直啓)과 성종과 신료들이 함께 하는 경연·常參 후의 視事·朝
啓에서 아뢰는 두 범주로 나누어져 있었다. 이 가운데 직계에 의해 계달된
정책을 대비가 내전에서 심의·결정한 형태는 대비의 국정 운영을 의미하
는 것이고, 성종이 신료들과 함께 한 공식 회의는 성종의 국정 운영을
의미하였다. 제기된 공사의 처결 방식은 성종 원년 3월부터 親決을 시작한
성종이 사흘에 한번 政事를 보는 가운데, 외형상 ① 承旨 등이 아뢴 일을
친히 결단 ② 여러 원상과 의논 ③ 대왕대비에게 稟謁 ④ 정사가 파한
후 승지가 아뢴 일을 다시 대왕대비에게 稟하여 시행하는16) 등의 형태로
이루어지고 있었다. 이는 직계 및 경연·시사·조계 등에서 제기된 공사를
처리하는 각각 다른 방식이었던 것이다.

먼저 대비의 국정 운영의 실제인 직계된 공사가 처리되는 방식을 살펴
본다. 이에 대한 이해를 돕기 위해 다음의 사료를 자세히 검토할 필요가
있다.

---

16) 『成宗實錄』 권4, 원년 3월 壬午.

B. **사간 金永堅** : 정사를 보실 때에 刑決만 아뢰는 것은 未便하니, 청컨대
이제부터는 무릇 정사를 보시고 경연을 행하실 때는 승지로 하여금
다른 공사도 아울러 아뢰게 하소서.
領事 鄭昌孫 : 세종조 때에 朝啓하는 날에는 대소 공사를 승지들이
모두 친히 아뢰었는데, 신이 요사이 조계를 보니 과연 祖宗 때의
故事와는 어긋남이 있습니다.
성종 : 무릇 대소 공사를 內殿에 들어가서 裁決하는 것은 어긋나고
잘못됨이 있을까 염려되어 대왕대비에게 품의를 받고자 함일 뿐이다.
김영견 : 승지들이 친히 아뢴 뒤에 대비에게 다시 稟하셔도 무방합니
다.(『成宗實錄』 권16, 3년 3월 癸卯)

위 내용은 경연에서 김영견이 죄인에 대한 판결만을 행하는 형태로
축소된 朝啓의 관행을 비판하자, 원상 정창손도 승지들이 대소 공사를
아뢰지 않는 점을 지적하고 있는 것이다. 이는 의정부·육조·대간·승정원·
예문관 등이 참석한 성종대 조계가,[17] 刑獄은 물론이고 국가 대소 정책을
아뢰고 논의하던 祖宗朝와는 달리 축소된 상태였음을 보여준다. 또한
국가 정책을 裁決하는 계통을 내전이 아닌 '승지→성종→대비'로 바꾸어
야 한다는 주장은, 성종 3년 당시 대비가 내전에서 여러 현안을 성종과
함께 듣고 결정하고 있는 사실을 지적한 것으로 주목된다. 왜냐하면
모름지기 내전에서의 정책 결정권을 강화하려는 대비가 조계에서의 승지
들의 공사 계달을 의도적으로 막았다는 해석을 가능하게 하기 때문이다.
더구나 대비가 철렴 교서에서 '평일에는 비록 아주 작은 公事일지라도
내(대비)가 보고 난 후에 성종이 또 자세히 살펴보았다.'[18]라고 한 것에서

---

17) 『成宗實錄』 권47, 5년 9월 乙亥.

대비의 내전 청단 형태는 그 후로도 계속되고 있었던 것이다.

이러한 사실은 조선왕조실록 CD에서 직계된 대소 공사를 '그대로 따른' 경우가, 즉위년 원년, 2년, 3년, 4년, 5년, 6년에 각각 18, 141, 188, 185, 129, 120, 182로 총 963회 나타나는 가운데, 필자가 확인해 본 결과 신료 누구의 자문 없이 '그대로 따른' 경우는 16, 126, 181, 178, 123, 112, 173회인 총 909회인 것에서도 뒷받침되고 있다. 당시 성종이 경연에 열심히 참여하여 학문과 국가를 경영하는 도리를 익혔다 하더라도[19] 직계된 국가의 대소 정책을 무려 909회나 누구의 자문도 없이 그대로 결정할 정도는 아니었을 것이므로, 대비가 보고 결정하였다는 사실은 명백하다고 하겠다. 이 같은 국정 운영 방식이 가능할 수 있었던 것은, 대비가 성종 즉위 직후부터 전략적으로 국정 장악에 나섰기 때문이었다. 다음의 사료를 살펴본다.

> C. "요사이 든건대, 쌀값이 솟고 비싸서 면포 1필의 값이 쌀 4, 5두라고 하고, 또 든건대, 號牌와 軍籍의 법이 제정된 후로부터 백성이 점차 빈곤하다고 한다. 옛날에 내가 세조의 거둥을 따라갈 때, 어떤 사람이 글을 올려 울면서 호소하는 것을 보았는데, 모두가 호패와 군적의 불편함을 말하고 있었다. 백성들의 싫어하고 괴롭게 여김이 이 지경에 이르게 되었으니 무엇이 나라에 이익이 있겠는가? 일찍이 든건대, 호패의 법은 태종께서 이를 시행하다가 얼마 안 가서 폐지했다고 하며, 大行王(예종)도 일찍이 그 폐단을 알고서 이를 폐지하려고 했으나, 父王의 법을 고치는 것을 어렵게 여겨 실행하지 못했을 뿐이다.

---

18) 『成宗實錄』 권63, 7년 정월 戊午.
19) 『成宗實錄』 권9, 2년 2월 壬申, "大王大妃 見上讀書不輟 謂上曰得無勞乎 上對曰心自篤好 不知爲勞".

(중략) 호패와 군적의 두 가지 법을 내가 개혁하려고 하는데, 경
등의 생각에는 어떻겠는가?"(『成宗實錄』 권1, 즉위년 12월 계축)

위 사료는 대비가 민생의 폐단을 들어 호패·군적의 개혁 의지를 당직
원상에게 전격적으로 전교한 것이다. 사안이 중한만큼 육조판서 이상
및 도총관 등의 의견을 수렴하였다. 소수를 제외한 원상 정인지 등이
호패 혁파를 주장했다. 참석자 중 대부분은 세조 10년 保法이 시행된
이후 奉足 및 증가된 軍額의 형편 악화를 들어 군적 재조정에 찬성하고
있었다. 이를 근거로 대비는 이틀에 걸쳐 군적 개정과 호패법 폐지를
천명했다.[20] 계속해서 원년 정월 대비는 공신과 그 자손의 罪過를 기록하
는 법을 다시 시행하도록 하고, 원상가를 분경 금지 대상에 포함시켰다.
대궐 안의 根隨를 거느리는 공신에 대한 처벌 기준도 강화하고 있었다.[21]
國喪 중에 전개된 일련의 정책 결정은, 대비가 국정 주도 및 원상을
비롯한 훈구의 권력 견제 의지를 동시에 천명한 것에 다름 아니었다.
그러면서 內事를 전담시킨다는 명목으로 定數 외에 加設한 司饔院 도제조
에 河城君 鄭顯祖(세조 사위)를 제수하여[22] 권력의 우위를 顯示하였다.
卒哭 후 성종이 공식적으로 국정에 참여한 후에도, 대비는 柳子光 誣告
사건 처리, 대간 상소에 조목별 可否 하달[23] 등과 같은 긴요한 사안을
직접 처리하는 등 권력 정점으로서 국사를 주재하고 있었던 것이다.
  이제 직계된 공사를 대비가 내전에서 청단한 ③의 몇 사례를 의정부부
터 살펴보겠다.

---

20) 『成宗實錄』 권1, 즉위년 12월 甲寅, 乙卯.
21) 『成宗實錄』 권2, 원년 정월 辛巳, 己亥, 癸卯.
22) 『成宗實錄』 권2, 원년 정월 癸卯.
23) 『成宗實錄』 권4, 원년 4월 壬子 ; 권6, 원년 6월 기유.

D. "의정부의 郞廳은 다른 관청의 예와 다릅니다. 이보다 앞서 舍人이 闕員이 있으면 반드시 檢詳을 승진하여 임용하였었는데, 지금은 개월에 구애되어서 승진하여 임용할 수가 없습니다. 『經國大典』에 '의정부의 낭청을 제수할 때에는 근무한 날수를 계산하지 않고 뽑아서 임용한다.'는 법이 있으니, 청컨대 금후로는 사인에 궐원이 있으면 예전 예에 의해서 검상을 승진하게 하소서." (그대로 따랐다)(『成宗實錄』 권23, 3년 10월 을해)

의정부에서 『經國大典』의 규정대로 仕日에 구애되지 말고 의정부 낭청 정4품 사인의 궐원에 정5품인 검상을 승진·충원할 것을 아뢴 것이다. 낭청은 낭관으로서 그 정치적 중요성이 성종 친정기부터 부각되고 있는데,[24] 의정부 낭청은 내부 승진으로 충당한다는 원칙을 재확인했다는 점에서 의미는 크다 하겠다. 그 외에는 계문한 정책도 적었을 뿐 아니라, 그 내용 역시 주목할 만한 것이 없었다. 반면 육조의 계나 상소는 활발하였다.

E. "影職·散官職과 伴倘遞兒職을 제수받은 자를 正職에 서용할 때에는 蔭職을 받아 取才하는 예에 의하여 재주를 시험하여 서용하게 하고, 위의 항목의 사람 가운데에 이미 提檢·別坐·別提·別檢 등의 祿이 없는 관원으로 임명된 자는, 임기가 차서 遷轉할 때에 또한 위의 예에 의해서 재주를 시험하여 入格한 자를 서용하게 하며, 입격하지 못한 자는 西班으로 보내어 서용하는 것이 어떠하겠습니까?" (그대로 따랐다.)(『成宗實錄』 권6, 원년 6월 丁卯)

---

24) 崔異敦, 1994, 「中宗朝 士林의 郞官 政治力 强化 과정」『朝鮮中期士林政治構造硏究』, 일조각.

이조에서 영직·산관직·반당 체아직을 제수 받은 자 및 이들 중 취재 없이 無祿官이 된 자의 正職 진출 기준을 취재 입격 여부로 할 것을 계청한 것이다. 이는 관직 진출은 반드시 시험을 거쳐야 한다는 기준을 확인한 것으로, 『경국대전』에 銘文化 된다.

병조의 경우를 살펴보자.

> F. "이보다 앞서는 동반·서반의 前銜 3품 이하는 모두 正兵에 소속시켜서 貴賤의 구분이 없는 듯하였는데, 다시 忠順衛를 설치하여 동반 6품 이상과 서반 4품 이상과 문과·무과의 생원·진사와 有蔭子孫을 이에 속하도록 허락하였습니다. 지금 여러 官司의 書吏 가운데 산관 6품으로 去官한 자와, 취라취·태평소 가운데 산관 4품으로 거관한 자 등, 이와 같은 雜類를 本系를 논하지 아니하고 한결같이 산관의 예에 따라서 모두 入屬하도록 허락하니 법을 세운 본의가 매우 아니며, 또 諸色軍士 가운데 산관 4품인 자는 무거운 役事를 피하고 가벼운 역사를 하려고 대개 이에 많이 投屬하므로 이로 인하여 군사의 정원이 넉넉지 못하니, 더욱 미편합니다. 청컨대 이제부터 문과·무과 출신의 생원·진사와 유음 자손과 동반 6품 이상과 서반 4품 이상 가운데 일찍이 實職의 顯官을 역임한 자에게 입속하도록 허락하소서." (그대로 따랐다.)(『成宗實錄』 권11, 2년 7월 癸巳)

양반 자제를 우대하기 위해 설치된 특수 병종인 충순위는 예종대에 위에 거론된 계층 이외에 왕과 왕비의 遠親이 입속 대상에 추가되었다. 정원은 없고, 7교대로 2개월씩 복무하며 종5품 影職에서 去官하도록 되어 있었다.[25] 그런데 설립 취지와는 달리 잡류들에게까지 입속이 확대되는 등 충순위의 여러 폐단을 시정하기 위해, 그 자격을 엄격히 제한할 것을 촉구한 것이다.

국가재정을 총괄하는 호조에서 아뢴 공사를 살펴보자.

G. "兩界에 赴防하는 甲士의 祿俸은 각각 길이 멀기 때문에 직접 받기가
어려우므로 할 수 없이 京中의 富商에게 팔게 되어서 실제의 혜택을
입지 못합니다. 이제 생각하여 보니 평안도에는 綿布 2천 4백 84필,
베 3천 8백 64필, 솜 12근, 영안도에는 면포 6천 51필, 베 2천 1백
55필, 명주 1백 91필, 솝 7백 24근, 목화 1천 3백 85근이 있으니,
그 도의 都事·評事로 하여금 시세를 따라서 갑사의 녹봉으로 계산하
여 주고, 등급마다 題給한 수를 계문하여 시행케 하소서." (그대로
따랐다.)(『成宗實錄』 권23, 3년 10월 정축)

호조에서 兩界에 赴防하는 갑사에게 실질적인 혜택을 주기 위한 녹봉
지급 방안을 제기한 내용이다.

H. "式年의 諸科를 정월부터 5월까지 시험을 마치므로 농사철에 擧子들
이 來往하게 되어 농사에 방해됨이 있으니, 청컨대 중국 조정의 예에
의하여 매 寅·申·巳·亥년의 가을에 初試하고, 子·午·卯·酉년의 봄을
기다려 覆試하소서."(『成宗實錄』 권17, 3년 4월 갑술)

예조가 농사의 형편과 중국의 예를 참작하여 식년시의 시행 시기 조정
을 계청한 것인데, 그 案대로 확정되었다.

형조는 어떤 내용을 계사하였을까.

---

25) 李泰鎭 편, 1968, 『韓國軍制史(근세 조선전기편)』, 육군본부, 74쪽.

I. "選上奴는 番을 당할 때마다 서울의 役을 싫어하여, 사람을 고용하여
　　대신 세우는데, 그 고용하는 값이 정한 액수가 없으므로 세력이
　　강하고 교활한 무리가 이것을 빙자하여 暴利를 꾀하여 배나 더 받습니
　　다. 이로 인해서 모든 관청의 노비가 날로 점점 피폐하여지니, 앞날이
　　염려가 됩니다. 금후는 1개월 가격이 베 2필을 초과하지 말게 하고,
　　만일 함부로 받는 자가 있으면 制書有違律로 논하여서 그 물건은
　　주인에게 돌려보내고, 또 받은 가격은 관청에서 몰수하며, 수령이
　　능히 검거하지 못하는 자도 아울러 重하게 論罪하는 것이 어떠합니
　　까?"(그대로 따랐다.)(『成宗實錄』 권7, 원년 8월 갑술)

　형조에서는 주로 三覆한 죄인의 범죄 행위와 형량을 啓請하였다. 위
사료는 선상노 代立價의 상한선을 정하여 폭리를 취하는 폐단을 막고,
어길 경우의 구체적인 처리·처벌 내용을 청한 것이다. 각관 노비를 보호하
기 위한 조치라는 점에서 의미 있다.

　그 외에도 의정부·육조가 合啓한 특정 도의 年分 等第의 상향 조정,
호조·典艦司提調가 아뢴 전라도·충청도 漕倉에 海運判官 파견 및 漕軍
수 증액과 3번 체제의 개편안 등도 그대로 받아들여졌다.[26]

　대간은 탄핵 활동을 가장 활발하게 하였지만, 관련 부문에 대한 의견도
내놓고 있었다.

J. "이보다 앞서 관리로서 죄를 범한 자가 議親·공신·당상관·親功臣이
　　면 임금의 명령을 받아서 照律하게 하였는데, 그것이 지금 『經國大典』
　　에 실려 있지 아니하여, 일단 죄를 범한 공신과 그 자손을 모두

---

26)『成宗實錄』 권23, 3년 10월 庚辰 ; 권13, 2년 12월 庚午 ; 권21, 3년 8월 정축.

임금의 명령을 받아서 조율하므로 일이 많이 지체됩니다. 청컨대 2품 당상관과 친공신은 왕명을 받게 하고, 공신의 자손은 前例에 의거하여 직접 조율하게 하소서." (그대로 따랐다.)(『成宗實錄』 권31, 4년 6월 갑자)

사헌부가 범죄를 한 議親·공신·당상관·親功臣의 자손을 직접 조율할 것을 아뢴 것이다. 공신의 특권을 제한하는 내용인데, 그대로 수용되고 있다.

K. "신 등이 判決事 李元孝의 관직을 고치도록 청했더니, 전지하기를, '당상관은 相避를 헤아리지 않는 것이 典禮로 되어 있으므로 고칠 수 없다'라고 하였습니다. 그러나 신 등이 생각하건대 상피의 법은 『경국대전』에 실려 있는데, 당상과 당하의 구분이 없었습니다. 만약 한때의 일을 끌어대어 通例로 삼는다면, 부자·형제일지라도 모두 천거할 것이니, 그것이 옳겠습니까? (중략) 청컨대 이원효의 관직을 고쳐서 그 폐단을 없애도록 하소서. —이원효를 改差하는 것이 좋겠다."(『成宗實錄』 권56, 6년 6월 신축)

대사간 정괄 등이 『경국대전』에 엄연히 相避法이 실려 있음에도 이제까지 당상관에 적용되지 않은 관례의 부당성을 지적한 것이다. 이원효는 개차되었다. 뿐 아니라 이후 당상관에게 상피법이 적용된다는 점에서 이 계사의 의미는 자못 크다 하겠다.

각 사와 각 아문의 직계도 활발하였다. 예컨대 한성부가 아뢴 家屋 송사 기한의 10년 定限 문제, 田制詳定所가 제기한 강원도·황해도·영안도· 평안도 등의 타량 및 貢法 수세 문제, 승문원 제조가 아뢴 未 守令 역임자인

승문원 祿官·兼官의 加資 문제, 詳定廳에서 제기한 관료 및 체아직 조절을
통한 재정 확충 방안 및 전세 운반비용에 따른 上納 체제개선 문제 등도
그대로 받아들여지고 있었다.

앞서 제시한 사례는 임의적으로 추출한 일례에 불과하다. 그 외에도
육조·각사·각 아문에서 계달한 사안들이 무수히 많았음은 물론 중요한
정책도 많았음은 다시 말할 필요가 없겠다.

다른 한편 대비는 직계된 공사 중 논의가 필요하거나 자신이 생각하고
있는 정책으로서 의견을 수렴할 필요가 있다고 판단된 경우에 ②의 방식을
택하였다. 먼저 직계된 공사 중 원상에게 자문을 구한 경우를 살펴본다.
예컨대 평안도 관찰사가 滿浦僉節制使의 牒呈에 의거하여 치계한 建州都督
아들의 來朝 여부를, 여러 원상이 논의한 '明의 허락 없다'를 내세워
허락하지 않았고, 부모의 나이가 70세 이상인 자의 수령 제수 금지 지역인
『大典』의 '먼 고을'의 한계를 이조의 주장인 7日程이 아닌 신숙주·홍윤성·
김질의 의논인 3백 리 밖으로 정하였다.[27] 또한 漕卒을 수군으로 칭하고,
수군과 합해 3번으로 나누어 輪番으로 휴식하게 하자는 전라도 관찰사
계본에 의해 호조에서 아뢴 사안은 김질·김국광의 의논대로 조졸은 左右
領으로 하고, 휴식은 漕轉할 때 한해서 윤번으로 하도록 하였다.[28]

필요한 정책으로서 전교나 전지를 내려 원상에게 논의를 명한 공사―원
상의 입장에서는 受命―는 대비가 관심을 가지고 주도한다는 측면에서
그 의미가 있는 것이다. 예컨대 대비는 其人제도의 폐지를 염두에 두었으
나, 국가재정상 잠정적으로 復立할 것을 議定한 원상의 의논을 따라 혁파하
지 않았고, 職田에서 田主가 지나치게 田租를 거두는 폐단을 傳旨하여

---

27)『成宗實錄』권5, 원년 5월 甲申 ; 권42, 5년 5월 庚子.
28)『成宗實錄』권62, 6년 12월 丙子.

한명회 등이 아뢴 바에 따라 직전세를 소재지의 관리로 하여금 감독하여
거두어 주게 하는 官需官給制를 시행토록 하고 있었다. 京中 제사 노비의
入役을 원상의 논의에 따라 3番체제가 아닌 2번체제로 결정하였고, 일본국
사람 賴忠과 政親이 청구한 物貨에 대한 지급 수량에 대한 사안을 원상
및 호조·예조에 의논하도록 명한 후, 신숙주의 논의를 따라 양인에게
면포·正布·쌀 등을 차등 있게 내려주었다.[29]

이 같은 사례는 대비가 정책 결정에 직접 참여하고 있는 면모로서,
국방·군사·민생 현안·외교 등 중대한 국가 정책에 한해 원상이나 해당
관서의 자문을 구하였다는 사실과, 원상의 제한적 국정 참여의 실태를
동시에 보여주고 있다고 해석된다. 따라서 직계된 공사의 처리에서 ①④
의 방식은 의미가 없었다고 할 수 있겠다.

직계된 정책을 직접 결정하는 국정 운영 외에도 대비는 성종대 왕실에
발생한 실로 다양한 문제들, 예컨대 예종에 관련된 喪禮로부터 前例가
없는 章順嬪(예종 비)과 懿敬世子의 존호·능호 및 粹嬪의 칭호 문제, 인수왕
비(粹嬪)와 왕대비(예종 계비)의 位次, 예종의 脫喪·祔廟 등의 典禮 문제
및 그 후 韓明澮의 女를 왕비로 책봉하여 왕실 위계를 갖추는 모든 결정[30]
에 대해 직접 전교를 내리고, 논의마다 참여하여 강력하게 추진하고
있었다. 일련의 왕실 문제 및 典禮 논의는 왕실 계보를 바로 잡아 성종의
위상을 굳건히 하고, 왕실의 권위를 조기에 확립하려는 조치였다. 특히
인수왕비의 位次를 예종 繼妃의 위에 둔 것이나, 예종의 短喪 결정은
대비가 직접 나서서 주도하지 않았다면 결정되기 어려운 사안이었다.

---

29) 『成宗實錄』 권1, 즉위년 12월 己未 ; 권4, 원년 4월 戊辰 ; 권28, 4년 3월 丁酉 ; 권7,
원년 8월 乙亥.
30) 『成宗實錄』 권2, 원년 정월 辛丑 ; 권4, 원년 3월 辛卯 ; 권15, 3년 2월 丁亥 ; 권7,
원년 8월 정사 ; 권9, 2년 정월 임진, 2월 甲辰.

대비는 처음 열리는 경연에 성종과 함께 나아갔을 뿐 아니라, 첫 경연에
서 제대로 進講하지 못한 侍講官의 교체 여부를 타진하고, 다음 날에는
조강에 참여한 당상관을 書講에도 참여하도록 하였다.[31] 그 외에 주강
학습 내용을 강화하고 夕講을 개설하는[32] 등 경연의 여러 과정에 직접
참여하여 신료들의 논의를 듣고 자신의 의견을 피력하면서, 성종의 학문
과 당대 정치에 방향타 역할을 한 경연의 정밀한 틀의 형성이나 활성화에
도 큰 기여를 하고 있었다.

뿐 아니라 대비는 청정 기간 중 태조대 이래 예종대까지 逆謀와 관련되
어 처벌받은 인물들의 방면을 여러 차례 단행하고 있었다. 이러한 방면
조치는 국가의 慶事를 기념하거나 災異에 따른 修省의 의미 등을 담고
있었다. 성종 2년(1471) 12월에 대대적인 방면이 단행된 것을 비롯하여,
동 3년 5월 가장 큰 규모의 亂臣 연좌자 방면이 있었다.[33] 그 외에도
방면 조치는 자주 내려졌다. 방면은 주로 원상들에게 자문 받은 범위를
대비 등이 조정하여 단행하였으나, 일방적으로 단행한 경우도 있었다.
이는 前代 불행했던 정치 상황의 결과를 불교적 因果應報論에 바탕하여
화해하겠다는 대비 인식의 소산으로 推知된다. 그래서 그들의 仕路와
赴試를 허용하고, 친공신은 동반에 서용하도록 하는[34] 등의 파격적인
조치를 취하였고, 그러면서도 대간과 정조에는 서용을 불허하는[35] 등
일정한 제한을 두고 있었다.

대비는 창덕궁 崇文堂에 나아가 國事를 주재하기도 하였다. 세조가

---

31) 『成宗實錄』 권2, 원년 정월 丙戌, 丁亥.
32) 『成宗實錄』 권2, 원년 丁亥, 己丑 ; 권3, 원년 2월 乙丑.
33) 『成宗實錄』 권13, 2년 12월 辛卯 ; 권18, 3년 5월 庚申.
34) 『成宗實錄』 권34, 4년 9월 丙申 ; 권50, 5년 12월 癸卯.
35) 『成宗實錄』 권6, 원년 7월 辛卯.

세조 7년(1461) 11월 建州衛 野人의 침입에 대한 국무회의를 주재한 이래 가끔 숭문당에 나가 여러 현안을 논의·처리하였고, 예종도 그러하였다. 대비가 숭문당에 나아간 것은 전례를 따른 것으로 짐작된다. 원년의 18회 중 亂言에 관련된 龜城君 문제를 처리하기 위해 원상 및 조정의 신료들과 그 처리 방법을 논의한 것이 첫 번째 사례였다. 그 밖에는 승지들이 아뢴 공사를 처리하고 제수된 관찰사·수령을 직접 引見하였다. 그런데 성종 2년의 경우는 佛經 구입, 圓杖 사용 논의 등 2차례에 불과했다. 일반적으로 대비 혼자 나아간 것과는 달리 마지막인 성종 2년 2월에는 성종도 함께 나아가 원장 사용을 논의하였다.

이같이 신료들과의 정책 논의에 참여하고 정책 시행을 명하는 전교나 전지를 내리기도 하며, 국정 전면에 직접 나서서 정국을 주도하고 있는 참여 방식은 특히 즉위년~원년 동안에 집중적으로 나타나고 있었다.

2. 성종의 국정 운영과 정책 결정 방식

국정을 주도하는 대비였으나, 성종과 신료의 회합이자 또 다른 국정의 場이던 경연·시사·조계에는 참여할 수 없었다. 공식 회의에서는 성종이 국정 운영의 주재자가 되고 있었던 것이다. 이러한 회의에서 제기된 공사는 어떻게 처리되고 있었는지 검토해본다.

먼저 성종의 학문의 성장을 위한 장소이자 정치의 場이기도 한 경연의 경우부터 살펴보면, 성종은 청정 기간에 가장 활발하게 경연에 참석하고 있었다. 삼강과 야대·윤대를 합하여 원년부터 6년까지 각각 694, 818, 853, 801, 870, 818회에 참석했다. 그 가운데 視事한 횟수는 각각 17, 40, 78, 78, 139, 128회 총 480회 정도였다. 해가 갈수록 경연에서 국사를 논하는 횟수가 증가하고 있었다. 매일 열리다시피 한 조강 후에는 常參·視

事·輪對 및 수령의 拜辭가 이어졌으므로, 학습은 오래 진행되지 않았다.36) 그러나 강을 마친 후 당직 원상 2인이 참석하여 강의 내용에 대한 토론 및 정치 문제에 고문하고, 강의를 전담한 知事나 同知事도 時事를 陳言하였으며, 정3품관인 6승지와 홍문관 부제학으로 구성된 참찬관 역시 국정에 관해 의견을 개진하였다. 특히 승지는 3강 및 야대까지 반드시 한 명씩 참석하여 왕의 近侍로서 인사 및 국정 전반에 관한 현황을 측근 참모로서 진언하고 있었다.37) 따라서 조강에서는 다른 경연에 비해 상대적으로 국사가 활발하게 논의된 편이었고, 그 내용은 인사·불교·탄핵·공법·量田·외교 문제 등 다양하였다.

그런데 경연에서 논의된 내용은 이미 제기되어 논란된 문제가 많았다. 문제의 先발언자 역시 대간이 압도적이었다. 성종이 경연에서 親決한 내용은, 가령 흉년의 피해와 救荒 정도를 살피기 위한 朝官 파견, 建州衛 여진을 막기 위한 兩界 여러 진의 방비책 마련38) 등 많지 않았다. 오히려 대부분은 '상량하겠다' '짐작해서 처리하겠다' '알았다' '대비께 아뢰겠다' 등 유보적인 태도를 보이고 있었다. 친결을 피하고 있었던 것이다.

視事의 경우는 어떠하였는가. 성종은 원년 11월 이후 날마다 상참을 받았는데, 승지가 공사를 아뢸 경우(視事) 당직 원상 및 의정부 당상을 입시토록 하였다.39) 그런데 성종대 청정 기간 동안 상참 후 시사한 경우는 20회 안팎에 불과했다. 상참 후 국사를 제기하고 논의하는 일은 이례적이었다는 의미였다. 자문을 구한 정책도 대사간이 아뢴 職秩이 같은 정언과

---

36) 『成宗實錄』 권12, 2년 윤9월 甲子.
37) 權延雄, 1981, 「朝鮮 成宗朝의 經筵」 『韓國 文化의 諸問題』, 국제문화재단 출판부, 75~80쪽. 조강 참여 인원에 대해서는 약간 수정하였다.
38) 『成宗實錄』 권9, 2년 정월 壬午 ; 권54, 6년 4월 丙申.
39) 『成宗實錄』 권8, 원년 11월 壬寅.

감찰의 座次 서열문제에 대해 원상 鄭麟趾가 정언의 직책을 중하게 할
것으로 답하는 정도였다.[40] 그 외는 대간이 공사를 아뢰거나, 논란되고
있는 문제를 재거론한 것이 대부분이었다. 상참 후 이어진 시사에서는
친결할 만한 정책들이 제기되지 않았던 것이다. 조계의 경우는 성종이
죄인의 형량을 그대로 받아들인 것으로 친결을 행하고 있었지만, 이는
국가 정책이나 방향에 영향을 끼치는 것은 아니었다. 따라서 공식회의에
서 새로운 정책 제기는 활발하지 않은 편이었고, 성종의 친결도 많지
않았음을 알 수 있다.

원상에게 자문한 경우는 어떠하였는가. 성종은 경연·조계에서 제기·논
란된 문제나 대간·원상 등이 개별적으로 아뢴 사안 중 필요할 경우 원상의
자문을 구하고 있었다. 시사하면서 원상에게 자문을 구한 사안은 극히
드물었다. 공식회의에서 원상은 일차적 자문의 대상이었다. 성종이 원상
에게 자문을 구한 사례는 상당하였는데, 그에 비해 그들이 자문에 답한
내용 그대로 수용한 경우는 약 42회 정도였다. 구체적 공사 내용은 생략하
겠다.

공식회의 특히 비교적 국가 정책의 토론이 활발했던 경연에서 성종이
원상의 자문을 구하고, 신료들과 논란한 후에도 결정되지 않은 문제가
종종 있었다. 이러한 사안을 결정하기 위해 선택된 방식이 ④였다. 대비에
게 승품하여 처리한 공사로는 예컨대 여러 차례 稟議된 경상도 관찰사
吳伯昌의 처리 문제는 특수한 경우이고, 상속 분쟁 금지 제도의 立法문제,
新及第者 韓堰(한명회 姪)의 대사성 교체 문제, 예문관원들의 賜暇讀書
문제[41] 등이 있었다. 그 외에도 대비에게 승품하는 사례는 여러 차례

---

40) 『成宗實錄』 권20, 3년 7월 壬寅.
41) 『成宗實錄』 권13, 2년 11월 丙午 ; 권35, 4년 10월 丙戌 ; 권40, 5년 3월 丙午 ; 권41,
   5년 4월 壬戌.

보인다. 이는 성종이 독자적인 판단을 할 수 없어서라기보다는 대비의
의중을 들어 결정하는 것이 논란을 종식시킬 수 있다고 인식한 결과로
살펴진다. 반면 시사에서 논란된 내용을 대비에게 품하는 사례는 없다.
결론적으로 말하면 시사·경연·조계에서 제기된 공사는 주로 ②④의 방식
으로 처리되고 있었던 것이다. 이는 당시 국정 운영의 책임자로서의
성종의 제한적인 위상을 잘 드러내고 있다는 점에서 주목을 요한다.
반면 승품한 공사를 결정한 대비는 논의 과정에 직접 참여한 것은 아니지
만, 자신의 견해를 제시하거나 성종을 통해 전교를 내리는 형태로 권력을
행사하고 있었던 것이다.

이같이 직계된 정책과 공식회의에서 자문한 원상의 결정이 그대로
받아들여진 경우를 필자가 조선왕조실록 CD에서 확인한 원상에 대한
검색어로 분석한 결과, 즉위년 원년 2년 3년 4년 5년 6년 7년(5월 혁파)에
각각 34, 131, 34, 31, 30, 46, 62, 15회 총 383회로 나타나고 있고, 이를
표로 만들면 <표 4>와 같다.

표에서 직계된 정책 중 원상이 자문한 내용 그대로 수용된 경우 75회를
該曹나 該司의 정책을 대비가 그대로 받아들인 정도와 비교하면 매우
대조적이다. 원상들이 각종 대소 공사를 개진하여 국정에 능동적으로
참여하려는 의지를 보여주는 것이 啓聞이다. 원상의 계청이 그대로 수용된
경우는 약 120회 정도(<표 4> 참조) 찾아지는데, 비중있는 공사라기보다
는 공사나 상황을 지적·보충·보완하는 경우가 많았다.

그 외에도 원상은 왕실의 이익 추구, 예컨대 亂臣에 연좌된 대비 異姓
族親의 촌수를 한정하여 방면하려는 시도, 癸酉靖難 때 逆黨으로 복주된
鄭悰(단종의 매부)의 子 鄭眉壽의 敦寧府 참봉 제배를 위한 대비의 여러
차례 협조 요청을 끝까지 반대하는[42] 등 대비 정책에 정면으로 맞서는
입장을 보인 경우도 있었다. 반면 성종 즉위 초부터 자신들의 사회·경제적

〈표 4〉 원상에 자문한 내용을 그대로 따른 경우

구분	즉위년	원년	2년	3년	4년	5년	6년	7년	총계
直啓	6	19	9	5	6	13	15	2	75
經筵		1	2	2	5	9	6	3	28
朝啓		1	3	3		1	3		11
視事				2		1			3
기타	5	3	1		3	3	13	5	33
受命	12	57	8	9	8	4	12	3	113
啓聞	11	50	11	10	8	15	13	2	120
총계	34	131	34	31	30	46	62	15	383

* 실제는 총 522회가 검색되나 내용이 없는 경우가 139회 정도 찾아진다.

특권 견제와 밀접하게 관련되어 추진된 대간의 伴倘 他人 증여금지 계청을 세조의 許與 사실을 들어 일축하는 한편, 이미 법으로 정해진 兩界 주민의 各品 반당 차정 금지법을 취소시켜 후에 반당 濫占을 심화시키면서, 그 책임은 有司에게 떠넘기는 집요한 측면도 보이고 있었다.43) 이 같이 원상이 경연·시사·조계 등에서 국가 정책 결정에 일정한 역할을 하고 있었고, 대비를 정책적으로 견제하거나 자신들의 이해관계를 끝까지 확보해내는 측면도 확인되고 있다.

그렇다 하더라도 대비의 국정 주도나 정책 결정 비중과 비교할 때 현격한 차이가 있었다. 따라서 원상의 국정 장악 사료로 흔히 인용되는 '원상은 모든 사무를 다 다스리고 喉舌을 겸임'하였다거나 '성종이 萬機를 결단할 때 반드시 먼저 원상에게 자문한 후에 결단한다'44)라는 내용은

---

42) 『成宗實錄』 권5, 원년 5월 丙戌 ; 권29, 4년 4월 辛未, 己卯, 戊子.

43) 『成宗實錄』 권5, 원년 5월 乙酉 ; 권12, 2년 10월 戊戌 ; 권32, 4년 7월 己未.

44) 『成宗實錄』 권13, 2년 11월 丙辰 ; 권38, 5년 정월 기유. 원상이 조정의 주요 직책을 독점하고, 정사를 독단적으로 처리할 수 있는 입장이었다는 견해가 있다(정두희, 1983, 앞의 책, 248~255쪽). 그러나 앞서 살펴 본 바와 같이 그들 중 3명만이 정승의 직책을 가졌을 뿐이고, 더구나 공사는 원상이 국정 전반을

원상이 정책 결정과 인사 등 국정 전반을 오로지 했다는 의미가 아닌,
자문의 가장 일차적인 대상으로서 인사·국정 참여 비중이 상대적으로
높았다는 것을 강조한 표현으로 해석되어야 할 것이다.

3. 왕명을 통한 대비의 정책 주도

대비가 국정을 실질적으로 주도하는 가운데, 왕명의 하달 방식은 단계
적으로 변화하고 있었다. 변화의 기미는 숭문당에 나아가 대비가 국사를
주재한 횟수가 성종 원년의 경우 18회에서, 동 2년에는 佛經 구입, 圓杖
사용 논의 등 2차례에 불과할 정도로 급감한 것에서 찾아진다. 일반적으로
대비 혼자 나아간 것과는 달리 마지막인 성종 2년 2월에는 성종도 함께
나아가 원장 사용 논의에 참여하고 있었다. 이러한 변화는 대비가 성종
2년에 불교 문제, 講武와 量田 시행 여부만 신료들과 직접 논의하고,
그 후로는 사직하는 병조 겸 판서 한명회에게 좌의정을 제수하는 것[45]과
같이 원상 또는 삼공에 관한 일에만 직접 나서는 것과 짝하는 현상으로서
주목된다. 이 무렵 대비가 국정 전면에서 참여하는 횟수가 줄어든 것은,
인사 및 국정 운영에서 기선을 잡았다고 판단한 2년부터 자신의 의중을
성종의 전교·전지 등에 반영시키는 방식으로 전환한 사실을 보여주는
것으로 推斷되기 때문이다.[46] 이러한 사실은 대체로 2년부터 국정 전반에

장악하지 못하도록 대비가 주도적으로 처리하고 있었다. 당시 인사의 핵심
기구인 이·병조를 장악하지도 못하였다. 한명회는 원상이기도 했지만, 그보다는
척신의 首長으로서의 성격이 더 강했다고 판단된다. 따라서 기존의 원상에 대한
이해는 재고되어야 할 것으로 생각된다.

45) 『成宗實錄』 권42, 5년 5월 己亥.
46) 정희왕후의 직접 참여가 적어진 시기를 성종 3년으로 보면서, 親覽한 성종에게
점차적으로 정치주도권을 이양하고 정치적 행보의 반경을 넓혀 주기 위해 뒤로
물러났기 때문이라는 견해도 있다(김우기, 2001, 앞의 논문, 176~180쪽). 이

걸친 정책 시행 명령이 성종의 敎書·傳敎·傳旨·下書·諭示·御書 등의 형태로 의정부·육조·승정원·各司 및 지방관에 하달되는 것에서 확인할 수 있겠다.

먼저 정중한 양식인 교서는 34회 정도였다.[47] 즉위 당일 즉위교서를 비롯하여 冊封교서·功臣교서·求言교서 등을 제외하면 대부분 관찰사·절도사 등에게 내려진 것이 특징적이다.

빈번하게 사용된 전교는 총 823회에 달하였고, 성종 6년에 193회로 가장 많았다. 총 1103회로 성종 1~3년 동안 잦은 빈도를 나타내고 있는 전지 역시 국정 전 분야에 걸쳐 내려지고 있었다. 가령 의정부에 익명서는 불문에 붙일 것을 비롯하여 이·병조에 수령·만호는 천거 후 서용할 것[48] 등을 전교하고, 그 외에 육조·대간·승정원·각사·각 아문에도 수많은 소관 업무를 명하고 있는 만큼 일별하기 어렵다. 전지의 내용은 생략하겠다.

또한 상호 연관된 관서로 하여금 세부 사항을 잘 파악하여 시행착오를 막고 효율성을 높이기 위해, 문무반 陞職체계는 이·병조에, 자녀가 없는 前母·繼母의 노비를 承重子에게 3푼 加給할 것을 형조·장례원에[49] 내리는 등 복수 아문에 전지·전교하는 경우도 많았다.

254, 101회 정도로 각각 내려진 諭示나 下書는 주로 제도 관찰사·절도사, 팔도 관찰사, 특정 도의 관찰사, 특정 도의 관찰사·절도사 등에게 필요에

같은 견해는 육조직계제를 통해 철렴 전까지 정책 결정에 참여한 대비의 권력 행사를 간과한 결과라고 생각된다.

47) 이하 사용된 숫자는 조선왕조실록 CD의 숫자를 인용한 것으로 실제와 다소 차이가 있을 수 있겠으나, 大體를 파악하는 데는 무리가 없다고 생각된다. 통치의 근간이 되는 왕명의 경로는 國王→承傳色→司謁→承旨에서 國王→承傳色→承旨로 바뀌었다(『成宗實錄』 권58, 6년 8월 庚寅).

48) 『成宗實錄』 권10, 2년5월 계유 ; 권5, 원년 5월 戊子.

49) 『成宗實錄』 권62, 6년 12월 壬寅 ; 권15, 3년 2월 甲申.

따라 내려지고 있었다. 그 내용은 가령 賑恤, 救荒, 진상·공물, 수령 규찰 강화 등 중앙의 효율적인 지방 지배를 위한 구체적이고도 현실적인 것이었다. 御書로는 성종 3년(1472) 정월 內需司에 命하여 長利하는 3백 25소를 革罷케 하였는데, 다른 왕명에 비해 빈도는 적은 편이었다.

여러 형태의 왕명으로 엄청나게 하달된 내용들을 성종 스스로 결정한 것이 아니었음은 분명하다. 이는 경연·시사·조계·내전 등에서 제기된 공사와 대간, 원상 또는 개별적으로 제기된 사안들을 당직 원상 또는 원상 전원의 자문을 받아 결정된 것이었다. 사안의 중대성에 따라 일정직 이상의 좀더 많은 신료의 공론 수렴과정을 거친 경우도 있었다. 그러나 대비와 성종의 독자적인 판단에 따라 하달된 경우가 많았다는 것 또한 간과될 수 없다. 이같이 성종대 국가 정책 수립구조와 정책 결정 및 그 정책 시행을 담은 왕명의 하달구조를 종합하면, 대비가 국정 운영의 중심에 있었음이 확실하다 하겠다.

Ⅳ. 대비의 勳戚支配體制 운용

1. 즉위 초 정치상황과 佐理功臣의 책봉

대비는 성종 즉위년 12월 초하루에 상당군 韓明澮를 兵曹 兼判書, 좌찬성 韓繼美(세조 同壻)를 吏曹 兼判書에 제수하였다.[50] 이는 척신 겸 판서를 정조에 배치하여 '훈·척'을 정치세력의 양대 축으로 삼겠다는 '훈척지배체제' 구상을 표명한 것이자, 훈구 견제 의지를 분명히 밝힌 것이었다.

---

50) 『成宗實錄』 권1, 즉위년 12월 庚戌.

또한 국정 운영에서 원상을, 인사에서는 훈구를 견제할 필요가 있었던 상황을 감안할 때, 國舅 한명회의 권력 행사를 보장하여 왕권을 보호·강화해야 할 척신의 핵심 인물로 지명한 정치적 의미도 담고 있었다.[51] 곧이어 훈척지배체제 구축을 위한 대비의 후속 조치가 이어졌다.

L1. "세조께서는 신하들의 현명하고 우매함을 환하게 아신 까닭으로, 사람을 임용함에 모두 適任에 맞게 했으며, 비록 혹시 戚屬을 임용하더라도 각각 그 재능에 따라 이를 임용하였다. 그래서 사무를 廢棄한 적이 없었으나, 大行王은 그렇지 아니하여 한 사람도 戚里로서 관직을 얻은 사람이 없었다. 내가 지금 政事를 聽斷하니, 卿은 族親으로서 마땅히 임용하지 못할 사람은 천거하지 말라."(『成宗實錄』 권1, 즉위년 12월 정사)

L2. "東·西班의 당상관 이상과 의정부·육조의 郎廳과 대간·도사·수령·우후·평사 등의 관직은 이조와 병조로 하여금 함께 의논하여 제수하도록 하라."(『成宗實錄』 권1, 즉위년 12월 己巳)

훈척적 지배체제의 틀을 만들어 척신을 중용하였던 세조와[52] 달리 척족을 배제한 예종을 비난한 대비가, 겸 이판 한계미에게 향후 천거된 戚里를 적극 등용할 것임을 L1에서 밝히고 있다. L2는 대비가 병조의 인사권을 강화하는 지침을 내린 것이었다. 그러나 병조의 권한 肥大를

---

51) 『成宗實錄』 권1, 즉위년 11월 기유 ; 권1, 12월 庚戌. 특히 한명회 졸기에 당초 정희왕후가 한명회에게 겸 이조·병조판서를 아울러 맡도록 强請하였으나, 그가 고사하여 병판만 맡게 된 것임을 기록하고 있는 만큼, 원상으로서가 아닌 왕실을 대표하는 최측근 척신으로서 그를 지명한 것임이 분명하다.

52) 金泰永, 앞의 논문, 123 및 138~144쪽.

우려하는 대간과 원상의 반발로 무산되고, 대간의 정사 入參도 금지되었다.[53] 한명회의 병권을 강화시키려는 대비의 의도가 좌절된 것이었다. 앞서 살펴본 난신에 緣坐된 대비 異姓 족친의 촌수를 한정한 방면이나 정미수의 동반직 제수를 원상이 끝까지 반대한 것도 이러한 분위기의 연장선상에서 이루어진 것이었다. 이는 대비가 원칙적인 관료제 운용을 강조한 것과는 대조적인 조치를 취하는데다가,[54] 대비 형제에게 특혜를 베푼 것에[55] 대한 원상의 반발이고 견제였다. 이러한 정국 분위기는 척신 特待를 통해 초기 국정 운영의 기선을 제압하려는 대비와 이를 견제하려는 원상의 팽팽한 힘겨루기가 전개되고 있었기 때문이었다.

이조 겸 판서 한계미는 처음 단행된 인사에서 대비의 至親을 각각 좌·우승지에 배치하고, 얼마 후에는 대비 妹의 손자들을 모두 庶位에 진출시켰다.[56] 대비의 의중을 충실하게 반영한 것이었다. 그러나 그는 정실·청탁 인사로 대간의 논박을 받고 6개월 만에 사직하였다.[57] 후임에 李克增이 이조판서, 원년 9월 사망한 이조 겸 판서 구치관의 뒤를 이어 盧思愼이 제배되었다.[58] 훈구가 인사권을 독점하는 상황이 된 셈이었다.

한편 국정 운영에서 대비와 성종의 입장 차이를 보여주는 사례는 잘 찾아지지 않는다. 그런데 성종과 대조적인 입장에서 대비의 권력이 顯示된 것은 종친 문제였다. 대비는 성종 즉위 초부터 종친을 경계하였다.[59]

---

53)『成宗實錄』권1, 즉위년 12월 辛未.

54) 太祖·太宗·世宗의 外孫으로 敍用되지 못한 자를 아뢰도록 한 것 등이 그러하다(成宗實錄』권8, 원년 12월 乙巳).

55) 가령 대비 妹 윤씨 母子의 田庄에 復戶한 것이 그러하였다(『成宗實錄』권3, 원년 2월 壬戌).

56)『成宗實錄』권1, 즉위년 12월 戊寅 ; 권5, 원년 5월 乙酉.

57)『成宗實錄』권6, 원년 6월 庚戌.

58)『成宗實錄』권6, 원년 6월 戊申 ; 권7, 원년 9월 辛卯.

59) 예컨대 前朝에서 거둬들인 陰陽書를 종친에게는 돌려주지 말도록 명한다거나,

이는 성종이 幼沖한데다가 당시 세조대에 특대 받은 종친들이 많이 생존해 있는 등 여러 이유가 복합적으로 작용한 때문이었다. 예종대에 亂言에 오르내려 경계의 대상으로 부각된 터에, 성종 즉위 초 亂言의 중심인물로 몇 차례 거론된 龜城君 浚(臨瀛大君 子)을 원상 및 재상과 논의를 거쳐 유배한 것도 그러한 인식의 소산이었다.[60] 왕실과 훈구 양측이 亂言 사건을 계기로 향후 정국의 최대 위협 인물로 인식하고 있던 구성군을 제거한 것이었다.

그러나 구성군이 세서된 후에노, 성종은 대간이나 조정 대신들의 맹반대에도 '宗親赴試 허용'을 기정사실화하고, 鷲城正 李顥의 부시를 허락하였다.[61] '종친 부시' 반대 여론에 쐐기를 박은 것이었다. 반면 척신을 세력 기반의 한 축으로 삼으려 했던 대비나, 세조 7년(1461)에 翼峴君 관(세종 자)이 講武大將에 임명된 것을 시작으로 동 9년 이후 세조의 종친 등용에 대한 의지가 복합적으로 작용하여 14년까지 대거 등용·重用된 전례를[62] 보아왔던 훈구가 종친 진출을 경계할 것은 자명한 일이었다. 게다가 종친 부시가 허용된 며칠 뒤 恭靖大王(定宗)의 자손 등이 자신들을 적법하게 대우해 줄 것을 上言하고 나섰다. 원상 및 의정부 대신과 이 문제를 의논한 후 그들의 요구를 불허한 성종이,[63] 이틀 뒤 高靈府院君

'宗親의 부자와 형제가 함께 군대를 管掌하는 사람'을 교체하도록 명한 것 등이다 (『成宗實錄』 권1, 즉위년 12월 乙卯·庚申).

60) 『睿宗實錄』 권6, 원년 6월 乙丑 ; 『成宗實錄』 권2, 원년 정월 辛巳~癸未, 임진, 癸巳.

61) 『成宗實錄』 권8, 원년 10월 甲子, "司諫院正言呂簁來啓曰 宗親赴試 大典所不載 大典乃 萬世遵行之法 請勿令赴試 傳曰 自世祖朝許赴試 爾欲廢之耶" ; 권9, 2년 3월 辛巳.

62) 韓忠熙, 1985, 「朝鮮 世祖代(1455~1466) 宗親研究」 『韓國學研究』 22, 계명대학교 한국학연구소. 5~7쪽.

63) 그 내용은 '왕손은 정4품 曾孫은 종4품'으로 대우해 달라는 것이었다(『成宗實錄』 권9, 2년 3월 丁酉).

신숙주, 上黨府院君 한명회, 河城尉 정현조 등으로 하여금 佐理功臣을 策勳
토록 명하였다.64) 명분은 왕업을 이은 성종을 잘 도와서 人心 안정과
국가 태평을 이룩한 신료들의 공을 치하한다는 것이었다. 그러나 좌리공
신의 책훈은 이미 척신의 요직 배치를 위한 대책 마련이 시급한 상황에다,
과거가 허용된 종친의 세력이 자칫 확대될 수 있는 사태까지 보태진
국면을 동시에 타개하려는 대비의 특단의 대책임이 분명하였다.

좌리공신은 1등 신숙주 외 8명, 2등 李婷 외 11명, 3등은 成奉祖 외
17명, 4등은 金守溫 외 34명에다65) 졸한 具致寬이 2년 9월 좌리공신 2등에
追錄되어 모두 75명이 책훈되었다. 그 특징은 세조대 공신이 중첩적으로
책봉되었다는 것뿐 아니라, 가령 申叔舟·韓明澮·鄭麟趾 등과 가까운 姻戚·
형제간·부자간·叔姪간의 인물이 다수 포함되어 있다는 점이었다.66) 그러
나 더 핵심적인 내용은, 바로 세조의 동서인 한계미 및 그 형제, 인수왕비
형제인 韓致義의 형제 및 사촌 韓致亨 등 척신이 대대적으로 책훈되었다는
사실이다. 이들 勳·戚은 성종대 尹壕를 제외한 의정부 3정승을 독점하고,
鄭佸·成俊·鄭文炯·盧公弼·成健·洪貴達을 제외한 이조판서를 차지하며, 魚
世恭·孫純孝·魚世謙·鄭佸·成俊을 제외한 병조판서를 채우고 있었다.67)
당시 책봉된 공신의 인척관계를 표로 만들면 다음과 같다.

---

64) 『成宗實錄』 권9, 2년 3월 己亥.
65) 『成宗實錄』 권9, 2년 3월 庚子. 그 외에도 좌리공신에 대해 伴倘, 공신전, 노비,
   구사 등이 각각 차등있게 내려졌고, 다음 날 공신의 명칭을 각각 '純誠明亮經濟弘化
   佐理功臣' '純誠明亮經濟佐理功臣' '純誠明亮佐理功臣' '純誠佐理功臣'이라 내려주
   고, 아비에 대해서도 追贈하였다.
66) 鄭杜熙, 앞의 책, 241~251쪽. 공신에서 누락된 宗親·宰樞 39인 등이 공신에
   追錄해 주기를 청한 것에서도 좌리공신의 특이성이 보인다(『成宗實錄』 권9, 2년
   3월 辛丑).
67) 鄭杜熙, 앞의 책, 248~250쪽에는 비공신 이조판서로는 정문형·홍귀달, 병조판서
   로는 어세겸 정괄만을 각각 지적하고 있다.

〈표 5〉 척리계열의 좌리공신

척리 계열	인물
대왕대비 윤씨	尹士昕 成奉祖 尹繼謙 尹弼商 李鐵堅(정희왕후 姨姪) 韓繼美 韓嶬 韓繼禧 韓繼純
昭憲王后 심씨	沈澮 沈瀚 朴仲善
仁粹王妃 한씨	韓致仁 韓致義 韓致禮 韓致亨
章順·恭惠王后 父 한명회 계열	한명회 韓堡
예종 繼妃 安順王后 父 韓伯倫 계열	한백륜

<표 5>에 의하면 전체 공신 75명 중 척리는 19명, 약 25%의 비중이있다. 앞서 책봉된 靖難·佐翼·敵愾·翼戴 공신에서 척신의 비중이 미미(2~6명)하였던 것과 비교하면, 그 차이가 더욱 확연하게 드러난다. 이들 중 문과 출신 한계희·윤필상과 무과 박중선·한치례·한보·이철견을 제외한 인물들은 蔭敍출신이었다. 그럼에도 가령 한보는 25세에 琅城君, 한치의는 35세에 병조판서, 한치례는 25세에 병조참판 등에 제수되고 있었다. 이는 6품에서 3품까지 循資法대로 승진한다면 약 40년이 소요되어, 차례를 뛰어 넘어 승진하는 것이 가능하였던 의정부 舍人, 육조 낭관, 대간 등의 淸要職을 거치지 않으면 사실상 당상관 진입이 어려웠던 점을[68] 감안하면 실로 파격적인 대우가 아닐 수 없다. 이들의 子姪과 왕실과 부마 관계에 있는 집안의 인물까지 합하면 척신계열의 관직 진출 범위는 더욱 확대된다고 보아야 할 것이다.

이와는 대조적으로 종친은 2등의 密城君과 月山大君, 4등의 李鉉만이 포함되었을 뿐이다. 대비와 훈척의 일치된 종친 진출 봉쇄 의지가 좌리공신에서 훈척 : 종친=96% : 4%로 나타나고 있었다. 사료에는 나타나 있

---

68) 南智大, 1993,「朝鮮初期 中央政治制度研究」, 서울대학교 박사학위논문, 307~308쪽.

지 않지만, 이러한 상황에서 성종이 '종친 부시'를 철회하였던 것이다.[69]
이는 조선 건국 이래 왕권을 뒷받침하는 한 축으로 기능했던 종친의
관직 진출이 금지되었다는 점에서 자못 그 의미가 큰 것이었다.

좌리공신 책봉의 또 다른 이유는 懿敬王을 追封하기 위해서였다. 성종
원년 3월 중국에서 사신으로 나온 太監 鄭同이 그 주청 여부를 물었다는
것으로부터 거론되기 시작한 懿敬王 追封 문제는,[70] 성종 왕통 정립을
위해 반드시 관철시켜야 할 사안이었다. 그러나 동 2년까지 원상 전원의
계속적인 반대로 답보 상태였다.[71] 그런데 동 2년 5월 대비가 재삼 그
가부를 물으니, 上黨府院君 韓明澮와 우참찬 徐居正 외 2인이 찬성자로
나서고 있었다.[72] 좌리공신 책봉을 염두에 두지 않고는 이들의 입장선회
배경이 설명되지 않는다. 지지자를 확보한 왕실은 동 2년 懿敬王廟의
'懿廟'확정을 거쳐 御容 마련, 의경묘 완성 등 단계적으로 준비를 마친
후 誥命을 받아[73] 廟號를 德宗으로 정하여 신주를 宗廟에 안치하기에
이르렀다.[74] 요컨대 좌리공신의 책봉으로 대비는 의도한 세 가지 정치적
목적을 이루었던 것이다.

좌리공신 책봉 후 공신들의 단합과 성종에 대한 충성을 다지기 위해
8공신과 그 자손들의 會盟을 거행하였다.[75] 좌리공신 책훈에 크게 반발하

---

69) 『成宗實錄』권10, 2년 6월 기유 ; 5월 임진 ; 『成宗實錄』권33, 4년 8월 癸亥,
   "(大司憲徐居正曰)……殿下旣罷赴試之法 又不輕授東班 然宣傳官衛將 猶或依舊任用
   恐未可也 請悉罷之". 이후 성종 5년 정월『經國大典』(甲午대전)과 속록 72조를
   반포할 때, '종친 부시 금지'가 성문화되었을 것으로 짐작된다.
70) 『成宗實錄』권4, 원년 3월 己亥 ; 4월 기유.
71) 반대의 이유로는 중국에서 거부할 경우와 태조는 四代祖를 독자적으로 追崇하였
   다는 것이었다(『成宗實錄』권9, 2년 정월 庚辰).
72) 『成宗實錄』권10, 2년 5월 丁酉 ; 6월 壬寅.
73) 『成宗實錄』권13, 2년 12월 辛巳, 己丑 ; 권51, 6년 정월 己卯.
74) 『成宗實錄』권60, 6년 10월 乙酉 ; 권63, 7년 정월 乙卯.

여 대간이 사직을 불사하였음에도76) 성종은 5개월 후 1059인을 原從功臣
을 정하여 加資하는 등의 특혜를 베풀었다.77) 이는 좌리공신 책봉 이전에
도 封君된 공신이 수백 인에 이르고 있는데다가, 공신의 자손도 父祖의
生死와 관계없이 嘉善大夫에 오르면 봉군되어 祿을 받고,78) 그들의 嫡子가
당상 3백 명 중 半을 차지하고 있는79) 상태에서의 특혜였다. 따라서
이 같은 조치는 높은 官階의 量産으로 인한 관료제 운용의 난맥상을
심화시킨다는 점에서 문제를 안고 있는 것이었다.

2. 政曹 중심의 훈척지배체제 운용

대비가 훈·척을 양대 정치세력으로 삼은 것은 세조대의 정치 관행을
따른, 자연스러운 일이었다. 그러나 종친이 정계에서 완전 배제되고,
척신의 重用과 요직 배치가 한층 확대되었다는 점에서 세조대와 類比되는
훈척지배체제의 특성을 보여주는 것이다. 첫 인사에서 척신을 승지에
배치했다. 도승지가 司饔院 부제조를 겸직하는 최초의 先例를 만들고,
上言이나 該司에 내려진 여러 도의 계본 등을 승정원이 직접 챙겨서
아뢰도록 하였다.80) 말하자면 대비는 육조직계제 하에서의 권력 기관인

75) 『成宗實錄』 권10, 2년 4월 戊申.
76) 『成宗實錄』 권9 2년 3월 庚子, 辛丑.
77) 『成宗實錄』 권11, 2년 8월 乙丑. 원종 1등 공신은 각각 1資級을 더하는 등의
   여러 조건으로부터 시작하여 원종 3등 공신에 이르기까지 우대가 差等있게
   베풀어졌다(동상).
78) 『成宗實錄』 권5, 원년 5월 乙酉, "司憲府大司憲韓致亨等上疏……今以政案觀之 宗親
   功臣封君 無慮數百 而功臣之嫡子若孫 不論父祖之存歿 陞嘉善必封 甚非古制 非惟非古
   之制 錄亦不支 夫襲云者 父死而子襲 非謂父在而子得以封也".
79) 『成宗實錄』 권10, 2년 6월 기유.
80) 『成宗實錄』 권2, 원년 정월 기유 ; 권4, 원년 3월 甲申.

이조·병조·승정원의[81] 인적 재편성을 통해 권력 행사에서 우위를 先占하려 하였던 것이다.

인사권을 위임받은 병조 겸 판서 한명회의 권력 행사의 실제는 어떠하였는가. 먼저 그는 訓鍊院의 무신 우선 차임과 관원 주의를 병조 소관으로 확보하였고, 武科 출신의 習讀官·權知 임명과 東西班 및 守令·萬戶 등 서용 시 병조·都摠府의 시험을 거치도록 하는[82] 등 병조 권한을 강화시켰다. 지나친 분경의 폐단을 지적하여 원상을 분경 금지 대상에서 제외하도록 하고,[83] 병조나 도총부에서의 상피는 한 아문 안에서만 적용되도록 하였다.[84] 이 같은 내용은 관료의 천거 권한을 확장한 것에 다름 아니었다.

한명회가 성종 초반 인사 전반을 관장한 것은 사실이었다. 그렇다고 해서 영향력을 행사한 인물의 면면이 드러나는 것은 아니었다. 그런데 상당부원군 한명회가 세조대부터 자신과 밀착된 인물로서 파직된 전 경상도 관찰사 吳伯昌에게 고신이 환급되도록 한데다가,[85] 평창군수에 부임하지 않고 사임한 金順誠을 재임용하고 즉시 부임할 수 없는 이유까지 대신 상언하고 나서면서, 대간에 의해 그의 청탁 행태 및 인사 專制가 쟁점화되고 있었다. 이는 정국을 주도하는 대비를 겨냥한 것이기도 했다. 대비는 아직 한명회와의 정치적 관계를 공고히 할 필요가 있었다. 그래서 성종이 대간에게 한명회의 청탁 사실을 보고들은 자와 治罪를 주장한 先發言者를 물은 후, 헌부 전원을 좌천시켜[86] 엄중 경고했던 것이다.

81) 『成宗實錄』 권56, 6년 6월 辛卯, "知事任元濬啓曰 世宗嘗敎云 吏兵曹之任 毋過三十朔 我國權重者 惟吏兵曹及承政院耳".
82) 『成宗實錄』 권3, 원년 2월 기미 ; 권4, 원년 3월 丙戌, 乙未.
83) 『成宗實錄』 권2, 원년 정월 庚寅, 乙未.
84) 『成宗實錄』 권25, 3년 12월 乙丑.
85) 『成宗實錄』 권13, 2년 11월 丙午 ; 권14, 3년 정월 辛亥 ; 권16, 3년 3월 乙丑.
86) 『成宗實錄』 권25, 3년 12월 乙丑, 己巳, 庚午.

당시 대간에 사림계열의 인물은 한 명도 진출하지 않은 상태였다. 성종대 대간의 절반 이상은 集賢殿 學士를 배출한 가문이거나 세조~성종대에 책봉된 공신 가문 출신들이 대부분이었다. 그러나 정치 운영에 있어 성리학적 이념에 더욱 충실해야 한다는 이들의 행동 양식은 이전의 집권 관료들과 현저하게 달라져 있었다.[87] 게다가 강력한 훈구를 견제하려는 대비 또는 성종의 지원까지 보태져 聖域없는 언론 활동을 펼칠 수 있었다. 청정 기간 동안 대간의 교체는 비교적 적은 편이었다. 이러한 기반 위에서 이루어진 대간의 활동은 직위고하에 관계없이 이루어진 탄핵이 약 70% 정도를 차지하고 있었다. 권력 남용이든, 비윤리적 행위든, 貪虐이든 탄핵의 대상이 된 인물은 대개 세조대 이래 훈척 재상이었다. 내용면에서 인간성·윤리성에 근거한 '風聞擧劾'이 주류를 이루고 있는 대간의 탄핵을, 대비는 통치체제의 안정이나 정치적 차원에서 고위직 10% 미만, 하위직은 20%정도만 聽納하고 있었다.[88]

그러나 청납 정도와는 관계없이 폭넓은 정보를 제공하는 대간에게 대비는 성종을 통해 전원 加資하기도 하였다.[89] 반면 성종과 대비의 결정을 무시하면서까지 대간의 뜻대로 사건을 관철시키려 할 때는 견제하고 强迫하였다. 그래도 대간은 "법이란 것은 한 세상을 유지하는 바이라 一毫의 사사로운 뜻을 그 사이에 용납할 수 없다.'[90]라고 법을 수호한다는 명분으로 탄핵을 계속하였고, 수용은 선별적으로 하되 국정과 관료에 대한 동향을 파악할 수 있다는 대비의 입장으로 극단적인 마찰은 노정되지

---

87) 李秉烋, 1984, 『朝鮮前期 畿湖士林派研究』, 일조각, 35쪽 ; 鄭杜熙, 1994, 『朝鮮初期의 臺諫研究』, 일조각, 124~143쪽.
88) 정두희, 1994, 앞의 책, 50~90쪽.
89) 『成宗實錄』 권10, 2년 6월 己未(대간에 대한 가자는 졸기에서 보이듯 실제 대비의 조치였다).
90) 『成宗實錄』 권12, 2년 윤9월 更子.

않고 있었다.

한편 한명회의 권력 행사의 實相은 계속되는 신료와 대간의 반격에서도 찾아진다. 한명회는 중앙 무반직은 물론 절도사·諸道 연변 수령의 제수에도 참여하여 政·兵의 兩權을 병조에 귀속된 상태로[91] 만들어가고 있었다. 이를 겨냥하고 고위직부터 微官末職에 이르기까지 인사권을 행사하는 한명회를 공격하기 위해 政曹 당상의 久任 不可가 제기되었을 뿐 아니라, 관서 통합, 行職 당상의 최소 관직상향 조정 방안[92] 등도 잇달아 제기되고 있었다. 그럼에도 한명회의 위상은 여전하였다. 告身까지 거두어진 오백창을 다시 行副護軍에 제수되도록 하였고, 散官인 공신의 서용을 이끌어내고 있을 정도였다.[93] 그러나 왕권의 기반을 강화하기보다 사사로운 청탁과 권력을 남용하는 실체를 성종이 성종 5년(1474) 무렵 알게 되고, 성종 비가 사망한 후 좌의정으로 遷轉되면서,[94] 인사 實勢에서 퇴진하게 되었다.

당시 한명회의 권력은 단독으로 행사된 것이 아니었다. 먼저 청정 기간 중 정조판서 및 겸 판서와 재임 기간을 살펴본다. 이조판서는 權瑊, 李克曾, 韓繼純, 鄭孝常, 洪應 등의 순으로 역임하였다. 권감이 7개월 정도로 가장 짧게, 이극증이 2년 8개월로 가장 길게 재직하였다. 한계순은 11개월 정도였고, 홍응은 친정을 고려한 배치였다. 이조 겸 판서는 한계미, 구치관, 노사신, 윤필상 순이었는데, 각각 7개월, 3개월, 2년 10개월, 1년 2개월 재임하고 있었다. 윤필상이 사직한 5년 10월 이후 겸 판서는 더 이상 설치되지 않는다. 병조판서는 李克培, 許琮, 韓致義, 姜希孟, 이극배 순으로,

---

91) 『成宗實錄』 권44, 5년 윤6월 辛丑.
92) 『成宗實錄』 권21, 3년 8월 癸巳 ; 권33, 4년 8월 癸亥, 甲子.
93) 『成宗實錄』 권30, 4년 5월 乙卯 ; 권40, 5년 3월 壬寅.
94) 『成宗實錄』 권40, 5년 3월 辛亥 ; 권42, 5월 己亥.

각각 8개월, 2년 4개월, 2개월, 1년 5개월, 親政대까지 재직하고 있었다.

대비가 관료제 운용의 중심축으로 구축했던 한계미·한명회 체제가 6개월 만에 무너졌다. 척신 중에는 이조에 배치할 만한 마땅한 인물이 없었다. 그러다 보니 원년 9월 이조 겸 판서에 제수된 盧思愼이 이조판서 이극증과 함께 2년 8개월 동안 인사 實勢로 행세하고 있었다. 院相도 아니고 좌리 3등 공신에 불과한 그가 門生과 자제의 親友들을 대대적으로 포치하고, 자신의 아들만 승직시키며, 수령 七事도 모르는 武人을 수령으로 제수한 것95) 등이 그러하였다. 상피법을 무시하고 인척 관계에 있는 姜希孟을 병조판서에 제수하여96) 한명회의 인사권을 견제하려 한 것 역시 겸 판서로서의 권력 행사였다. 척신의 세력 위축을 더 이상 묵과할 수 없는 상황이 전개되고 있었던 것이다. 그러한 상황을 반전시키기 위해 대비는 성종 4년 5월 한계순을 이조판서에, 3달 후 윤필상을 이조 겸 판서에 제수하였다. 이조의 구성이 바뀌면서 한명회의 권세가 강화될 것은 필연의 형세였다.97)

판서 한계순을 비롯하여 이조를 非文臣 척신이 장악한 상태에서, 겸 판서는 윤필상이 맡았다. 이들은 오랫동안 이조에서의 부진을 만회하기 위해 나름대로 척신세력 부식에 급급하였다. 그래서 겨우 新及第한 韓堰 (한명회의 조카)을 성균관 大司成으로 진출시킨다거나, 황해도 관찰사 시 뇌물 문제로 파직된 尹岉(정희왕후 5촌)을 강원도 관찰사로, 韓致良(한 치형 弟)을 도사에 제수하였다. 그러나 대간의 탄핵으로 결국 한치량을 제외한 2인을 교체하고,98) 이조판서도 교체하였다. 그런데도 자격 미달인

---

95) 『成宗實錄』 권16, 3년 3월 丙午 ; 권15, 3년 2월 乙亥, 임진.
96) 『成宗實錄』 권56, 6년 6월 乙未.
97) 『成宗實錄』 권48, 5년 10월 甲辰.
98) 『成宗實錄』 권39, 5년 3월 癸卯 ; 권41, 5년 4월 乙卯.

참판 윤계겸의 인척을 別提(종6)에서 부사(종3)로 제수하는 가장 파행적인
인사를 자행하고 있었다.99) 이 같은 사실은 대비가 훈구의 인사권 독점
사태를 막기 위한 고육지책으로 5년 5개월 동안 병조 겸 판서에 장기
재직한 한명회를 중심으로 훈척지배체제를 운용하였고, 이를 지원하기
위해 몇몇 척신을 정조에 배치하고 있었음을 보여주는 것이다.

당시 관직 제수가 銓曹의 주의보다 內旨나 私薦에서 나오는 '政出多門'의
현상, 이·병조의 당상관이 집에서 후보자를 추천하는 인사, 그리고 성종
6년 6월 이전까지 당상관에게 상피법이 적용되지 않은 점100) 등이 척신의
인사 전횡을 짐작할 수 있는 징표였다. 따라서 판서보다 품계가 높은
인물이 제수되어 판서를 통제하는 겸 판서는『경국대전』의 분경 금지
대상 외에 추가로 포함되었던 것이다.101)

척신을 내세운 파행적 인사로 자주 논란이 일자, 이조판서 한계순을
교체하고 겸 이판으로서 인사를 專擅한 윤필상의 사직을 전격 수용하였
다.102) 이는 관료제 운용의 변화를 예고한 것이었다. 그러나 대비가 성종
즉위 직후부터 戚臣세력을 배치하여 훈척체제 확립에 진력한 후유증은,
성종 6년 11월 대비 매 윤씨·尹士昕 등 대비의 지친 및 대비의 최측근
인물이 개입한 노비 소송에서 敗訴한 崔蓋地가 분노하여 써 붙인 것으로
간주된 익명서 사건으로 표출되고 있었다. 익명서에는 척신 윤사흔·尹繼
謙·李鐵堅·韓嶬·閔永肩·尹欽·尹甫·李崇壽 등이 거론되었다. 이 사건은 최
개지가 범인으로 지목되어 처벌됨에 따라 일단락되었지만, 인사에 관련하

---

99)『成宗實錄』권42, 5년 5월 丙申~戊戌. 그리고도 神懿王后 族 一家와 元敬王后
　　族 一家를 除職하도록 명하였다(권51, 6년 정월 癸丑).

100)『成宗實錄』권32, 4년 7월 己未 ; 권57, 6년 7월 辛未 ; 권9, 2년 2월 甲辰.

101)『成宗實錄』권14, 3년 정월 乙丑.

102)『成宗實錄』권41, 5년 4월 壬午 ; 권48, 5년 10월 甲辰, "判書鄭孝常欲除一人 (尹)弼商
　　不應 孝常謂其友曰 我充位耳".

여 자신이 거론된 것을 자책한 대비는 撤簾을 시사하였다.103) 이윽고
철렴 교서를 통해 자신의 친인척 관련 인사 개입을 적극 부인하고 나섰
다.104) 그러나 척신을 내세운 지배체제 운용은 관료제의 정상적인 작동을
어렵게 하고, 훈구에 의한 또 다른 청탁 인사를 구조화시키는 폐단을
가져왔음을 부인할 수 없다. 익명서에 나타난 것은 特待받은 대비 一門이
利權에 개입한 일례에 불과했으나, 훈구들의 권력형 비리를 조장하고,
친정 후 성종이 그 폐단을 강력하게 척결하지 못하는 한 원인이 되고
있었던 것이다.

대비가 정조 겸 판서를 중심으로 인사를 행하는 가운데, 원상의 인사권
행사는 어떠하였는지 살펴보겠다. 원상은 국상과 같은 비상 상황에서
임시직을 선발하는 권한이 있었다. 예종의 국상 시 國葬·山陵 都監 제조에
신숙주 외 3명의 원상이 참여하고 있었는데, 당시 郎廳으로 차정되기
위한 자들이 청탁을 위해 분주히 다니고 있었다.105) 성종 5년 4월 恭惠王后
가 사망한 후 설치된 國葬都監 도제조인 영의정 신숙주·좌의정 崔恒·昌寧
府院君 曹錫文과 山陵都監 도제조인 仁山府院君 洪允成·上洛府院君 金礩·茂
松府院君 尹子雲 등의 원상들 역시 자의적으로 도감 낭청의 수를 증가시키
고, 姻婭弟姪을 낭청으로 삼아 물의가 들끓었다.106) 이같이 원상의 인사권
행사는 극히 제한적이었던 것이다. 그러나 성종이 원상의 자서제질에게
특혜를 베풀고, 자주 인물의 승직이나 추천을 명하는 등 수시로 자문에
응하는 형태로 인사에 참여하고 있었다. 따라서 그들에게 분경할 개연성
은 충분히 있는 셈이었다. 원상 김국광이 좌승지에게, 조석문이 注書에게

---

103) 『成宗實錄』 권61, 6년 11월 癸亥~권62, 6년 12월 戊子.
104) 『成宗實錄』 권63, 7년 정월 戊午.
105) 『成宗實錄』 권3, 원년 2월 辛未.
106) 『成宗實錄』 권41, 5년 4월 己巳, 정축.

관직을 청탁한 것이 그 같은 사례였다.[107] 이것이 원상이 일찍이 분경
금지 대상에 추가된 이유였다.

그런데 지평 朴時衡의 다음 발언은 정국에 파란을 일으켰다.

> M. "대저 대신에게 자질구레한 일을 맡기는 것은 마땅하지 아니한데,
> 하물며 『大典』에 도제조가 없는 諸司에 대신이 제조가 되는 일이
> 자못 많으니, 이는 대신을 공경하는 뜻이 아닙니다.⋯⋯이제 대신이
> 작은 官司의 제조가 되는 것은 마땅하지 아니합니다. 전하께서 즉위하
> 신 초기에는 마땅히 원상과 더불어 정사를 의논해야 하였으나, 이제
> 는 전하의 聖學이 고명하여 서무를 친히 결정하시니, 조정에 일이
> 있으면 政院에 의논하거나 혹은 注書로 하여금 대신의 집에 가서
> 묻게 할 것이요, 만약 큰 일이 있으면 불러오게 하여 함께 의논하는
> 것이 가하며, 老成한 신하로 하여금 아침저녁 정원에 앉아서 일하게
> 하는 것은 불가합니다. 지난번 崔涇이 先王의 御容을 그린 공로로써
> 명하여 당상관에 올렸을 때, 이는 비록 전하의 孝思에서 나온 것이라
> 할지라도, 관작은 헤프게 제수하는 것이 불가한데, 한 사람도 불가하
> 다고 하는 사람이 없으니, 이는 대신이 임금을 夾輔하는 義가 아닙니
> 다."(『成宗實錄』 권19, 3년 6월 갑신)

즉 대신을 우대하는 차원에서 도제조가 없는 관사의 제조를 맡기지
말 것이며, 원상의 정원 출입도 금하자는 것이었다. 이는 선왕(懿敬王)의
御容을 그린 畵圓 최경의 당상관 승직에 대해 일언반구의 반론도 펴지

---

107) 『成宗實錄』 권56, 6년 6월 己亥 ; 권62, 6년 12월 辛卯, "以洪應爲崇祿吏曹判書
任光宰崇德儀賓府儀賓⋯⋯是政 院相曹錫文 囑注書李昌臣 詣政廳 請除人職 昌臣退而
書其言以傳 昌臣友人戲之曰 曹相 以爾爲朝士 則豈得使傳私請乎 昌臣有慙色".

224

않는, 말하자면 성종을 제대로 보필하지 못한 원상 무용론에 입각한 혁파론이었다. 성종은 제조에 대해서만 언급하였다.

당직 원상 한명회 등이 피혐을 청하는 것으로 즉각 반발하고, 대비는 원상의 필요성을 강조하며 옹호에 나섰다. 그런데 원상 혁파론에 사헌부 전체가 동의했다고 성종이 생각할 경우의 파장 및 원상의 세력을 두려워한 대사헌 金之慶 등 동료들에게 피혐을 강요당한 사실을 박시형이 뒤늦게 아뢰면서, 오히려 사헌부 전원이 교체되고 있었다.108) 이후 원상이 분경 금지 대상에서 제외되었고, '국정의 대소사를 다 알고 있어 권력이 중하다.'는 이유로 다시 포함시키려는 시도 역시 '政事 미참여'라고 하여 받아들여지지 않았다.109) 원상의 혁파는 시기상조였던 것이다.

한편 제조제는 조선 초기 효율적 행정을 위해 당상관을 실무 관청에 겸직하게 하는 제도로서, 밀접한 연관이 있는 관서 사이의 사무 처리를 위해 같은 位格의 관리직을 한 사람 겸임하게 하여 많은 연락 절차를 생략하고 제반 운행 경비도 대폭 절약하기 위해 운용된 제도였다. 태종, 세종, 세조대의 겸직제 정비 및 관제 개혁을 통해 겸직의 규모는 축소되어 있는 상태였다.110) 성종대에는 대비가 성종 2년 奉常寺·宗簿寺·軍器寺·內資寺·內贍寺·禮賓寺·司贍寺·軍資監·濟用監·典設司·典艦司·昭格署·掌苑署·活人署의 제조 각 1원씩을 임시로 혁파하였고, 동 3년 6월에 혜민서·전의감 제조를 혁파하였다.111) 훈구를 견제하려는 대비의 의중이 제조제 축소에도 확연히 드러나고 있었던 것이다.

---

108) 『成宗實錄』 권19, 3년 6월 甲申, 丙戌.

109) 『成宗實錄』 권38, 5년 정월 기유.

110) 金松姬, 1996, 「朝鮮初期의 堂上官 兼職制에 대한 研究」, 한양대 박사학위논문, 152~153쪽.

111) 『成宗實錄』 권13, 2년 12월 丙申 ; 권19, 3년 6월 甲申.

그럼에도 제조가 있는 아문의 祿官이 증설되고, 일찍이 정승을 지낸
자 및 정1품직을 거친 자가 도제조가 되는 등 제조제가 확대되는 추세였다.
정1품이 제조가 되거나 직무수행 불능자인 제조가 久任하는 폐단도 나타
나고 있었다.[112] 게다가 사복시 제조가 久任을 스스로 선발하여 인사
개입의 단서를 연 이후, 僚屬의 인선에 각 사의 제조가 개입하는 등[113]
僚下 인선이 문란해지고 있었다. 이는 大事를 면대해서 稟謁할 입지를
확보해 놓고 있던 의금부·육조 諸司의 堂上提調들이[114] 필요할 경우 각
사의 관원을 사사롭게 請謁한 데 기인하는 것이었다.

제조제를 통해 훈척이 편법적 권력을 행사하는 가운데, 대간이 가까운
친척을 제조로 청한 軍資造成都監 도제조 심회를 '2품 이상은 推考한
뒤에 啓聞한다'는 경국대전 조항에 따라 국문한 사건을 계기로[115] 정1품
관료의 제조 겸대가 금지되고 있었다. 다만 사복시만 관례를 따라 예외로
두었다.[116] 그렇다고 제조제의 본질적인 문제인 구임과 多兼이 해결된
것은 아니었으므로, 금지 방안이 쟁점화되고 있었다. 당시 권세가로 제조
를 겸직하고 있는 훈척이 자신의 현실적 이권이 걸려 있는 이 문제를
순리적으로 풀어갈 리는 만무하였다. 다겸은 금하고, 구임은 허용하는
방향으로 정리된 것이 그것을 말해 준다. 가령 試士하는 策題에 무려
23년 동안 內贍寺 제조로 구임한 韓致禮를 염두에 두고 試官인 그의 僚下가
구임의 폐단을 없애는 방안을 출제할 정도로,[117] 제조제의 본질적인

112) 『成宗實錄』 권26, 4년 정월 癸卯 ; 권33, 4년 8월 癸亥 ; 권62, 6년 12월 戊子.
113) 『成宗實錄』 권74, 7년 12월 丙申 ; 권212, 19년 윤정월 丙申.
114) 『成宗實錄』 권33, 4년 8월 癸亥, "傳旨禮曹曰 大臣論事 必皆面 施行 庶無矯詐壅蔽之禍
    自今義禁府六曹諸司堂上提調 有大論事 許請對".
115) 『成宗實錄』 권216, 19년 5월 辛巳, 甲申.
116) 『成宗實錄』 권226, 20년 3월 壬申, 乙亥.
117) 『成宗實錄』 권263, 23년 3월 丙戌, 庚寅. 3개월 후 한치례는 결국 사직하였다(권

문제는 구임에 있는 것이었다. 이는 극단적인 일례일 뿐이지만, 한명회도 軍器寺 제조를 10년 이상 맡았다. 그 외에도 척신은 여러 아문의 제조를 담당하고 있었다. 말하자면 제조제는 훈척의 권력 확장 장치였던 것이다.

성종대에는 제조제가 확대되는 추세를 보이고 있었다. 이는 품계가 높은 훈척 재상이 많은 것이 일차적 원인이었다. 또한 정조판서나 승지가 아닌 경우 정례적으로 인사권을 행사할 수 없는 현실에서, 관직과는 상관없이 관계만으로도 久任이 가능하여 편법적으로 僚下를 증원 또는 제수할 수 있었고, 반당·구사를 통해 경제적 이익도 성취할 수 있었으므로 훈척 재상의 권력 확대 방편으로 적극 활용된 때문이었던 것이다.

V. 승정원의 위상과 기능

성종대에는 승정원에 입시해 있는 원상이 대비를 협찬하는 구도였으므로, 여느 육조직계제 구조에서처럼 국왕의 통치력과 의지 여하에 따라 승정원의 위상이 격상될 수 있는 상황은 아니었다. 또한 원상이 승정원의 직사를 相侵하는 형국이었으므로[118] 오히려 승정원 자체의 권력은 약화된 상태였다고 보아야 할 것이다. 세종처럼 개인적인 신상까지 토로하고 의논한 정도로 밀착된 관계도 아니었다.[119] 그렇다 하더라도 왕명 출납은 물론 제기된 각종 대소 공사를 啓達하는 창구였으니 만큼, 승정원은 무시할 수 없는 기관이었다.

266, 23년 6월 丁巳).
118) 『成宗實錄』 권67, 7년 5월 丁巳.
119) 崔承熙, 1994, 「世宗朝의 王權과 國政運營體制」 『韓國史研究』 87, 111쪽. 성종대의 정치 운영의 여러 측면은 언제나 세종대를 典型으로 하여 비교되고 있다.

近侍로서 성종을 至密하게 보필하는 특성상 승지는 대비나 성종의 신임을 받는 인물이 제수되고 있었다. 대비가 정치를 청단하는 동안 도승지는 權瑊, 李克增, 鄭孝常, 李崇元, 申瀞, 柳輊 등 6명이 제수되었는데, 이들은 전원 좌리공신에 책훈된 인물이었다. 평균 재임 기간은 1년 5개월 정도였는데, 권감은 성종 직위 직후 교체되었고, 정효상이 2년 3개월로 가장 오래 재임하였다. 그 외 승지는 척신이 1인 이상 배치된 상태에서 원년 9월의 승지 전원이 좌리공신에 책록된 인물임에 비해, 갈수록 그 비중이 약화되다가 수렴청정이 끝날 무렵에는 도승지 유지만 공신이었다.120)

대비나 성종은 가령 致仕者의 進退 문제, 공신에게 주었던 丘史의 환속 문제121) 등 승지들에게 의논하는 경우가 많았다. 懿敬王의 능호나 추봉 주청 문제와 같은 왕실 관련 사안이나, 승도들의 여염 출입 금지나 체포된 승려의 심문·조율과 같은 불교 관련 문제의 처리도 승정원에 명하고 있었다.122) 이는 자문의 폭을 넓혀 원상에의 자문 집중을 분산하려는 의도로 살펴진다.

다른 한편 승정원은 대비나 성종이 인견하지 못하는 하직 수령을 開諭하는 일을 비롯하여, 신분을 속이고 벼슬을 얻은 자의 擧主를 아뢸 것, 궐내의 물건을 훔치는 자는 刺字하게 할 것123) 등과 같이 명받아 시행하는 사안도 많았다. 원년 정월에 수령 폐단 시정에 대한 事目의 草案 작성 등과 같이 도승지 개인에게 명하는 경우도 散見된다. 승정원이나 도승지는

---

120) 『成宗實錄』 권7, 원년 9월 辛卯 ; 권56, 6년 6월 甲午.
121) 『成宗實錄』 권2, 원년 정월 乙未 ; 권3, 원년 2월 己未.
122) 『成宗實錄』 권13, 2년 12월 辛巳 ; 권46, 5년 8월 乙未 ; 권10, 2년 4월 丙申 ; 권10, 2년 4월 庚戌·辛亥.
123) 『成宗實錄』 권2, 원년 정월 甲辰 ; 권29, 4년 4월 辛巳 ; 권40, 5년 3월 己丑.

각각 자체적으로 아뢴, 예컨대 文昭殿의 종친 제조 2인 중 1인을 朝官으로 차정할 것124) 등과 부역하는 匠人과 군사에게 料米와 약을 지급할 것 등 여러 공사가 수용되는 형태로도 국정에 참여하고 있었다. 게다가 도승지는 원상·판서와 함께 量田 경차관 의망, 탄핵받은 인물의 개차, 수령의 추국·개차·제수 등 인사권을 행사하여125) 다른 승지에 비해 자못 권한이 강했음을 보여준다.

성종이 병조정랑에서 遷職된 지 얼마 되지 않은 예문관 응교 朴始亨을 동부승지로 超擢하면서126) 승성원에 분란이 발생하고 있었다. 이는 受職한 지 한 달 남짓한 박시형의 친구인 좌부승지 沈瀚이, 신숙주의 擬望 조건에 맞춰 자신이 천거한 鄭永通을 首望으로 삼을 것, 승정원의 支用인 乾猪의 수량을 매달 사사로이 줄인 사재감 정 金磋를 국문하려는 박시형에게 그 형 원상 金礩과의 世讎 운운하여 협박한 점, 橫看에 없는 儺禮시 기생과 공인에게 면포를 내려주도록 아뢸 것을 强言한 때문이었다.

박시형이 심한의 주장을 거절하자, 심한은 박시형의 업무를 방해하는 등 그에 대한 핍박의 强度를 더하고 나섰다. 이에 대해 박시형이 哭泣辭職하는 극단적인 방법으로 반발하면서 이 갈등이 표면화된 것이었다. 성종이 박시형을 두둔하고 '世讎' 운운한 심한을 질책하였다. 당사자와 도승지를 제외한 승지 3인이 서둘러 상소하여 박시형의 행정 미숙과 심한의 정당성을 힘써 강조하였다. 원상도 박시형의 近侍 불합론으로 가세하였다. 이는 혁혁한 훈척 가문의 자손이자 좌리 4등 공신인 심한이, 조정에 세력 기반이 없고 자신들의 이해관계에 따라 주지 않는 박시형의 제거를 조직적으로 획책한 것이었다. 성종이 부여한 해명의 기회조차도 격분한 박시형

---

124) 『成宗實錄』 권4, 원년 4월 己巳.
125) 『成宗實錄』 권58, 6년 8월 辛巳·己亥 ; 권55, 6년 5월 庚戌.
126) 『成宗實錄』 권37, 4년 12월 丁巳.

이 제대로 살리지 못함으로써, 私憤을 가지고 제멋대로 사직하였다는
죄목으로 직첩을 빼앗겼다. 심한은 파직되었다.[127]

　요컨대 성종에 의해 초탁된 박시형은 공고하게 형성되어 있는 훈척의
이해관계에 反하는 인물로 지목됨으로써 축출되었던 것이다. 이는 성종이
친정한 후에도 승지인 척신 任士洪이 대간을 끼고 성종에 의해 초탁된
도승지 玄碩圭를 제거하려는 갈등이 나타나고 있다는 점에서, 육조직계제
하에서 왕권과 승정원의 관계를 집약적으로 보여준다 하겠다.

VI. 맺음말

　조선 초기의 제도 문물이 완비·정리되는 동시에 권력구조·정치세력·
정치구조 등에서 변화가 일어나기 시작하는 변혁기가 성종대였다. 이
변혁기 초기 정치를 이끈 인물이 정희왕후이다. 대비는 왕위 계승의
제1후보자인 월산군을 배제하고 아우인 자산군을 지명하였다. 이는 누구
를 선택하든 수렴청정을 해야 하는 상황과 훈구의 세력이 강력하고 왕권이
취약한 상태를 두루 아우르는, 다시 말하면 통치 기반을 강화하고 훈구를
통솔·견제하면서 왕권을 보호하는 조건 등을 충족시킬 인물과 관련된
선택이었다. 이러한 입장에 예종·성종의 국구이자 예종대에 정치권력을
재장악한 한명회가 부합하는 인물이었다. 청정은 왕실의 어른이자, 세조
대 이래 정치적으로 원상과 각별한 관계를 맺어 온 대비가 원상의 청을
받아들이는 형식으로 시작되었다.

　원상의 권력 독점을 막기 위해 대비는 육조직계제를 활용하여 정책을

---

127) 『成宗實錄』 권38, 5년 정월 辛卯.

내전에서 결정하는 구조를 중심축으로 작동시키면서, 계달된 내용을 그대로 수용하는 것에 압도적인 비중을 두고, 공사에 따라 원상에게 자문을 구하는 방식으로 국정을 운영하였다. 원상의 국정 독단을 구조적으로 차단하는 이런 방식을 대비는 철렴 때까지 유지하면서 권력을 행사하였던 것이다.

한편 성종도 신료들과 함께 하는 경연·시사·조계에서 국정을 담당하고 있었다. 이 가운데 경연에서만 정책 제기나 결정 과정에서의 논란이 상대적으로 많았을 뿐이었는데, 그나마 성종이 유보적인 입장을 취하는 경우가 많았다. 경연에서 논란을 거치고도 결론이 나지 않는 공사의 경우에는 대비에게 승품하여 최종 결정하였다. 조계는 정책을 내전에 직계하는 방식으로 집중하려는 대비의 의도로 승지가 공사는 계달하지 않고, 刑決만을 다루었다. 공식회의에서 제기된 사안 중 성종이 원상에게 자문한 경우는 상당하였으나, 자문한 내용 그대로가 수용된 경우는 상대적으로 적었다. 또한 원상도 국가 정책을 아룀으로써 국정에 참여하고 있었으나, 중요한 내용은 많지 않았다.

공사가 제기·결정·수렴되는 체계를 통해 대비가 국정을 실질적으로 주도하고 있었다. 그러나 정책을 결정하거나 하달하는 방식에는 변화가 있었다. 즉 신료들과 함께 정책을 논의한다거나 전지·전교를 직접 내려 정책 계발을 촉구하는 등 전면에 나서는 형태는 원년까지 집중되었고, 성종 2년부터는 특별하게 관심이 있는 사안에만 직접 나서고, 대부분은 여러 형태의 왕명에 자신의 의중을 반영하는 방식으로 바꾼 것이다.

한편 인사에서 훈구의 독점을 막기 위해 부심한 대비는 척신 政曹판서·겸 판서를 내세운 훈척지배체제를 구축하였다. 특히 한명회를 척신의 首長으로 내세워 인사 및 국가 정책에서 자신의 의중을 반영해 나가는 한편, 훈척지배체제의 유지를 위해 좌리공신의 책훈을 단행하였다. 좌리

공신에 문음 출신 자신 및 인수왕비의 族親 등 척신을 대대적으로 책훈하였
고, 좌리공신인 척신을 정조판서·겸 판서에 포치하여 훈구의 인사 독주를
견제하고 있었다. 다른 한편 공신 책훈으로 대비는 의경왕 추봉 문제를
해결하고, 종친의 정치 참여 금지를 공식화하여 정계에서 완전 배제하였
다. 좌리공신을 책록하여 대비는 세 가지 목적을 이루었던 것이다. 훈·척
은 왕권을 둘러싸고 정책과 인사에서 대립구도를 이루면서도, 다른 한편
으로 제조제를 확대하여 인사권과 이권을 챙기는 행태에는 일치된 입장을
보이고 있었다.

한명회의 사사로운 권력 남용과 척신 겸 판서를 통해 무리하게 강행된
지배체제 운용은 대간의 격렬한 반발을 야기하였다. 또한 임시직 선발이
나 비정규적인 인사에 영향력을 가진 원상 및 훈구의 자의적인 인사를
조장하는 부작용도 낳고 있었다. 당시 대간은 성리학적 인식으로 무장된
데다가 대비나 성종의 지원까지 보태진 상태에서 국정 전반에 대해 과감하
고 활발한 비판을 개진하고 있었다. 대간의 활동에서 압도적인 비중을
차지하는 원상이나 훈구대신에 대한 탄핵 중, 대비나 성종은 불가피한
경우에만 聽納하였다. 대간의 활동은 보장하되 간언은 제한적으로 수용함
으로써, 지배체제 운용의 후유증이 대비 친인척과 최측근의 인사 및
이권 개입을 비난한 익명서 사건으로 표면화되었고, 이에 따라 대비의
철렴이 기정사실화 되고 있었다.

한편 승정원에 입시해 있는 원상이 대비를 협찬하는 구도에서 승정원의
위상이 국왕과 밀착되거나 격상된 상태는 아니었다. 그러나 왕명 출납,
공사 계달, 자문 응대 그리고 정책 계달로 국정에 참여하는 등 그 중요성은
여전하였다. 개별적으로 인사나 정책 결정에 영향력을 행사한 도승지도
상당한 권한을 행사하는 존재였다.

성종이 장성하였다는 이유로 대비가 還政을 선언하고, 성종 7년 정월

친정이 시작되었다.[128] 성종과 원상의 만류에도 단행된 대비의 철렴은, 원상들의 결정을 뒤엎고 회간왕의 祔廟 위차를 예종 위로 확정하고, 神主를 종묘에, 영정을 璿源殿에 안치한 직후에 전격적으로 이루어지고 있었다.[129] 왕실 정통 확립을 완결시킨 후에야 대비가 정치 일선에서 물러난 것이었다. 이같이 왕실 권위 확립과 국정 운영 및 백성 편익 증진에 진력한 대비의 功德을 기리기 위해 성종은 동 14년 4월 승하한 대비의 喪制를 3년 喪으로 강행하였다.[130]

대비가 육조직계제와 훈척지배체세 운용으로 정책과 인사에서 왕권을 강화한 국정 주도의 방식은, 성종이 친정한 후에도 그대로 유지되었다. 그러나 척신세력의 약화, 사림의 등장과 훈척과의 갈등, 권력구조의 분화, 홍문관의 언관화에 따라 변화된 언론 환경 등 새로운 변수로 인해 달라진 양상으로 전개된다.

---

128) 『成宗實錄』 권63, 7년 정월 戊午.
129) 『成宗實錄』 권63, 7년 정월 辛亥, 甲寅, 丙辰.
130) 『成宗實錄』 권153, 14년 4월 癸亥 ; 권161, 14년 10월 戊子.

朝鮮 成宗의 六曹直啓制 運用과 承政院
─ 親政期를 중심으로 ─

Ⅰ. 머리말

성종대는 조선 초기 국가 경영의 근간이 된 제도 문물이 완성된 시기였다. 또한 勳戚의 등장, 대간 활동의 격증, 홍문관의 성립 및 언론 기관화, 전대와 자못 양상을 달리하는 경연, 사림의 진출 등 당대의 특징으로 일컬을 수 있는 면모가 나타나는 변혁기이기도 했다. 그래서 일찍이 중요성이 주목되었고, 각 주제들에 대한 연구가 상당한 성과로 축적되어 있다. 그러나 통치 주체가 대비·성종인데다가, 25년 동안 수다한 사건과 『經國大典』같은 법전 편찬을 비롯한 많은 편찬 사업이 이루어졌고, 그 과정에서 매거할 수 없을 정도의 정책 논의가 이루어지고 있었으므로, 성종대 전 시기를 아우르는 연구는 드문 형편이었다.

최근 성종대를 친정 전·후로 나누어 육조직계제에 의한 관서 별 정책 제기 및 논의·결정 사례를 구체적으로 제시하면서, 각각 院相과 領敦寧 이상의 국정 운영에서의 중추적인 역할을 강조하고, 대비와 성종 왕권의 취약성을 집중 조명한 논고가 나왔다.[1] 육조직계제에 의한 국정 운영의 실제를 통해 왕권의 취약성을, 성종대 전체 역사상을 제시한 것이다.

그러나 통설로 자리 잡은 성종대 원상·훈구의 역할 강화와 이에 따른 왕권의 취약설과는 결론이 다르지 않다.

조선왕조 최초로 행해진 수렴청정에 대한 관심에서 성종대 연구를 시작한 필자는, 先學의 연구 성과를 참고하면서, 睿宗의 後嗣로 13세의 者山君을 지목하고 성종이 즉위한 직후부터 垂簾聽政한 貞熹王后(세조 비 : 이하 대비로 약칭)가 선택한 육조직계제의 정치적 기능 문제에 주목하였다. 통상 육조직계제는 정책 결정권을 왕권에 집중시켜 왕권을 강화하는 국정 논의 구조로 이해되고 있는데, 앞의 논문의 논증 결과는 오히려 왕권 약화로 나타나고 있기 때문이었다. 원상의 권력이 강했던 예종대는 1년 2개월 만에 끝이 났다. 따라서 유교적 정통성과 명분의 약점 때문에 전제적 왕권을 행사했고, 후반기에는 그 왕권으로 훈구를 강력하게 견제하려 했던 세조의 통치 방향을 누구보다 잘 아는 대비가, 왕권을 약화시키는 형태로 육조직계제를 운용했다는 사실을 선뜻 수긍하기 어려웠다.

필자가 검토한 바에 의하면, 대비는 성종이 국정을 논의하는 經筵·朝啓·視事 등에서의 정책 제기를 최소화하였다. 각사에서 직계한 수많은 정책들을 자신에게 집중시켰고, 올린 정책을 성종과 함께 內殿에서 직접 보고 909회를 '그대로 따르'고 있었다. 사안이 중요하거나 대비가 필요하다고 판단한 경우에 한하여 원상 또는 신료들에게 자문을 구하였다. 그러나 그 비중은 적었다. 원상들이 啓聞하여 국정에 참여하는 경우도 있었지만, 많지 않았다. 원상의 정책 참여와 결정력을 상당히 제한하며 대비가 국정 운영을 주도한 것이었다. 앞의 논고에서는 대비의 가장 중요한 권력 행사인 정책의 數多한 親決과 제한적으로 행해지고 더욱 제한적으로 수용한 원상의 啓聞·諮問을 간과하였다.

---

1) 崔承熙, 2001, 「成宗朝의 國政運營體制와 王權」『朝鮮史硏究』 10집, 형설출판사.

군신관계에서 대비의 우월한 위상은 인사권 행사에서도 동일하게 나타
나고 있었다. 대비는 성종이 즉위한 직후부터 인사권을 행사하여 韓明澮·
韓繼美(세조 동서)를 각각 병조 겸 판서, 이조 겸 판서에 임명하였다.
또한 성종 2년 3월 한명회·신숙주·정현조에게 佐理功臣 策勳을 명하여
대부분 蔭敍 출신인 척신을 25% 정도 포함시키고, 그들을 政曹판서·겸
판서에 임명하고 있었다. 대비가 공신을 책훈한 것에 다름 아니었다.
이는 예종·성종의 國舅인 한명회를 5년 5개월 동안 병조 겸 판서로 재직하
게 하면서, 좌리공신인 척신을 내세워 세조대 이래 압도적 다수인 勳舊[2]의
인사권 장악과 이를 통한 국정 독단의 여지를 미연에 차단하려는 대비의
의중을 반영한 것이었다. 정치세력을 훈·척으로 재편한 대비는, 왕권이
행사되는 틀이면서 훈척으로 구성된 관료조직인 '훈척지배체제'를 정조
판서 중심으로 운용하고 있었다. 반면 원상은 부정기적이거나 임시직에
한하여 인사권을 행사할 따름이었다. 원상의 인사권 장악은 사실이 아니
었다.[3]

이 글에서 필자는 먼저 친정을 시작하는 즈음의 성종의 왕권 행사를
짚어보겠다. 그리고 經筵·朝啓·視事에서와 성종에게로의 정책 계달 정도
를 살피고, 정책 결정 방식을 분석하는 방법으로 육조직계제 운용을
살펴보고자 한다. 이를 통해 성종이 국정을 운영한 실제와 영돈녕 이상이
국정을 주도함으로써 성종 왕권이 취약성을 면치 못하였는지 여부를

---

2) 鄭杜熙, 1983, 『朝鮮初期 政治支配勢力硏究』, 일조각, 241~257쪽. 좌리공신의
   여러 특징을 면밀하게 분석하였지만, 척신을 구별하여 서술하지는 않았다.
3) 韓春順, 2002, 「成宗 初期 貞熹王后(세조비)의 政治 聽斷과 勳戚政治」 『조선시대사학
   보』 22. 여기서의 훈신은 좌리공신을 지칭한다. 척신은 좌리공신에 책훈된 25%
   정도가 중심이지만, 그 외의 척신도 포함된 의미로 사용하였다. 이들 勳·戚은
   성종대 尹壕를 제외한 의정부 3정승을 독점하고, 鄭佸·成俊·鄭文炯·盧公弼·成健·
   洪貴達을 제외한 이조판서를 차지하며, 魚世恭·李繼孫·孫舜孝·魚世謙·鄭佸·成俊
   을 제외한 병조판서를 채우고 있었다.

밝히게 될 것이다. 친정 전 대비의 국정 운영 방식과의 연속성 내지
차별성도 드러나게 될 것으로 생각한다. 다음으로 각 관서에서 직계한
모든 국가 정책을 전달한 승정원의 달라진 위상 및 기능을 짚어보겠다.
특히 친정 초 도승지를 둘러싸고 일어난 분란, 즉 도승지 玄碩圭와 任士洪의
분란, 도승지 임사홍과 김종직 문인간의 충돌 및 그 의미를 살펴보겠다.
사건 이후 임사홍과 그의 전횡을 분쇄하는 데 앞장 선 朱溪副正 李深原의
입지 변화 등도 정치세력의 동향과 유기적 관계 속에서 파악하고자 한다.

Ⅱ. 成宗의 親政 시작과 王權

앞서 간략하게 수렴청정한 대비가 육조직계제와 훈척지배체제 운용으
로 원상·훈구의 정국 독주와 인사권 장악을 막고, 국정을 주도하고 있음을
언급하였다. 그런데 자질과 능력이 부족한 척신을 무리하게 要職에 제배하
여 훈척지배체제를 운용한 후유증이, 성종 6년(1475) 11월 대비가 重用한
척신의 구체적 명단과 그로 인한 부작용을 맹비난한 익명서 사건으로
표출되었다. 대비의 적극적인 해명에도 정치 일선에서 후퇴가 기정사실화
될 정도로 사건의 파장은 컸다.

이러한 분위기 속에서 성종이 성년이 된 성종 7년 정월 대비가 撤簾을
선언하였다. 몇 차례의 철렴 만류 끝에 친정을 수락한 성종은 의정부에
다음과 같은 내용의 전지를 내렸다.

A. "(대비가 뛰어난 자질로 8년 동안 국정을 운영한 것에 힘입어 정국이
   안정됨을 언급)내가 바야흐로 우러러 힘입어 그 성취하는 법을 영원
   히 받으려고 하였었다. 그러나 바로 금년 정월 13일에 삼가 懿旨를

받았는데, '내가 나이 장성하고 학문이 성취되었다 하여 軍國의 모든 政務를 나의 혼자 결단에 맡긴다.'고 하셨다. 명령을 듣고는 매우 두려워하고 있는데, 어찌 능히 감내하겠는가? 고개를 숙이고 엎드려 이를 청하기를 두세 번에 이르고, 승지와 院相들도 또한 이를 청했으나 되지 않았다. 내가 생각하건대, 온 나라의 번거로운 사무로 聖體를 수고롭게 하는 것도 또한 편안히 봉양하는 도리가 아니므로, 이에 마지못해서 지금부터는 무릇 국가의 모든 정사는 내 뜻으로써 결단하고 다시는 대왕대비에게 아뢰어 처결하지는 않을 예정이다. 생각해보건대 다만 덕이 적은 몸이 또 받드는 데가 없게 되면, 하루 동안에 온갖 중요한 정사를 능히 미치지 못한 점이 없겠는가? 이에 나는 더욱 조심하고 더욱 힘써서 잠자고 밥먹는 일까지 잊고서 조종의 어렵고 중대한 부탁과 신민들이 우러러 바라는 마음을 저버리지 않기를 바라고 있으니, 중앙과 지방의 신료들도 또한 나의 지극한 회포를 본받아서 그 직무에 조심하고 근실하여 함께 다스림에 이르게 하라. 그대 의정부에서는 중앙과 지방에 알아듣도록 타이르라."(『成宗實錄』 권63, 7년 정월 戊午)

대비의 철렴은 德宗(성종의 生父)을 종묘에 祔廟한 이틀 후에 전격적으로 이루어지고 있었다. 성종의 입장에서 보면, 무리가 없지 않았지만 8년 동안 정책과 인사 양 측면을 주도하여 왕권의 優位를 다져 놓은 대비였다. 게다가 자신의 왕통까지 바로 세워 놓았다. 그러므로 성종 자신은 물론이고, 원상을 비롯한 조정 신료 등을 동원해 철렴을 더욱 만류해야 하는 입장이었다. 몇 차례 철렴을 만류한 후에 '마지못해서'라는 단서를 붙이긴 했지만, '지금부터는 무릇 국가의 모든 정사는 내 뜻으로써 결단하고 다시는 대왕대비에게 아뢰어 처결하지는 않을 것'임을 밝힌 것이었다. 이 전지의 내용은 상당한 겸양의 언사로 표현되고 있다. 그러나 기실은 성종 자신이 국가 권력의 정점이자, 국정의 총령자임을 천명한 것에 다름 아니었다. 미묘한 입장과 정국 분위기를 고려하여 전지의 형태를 취하고 赦宥 내용도 포함하지 않았다. 그러나 나흘 후 25명에게 告身을 환급하고 40여 명을 방면한다. 이는 통치권자로서 국왕의 왕권 행사였다. 의정부에 내린 전지는 친정 교서를 대신한 것이었다. 다음 날 경연에서 말한 아래의 내용은 통치권자로서 성종의 왕권을 각인시키는 계기가 된다.

> B. "대왕대비께서 나에게 政事를 돌려주려고 하는데, 내가 청해도 되지 않으므로 원상으로 하여금 이를 청하게 하였더니, 좌의정(韓明澮)이 청하기를, '만약 지금 정사를 돌려준다면 이는 동방의 신민을 버리게 되는 것이니 신등이 어느 곳에 依歸하겠습니까? 비록 대궐에 나아가더라도 한 잔 술을 어찌 능히 편안히 마시겠습니까?' 하면서, 이와 같이 간절히 청했으나 허가하지 않으므로, 나는 마지못해서 명령을 따랐던 것이다. 그런데 다만 이 말로써 살펴본다면 여러 정승들이 나를 믿지 못한 것이 없겠는가? 비록 나날이 조심하여 힘쓰더라도 萬幾의 일에 어찌 능히 그릇된 행동이 없겠는가? 경 등은 각기 그 마음을 다하여 나의 미치지 못한 점을 보좌하라. 이 뜻으로써 여러 관사에 포고하여 그들로 하여금 각기 힘쓰도록 하라."(『成宗實錄』 권63, 7년 정월 己未)

성종은 수렴청정의 핵심적 인물인 한명회를 지명하여 대비의 철렴을 만류하도록 재촉하였다. 그 같은 명령을 수행하는 한명회는 대비가 철렴을 철회해야 할 불가피한 이유를 내세워야 했고, 자연 그 言辭는 필요

이상으로 과장되게 또는 간절하게 표현될 소지가 있었다. 성종은 철렴을 만류하는 과정에서 그 같은 상황의 전개를 내심 예상한 것 같다. 그래서 한명회의 언사를 친정에 대한 신료들의 불신의 징표로 짐짓 문제삼은 것이고, 따라서 그 의도는 비상한 것이었다. 대간이 즉각 한명회의 不敬을 탄핵하고 나섰지만, 성종은 오히려 한명회를 두둔하고 좌의정 파직 요청도 거부하면서 사태를 수습하였다.[4] 왕권에 대한 존엄성을 한명회를 통해 환기시키는 효과를 거둔 만큼, 성종은 그 정도의 선에서 마무리할 의도였던 것으로 이해된다. 그러나 武靈君 柳子光의 상소가 돌출되면서 상황은 달라지고 있었다.

C. "신이 듣건대, 농담으로 하는 말도 생각한 데에서 나온다고 하니, 그 말을 꺼낸 데에 따라 그 마음에 있는 바를 알 수가 있는 것입니다. ……이제 한명회가 또 아뢰기를 '魯山君이 나이가 어린데도 扶護하는 사람이 없었던 까닭으로 간사한 신하들이 반란을 일으킬 수가 있었는데, 다행히 우리 세조 대왕께서 叛逆한 무리들을 목 베어 제거함으로써 국가가 이에 힘입어 편안하게 되었습니다. 지금도 중궁이 정해지지 않았는데, 전하에게 정사를 돌려주는 것은 진실로 옳지 못합니다.' 라고 하였으니, 그렇다면 한명회는 감히 전하를 노산군에 견주는 것이겠습니까? 그가 말하기를, '중궁이 정해지지 않아서 부호하는 사람이 없다.'고 했으니, 그렇다면 알 수 없지마는 전하께서는 중궁이 定位할 것을 기다린 후에 이를 힘입어서 萬機를 결단하는 것입니까? 신은 이 말을 듣고서는 분개함을 견딜 수가 없습니다. (하략)"(『成宗實

---

4) 『成宗實錄』 권63, 7년 정월 乙丑(탐구당, 1979판) 9-302ㄴ, "卿等雖反覆言之 我則不聽".

錄』권64, 7년 2월 癸巳)

유자광은 성종이 한명회의 문제 발언으로 거론한 내용(위 사료에서는
생략)과 한명회가 성종을 노산군에 견준 것을 성토하였다. 그리고 철렴을
만류한 것, 萬幾를 재결하는 성종의 능력을 의심하게 한 점, 그리고도
근신하지 않고 여전히 賓客과 주연을 즐긴 것 등을 한명회를 처벌해야
할 세 가지 이유로 열거하였다. 또한 祔廟 執事를 스스로 차지한 이조낭청
에게 加資히지 말 것에 대해 '朝士가 부족하였기 때문'이라 거짓 답변한
것을 不敬으로 논단하였다. 유자광이 불경죄를 범한 한명회의 처벌을
나흘 후 다시 주장하고 나서면서, 사건은 확대되고 있었다. 한명회가
사직을 청하고, 대간의 탄핵이 폭주하면서 논란이 증폭된 것이다. 한명회
를 우회적으로 비호한 영의정 鄭昌孫, 도승지 柳輊는 소인으로 몰리고
있었다. 몇 차례의 격렬한 논란 끝에 한명회 사직, 도승지 유지 체직,
형방승지 玄碩圭의 도승지 超擢 및 任士洪 등의 승지 제배, 그리고 상소
내용의 言根 不直으로 유자광 역시 파직되는5) 등 한 차례 대 파란이
일었다. 요컨대 성종은 대비 정사 협찬의 상징적 존재인 한명회의 탄핵을
주도하고, 그 과정에서 그를 옹호한 유지까지 체직시키는 擧措를 통해
권력의 정점임을 천명하면서, 승정원 진용을 일신하는 것으로 친정을
시작하였던 것이다.

---

5) 『成宗實錄』권64, 7년 2월 癸巳 ; 권65, 7년 3월 壬申 ; 권66, 7년 4월 丙子 ; 권65,
   7년 3월 丙辰, 丁卯.

Ⅲ. 六曹直啓制 運用의 실제

1. 經筵·視事에서의 정책 계달

친정을 시작한 성종은 직계된 보통 공사는 승지가 尙傳을 통해 아뢰고, 큰일은 朝啓에서 승지가 친히 아뢰되, 긴급한 일은 반드시 朝講과 晝講에서 아뢰도록 하였다.6) 공사의 비중에 따라 보통 일, 큰일, 긴급한 일 등 세 범주로 나누고, 그에 따라 아뢰는 인물·장소를 달리한 것이다. 승지의 親啓를 강조하면서 큰일과 긴급한 공사를 조계·경연 같은 공식적인 회의에서 처리하겠다는 점이 주목된다.

친정 초 국정 운영의 모습을 알려 주는 다음의 사료부터 살펴보기로 한다.

　D. "예전부터 내려온 관례에는 날마다 常參을 하고, 3일을 지나서 한 차례 政事를 보았으며, 그간의 모든 일은 모두 中官으로써 출납하도록 하였습니다. 그런데 지금은 상참과 정사를 보는 것은 예전과 같은데도 中官이 出納하던 것은 이에 승지로 하여금 친히 경연에서 아뢰도록 하였습니다. (중략) 다만 승지가 혼자 아뢰게 되니, 의정부와 육조는 모두 참여하지 못하게 되고, 동료도 혹시 알지 못하게 됩니다. 대저 이와 같이 된다면, 신은 近侍의 권한이 점차로 무거워지고 股肱의 신하는 점차로 소원해질까 염려됩니다. (중략) 지금 이미 날마다 임금께서 상참을 받고 있으니, 원컨대 상참을 받은 후에 그대로

정사를 보아서 모든 政務를 재결하시고, 만약 정사 보는 것을 정지하
는 날에 부득이 아뢸 일이 있으면 경연에서 친히 아뢰도록 한다면,
사체에 매우 적합할 것입니다.”(『成宗實錄』 권64, 7년 2월 壬午)

성종은 친정 초에 날마다 상참을 받고 3일에 한번 정사를 보았다.
공사는 승지가 경연에서 직접 아뢰고 있었다. 그런데 의정부·육조가
참여하지 않은 상태에서의 그 같은 국정 운영 방식이 近侍의 권한 강화와
대신의 疎外로 직결될 것을 우려한 대간이, 모든 징무를 상참 후 이어진
視事에서 裁決하되 정사가 없는 날에는 경연에서 다룰 것을 제기한 것이다.
이때 상참 후에 날마다 시사하자는 대간에게 성종은 하루걸러 할 것을
公言하였다. 그러나 시사한 회수를 살펴보면 7년부터 25년까지 각각
10, 7, 23, 25, 4, 17, 16, 1, 0, 10, 13, 7, 8, 2, 11, 2, 6, 10, 2회 총174에
불과하였다. 이는 친정 초 밝힌 성종의 국정 운영의 구상과 실제가 달랐음
을 보여주는 것으로 주목된다. 상참 후 이어진 시사에서 국사를 다루자는
대간의 제의가 수용되지 않았음은 물론이다. 그나마 시사는 형벌을 다루
는 데 비중을 두고 있었다. 형벌 문제는 朝啓와 경연에서도 다루어졌다.[7]
긴급한 공사를 의논하겠다는 경연에서의 공사 계달은 어떠하였는가.
친정 후 총 2,268회 경연이 개최되고 있었다. 이 중 국사를 논의한 것은
1,469회였다. 특히 10년~15년 사이에 정사를 본 횟수가 개최의 약 2배
정도 되는 것을 정점으로 경연과 정사 횟수 모두 줄어들고 있다. 경연에서
의 선발언자를 살펴보면 대간이 압도적으로 많았고, 대부분은 논란의
여지가 있는 공사가 재논의되고 있었다.

---

7) 『成宗實錄』 권217, 19년 6월 乙未.

〈표 6〉 경연 회수와 공사 논의 분석표

년도	7	8	9	10	11	12	13	14	15	16
경연 회수	225	235	175	202	171	165	157	78	57	96
정사	103	129	121	118	124	115	107	54	39	56
개최	122	106	54	84	47	50	50	24	18	40
년도	17	18	19	20	21	22	23	24	25	합계
경연 회수	108	90	80	55	100	88	87	64	35	2268
정사	54	58	58	48	65	64	72	54	30	1469
개최	54	32	22	7	35	24	15	10	5	799

이 같은 사실은 경연관의 발언이 7년부터 25년까지 6·21·21·25·20·9·13·14·9·9·19·20·9·3·17·16·16·8·3회 총 252회 정도였고, 승지가 공사를 계달한 경우는 8·9·10·11·12·13·14·15·16·23년에 각각 2·10·8·3·3·1·2·3·4·4회 총 40차례에 불과했다는 것에서 확인된다. 승지로 하여금 경연에서 긴급한 공사를 아뢰도록 하고, 토론을 거쳐 결정하겠다는 성종의 公言이 空言이 된 셈이었다.

한편 재거론된 공사는 주로 朝講에서 논의되었다.[8] 조강에는 經筵堂上 1인, 郎廳 2인, 승지·대간·사관 각 1인과 함께 원상과 정승이 경연 영사로 2인 참여하였고, 성종 9년 6월 이후에는 전임 원상과 정승 중 1인만 영경연사로 참여하고 있었다.[9] 성종은 성종 7년(1476) 5월 의정부서사제 復設을 전제로 개진된 대사헌의 '원상제 혁파론'을 계기로 '서사제 복설 불가'를 못 박으면서, 원상제를 혁파하였다.[10] 그러나 대신들을 공론

---

8) 權延雄, 1981,「朝鮮 成宗朝의 經筵」『韓國 文化의 諸問題』, 국제문화재단 출판부, 75~80쪽.

9)『成宗實錄』권1, 즉위년 12월 戊午 ; 권93, 9년 6월 乙未.

10)『成宗實錄』권67, 7년 5월 丁巳 9-341ㄴ, "大司憲尹繼謙等上 竊觀我國 自政府而下有 六曹焉 六曹而下有諸司焉 諸司之所職 六曹得以糾之 六曹之所職 政府摠而治之 啓稟而 行之……太祖以此而開基 太宗以此而貽謀 世宗以此而致太平 世祖大王卽位之初 懲奸

소재지로 인정하였으므로[11] 전임 원상이 경연에 참여할 수 있었던 것이다. 논란되는 문제를 집중적으로 다룬 경연에서 전임 원상과 정승들은 모두 '정승'으로서 그들의 경륜을 정책에 반영하고 있었다.

시사·경연에서 정책이 극히 드물게 계달되고 있는 사실을 확인하였다. 그렇다면 그러한 상황 전개는 어떠한 의미를 가진 것인가. 성종은 공식적인 회합에서 정책을 다루게 될 경우, 대소 신료들에게 그 내용이 전면 공개됨으로써 정책 결정에서 상대적으로 자신의 입지 또는 영향력이 약화될 것을 우려하였기 때문으로 판단된다. 그러므로 성종이 정책의 공개적 계달 방식을 변경하고, 정책 결정에 대한 영향력을 높일 수 있는 방향으로 육조직계제를 운용했을 가능성을 살펴볼 필요가 있다.

2. 성종의 政策 集中과 주도적 국정 운영

성종 10년(1479) 12월 성종은 승정원에 3일에 한 번 親啓하는 것을 원칙으로 하되, 긴급·긴요한 일은 아무 때나 面啓하도록 명하였다.[12] 동 12년 8월부터는 綱常·노비·田宅·재산·決折·救荒 등에 관한 일도 직접 아뢰게 하였다.[13] 行文 移牒할 것과 大事 외의 공사 처리 기한을 啓下한 뒤 3일 이내로 정하고,[14] 성종의 처단을 기다려서 일을 아뢸 것과 그릇된

臣之竊柄 乃罷政府署事 三公以下充位而已 其初足以矯政府權重之失 而不知其流 有政出多門之弊矣……自古天下 其治亂雖殊 所以任相則未有改者也……願殿下 推古鑑今 復政府署事之制 一如祖宗故事 擇賢相以任之 則庶幾古者勞於求賢 逸於任人之義 而太平之治 可馴致矣" ; 辛酉.

11) 『成宗實錄』 권255, 22년 7월 庚子 12-77ㄱ, "傳曰 凡事議于大臣者 欲聞公論也 大臣以爲可 則其人可用 大臣以爲不可 則其人不可用".

12) 『成宗實錄』 권112, 10년 12월 壬戌. 성종 20년 3월에는 재상·대간이 계달한 큰일을 모두 書啓하는 것으로 바꾸었다.

13) 『成宗實錄』 권132, 12년 8월 戊午.

일은 다시 稟旨하도록 하였다.15) 이는 신속한 국정 운영과 승지의 직권 남용을 방지하기 위해서였다. 승전 내관도 엄격하게 단속하여16) 공사 처리에 차질이 없도록 하였다. 이제 이 같은 방침 하에 의정부·육조·대간·승정원 등 국가 중요 관서와 文昭殿·承文院·宗簿寺 등과 같이 제조가 직계할 수 있는 아문 및 그 외에 該曹에 牒報하여 직계한 정책의17) 계달 방식과 결정 방식의 구체적인 실태를 검토해보겠다.

 친정을 시작한 7년부터 薨逝하기 전까지 19년 동안 직계된 공사 가운데, 성종이 신료들의 諮問없이 받아들인 회수는 906회였다. 이는 실무 행정관서의 경험과 능력을 토대로 한 구체적 정책 건의를 성종이 그대로 수용한, 즉 친결한 수치이다. 친결한 몇 가지 사례를 들자면, 경상도의 公田을 모두 國屯田에 소속시킴(호조), 노비의 訟事는 『대전』에 따라 시행(형조), 영안도와 평안도에 甲士를 미리 정하고 正兵의예에 의하여 4번으로 나누어서 한 달마다 서로 교대하여 赴防시킴(병조),예문관의 모든 반열의 차례와 공회의 자리 순서를 홍문관 아래 성균관 위에 둠(이조), 여염에 섞여 사는 중들을 대처승의 例로 군역을 정함(병조), 제주의 노비 貢布를 말 번식 등에 활용(호조), 그리고 다섯 아들이 모두 무과에 급제한 경상도 성주사람 姜之海에게 『經國大典』에 의거하여 해마다 쌀을 분급한(예조) 것 등이 있다.18)

---

14) 『成宗實錄』 권112, 10년 12월 己未 ; 권138, 13년 2월 丙寅.

15) 『成宗實錄』 권98, 9년 11월 己巳.

16) 『成宗實錄』 권255, 22년 7월 辛巳 12-67ㄱ, "杖內官尹成孫于當直廳 上內治甚嚴 雖閹臣之貴顯者 少有不謹 則輒下禁府杖之 或竄于外 由是承傳色等 奔走供職 事無壅滯".

17) 『成宗實錄』 권92, 9년 5월 壬戌 9-598ㄴ, "傳于承政院曰 凡有所啓事 文昭殿承文院宗簿寺司饔院內醫院尙衣院軍器船工監艦司典校署司僕寺外 提調 毋得啓達 牒報該曹".

18) 『成宗實錄』 권63, 7년 정월 戊午 ; 권75, 8년 정월 乙巳 ; 권76, 8년 2월 甲午 ; 권96, 9년 9월 辛未 ; 권153, 14년 4월 乙亥 ; 권226, 20년 3월 辛未 ; 권181, 16년 7월

〈표 7〉 성종이 '그대로 따른' 공사 수치 분석표

년도	7	8	9	10	11	12	13	14	15	16
총회수	115	118	96	66	46	82	61	77	28	44
수용	107	111	90	56	28	72	51	60	22	35
기타	8	7	6	10	18	10	10	17	6	9
년도	17	18	19	20	21	22	23	24	25	합계
총회수	53	23	22	66	42	46	39	17	38	1079
수용	42	15	19	57	35	30	31	15	30	906
기타	11	8	3	9	7	16	8	2	8	173

* 기타는 직계한 경우라도 대신·재상에게 논의케 한 경우와 의미없는 경우가 포함된 것임.

실제 직계된 국가 공사는 성종이 친결한 것보다 훨씬 많았을 것임은 다시 말할 필요가 없다. 實權이 없는 의정부보다 육조 등의 직계가 훨씬 활발하였다. 대간이 전대에 비해 괄목할 만큼의 論·疏·箚子를 올리고 있었다는 점도 특기할 만하다. 성종 20년(1489)부터 25년(1494) 사이 활동이 가장 활발하게 전개된 특징도 나타나고 있었다.[19]

그렇다면 시사·경연에서 다룬 극히 일부분의 공사와 친결한 공사 외의 수다한 정책을 성종은 어떠한 방식으로 처리하고 있었는가. 성종은 전임 원상 다수가 생존한 11년(1480)까지는 '정승'에게 '그대로 따르지 않은 정책'을 자문하였다. 원로로서 경륜이 풍부한 '정승'의 정책 결정 참여를 확대한 것이었다. 그러나 논의가 그대로 수용된 것은 7년부터 11년까지 10·17·6·11·5회일 정도로 극히 적었다.

성종 11년까지 원상 具致寬·崔恒·洪允成·曹錫文·鄭麟趾·金礩·尹子雲· 金國光이 사망하였다. 그러자 성종은 동 12년 이후부터 의정부 3정승·領敦

己未.

19) 南智大, 1983,「朝鮮 成宗代 臺諫 言論」『한국사론』, 서울대학교 출판부, 130~131 쪽 <표 2> ; 鄭杜熙, 1994,『朝鮮時代의 臺諫研究』, 일조각, 54쪽 <표 2-1-1>에서 의 수치는 각각 다르지만 경향은 동일하게 나타나고 있다.

寧府事·領中樞府事·府院君 등 時原任 대신을 충원한 領敦寧 이상('영돈녕
이상과 의정부'라고 하는 경우에는 찬성과 참찬을 포함하는 의미 : 필자
주)에게 많은 자문을 구하고 있었다. '영돈녕 이상'에는 鄭昌孫(18년 사망)·
韓明澮(18년 사망)·尹士昕(16년 사망)·沈澮·洪應·盧思愼·尹壕·尹弼商·李
克培 등이 있었다. 그러다가 동 21년(1490) 이후에는 孫順孝·李克均·鄭文炯
·李鐵堅·漁世謙·許琮 등이 등장하고 있다.[20] 새로이 충원된 인물 가운데
이철견·허종만이 훈척이었다. 이전 시기에 전원 훈척이었던 것과는 달리
훈척의 비중이 약화되고 있었던 것이다. 성종은 영돈녕 이상에게 12년부
터 25년까지 28, 106, 104, 87, 102, 34, 99, 105, 99, 120, 94, 97, 128,
47회 총 1250회 자문을 구하였다. 여기에는 사안에 따라 육조·대간·홍문
관 및 해당 전문 기관이 참여한 경우도 포함되어 있지만, 대비가 원상의
국정 참여를 극히 제한했던 것과는 차별되는 양상으로 볼 수 있다. 그런데
영돈녕 이상이 자문한 내용을 그대로 따른 회수는 12년부터 25년까지
5·35·36·30·31·14·34·21·23·29·18·19·42·9회 총 346회였다. 이는 자
문을 구한 총 회수 대비 약 27.7%정도 수용한 것이었다. 성종이 친결한
사안 906회에 비하면 상대적으로 낮은 수치이다. 이 같은 사실은 성종이
대신의 정책 참여를 확대하면서도, 그들의 견해를 항상 우선적으로 채택
하는 통례를 따르지 않음으로써 영돈녕 이상의 정책 결정력을 약화시키고
있었음을 보여주는 것으로 주목된다.

　다른 한편 성종은 정승·영돈녕 이상의 자문을 따르지 않은 수많은
정책을 각각 ① 영돈녕 이상·전문 관료 등의 논의를 듣고 스스로 절충해서
결정 ② 논의만 하고 결론은 유보 ③ 재논의 ④ 승정원에 머물러 두는
방식 등으로 처리하였다. 그 중 ①의 경우가 압도적으로 많았다. 다시

---

20) 崔承熙, 2001, 앞의 논문, 107~115쪽.

말하면 결론이 나지 않은 많은 공사의 결정에도 성종은 자신의 의중을 최대·최우선적으로 반영하고 있었던 것이다. 이 같은 사실을 통해 성종이 성종 9년 12월에 刑殺 외의 대소 공사를 모두 조계에서 친히 계달할 것을 강조하였지만,21) 조계에서 刑獄 외 다른 공사가 계달되지 않았음을 알 수 있다. 요컨대 성종은 경연·시사·조계 같은 공식 회합에서가 아닌 자신에게 대부분의 정책이 계달되도록 하였다. 독점하다시피 한 정책을 친결·영돈녕 이상에게 자문·그 외 공사의 처리 방식 등으로 처리하면서, 결정될 내용도 전적으로 좌우하고 있었나. 정승·엉돈녕 이상의 국성 참여는 확대하면서도 정책 수용은 상당히 제한하는 방식으로 육조직계제를 운용하였던 것이다. 성종이 철저하게 왕권 중심으로 육조직계제를 운영할 수 있었던 것은, 기본적으로는 대비가 다져 놓은 운용의 큰 틀을 유지한 때문이었다. 그러나 그보다 친정 전까지 피로도 잊고 몰입할 정도로 경연에 열심히 참석하여 학문과 국가를 경영하는 도리를 익혔고, 그것을 바탕으로 즉위한 이래 정사에 최선을 다했음을 6년 4월 무렵 공언하면서 신료들에게 직무에 충실할 것을 촉구할 정도로 통치에 대한 확고한 자신감이 더 크게 작용했기 때문이었다.22) 『경국대전』 같은 국가 통치의 기본 법전이 반포되면서 왕권의 제도적 속성이 상대적으로 강화되었지만, 육조직계제라는 합법적인 방식을 통해 가히 전제적이라 할 정도로 성종은 왕권을 행사하고 있었던 것이다.

하달된 왕명의 분석을 통해서도 성종이 국정을 주도한 사실이 확인된다. 친정 이후 전교가 격증하고 있었다. 여러 형태의 왕명은 ① 성종이 논의를 듣고 절충해서 결정한 경우, ② 정승·영돈녕 이상의 논의를 거쳐

---

21) 『成宗實錄』 권99, 9년 12월 己亥.
22) 『成宗實錄』 권9, 2년 2월 壬申 ; 권54, 6년 4월 辛丑.

결정하는 경우, ③ 유보한 경우, ④ 재논의를 명한 경우, ⑤ 조계 및
시사 그리고 성종 스스로 내린 것 등이 포함된 수치이다. 논의를 명한
사안에 대해 다양한 견해가 제시되는 가운데, 성종은 자신의 의중을
담은 전교나 전지를 계속 내리고 있었다. 합리적이고 타당성 있는 결론을
이끌어내야 할 필요성과 성종이 원하는 내용의 접점을 찾기 위해서였다.
특히 국방·西征·北征처럼 국가 안위와 관련되거나, 종친 문제와 같이
성종과 신료들의 인식 차이가 현격한 경우에 더욱 여러 차례 왕명을
내리고 있었다. 결정에 더욱 신중을 기해야 했고, 이해관계의 일치가
어렵기 때문이었다. 경연에서 왕명을 내리는 경우는 거의 없었다.

〈표 8〉 하달된 왕명의 분석표

년도	즉위	1	2	3	4	5	6	7	8	9	10	11	12	합계
전교	70	163	103	93	81	120	193	209	197	216	192	86	200	823
전지	12	353	187	216	98	136	101	72	138	124	72	58	90	1103
하서	0	17	22	10	16	10	26	30	16	25	22	22	30	101
년도	13	14	15	16	17	18	19	20	21	22	23	24	25	합계
전교	359	358	311	358	233	339	420	440	361	441	355	662	636	6373
전지	83	51	74	71	41	34	75	82	71	46	37	91	56	1366
하서	31	29	16	22	15	22	34	37	34	55	28	57	33	558

* 12년 이후에 있는 합계는 친정 후와 비교하기 위해 친정 전의 왕명을 합산한 수치임.

국왕 주도의 전형적인 육조직계제가 오래 동안 시행되다 보니, 성종
후반기에 이르러서는 정승들이 무릇 국가의 큰일을 두루 알지 못하는
경우가 발생하고 있었다.

E. "모든 국가의 일은 의정부에서 알지 않을 수 없다. 오늘 顧問할 때에
정승 등이 간혹 모른다는 것이 있었는데, 이는 매우 事體에 어그러진
일이다. 이후부터는 대간이나 홍문관의 疏箚 및 모든 큰일은 알게

하는 것이 마땅하다."(『成宗實錄』 권240, 21년 5월 12일 癸亥)

최고위직에 있는 현직 정승임에도 성종이 자문한 공사 외에 다른 관서나 관료에게 고문한 정책일 경우, 그 내용을 알지 못하는 지경에 이른 것이었다. 이는 사료 A에서 대간이 우려한 '국사에서 대신이 소외되는 사태'가 현실로 나타난 것에 다름 아니었다. 병으로 사직하는 좌의정 홍응에게 성종이 "三公은 항상 일할 바가 있는 것이 아니니, 경이 비록 병이 들었더라도 사식할 수는 없다."[23]라고 내린 전교에서도 당시 정승의 처지를 짐작할 수 있다. 그러나 비록 모든 정책을 고문하지 않더라도 원로인 그들이 국가의 모든 큰일을 알고는 있어야 했으므로 성종이 승정원에 E와 같은 명을 내린 것이다.

그 외에 성종이 강력한 왕권을 행사한 몇 가지 사례를 찾아보겠다. 가령 前武靈君 柳子光이 求言敎에 응하여 불법·청탁을 일삼는 公卿의 책임론을 제기하자, 좌의정·우의정을 교체하고 그의 무령군 호를 회복시키는 한편, 대간의 끈질긴 반대에도 도총부 都摠管에 끝내 제수하였다.[24] 세조의 총행을 받아 出仕하고 예종대에 翼戴 1등 공신까지 된 인물이었으나, 성종대까지 서얼 신분에 대한 논란이 이어진 유자광을 도총관에 제수한 것보다는, 불법·청탁한 대신으로 사실상 지목되었으나 전혀 사직할 의사가 없는 좌의정 曹錫文·우의정 尹士昕을 상소 다음날 전격 교체한 파격성이 더 문제였다. 성종대 정승은 대체로 오래 재직하는 편이었고, 사직을 청하더라도 즉시 교체하는 경우는 극히 드물었기 때문이었다. 또한 대신들의 만류에도 무과에서 奇才가 없는 것을 '성종의 인재 양성의 게으름'으

---

23) 『成宗實錄』 권263, 23년 3월 壬辰.
24) 『成宗實錄』 권70, 7년 8월 庚辰, 辛巳 ; 권78, 8년 3월 戊辰.

로 지적한 우찬성 孫舜孝를 체직시켰고, 제조 尹弼商의 반대에도 御前通事
로서의 능력 등을 들어 사역원 常仕 당상인 행 사직 張有華에게 根隨와
공궤를 허락하였다.[25] 왕권이 취약했다면 대신이나 사역원 제조 영의정
윤필상의 반대를 일축하고, 성종의 의도대로 시행하기 어려웠을 것이다.

IV. 承政院의 位相과 도승지

1. 승정원의 위상과 기능

성종이 친정하고, 성종 7년 5월 원상제가 혁파되었다. 이에 원상이
출근하여 승정원의 職事를 침국하는 형세가 사라지면서,[26] 승정원의 위상
은 높아졌다. 성종대 정치가 승정원을 통해 계달된 공사와 하달된 왕명을
통해 이루어지는 것인 만큼, 모든 공사는 승정원을 경유하는 것이 원칙이
었다. 그 원칙을 어기는 경우도 발생하고 있었지만, 승정원이 정승이라도
임금에게 바로 아뢰지 않은 세종대 이래 오랜 관행을 들어 이를 비판함으
로써 모든 공사의 승정원 경유 원칙은 재확인되었다.[27]

당시 승정원은 국가 공사의 전달뿐 아니라, 受命, 啓聞, 擬議의 형태로

---

25) 『成宗實錄』 권247, 21년 11월 丙戌, 戊子 ; 권230, 20년 7월 壬午.

26) 『成宗實錄』 권 67, 7년 5월 丁巳 9-342ㄱ, "司憲府大司憲尹繼謙等 上疏曰……故乃令
曾經政丞者 更日入政院參詳出納公事 盖亦因襲 世祖之權宜……且官職 不可以相侵 而
大臣當以禮接 綸音出納承旨之職 而大臣乃得與聞 不幾於相侵乎".

27) 『成宗實錄』 권67, 7년 5월 丁巳 9-340ㄴ, "承政院啓曰 自世宗朝 凡大小公事 皆由本院
以啓 雖政丞亦不得直系 近者 諸宰相 欲有所啓 直詣賓廳 因尚傳以啓 本院 職在出納
而不知某人啓某事 某事因某人而行 可乎 今日公租漢城府堂上及左參贊徐居正 不由本
院 詣賓廳直系 甚未便 請自今如世宗朝故事 傳曰 卿等之言甚善 予以爲凡事皆政院所知
也 今後一依故事".

국정에 참여하고 있었다. 성종의 명을 수행한(수명) 몇 가지 사례로는, 살인 사건에 형방 승지 국문 참여, 파직된 무신 서용과 유배된 무신 소환, 장례원의 미결된 訟事를 결단하기 위한 1司 설치, 吏事를 아는 자 선발과 漢語를 배울 만한 문신 간택28) 등이 있다. 필요하다고 생각되는 사안을 올린(계문) 사례로는, 목민관에 적합하지 않은 인물 改差, 師儒 후보자 추천, 영경연사의 1인 축소, 15세 이하의 童子를 嚴을 전하는 中禁으로 다시 세운 일29) 등이 있다. 그 외에도 수명·계문한 많은 사례가 있다.

의의는 회수로는 가장 적었지만,30) 특히 성종과 승정원과의 밀착된 관계가 잘 드러나고 있었다. 성종대 가장 많은 문제를 일으킨 종친 중 하나이자, 성종 9년 정월 살인사건의 용의자로 지목된 세조 親子 昌原君 晟과 관련된 자의 신문 장소, 창원군 外方付處 부당성, 종친들의 접견 등을 擬議하도록 명한 사례에서 그 같은 관계를 확인할 수 있다. 또한 성종의 사망한 친형 月山大君 저술의 서문을 지을 자 천거, 성종의 치통약을 館伴으로 하여금 사신에게 구하도록 한 사례도 있다.31) 그 외에도 의의를 명한 내용 중에는 종친에 관한 사안이 많았다. 이는 성종대에 200명이 넘는 많은 종친이 생존해 있는데다가, 세조대 이래 허용되어 온 종친의 관직 진출이 성종 2년 무렵 금지된 이래 宗學이 유명무실화됨으

28) 『成宗實錄』 권88, 9년 정월 壬午 ; 권110, 10년 10월 庚午 ; 권125, 12년 정월 戊寅 ; 권143, 13년 7월 壬辰 ; 권200, 18년 2월 壬申.

29) 『成宗實錄』 권89, 9년 2월 辛亥 ; 권192, 17년 6월 己卯 ; 권244, 21년 9월 丁巳 ; 권93, 9년 6월 乙未 ; 권171, 15년 10월 辛未.

30) 승정원의 국정 참여는 수명의 경우가 가장 빈번했고 계문·의의의 순이었다(韓忠熙, 1987, 「朝鮮初期 承政院研究」 『韓國史研究』 59, 62쪽 <표 9>).

31) 『成宗實錄』 권89, 9년 2월 辛亥 ; 권90, 9년 3월 乙亥 ; 권142, 13년 6월 壬戌 ; 권233, 20년 10월 癸卯 ; 권119, 11년 7월 丙戌.

로써32) 그들의 敗常 행태가 심각한 지경에 이르렀기 때문이었다. 그러므로 창원군의 살인죄 판결과 그에 대한 처벌은 여간 곤혹스러운 일이 아니었다. 특히 훈척대신 및 대간은 종친 문제에 있어서만큼은 동일하게 강경 입장을 고수하고 있었으므로, 성종은 종친이 관련된 다른 사안도 신중하게 접근하고 있는 터였다. 따라서 종친 문제의 경우 좀더 자신에게 동조할 가능성이 많은 승정원에 논의를 명하였던 것으로 판단된다.

또한 성종은 승정원이 의의한 대로 私奴의 평택 三岐堰의 논을 11년째 詐稱하여 점령한 永山府院君 金守溫을 추국하였다.33) 정승들이 반대한 통사 張有華·金渚의 당상관 승직, 살인사건의 실정을 파악하지 못한 삼사의 당상관을 개차하는가 하면, 범죄한 당상관을 파직하기도 하였다.34) 고위직 신료들의 처리 문제나 정승들과 이견이 노출된 문제를 승정원에 맡겼던 것이다. 승정원이 의의하여 육조 참판 및 호·형·공조 낭관에 文武를 竝用하려는 성종에 동조함으로써35) 무신 重用에 큰 전기가 마련되기도 했다. 반면 경연교재로 『莊子』·『老子』·『列子』 등 三子의 글을 채택하려는 문제에 대해서는 승정원의 반대가 완강하였고, 三子에 능통한 자의 선발도 받들지 않아 進講이 끝내 이루어지지 않은 경우도 있었다.36)

품계는 다른 승지와 같았으나, 승정원을 총괄한다는 점에서 일반 승지와 차별되는 도승지에 대해 살펴보겠다. 도승지는 친정 전부터 재직한 유지가 한명회 사건으로 체직된 이후, 玄碩圭를 필두로 30명이 역임할 정도로 교체가 빈번하였다. 그들 중 현석규·任士洪·權健·宋瑛·韓健·鄭敬

---

32) 『成宗實錄』 권203, 18년 5월 癸丑 ; 권90, 9년 3월 辛巳.

33) 『成宗實錄』 권72, 7년 10월 丙申.

34) 『成宗實錄』 권155, 14년 6월 辛巳 ; 권217, 19년 6월 乙未 ; 권109, 10년 10월 辛亥.

35) 『成宗實錄』 권94, 9년 7월 戊辰.

36) 『成宗實錄』 권172, 15년 11월 癸丑 ; 권150, 14년 정월 辛亥, 壬子, 癸丑.

祖 등이 척신이고, 申浚만이 훈신이었다. 또한 척신인 현석규(瑞原君 琄)·권건(母가 중궁 絶族)·송영(단종 장인 송현수의 姪)·정경조(세조 부마 정현조의 弟) 등만이 각각 1년 5개월·1년 3개월·1년 4개월·1년 7개월 등 비교적 장기 재직한 점도 주목할 만한 대목이다. 임사홍은 후술하겠지만 대간을 끼고 권력을 천단하려는 행태가 밝혀지면서 1개월 만에 유배되었다.

도승지는 다른 승지들과 함께 국정에 참여하였다. 또한 가령 各品 伴人을 口傳한 啓目을 가지고 軍案單子를 憑考하면서 有役者에게 陳省을 준 수령 추핵 문제와 같이 단독으로 계문하는 경우도 있었다.37) 개인직으로 受命하여 삼대비전이나 兩殿에 왕명을 전하거나, 사신을 접대하는 경우가 많았다. 그러나 한재로 인해 도승지가 국문한 의금부 죄수 番佐 중 오래 갇혀 있는 사람을 分辨하여 석방할 것을 명한 것38) 외에 자문에 응대한 경우는 거의 없었다. 또한 이방승지이기도 하였거니와, 좌승지 許琛이 주서에게 簡札을 보내 도승지(당시 정경조)에게 으레 문신 3품 당상으로 차견되는 都司宣慰使에 자신과 친분이 두터운 임사홍을 擬望하도록 청탁한 것으로 볼 때39) 인사에도 상당한 영향력을 가지고 있었다.

한편 성종은 교체되는 승지마다 으레 다 次序를 뛰어넘어 승진시킬 정도로 우대하였다.40) 그런데 (도)승지는, 예컨대 인천부사에 부적합하다고 대간에게 논박받은 尹璘을 도승지 玄碩圭 등이 재능을 추켜세우며 감싼 일과 같이41) 물의를 일으키는 경우가 많았다. 변산에 있는 사찰들의 창건 연월일을 전라도관찰사에게 상고하여 아뢰도록 명받은 좌부승지

37) 『成宗實錄』 권66, 7년 4월 癸未.
38) 『成宗實錄』 권218, 19년 7월 丙寅.
39) 『成宗實錄』 권263, 23년 3월 庚辰.
40) 『成宗實錄』 권99, 9년 12월 戊戌.
41) 『成宗實錄』 권75, 8년 정월 壬寅.

金季昌은 전교하지 않은 내용을 서장에 적어 놓기도 하였다. 그즈음 성종은 명에 불복하고, 심지어 加減까지 하는 승정원에 불만을 노골적으로 표출하였고, 승지 모두를 待罪시킬 정도로 진노했다.[42] 그 외에도 도승지 현석규·김작 등이 훈척 자제 인사나 遷轉에 직접 개입하여 대죄하거나 고신을 박탈당하였다.[43] 여러 이유로 (도)승지는 자주 교체되었던 것이다.

자주 교체된 (도)승지에는 戚里·椒房至親·武人 등이 임용되는 경우가 많았다.[44] 그러다 보니 새로 제수된 승지들이 시사의 전례조차 전혀 모르고 있을 정도로 부족한 자질이 심각한 문제로 대두되고 있었다.[45] 승지가 마땅히 해야 할 啓下한 공사의 分房을 司謁에게 맡겨 제멋대로 모든 공사를 각방으로 나누게 하고, 六房書吏가 각각 그 방의 공사를 승지에게 보이면 判付하는 형태로 처리하는 것 같은[46] 직무 유기도 있었다. 승정원의 기강 해이가 심해지고 있었던 것이다. 성종이 처벌할 뜻을 밝혔지만, 그렇다고 기강이 엄숙해진 것은 아니었다.

   F. **장령 柳仁濠** : "승지 등이 사사로이 夾房에서 손과 더불어 술을 마시며 해가 늦도록 나오지 아니 하니, 이것으로 인하여 동료 간에 불화하여 혹은 점심도 먹지 아니하고 혹은 병을 빙자하여 출사하지를 아니하여서 各司에서 아뢰는 일이 많이 침체되어 있다 합니다. 승지는 지밀한 곳에 있으면서 후설의 임무를 수행하는 것인데 이와 같아서야 되겠습니까?"

---

42)『成宗實錄』권103, 10년 4월 戊戌.
43)『成宗實錄』권75, 8년 정월 丙午 ; 권86, 8년 11월 壬申, 癸酉.
44)『成宗實錄』권268, 23년 8월 庚戌.
45)『成宗實錄』권234, 20년 11월 壬申.
46)『成宗實錄』권262, 23년 2월 乙巳.

256

도승지 鄭敬祖 : "전일에 좌승지 權景禧·좌부승지 愼守勤·우부승지 金諶이 협방에 들어가서 술을 마시며 巳時가 되도록 나오지 아니하여서, 신은 때가 아님에도 점심을 들이어 보냈고, 掌務書吏를 매질하였으나, 권경희 등이 오히려 나오지 아니하였으므로 또 그 陪吏를 매질하였는데, 헌부에서 아뢴 것은 이것을 말한 것입니다. 신이 정원의 長이 되어서 밑에 있는 관원을 통솔하지 못하였으니, 대죄합니다."

(『成宗實錄』 권270, 23년 10월 辛丑)

승지들이 아침부터 손님과 술을 마셨을 뿐 아니라, 도승지의 촉구에도 出仕하지 않음으로써 국정에 차질을 초래하고 있었다. 이 일로 성종은 手下를 제대로 관리하지 못한 도승지 정경조 이하 관련 승지 모두를 국문하였다. 승지가 자주 교체되는데다가 자질 부족까지 겹쳐, 갈수록 승정원의 국정 수행에 차질을 빚는 역기능이 심화되고 있었던 것이다.

2. 도승지를 둘러싼 紛亂

친정 초 도승지를 둘러싼 분란이 두 차례 발생하고 있었다. 그 중 정치적으로 큰 파장을 미친 성종 9년(1478) 4월 사건부터 살펴보기로 한다. 도승지 임사홍을 견제하려는 金宏弼의 문인인 종친 朱溪副正 李深源이 '세조대 勳臣을 쓰지 말고, 遺逸을 천거제로 등용할 것'을 주장한 1차 상소는 그 시작이었다. 임사홍(子 任光載가 예종 부마)과 훈척은 이심원의 유일천거론을 부정하고, 그를 어리석고 망령된 사람으로 몰아붙였다. 그 이상 문제가 확대되지 않았던 상황은, 임사홍이 흙비 災異論을 부정하고, 諫言의 조건적 수용과 대간 言辭에 따른 견책 필요성까지 언급하면서 급변하였다.[47] 홍문관 부제학 兪鎭 등과 봉교 表沿洙이 언론을 봉쇄하여 專橫을 획책하려는 것으로 임사홍을 痛駁하고 나선 때문이었다.[48) 양측의 갈등이 표면화되고 있었다. 그 아비 任元濬의 貪瀆함도 비난하였다. 이에 대해 성종은 임사홍 부자에게 각각 도승지·좌참찬을 제수할 때 그들의 위세를 두려워해 논계하지 않은 양 관원을 파직하고, 言路를 방해한 임사홍의 죄를 인정하여 고신을 박탈하였다.[49) 兩非論을 적용한 것이었다.

그러자 곧바로 이심원이 다시 상소하여 앞서 서용하지 말라는 소인은 바로 임원준 등이었음과, 叔母夫인 임사홍 부자의 소인 형상을 極論하고 나섰다. 그 내용은, 誠寧大君의 嗣子인 이심원의 從祖父 原川君이 嫡子없이 죽고, 長妾의 아들 烈山守의 繼祀者 여부가 정해지지 않았을 때, 임원준은 성녕대군의 많은 노비를 아들 임사홍의 아내도 나누어 가질 수 있는 것을 염두에 두고, 孝寧大君의 아들 寶城君을 적임자로 주장하였다는 것이다. 또한 원천군의 妾子 열산수가 嗣子로 결정된 후에도 임원준은 讓寧大君의 경우 첩자 烏川副正이 아닌 둘째 적자인 咸陽君이 繼後者가 된 예를 들어, 성녕대군의 後嗣를 보성군으로 세우기 위해 이심원에게 오천부정으로 하여금 열산수의 예를 상언하게 하여 양녕대군의 봉사권을 요구할 것도 强請했다는 것이었다. 게다가 이심원은 김종직의 문인인 정언 金孟性이 사관 表沿沫에게 말한 '도승지 玄碩圭 탄핵 사건'의 전모를 표연말에게서 들은 대로 공개하여 파란을 더했다. 당시 현석규의 하는 바를 살펴 임사홍에게 전한 심복 대간 朴孝元의 말을 전해들은 임사홍이, 대간들을 사주하여 현석규를 탄핵한 사실이 밝혀진 때문이었다.

이 사건은, 과부인 조씨와 성혼한 金淛를 강간으로 고발한 조씨와

---

47) 『成宗實錄』 권91, 9년 4월 壬子, 戊午.
48) 『成宗實錄』 권91, 9년 4월 戊午.
49) 『成宗實錄』 권91, 9년 4월 己未.

同産으로 그의 노비를 빼앗은 趙軾과 그의 妹夫 宋瑚 등을 의금부에서
무고로 刑推하려 하자, 동부승지 홍귀달이 조식 등의 옹호론을 펴면서
시작되었다. 성종은 홍귀달이 次序를 넘어 아뢴 점과 좌부승지 韓僩의
妻弟인 송호의 아비 宋益孫이 김주를 和姦으로 논한 자신을 '무고'로
몰아 부친 것을 비난한 현석규의 입장을 받아들여 송익손 및 승지들을
추국하도록 하였다.50) 그러자 임사홍이 다시 대간 박효원·김맹성 등에게
동료 승지와 불화한 현석규를 재탄핵하도록 여러 차례 청탁하였고, 이에
농조한 박효원에게 설득된 대사간 孫比長 등이 현석규의 처벌을 재계청하
였다.51) 임사홍은 노공필과 金彦辛 및 그와 교유한 유자광까지 끌어들였
다. 여기에 '성종이 현석규를 비호한다.'는 유자광의 상소가 돌출되고,
'현석규 체직론'에 정창손 등이 가세하고 나섰다.52) 사건은 걷잡을 수
없이 확대되고 있었다. 연일 수 차례의 사건과 정황에 대한 訊問과 사실
확인이 이어졌다. 마침내 성종은 당사자 처벌, 승지 전원 교체, 임사홍
대사간 발탁, 현석규 대사헌 제수, 그리고 현석규의 超資를 반대하는
헌부 전원을 체직하는 것으로 사건을 종결하였다.53)

　사건의 중심인물인 현석규(瑞原君 瑠)는 사무가 가장 번다한 형방승지
의 직무를 잘 처리하여 도승지에 超擢되었다. 그는 친정 전 우승지·동부승
지일 때, 성종에게 勳戚의 伴倘 濫占 금지에 대해 집중적으로 아뢴 바
있었다. 그런데다가 형방승지를 겸한 채 장기간 도승지 직을 수행하여
국정 전반에 영향력이 확대된 상태였다. 자연스럽게 우승지 임사홍(寶城君
瑠)뿐 아니라 다른 훈척에게도 견제의 대상이 되었던 것이다.54) 탄핵받은

50)『成宗實錄』권82, 8년 7월 甲戌, 乙亥, 丁丑.
51)『成宗實錄』권82, 8년 7월 戊子.
52)『成宗實錄』권83, 8년 8월 丁巳, 戊午.
53)『成宗實錄』권83, 8년 8월 辛亥, 庚申.

현석규를 오히려 대사헌에 승직시킬 정도로 성종의 신임이 두터웠던
점과, 사건의 전개 과정에서 훈척 등 지지 인물을 폭 넓게 확보한 임사홍과
는 달리 현석규의 동조자가 한 명도 없는 사실도 그러한 정황을 뒷받침해
준다. 보성군·서원군이 모두 孝寧大君의 子이므로 양인은 姻婭관계였다.
그러나 현석규의 위상과 동태를 누구보다 잘 알고 있는 임사홍이 동료
승지와의 불화를 빌미로 그의 제거에 앞장 선 것이었다. 현석규도 임사홍
의 의도를 간파하고, '자신의 탄핵을 사주한 자'로 지목한 바였다.[55]
　이때 김맹성·표연말 등은 침묵하고 있었다. 그러나 다시 대간을 탄압하
려는 임사홍의 의도가 노골화되면서 홍문관·예문관 관원이 파직되자,[56]
'현석규 탄핵 사건'의 전모를 이심원으로 하여금 밝히게 함으로써, 위기상
황을 극적으로 반전시켰던 것이다. 이에 따라 양관 관원이 復職되고 승지
전원이 교체되었으며, 임사홍·유자광(공신적 삭제)·박효원·김언신 등이
流配되었고, 김맹성·김괴·표연말은 徒配에 처해졌다.[57] 이심원의 상소로
촉발된 '임사홍 부자 탄핵 사건'의 과정에서 김종직 문인들이 조직적으로
대응하는 가운데 정치세력화하고 있었던 것이다. 사림파의 시작이었
다.[58] 도승지를 둘러싸고 內燃되기 시작한 분란을 성종이 주도적으로

54)『成宗實錄』권65, 7년 3월 丙辰 9-327ㄴ, "上謂知事洪應曰……予見近日玄碩圭所言
　　所爲 皆當於義 且碩圭以刑房 勤於職事使獄訟 無冤滯 予甚嘉之 今超授都承旨 所以右賢
　　也 於固有例乎 應對曰 世宗朝安崇善 世祖朝盧思愼 皆以賢能 超拜都承旨"; 권82,
　　8년 7월 甲戌 9-471ㄱ, "左承旨李克基對曰 都承旨玄碩圭 攘臂怒目 而啓曰 今承政院之
　　風 古所未有也 大抵都承旨 摠治六房之事 他承旨各摠一房之事 今有都承旨 而他承旨越
　　次以言 此甚不可……臣以不材 厚蒙上恩 久爲刑房 今承旨越次以言 實臣之未滿人意故
　　也 請辭刑房".
55)『成宗實錄』권83, 8년 8월 己酉.
56)『成宗實錄』권91, 9년 4월 己未.
57)『成宗實錄』권91, 9년 4월 辛酉; 권92, 9년 5월 己巳, 庚午.
58) 李秉烋, 1983,『朝鮮前期 畿湖士林派 硏究』, 일조각, 34~44쪽에서도 이 사건에
　　대해 서술하고 있다. 다만 필자는 이심원의 1차, 2차 상소를 단절적이 아닌

처리함으로써 임사홍의 계획은 일단 좌절되었다. 그러나 정치세력 판도에
변화가 일기 시작되었다는 점에서 주목된다.

한편 이 일로 이심원은 원로 종친들의 비난을 받았고, 不孝의 죄목
및 자신과 동시에 상소한 바 있는 南孝溫과 교결한 것으로 탄핵받았다.[59]
게다가 조부 寶城君에게 不順하였다는 것으로 고신을 빼앗기고, 長湍府에
부처되었다.[60] 성종 13년(1482) 7월 그를 放還한 성종이 동 16년 明善大夫
주계 부정에 제수하려는 여러 차례의 시도 역시 대간과 정창손 등의
끈질긴 반대로 부산되었다.[61] 이심원은 철저하게 놀락하였던 것이다.

그렇다면 이심원 몰락의 정치적 의미는 무엇인가. 탁월한 재능과 학문
의 보유자로 홍문관 교리 金訢에 의해 천거된 응교 金宗直은,[62] 좌부승지에
서 도승지로 超擢된다. 그러나 도승지로서 성종의 뜻에 영합한 측면이
있었고, 이조참판이 되어서는 正論을 주장하지 못하는 면모를 보이기도
하였다.[63] 그렇더라도 김종직은 삼시 경연에서 진강하였고, 이조참판에
재보임된 후에도 특별히 진강을 하는[64] 등 한 시기를 대표하는 儒者였다.
김종직의 문인으로 성종대 문과에 급제하고 출사한 사람은 金訢·曹偉·表
沿沫·兪好仁·金諶·楊熙止·金孟性·金馹孫을 비롯한 20명 남짓이었다.[65] 그
들 중 弘文館 校理 金訢·副校理 曹偉, 공조좌랑 兪好仁, 掌隷院 司議 表沿沫,
홍문관 부수찬 權五福 등은 성종이 天使와의 唱酬해야 할 필요성 등의

　　계기적인 것으로 파악하였다.
59)『成宗實錄』권92, 9년 5월 己巳.
60)『成宗實錄』권96, 9년 9월 癸亥, 甲子, 戊辰.
61)『成宗實錄』권174, 16년 정월 庚戌 ; 권175, 16년 2월 庚申, 辛酉.
62)『成宗實錄』권142, 13년 6월 甲子.
63)『成宗實錄』권169, 15년 8월 庚申.
64)『成宗實錄』권172, 15년 11월 甲申 ; 권187, 17년 정월 甲子.
65) 이병휴, 1983, 앞의 책, 35~37쪽 <표 2-3>.

이유로 자주 시행한 製述 시험에서,[66] 탁월한 실력을 인정받고 있었다.[67] 그러면서 조위 등은 楊熙止·鄭錫堅·유호인 등을 천거하였고, 동향인인 司贍寺正 趙孝소과 좌승지 金悌臣 등은 咸陽의 진사 鄭汝昌을 천거하여 소격서 참봉으로 진출시키는 등 자파 인물 견인에 힘을 쏟고 있었다.[68] 실력을 바탕으로 정치적 세력 확장을 도모하였던 것이다. 이처럼 성종 15년 이후 김종직·김굉필의 문인이 실력을 인정받고 삼사를 중심으로 진출하고 있었음에도, 훈척 대신의 비리에 대해 독자적으로 공격을 하기에는 아직 턱없이 열세를 면치 못하는 상태였다.[69] 따라서 그들과 연계된 이심원의 몰락은 성종대 사림파의 정치적 한계와 궤를 같이하는 것이었다.

반면 의주로 유배된 임사홍은 성종 17년에 고신을 환급받은 후, 동 19년 11월 절충장군 부호군으로 제수되었다.[70] 동 22년 8월 徽淑翁主가 임사홍의 아들 任崇載에게 下嫁함으로써 왕실과 重婚한 임사홍은 위세 당당한 훈척으로서 입지를 확고히 굳히게 되었다. 동 23년 대간의 반대에 도 문신 3품 당상관으로 차견되는 都司宣慰使가 되었으며, 그 해 9월 漢語교육을 위한 승문원 도제조 등의 임사홍 出仕 계청을 성종이 그대로 따랐다.[71] 그의 출세가 더욱 확고해진 것이다. 성종의 임사홍에 대한 총행과 그것을 배경으로 하는 임사홍의 파행적 행태는, 후반기로 갈수록 궁중 유착을 우려하는 언론의 격절성을 띠게 하는 중요 원인 중 하나였다.

---

66) 『成宗實錄』권187, 17년 정월 戊辰 ; 권197, 17년 11월 壬子.

67) 『成宗實錄』권140, 13년 4월 壬子 ; 권182, 16년 8월 辛卯 ; 권184, 16년 10월 己亥 ; 권257, 22년 9월 乙酉.

68) 『成宗實錄』권144, 13년 8월 庚申 ; 권242, 21년 7월 丙子.

69) 최승희, 2001, 앞의 논문, 128~137쪽.

70) 『成宗實錄』권222, 19년 11월 甲戌.

71) 『成宗實錄』권269, 23년 9월 乙酉.

V. 맺음말

13세인 성종의 즉위와 대비의 수렴청정으로 시작된 성종대는, 세조 10년의 保法 제정, 동 12년의 職田法 시행 그리고 예종의 奔競禁止法으로 이어진 훈구 권력 견제의 연장선상에 있었다. 대비는 이 같은 현실을 깊이 인식하고 있었다. 그래서 자신에게 공사를 집중시키면서 많은 정책을 親決한 반면 원상의 자문·계문을 제한적으로 수용하였다. 정책 결정권을 강화하면서 국정을 주도한 것이다. 인사권도 강력히 행사하여 한명회로 대표되는 척신을 정조 겸 판서로 제배하였다. 좌리공신을 책훈하여 정치세력을 훈·척으로 재편하고 훈구의 인사권 장악을 막았다. 이같이 대비의 압도적인 권력 행사는 뛰어난 통치 능력에다, 세조대 전제적 왕권의 餘震이 있어 가능한 것이었다.

성종 7년 정월 친정을 시작한 성종은 통치의 정점임을 선포하고, 좌의정 한명회의 철렴 만류 발언 일부를 문제삼아 왕권에 대한 인식을 환기시켰다. 이는 국정 운영과 인사에서 왕권의 우위를 다져놓고 자신의 왕통까지 확고히 해 놓은 대비였지만, 친정과 동시에 국정 분위기를 쇄신할 필요가 있었기 때문이었다. 유자광의 상소를 계기로 한명회의 사직을 수용하고, 승정원 진용을 개편하는 등 친정체제 기반을 마련한 것은 쇄신의 구체적인 결과였다.

성종은 시사·조계에서 각각 극소수의 공사·형살만을 계달하도록 하고, 경연에서는 논란되는 사안만을 재논의하였다. 자신에게 대부분의 공사를 집중시키는 방식으로 육조직계제를 운용하면서, 직계된 공사 중 904회를 친결하였다. 친결하지 않은 많은 공사는 성종 11년까지는 정승에게, 12년 이후에는 훈척으로 구성된 영돈녕 이상에게 1250회 자문하여 처리하였다. 그러나 그대로 수용한 횟수는 극히 적거나 약 27.7%에 불과했다. 대신의

국정 참여를 확대하면서, 성종은 그 논의를 선별 수용하는 방식으로
국가 정책을 좌우하였던 것이다. 다른 한편 성종은 자문을 따르지 않은
많은 공사를 정승·영돈녕 이상·전문 관료들의 개진한 내용을 절충하여
자신이 결정하였다. 재논의를 명하거나 유보하는 경우도 있었다. 결정하
기까지 자신의 의중을 담은 수많은 왕명을 하달하면서, 정책에 자신의
의중을 최대·최우선으로 반영하려 하였다.『경국대전』편찬 이후 제도화
된 왕권이었음에도, 가히 전제적이라 할 수 있을 정도로 성종이 육조직계
제를 운용하고 있었던 것이다. 성종 후반기에 이르러 '의정부 대신이
정책에서 소외된다.'라는 현상까지 초래되고 있었다. 이는 통치에 대한
자신감을 바탕으로 성종이 조선 초기의 어느 시기보다 가장 철저하게
왕권 중심으로 육조직계제를 운용한 사실을 말해 주는 것이었다. 따라서
중종 11년 6월 부활되었지만, '대신은 마음으로 恐懼만 할 뿐이어서 서사
는 文簿에 불과하다'고 할 정도로 의정부서사제의 정상적인 기능이 끝내
회복되지 않은 사실도,[72] 성종대 철저한 육조직계제 운용의 영향과 무관
하지 않은 것으로 불 수 있다.

　성종이 친정하고 원상제가 폐지되면서, 승정원의 위상은 높아졌다.
승정원의 (도)승지들은 수명·계문·의의 등을 통해 국정에 참여하고 있었
다. 특히 종친문제, 문무 병용, 당상관 이상의 처벌 등과 미묘하고 대신과
이해관계가 상충되는 사안을 승정원에 擬議한 것에서, 성종과 승정원의
관계가 잘 드러나고 있다. 승지가 성종에 뜻에 영합한다는 대간의 비판도
그 같은 분위기를 지적한 것이었다. 도승지가 빈번하게 교체되는 가운데,
1년 이상 장기 재직한 인물 현석규·권건·송영·정경조 등 4인 모두가
척신인 점은 주목을 요한다. 도승지는 단독으로 대비전의 왕명 전달

---

72)『中宗實錄』권25, 11년 6월 辛亥 ; 권35, 14년 3월 甲寅.

또는 사신 접대를 담당하는 경우가 많았다. 계문하여 국정에 참여하였고, 인사에도 영향력을 발휘하고 있었다.

성종은 (도)승지들을 으레 陞職시켜 체직할 정도로 우대하였다. 그런데 (도)승지들은 인사 개입, 왕명 시행의 차질 등 문제를 일으켜 자주 교체되었다. 교체된 (도)승지에 자질이 부족한 척신·무인 등이 다수 임명됨으로써 국정 수행에 차질을 빚어지는 역기능이 심화되고 있었다. 이는 성종이 국정을 주도한 결과가 반드시 긍정적인 것만은 아니었음을 보여 주는 징표의 하나였다.

한편 친정 전부터 성종에게 '훈척의 반당 남점 금지' 방안에 대해 적극 의견을 피력한 바 있고, 형방을 兼帶하면서 장기간 도승지 직을 수행하고 있는 현석규는 훈척의 견제 대상이었다. 僚下이자 姻婭인 임사홍이 대간을 끼고, 성종 8년에 동료들과 불화하다는 것을 빌미로 현석규의 축출을 2차례 시도한 사건은 그 반증이었다. 성종이 兩人을 모두 승직시키면서, 임사홍의 음모는 가려졌다. 그러다가 도승지가 된 임사홍의 성종 9년 4월 대간 탄압 발언을 둘러싸고, 임사홍과 김종직 문인들이 충돌하였다. 이 사건을 전후하여 주계부정 이심원이 1, 2차 상소를 올려 임원준의 성녕대군 嗣子 변경 음모 및 임사홍의 '현석규 탄핵 사건'의 전모를 밝혔다. 상황이 반전되면서, 임사홍은 유배되었다. 조부에게 불순하였다는 죄로 이심원 역시 유배되었다. 성종이 아닌 주계부정에게 사실을 알려 사건의 반전을 도모한 표연말도 徒配에 처해졌으며, 다른 관련자들도 처벌되었다. 이 사건의 대응 과정에서 김종직 문인이 사림파로 세력화되었다. 또한 이때 훈척 대 사림으로 양분된 정치세력의 판도가 16세기까지 이어진다는 점에서, 이 사건이 갖는 정치사적 의미는 대단히 크다.

성종 13년 방환된 이심원은 綱常의 죄를 내세운 대간 및 훈척 대신의 반대로 서용되지 못하면서, 철저하게 몰락하였다. 이는 당시 김종직을

宗匠으로 20명 남짓 진출해 있는 그 문인들의 정치적인 한계와 궤를 같이하는 것이었다. 반면 유배된 임사홍은 성종 17년 고신을 돌려받았고, 동 19년 副護軍에 제수되는 등 성종의 寵幸을 바탕으로 왕실과 重婚하고 관직에 재진출하여 혁혁한 훈척으로서 입지를 굳히고 있었다. 임사홍에 대한 성종의 우대와 그의 행태는, 궁중 유착을 우려한 대간의 탄핵 수위를 갈수록 높이고 성종과의 마찰을 심화시키는 가장 큰 인자 중 하나였다.

朝鮮 成宗의 王權과 인사 주도의 실제

—親政期 勳戚支配體制[1] 운용을 중심으로—

Ⅰ. 머리말

성종은 조선의 9대 왕이었다. 즉위 당시 성종이 13세였으므로 大王大妃(貞 熹王后 : 세조 妃. 이하 大妃로 약칭)가 攝政하면서 초기 정국을 이끌었다. 국왕이 즉위한 후 신료들과의 관계에서 王權의 실질적인 優位를 확보하는 일은 향후 정국 주도권과 밀접하게 관련된 대단히 중요한 사안이었다. 睿宗의 왕권 강화 노력은 실패하였고, 성종대는 대비의 섭정으로 시작되었 으며, 예종대에 강력한 위상을 유지하였던 院相과 勳舊가 요직에 전면 포진

---

1) '지배체제'는 집권체제의 개념이다. 조선의 중앙 집권체제는 당시의 사회·경제 적 발전의 단계에 조응하여 성립된 지배체제로, 경제·사회·문화·교육·군사·신 분·군현제 등의 토대와 정치권력을 담아 실현하는 제도적인 틀이 유기적 구조적 으로 긴밀하게 관련되어 중앙에 집중되어 있는 상태를 의미한다(南智大, 1991, 「조선 초기 중앙집권제론의 검토」『國史館論叢』26, 113~114쪽). 그러나 이 글에서는 집권체제 중 가장 큰 비중을 차지하는 정치적 측면인 국왕이 의정부 이·병조 승정원 등의 당상관을 선발하고 그들을 통해 인사와 행정을 지휘하는데, 고위 관료 중 다수가 勳臣과 戚臣이었으므로 훈척 중심의 지배체제라는 의미로 제한하여 사용하였다. 다만 필요할 경우 사회·경제 등 다른 토대와의 관계도 함께 다루고자 한다.

하고 있었다. 또한 廢妃 尹氏 사건이나 정복 전쟁으로 인한 국력 소모, 불공정한 인사, 士林勢力 활동의 한계 등 몇 가지 이유로 성종대 왕권은 약한 것으로 이해되어 왔다.[2]

그러나 필자는 왕권을 실현하는 과정인 국정 운영의 양대 축 즉 정책 결정 방식인 六曹直啓制 운용과 인사 결과 형성된 지배체제의 인적 구성 및 기능을 검토하는 방법으로 왕권의 强弱을 다른 각도에서 살펴보려 하였다.

가 국왕의 통치 능력, 즉위 과정, 신료들괴의 관계, 그 외 정치적 싱황 등 여러 요인에 따라 왕권의 강약은 달라질 수 있다. 그러나 현실 정치에서 왕권이 강할 때에는 물론이지만, 비록 왕권이 약하고 신권이 강한 상황이라 하더라도 정치권력을 행사하는 데 있어서는 왕권을 假託하든, 왕권을 의지하든 간에 왕권과 관련을 맺지 않을 수 없었다. 왕권은 조선왕조 정치사에서 가장 핵심 因子였던 것이다. 그래서 필자는 통치 주체에 따라 성종대를 대비의 수렴청정기와 성종의 친정기로 나누었다. 대비가 국정을 이끈 7년에 대한 연구에서 특별히 고려해야할 만한 요소는 없었다. 그런데 성종이 친정한 19년은 결코 짧지 않은 기간이었고, 그동안 성종 16년(1485) 이후에 정치세력화한 士林의 존재, 대간 언론 優容과 '不問言根' 확보 및 弘文館 言官化에 따른 言官權 강화라는 변화가 있었다. 그럼에도 정책을 결정하거나 인사권을 행사하는 성종 왕권에는 별다른 변화가 없었으므로 친정 기간을 나누어 구분하지 않았다.

성종이 19년 동안 국정을 운영한 내용은 실로 방대하였다. 그래서 국정 운영의 실제를 편의상 정책 결정과 인사로 나누고, 우선 정책 결정의

---

2) 金甲周, 1973,「院相制의 성립과 기능」『東國史學』12, 61~62쪽 ; 鄭杜熙, 1983, 『朝鮮初期 政治支配勢力研究』, 일조각, 231~254쪽 ; 崔承熙, 2001,「成宗朝의 國政 運營體制와 王權」『朝鮮史研究』10, 조선사연구회, 115~155쪽.

實相부터 검토하였다. 그 내용은 성종이 자신에게 정책을 집중시키는 방향으로 육조직계제를 운용하여 啓達된 정책 중 많은 사안을 실무 관서에서 올린 내용 그대로를 수용하는 방식으로 親決하였고, 정승·領敦寧 이상의 정책 참여를 확대하면서도 그 내용은 選別 수용함으로써 그들의 정책 결정력을 제한하는 방식으로 국정을 주도해 나갔다는 것이었다.[3]

한편 인사권은 왕권의 핵심이다. 인사는 규정에 따라 공식적으로 행하는 것이고, 국왕이나 관료가 마음대로 할 수 있는 것은 아니었다. 그러나 경우에 따라서는 국왕이 特旨를 사용할 수도 있었고, 堂上官의 경우는 반드시 국왕과의 논의를 거쳐 결정했으므로 그 인사권은 절대적인 것일 수도 있었다.[4] 重職이나 要職에 임명된 관료들이 정책의 입안이나 결정 및 관료 선발에 일정한 영향을 미치고 있음을 감안할 때, 인사권 행사 정도는 왕권의 강약을 가늠할 수 있는 중요한 지표이다. 그럼에도 당시 정치적 상황과 연관하여 인사를 비중 있게 다루거나, 그 의미를 검토한 논고는 없는 것 같다.

이 글에서 필자는 성종의 인사권 행사와 그에 따라 구축된 지배체제의 실상, 지배체제를 보완하기 위한 성종의 선택을 당시 정치적 상황과 관련시켜 고찰하겠다. 그리고 성종이 제배한 政曹판서가 행한 두 측면의 인사 및 그 정치·경제적 배경과 의미를 살펴보면서, 인사를 둘러싼 갈등은 어떤 것이었는지 추적해보고자 한다. 또한 대간의 언론이 성종 20년(1489) 이후 더욱 격증하면서, 단계적으로 악화되는 성종과 대간의 갈등으로 형성된 긴장의 본질 및 의미를 아울러 짚어보겠다.

---

3) 韓春順, 2003,「朝鮮 成宗의 六曹直啓制 運用과 承政院－親政期를 중심으로－」『한국사연구』122, 104~112쪽.
4) 李成茂, 1999,「朝鮮時代의 王權」『東洋 三國의 王權과 官僚制』, 國學資料院, 71~73쪽.

II. 성종의 친정과 勳戚支配體制 운용

1. 성종의 친정과 의정부·정조·승정원 인사

성년이 된 성종 7년(1476) 정월 성종의 친정이 시작되었다.[5] 대비의 撤簾은 德宗(성종 生父)을 宗廟에 祔廟한 이틀 후에 이루어지고 있었다. 그런데 친정을 천명한 다음 날, 경연에서의 발언은 통치권자로서 성종의 왕권을 각인시키는 세기가 된다.

> "대왕대비께서 나에게 政事를 돌려주려고 하는데, 내가 청해도 되지 않으므로 院相으로 하여금 이를 청하게 하였더니, 좌의정(韓明澮)이 청하기를, '만약 지금 정사를 돌려준다면 이는 동방의 臣民을 버리게 되는 것이니 신등이 어느 곳에 依歸하겠습니까? 비록 대궐에 나아가더라도 한 잔 술을 어찌 능히 편안히 마시겠습니까?' 하면서, 이와 같이 간절히 청했으나 허가하지 않으므로, 나는 마지못해서 명령을 따랐던 것이다. 그런데 다만 이 말로써 살펴본다면 여러 정승들이 나를 믿지 못한 것이 없겠는가? 비록 나날이 조심하여 힘쓰더라도 萬幾의 일에 어찌 능히 그릇된 행동이 없겠는가? 경 등은 각기 그 마음을 다하여 나의 미치지 못한 점을 보좌하라. 이 뜻으로써 여러 관사에 포고하여 그들로 하여금 각기 힘쓰도록 하라."(『成宗實錄』 권63, 7년 정월 己未)

대비는 세조대 靖難功臣(端宗 원년)으로부터 출발하여 佐翼(세조 원년)·敵愾(세조 13년)·翊戴功臣(예종 즉위년)에 중첩적으로 책봉되어 국가의

요직을 차지하고 있는 원상과 훈구의 협찬을 받으면서도, 그들을 현실적
으로 견제해야 하는 상황에 직면해 있었다. 그래서 功臣 중에서 戚臣을
분리하여 韓明澮(예종·성종 國舅)·韓繼美(세조 동서)를 각각 병조 兼判書
(찬성·참찬 중 제배되어 해당 판서를 지휘), 이조 겸 판서에 임명하고,
특히 왕실의 대리인 격인 한명회를 5년 5개월 동안 장기 재직케 하였다.
이어서 성종 2년(1471) 3월에 冊封한 佐理功臣에 1/4 정도의 척신을 포함시
키고, 그들을 번갈아 육조직계제 하에서 핵심 관서인 政曹6)판서·겸 판서
에 포치하여 세조대 이래 정치세력으로 압도적 다수를 차지하고 있는
훈구7)의 권력 독점을 막으면서 인사를 장악하였다. 또한 정책을 독점하는
방향으로 육조직계제를 운용하여 정책 결정도 좌우하고 있었다. 원상이나
훈구가 정치적으로 상당한 위상을 가진 것은 틀림없는 사실이지만, 현실
정치에서의 영향력은 구조적으로 극히 제한되어 있는 상태였다.8)

척신을 핵심 요직 전면에 내세운 대비의 전략은 척신을 우대한 세조의
방식을 따른 것이지만, 그 내용은 더 강화된 것으로 볼 수 있다. 幼沖한
성종 왕권을 보호하고, 왕실의 권위를 지키면서 국정을 주도하기 위해
좌리공신에 策勳된 다수의 戚臣을 내세워 勳·戚 중심의 지배체제를 운용한
것이었다. 그 여파로 성종 6년(1475) 11월에 대비의 인사 개입을 맹비난한

---

6) 『成宗實錄』 권56, 6년 6월 辛卯, "知事任元濬啓曰 世宗嘗教云 吏兵曹之任 毋過三十朔
   我國權重者 惟吏兵曹及承政院耳".

7) 鄭杜熙, 1983, 『朝鮮初期 政治支配勢力研究』, 일조각, 241~257쪽. 좌리공신의
   여러 특징을 면밀하게 분석하였지만, 척신을 구별하지는 않았다.

8) 韓春順, 2002, 「成宗 初期 貞熹王后(세조비)의 政治 聽斷과 勳戚政治」, 『조선시대사학
   보』 22, 35~65쪽. 여기서의 훈신은 좌리공신을 지칭한다. 척신은 좌리공신에
   책훈된 25% 정도의 척신이 중심이지만, 그 외 척신(內戚·外戚)도 포함된 의미로
   사용하였다. 이들 勳·戚은 성종대 의정부 3정승을 독점하고, 鄭佸·成俊·鄭文炯·盧
   公弼·洪貴達을 제외한 이조판서를 차지하며, 魚世恭·李繼孫·孫舜孝·魚世謙·鄭佸·
   成俊을 제외한 병조판서를 채우고 있었다(위의 논문, 25쪽).

익명서 사건이 발생하기도 하였다.9)

문제도 있었지만, 성종의 입장에서 보면 대비는 원상·훈구의 독주를 막고 왕권의 優位를 다져 놓았으며, 철렴 직전 자신의 왕통까지 바로 세워 놓았다. 성년이 된 만큼 친정은 당연한 것이었지만, 그 같은 이유 때문에 자신은 물론이고, 원상 등을 재촉해 철렴을 만류하였다. 그런데 특히 수렴청정의 핵심적 인물인 한명회를 지명하여 대비의 철렴을 만류하도록 재촉한 성종은, 대비가 撤簾을 철회해야 할 불가피한 이유를 과도하게 표현한 그의 言辭를 親政에 대한 신료전체의 불신의 징표로 문제 삼았다. 바로 위 사료의 내용이다. 대간이 즉시 한명회의 不敬을 탄핵하고 나섰다. 그러자 성종은 오히려 한명회를 두둔하고 좌의정 파직 요청도 거부하면서, 사태를 수습하려는 입장을 보였다.10)

그러나 한명회의 문제된 발언과 성종을 魯山君에 견준 것, 철렴을 만류한 것 등을 不敬으로 논단한 武靈君 柳子光의 상소가 돌출되었다.11) 나흘 후 유자광이 처벌을 다시 주장하고 나서면서, 한명회가 사직을 청하고 대간의 탄핵이 폭주하는 등 상황이 급변하였다. 몇 차례의 격렬한 논란 끝에 한명회 사직, 한명회를 비호한 도승지 柳輊 체직, 형방승지 玄碩圭의 도승지 超擢 및 任士洪 등의 승지 제배 그리고 상소 내용의 言根 不直으로 유자광 역시 파직되었다.12) 결과적으로 성종은 대비 政事 협찬의 상징적 존재인 한명회의 탄핵을 주도하고, 그를 옹호한 유지까지 체직시키는 擧措를 통해 권력의 頂點임을 천명하고, 승정원 진용을 일신하는 것으로 친정을 시작하였던 것이다. 성종 7년 5월 院相制를 혁파함으로써13) 통치

---

9) 『成宗實錄』 권61, 6년 11월 癸亥.
10) 『成宗實錄』 권63, 7년 정월 乙丑, "卿等雖反覆言之 我則不聽".
11) 『成宗實錄』 권64, 7년 2월 癸巳.
12) 韓春順, 2003, 앞의 논문, 100~103쪽.

권자로서의 위상을 한층 굳건히 하였다.

친정을 시작한 성종의 입장에서는 무엇보다도 臣權보다 優位에서 안정적으로 국정을 주도해 나가는 일이 시급하였을 것이고, 그 핵심은 지배체제 구성에 달려 있을 것이었다. 따라서 성종대 지배체제의 구성과 성격을 면밀하고 정확하게 검토하기 위해서는 성종이 인사권을 행사한 의정부·육조·승정원·대간·관찰사 등 주요 관서의 관료와 그 이후 그들의 관직 이동도 추적해야 하겠지만, 이 글에서는 의정부 및 정조와 승정원에 제한하여 인사의 내용과 그 특징을 검토하는 정도로 살펴보고자 한다.

육조직계제 하에서 實權은 없었으나, 국가의 원로로서 국왕의 일차적 자문의 대상이었고, 각 관서의 都提調·提調 등을 兼職하였으며, 부정기적인 인사에 영향을 끼친 의정부 정승부터 살펴보겠다. 영의정 3명 중 鄭昌孫(좌리공신)·尹弼商(좌리공신, 대비 再從)이 각각 9·8년 8개월 역임하였고, 좌의정은 5명 중 윤필상·洪應(좌리공신, 明肅公主 夫 洪常 父)이 각각 5년 6개월, 7년여로 오래 재직하였으며, 8명의 우의정 중 홍응이 5년 6개월 정도로 가장 길게 역임하고 있었다. 3정승은 대체로 척신 1인이 배치되는 방식으로 각각 2, 6, 9차례 교체되어 우의정 외에는 장기간 재직하고 있는 셈이었다. 전원 훈척으로 구성된 것도 특징이었다.

성종 12년(1481) 이후 필요할 경우 성종이 국정 운영에 참여시킨 領敦寧(3정승 및 領敦寧府事·領中樞府事·府院君) 이상에는 鄭昌孫(좌리공신)·韓明澮(좌리공신)·尹士昕(좌리공신, 대비 弟)·沈澮(昭憲王后 兄)·洪應·盧思愼(좌리공신)·尹壕(성종國舅)·尹弼商·李克培(좌리공신) 등 전원 훈척으로 구성되었으나, 그들이 점차 사망한 동 21년(1490) 이후에는 훈척이 아닌

---

13) 『成宗實錄』권67, 7년 5월 辛酉, "傳旨議政府曰 院相之設 盖欲置諸左右 以使咨訪 然耆舊之臣 晨昏出入 在彼乖調養之道 在予失尊禮之義 資輔雖切 心實未安 乃者院相自 陳罷休 臺諫又言有乖禮接 自今勿仕政院".

관료의 참여가 늘고 있었다.[14]

정승의 제배에 대해 대간이 반대한 경우는 없었다. 현안을 처리할 때 경우에 따라서 국왕에게 영합하고 의리로 인도하지 못한다는 비판을 받기도 하지만, 대부분 오래 동안 관직 생활을 해 왔고 그 능력에 대한 평가가 형성되어 있기 때문인 것으로 판단된다. 다만 우의정에 제배된 윤호의 무능력을 신랄하게 비판해 놓은 기록[15]을 통해, 그가 公論에 不合한 인물이었음을 알 수 있다.

이조판서는 20명 정도가 재직하였다. 그 중 25%인 5명이 훈척이 아니었다. 1년 이상 재직한 판서로 홍응은 1년 3개월, 姜希孟(좌리공신, 母 昭憲王后 弟)은 1년 8개월, 鄭佸(鄭昌孫 子 비훈척)은 만 2년, 成俊(비훈척)은 1년 3개월 정도 각각 재직하였다. 대간이 문제를 제기한 것은 무신 魚有沼(좌리공신)의 경우였는데, 그 이유를 살펴보기로 한다.

> (常參 後) 政事를 보았다. 持平 金錫元이 말하기를, "吏曹判書 魚有沼는 武臣으로서 文臣의 어질고 어질지 못함을 다 알지 못하므로 注擬할 때에는 반드시 下官에게 의뢰하니, 어찌 體統이 서겠습니까? 또 吏曹는 人材를 시험하는 곳이므로 堂上官이 된 자는 반드시 글을 이해할 줄 알아야 할 것입니다." 하니, 임금이 말하기를, "어유소는 職任을 충분히 감당할 것이다. 注擬할 때 동료와 의논하는 것은 여러 사람에게 널리 물어 보고자 하는 것이니, 옳지 않겠는가?"(『成宗實錄』 권133, 12년 9월 甲戌)

어유소에 대한 비판은 며칠 전 경연에서도 있었다. 그가 무신이어서

---

14) 崔承熙, 2001, 앞의 논문, 107~115쪽.

15) 『成宗實錄』 권289, 25년 4월 丁丑, "史臣曰 壕爲人 中無所主 浮浪詼諧 素不爲淸議所容 每當朝廷大議 必曰依所啓施行 時人稱之曰依所啓宰相".

사대부의 능력이나 인품을 제대로 알지 못한다는 것에 '解文하지 못하는 점'이 보태지고 있었다. 대간이 여러 차례 반박하였지만, 어유소는 그대로 제배되었다.

그 외에 가령 門蔭출신으로 후에 武科에 장원하였으나, 글을 알지 못하는 朴仲善(좌리공신, 母 昭憲王后 弟)을 발탁한 경우 '사람들 모두 깜짝 놀랐다.'16)라고 그 인선의 부당성을 지적해 놓은 정도였다

병조판서는 모두 21명이 역임하였다. 그 중 약 37% 정도인 8명이 훈척이 아니었다. 李克培·魚有沼·柳輊(좌리공신)·愼承善(좌리공신, 燕山君 妻父)·韓致亨(좌리공신, 仁粹王妃 從兄) 등이 장기 재직하였고, 특히 2년 7개월 그 직에 있었던 이극배는 軍政의 전문가였다. 이조판서와 달리 장기 재직자 모두 훈척이었다. 병조판서 제수와 관련된 비판이나 특별한 내용은 찾아지지 않는다.

정조판서의 특징은 정승에 비해 상대적으로 자주 교체되었고, 친정 전에는 전원이 훈척으로 구성되었던 것에 비해 친정 후에는 비훈척 신료들이 증가한 것 등이었다. 그런 가운데 성종 22년(1491) 6월 成健(妻 왕비 近族)을 이조판서로 제수하고, 그 후임으로 신승선·한치형을 각각 이·병조판서로 제수하는17) 등 후반기에 척신을 重用한 조치가 눈에 띈다.

성종 인사의 기본적인 틀은 대비의 훈척지배체제를 따른 것이라 할 수 있다. 또한 당상관 이상의 고위 관료 및 후보자에 대한 官歷을 성종이 대체로 파악하고 있었으므로 인선에는 직·간접적으로 국왕의 의지가

---

16) 『成宗實錄』 권97, 9년 10월 壬辰, "史臣曰 仲善 以門蔭出身 後擢武科壯元 目不知書 專以聲色爲事 至是判吏曹 批下之日 人皆駭愕".

17) 성건의 처 한씨가 왕비의 근족이어서, 판서가 되기 전부터 청탁하려는 자들이 폭주하고 있었다(『成宗實錄』 권206, 18년 8월 戊辰) ; 권259, 22년 11월 甲午 ; 권 260, 22년 12월 戊午.

반영되기 마련이었다.[18] 문제가 있는 인사의 경우 공식적인 논란이 있었던 것으로 볼 때, 그 외에 비판이 제기되지 않은 인사 대부분은 대체로 적합한 인물들이 제배된 것으로 이해된다. 또한 척신은 물론이지만, 훈신의 구성 비율도 전체적으로 초기보다 낮아지고 있었다.

성종의 신임이 필수적인 도승지의 경우는 친정 직후 제배된 玄碩圭를 필두로 30명이 재직하였다. 이들 중 척신은 현석규(瑞原君 墻)·任士洪(子 任光載 예종 부마, 任崇載 성종 부마)·權健(母 中宮 絶族)·成健·宋瑛(단종 妻父 宋玹壽 姪)·韓堰(한명회 姪)·韓健(인수대비 姪)·鄭敬祖(세조 부마 鄭賢 祖 弟) 등인데 비해, 훈신은 申浚(좌리공신)뿐이다. 도승지 제수에 대한 논란은 한건의 경우가 유일하다.

> "弘文館과 藝文館은 모두 文臣을 쓰도록『大典』에 記載되어 있습니다. 韓健이 도승지가 되었으면, 직책이 藝文館 直提學을 겸하여야 하는데, 문신이 아니면서 이 직책에 있는 것은 심히 옳지 아니하며, 한건 또한 어찌 편안히 있을 수 있겠습니까? 청컨대 이를 고치소서." 하니, 임금이 좌우에게 물었다. 윤호가 대답하기를, "문신이 아니면서 도승지가 된 자는 이 앞에도 많이 있었습니다." 하니, 임금이 말하기를, "사람을 쓰는 것은 마땅히 재주에 따라서 써야 한다. 만약에 문신이 아니라고 하여 혐의한다면, 사람을 쓰는 길이 넓지 못하다. 또한 예전의 例도 있었으니, 나의 뜻에는 무방하게 생각한다."(『成宗實錄』권231, 20년 8월 壬子)

사흘 전 한건이 도승지에 제배되었다. 그가 문신이 아니었기 때문에

---

18) 여러 차례 권세 있는 자리에 있으면서도 청렴을 지킨 李崇元이었으나, 임금의 의중에 있는 인물일 경우 비록 非材라 하더라도 먼저 천거한 경우가 그 일례이다 (『成宗實錄』권260, 22년 12월 戊辰 ; 권164, 15년 3월 戊戌).

경연에서 正言 趙球가 자격 문제를 제기한 것이었지만, 윤호는 前例를 들어 찬성하였다. 도승지 직무 수행 능력도 문제였지만, 문신이 아니었으므로 규정에 따른다면 예문관 대제학을 맡을 수 없다는 것이 더 큰 문제였다.

한건이 戚里라는 점도 비판 내용에 보태졌다. 즉 한건이 척리이기 때문에 문신이 아닌데도 도승지에 제배되었다는 것이다. 성종은 영돈녕 이상과 정부·이조에 한건의 출사 可否를 물었다. 그들 중 李崇元만『大典』을 근거로 문신이 아닌 인물의 불가론을 주장하였고, 그 외는 전부 찬성이었다.[19] 그래도 대간의 비판이 계속되자, '도승지 직만 수행하고 예문관 직제학을 수행하지 않으면 된다.'라는 성종의 불만이 터지기도 하였다. 그러나 성종은 육조와 한성부 당상을 불러 가부를 논의하게 하는 형식상 확인을 거쳐 出仕를 명하였다.[20]

도승지의 경우 정조판서보다 교체가 더욱 빈번하였다. 교체의 이유는 越權과 직무유기, 명령을 즉시 이행하지 않은 직무태만, 지휘 통솔력 부족 등이었다.[21] 훈척의 비중은 33%였다. 다른 관서에 비해 훈척의 비중이 현저히 낮았고, 척신이 훈신보다 상당히 많은 점이 흥미롭다. 또한 도승지 직을 각각 1년 5개월·1년 3개월·1년 4개월·1년 7개월 등 장기 수행한 현석규·권건·송영·鄭敬祖 등이 왕실과 직·간접적으로 관련되어 있는 것도 주목할 만한 사실이다.

---

19)『成宗實錄』권231, 20년 8월 壬子.

20)『成宗實錄』권231, 20년 8월 乙卯 ; 권232, 20년 9월 癸亥.

21)『成宗實錄』권160, 14년 11월 丁巳 ; 권179, 16년 5월 壬子 ; 권204, 18년 6월 丁丑 ; 권231, 20년 8월 戊申 ; 권270, 23년 10월 辛丑.

2. 정치세력 변화와 성종의 훈척지배체제 보완

대비나 성종에 의해 훈구를 견제하기 위한 상대세력으로서의 정치적 성격을 띠고 발탁된 척신은 왕권의 가장 가까운 지지 기반이었다. 그러나 문제는 실무 능력이 부족하다거나 數的으로 많지 않은 가운데, 고령화까지 겹쳐 갈수록 정권에 참여할 만한 인물이 줄어들고 있다는 사실이었다. 훈구도 감소하는 경향이 없지 않았다. 그렇지만 그들은 실무를 통해 능력을 검증받았고, 국성 경륜도 풍부하였으며, 인적 자원도 척신보다는 풍부하였다. 따라서 인사가 계속될수록 핵심 관서에 훈구가 다수 포진될 것은 자명하였다.

그 같은 상황을 타개하기 위한 해법을 성종은 크게 두 가지 방안에서 찾고 있었다. 첫째는 무신을 주목하였다. 성종은 성종 10년(1479)에 무신 呂自新을 경기 관찰사에 제배하였다.[22) 그런데 과장되기는 하였지만, 불과 1년이 지난 동 11년 감찰 徐彭召가 몇 년 후, 무신의 專權을 우려할 정도로 그 임명은 급속히 확대되고 있었다.

"(조종 조에 무사로서 국정을 맡은 사람은 오직 崔閏德뿐임을 전제한 후) 지금은 先王의 제도를 변경하시고, 무사를 擢用하시어 승정원에 들어온 자가 3인이고, 육조에 있는 자가 定員의 반이 넘습니다. 대저 승정원은 전하의 喉舌이고, 육조는 전하의 股肱인데, 전하께서 무사를 薦拔하시어 국정을 맡겨 주시기를 아침에 한 사람을 취하고 저녁에 한 사람을 취하시니, 신은 아마도 몇 년이 못 되어 조정에 있는 신하가 모두 무사가 되어 무인이 專權하는 조짐이 이에서 비롯될까 염려스럽습니다."(『成宗實錄』

권121, 11년 9월 辛卯)

성종 8년(1477) 윤 2월에 성종은 이미 魚有沼를 병조판서에 제수한 바 있었다. 무신의 요직 제배에 대한 심중의 일단을 표출한 것으로 이해된다. 그렇다고 계속 무신을 임명한 것은 아니었다. 동 9년 7월 성종은 승정원에 전교를 내려 문신만을 注擬하는 銓曹의 행태를 비판하면서, 6조 판서 이하 관료에 文武를 교차해서 임명하는 내용을 새로이 법으로 만들고자 하였다. 그로 인해 발생할 폐단을 거론하며 강력히 반대하는 도승지 등에게 기득권 상실을 두려워해서 기어이 반대하는 것이라 공박하였다. 이 문제에 대한 성종과 승지들의 논의는 계속되었다.

"무신은 분주하여 여가가 없이 노고가 심한데, 그 관직을 제수함에 있어서는 西班의 7, 8품에 불과하다. 그러나 문신은 모두가 淸要한 자리에 있다. 나는 생각건대 이 법이 한번 서게 되면 무신들이 생각하기를, '지금은 비록 수고롭고 괴로우나 다른 날 우리도 또한 要路에 오를 수가 있을 것이다.' 하여, 반드시 명예와 節介를 힘써 닦아서 王事에 힘을 합할 것이다. 또 지금 六曹의 郎官들은 문신이 아니면 반드시 承蔭된 자인데 나는 무인으로 이 직을 얻은 사람이 몇이나 되는지 모르겠다."

승지들이 아뢰기를, "傳旨에, '먼저 『大典』의 법을 인용하여 임용할 만한 사람을 가려서 제수한다.'고 운운하신 대로 하는 것이 좋겠습니다." 하니, 전교하기를, "경 등의 말이 옳다."

인하여 吏曹에 전지하기를, "『大典』 안에, '이조·예조·병조의 당하관은 문신을 아울러 등용한다.'고 하였으니, 그렇다면 육조의 당상관 및 호조·형조·공조의 낭관은 문·무를 교대하여 등용하여도 괜찮을 것이다. 내가 육조를 보니, 문신이 많이 있고 간혹 承蔭한 자가 있을 뿐이고, 일찍이

한 사람도 武科를 거쳐서 오른 사람이 없으니, 이것이 어찌 조정에서 사람을 등용하는 도리라고 하겠는가? 이제부터는 注擬함에 있어 무신으로서 소임을 감당할 만한 사람을 널리 가려 써서 나의 문·무를 병용하는 뜻을 넓히도록 하라."(『成宗實錄』 권94, 9년 7월 戊辰)

국가를 위해 노고가 많은 무신의 관직은 서반 參下官에 불과하고, 문음 출신도 진출해 있는 육조의 당상관 및 호조·형조·공조 郎官 등에 조차 한 사람노 진출하지 못하고 있는 이유는, 바로 淸要職을 전부 차지하고 있는 문신이 그 관직을 통해 자기세력을 확대재생산하고 있기 때문이라는 것이었다. 그 같은 문신의 관직 독점 상황을 해체하고, 무신의 충성도를 끌어올리겠다는 것이 성종의 무신 발탁 명분이었다. 그런데 성종의 위 발언이 강희맹의 광범위한 인사 부정을 비난한 익명서 사건(후술함) 후에 있었던 점을 특히 주목할 필요가 있다. 그 사건이 계기가 된 것이 분명하기 때문이다.

실제 非文科 출신자의 진출이 가능한 호·형·공조의 낭관에 門蔭 출신은 40~50% 정도 진출해 있었다.[23] 반면 무신은 한 사람도 진출하지 못하고 있는 상태였다. 그래서 성종은 특정 가문·인물 더 나아가 문신들의 인사 독점을 막기 위해 이조의 인사 행태를 노골적으로 비판하면서, 무신을 충원할 의도를 밝혔던 것이다. 명분이나 특별한 계기 없이 무신 제배를 확대하기 어려운 상황에서 합당한 이유를 제시한 셈이었다. 성종이 무신의 제수를 확대하려는 두 번째 이유는, 자질이 형편없는 勳戚의 자제가 父兄의 권세를 끼고 大官에 이르게 될[24] 심각한 상황을 극복하기 위한

---

23) 朴洪甲, 1994, 「朝鮮前期 蔭職硏究」, 영남대학교 박사학위논문, 163~167쪽.
24) 『成宗實錄』 권70, 7년 8월 甲午, "(藝文館副提學)孫比長等上疏曰……今也 內而百官 外而列郡 公卿子弟之居其位者參半 不學古不識治體者盖多有之……國家雖有殿最之法

조치와도 무관하지 않았다. 셋째는 국방 문제 때문이었다. 세종이 4군과
6진을 개척하였지만, 邊境이 안정된 것은 아니었다. 조선은 女眞人들을
회유·포섭하고 때로 공격하기도 하는 등 强溫 양면정책을 사용하였다.
그들이 入朝하여 충성을 다짐하면서도 다른 한편으로 무시로 침입하여
약탈을 시도했기 때문이었다. 그래서 세조 6년(1460)과 13년에 여진을
공격하는가 하면, 성종 10년(1479)에는 명의 요청으로 建州衛를 공격하였
고, 성종 22년(1491)에는 대규모로 여진 정벌에 나서기도 하였다.25) 그러
므로 外侵에 대비하기 위해 평시에 능력 있는 무신을 대우해야 할 현실적인
필요가 있었던 것이다. 무신의 제배가 지속적으로 확대된 것은 바로
그 같은 이유 때문이었다고 분석된다.

이제 성종 인사의 기본 원칙을 살펴보겠다.

"대저 君主가 사람을 쓸 적에 어찌 신하의 마음의 깊은 속까지를
다 알고 난 후에 쓸 수가 있겠는가? 비록 재주와 德行은 없더라도 한마디
말과 한 가지 행동이 만약 볼 만한 것이 있다면 군주는 반드시 벼슬에
등용시키고, 등용시키고는 그 행동하는 바를 살펴보아서 현명한 사람이
면 승진시키고, 不肖한 사람이면 물리칠 뿐이다. 만약 반드시 신하의
마음을 다 알고 난 후에 써야 한다면, 그대들의 마음을 내가 어찌 다
알고서 썼겠는가?"(『成宗實錄』권255, 22년 7월 丁酉)

즉 일단 드러난 言行을 기준으로 관료를 임용하되, 그 후에는 賢·不肖에
따라 陞黜한다는 것이 성종의 인사 원칙이었다. 그러면서도 무신인 李德良

而黜陟之典 又不行於權貴子弟 悠悠歲月 馴致大官".
25) 金九鎭, 1995, 「여진과의 관계」『한국사』22, 국사편찬위원회, 339~340쪽.

(적개공신, 대비 姊의 壻)을 특지로 대사헌, 형조판서에 각각 제수하였으며, 李季소을 대사헌·형조판서에 임명하였다.26) 역대 전례가 없는 인선이었다. 그뿐만이 아니었다. 성종은 10년 3월 무신 邊修를 처음 승지를 삼은 이래, 많은 무신들을 교대로 승지로 제수하고 있었다. 심지어 出納할 적에 자주 잊어버리는 曹克治는 도승지 한건으로 하여금 대신하게 하면서 까지 좌승지에 제배하였다.27) 상식적으로는 납득이 되지 않고 업무의 효율성에도 분명 문제가 있었지만, 무신의 진출을 적극 확대한다는 의미에서 성종이 승정원 배치를 강행한 것으로 살펴진다.

다만 동부승지로 超擢한 朴元宗(朴仲善 子, 성종 형 月山大君 婦의 弟)의 경우는 예외였다. 이례적으로 의정부에서 먼저 개정론을 제기하였고, 대사간 등도 정원에 발탁된 인물 중 가장 공론에 불합한 인물이라고 합세하였으며,28) 박원종의 絶族 영의정 尹弼商·좌의정 노사신마저 納諫할 것을 청하자,29) 할 수 없이 공조참의에 제수하였다. 이후에는 무신을 승지로 삼지 않았다.30) 이는 오랜 동안 무신을 近侍職·요직에 배치한 결과 업무 차질과 기강 해이 등의 역기능을 성종도 인식한 때문으로 판단된다. 그 외에도 성종은 2품 이상의 무신 경력자 24인을 '特進官'으로

---

26) 『成宗實錄』 권132, 12년 8월 丁卯 ; 권160, 14년 11월 丙申 ; 권205, 18년 7월 庚申 ; 권244, 21년 9월 乙卯.

27) 『成宗實錄』 권102, 10년 3월 庚申 ; 권234, 20년 11월 癸酉, "傳旨司憲府曰……左承旨 曹克治武人也 代(李)宗顯爲刑房 不解文 性又鈍 臺諫敷奏之事出納之際 多有遺忘 克治 啓曰 臣善忘 且不達於言 出納臺諫之言 臣未能堪 上亦素知 克治之爲人 故令都承旨 韓健 代之".

28) 『成宗實錄』 권268, 23년 8월 乙巳, 丙午 ; 戊申, "司諫院大司諫安瑚等上箚子曰……前此擢入政院者 或以戚里 或以椒房 或以武人 其選始輕 然不協公議 未有如(朴)元宗者".

29) 『成宗實錄』 권268, 23년 8월 庚戌.

30) 『成宗實錄』 권269, 23년 9월 戊寅, "史臣曰 上以文武一體 衆用武臣爲承旨 如邊脩 李季소 李拱 梁瓚 金世勣 吳純 李朝陽 曹克治 邊處寧 是也 及(朴)元宗承旨 廷議駁以爲不稱 遞爲衆議, 自是不復用武臣爲承旨".

발탁하여 매 경연마다 2인씩 돌아가며 入侍토록 하였다.[31] 전례없이 特旨
로 무신을 중용하다보니, 문제가 없을 수 없었다. 武官職·無祿職의 침체가
심화되고 있었던 것이다.[32] 침체자가 하필 무관직이나 무록직에 한정된
것은 아니었다. 성종대 관료군은 2품이 거의 1백 40인에 이르고, 3품이
1백 30인을 밑돌지 않았으므로 實職은 귀하고 3품 이하의 관원 역시
엄체되고 있었기 때문이다.[33]

그렇다면 성종이 무신을 파격적으로 등용할 수밖에 없었던 근본적인
이유는 무엇인가. 다른 정치세력이 없기 때문이었다. 赴試가 허락되어
관직에 진출하였던 세조대와는 달리 친정 전에 종친의 관직 진출은 이미
금지된 상태였다.[34] 다른 한편 金宗直을 필두로 그 문인들이 성종 5년
(1474)부터 문과에 급제하기 시작해서 동 16년(1485) 이후 일정한 세력을
형성하지만, 그들 대부분은 홍문관이나 언관에 포진되어 있었고, 국정에
도 기여한 바 적지 않았지만 전체 관원에 비해 극히 소수에 불과했으며,
몇 명만이 언론 三司에서 행하는 탄핵에 일부 가담하여 훈척 대신을
탄핵하는 정도였다.[35] 이른바 '사림'은 아직 요직에 제배될 만큼 성장하지
못했기 때문이었다.

무신 擢用보다는 의미가 약하지만, 훈척지배체제를 보완하기 위한 성종

---

31) 『成宗實錄』권191, 17년 5월 癸酉, 辛亥.

32) 『成宗實錄』권177, 16년 4월 戊午, "(同知事 金宗直 又啓曰 今官職窠闕不足 別坐有八
年不調者 部將有十年不調者 傳旨叙用者甚多 而未卽叙用 且賢能沈滯 未得登用者亦有
之 請行陞黜之典".

33) 『成宗實錄』권117, 11년 5월 壬午 ; 권82, 8년 7월 壬午. 高品階의 관료들이 많은
이유는 성종 당대에 왕실의 慶事, 功臣冊封, 軍功, 國喪, 試藝 등의 명목으로 加資가
남발된 때문이었다(韓忠熙, 1985,「朝鮮 世祖~成宗代의 加資 濫發에 對하여」『韓國
學論集』12, 계명대 한국학연구원, 172~187쪽).

34) 한춘순, 2002, 앞의 논문, 53~56쪽.

35) 李秉烋, 1984, 『朝鮮前期 畿湖士林派硏究』, 일조각, 7~47쪽 ; 최승희, 2001, 앞의
논문, 128~137쪽.

의 두 번째 방안은 특정 척신을 우대하는 것이었다.

성종은 세조의 異姓 사촌 이내의 친족과, 貞熹王后·仁粹·仁惠대비의 同姓·異姓 육촌 이내의 친족에게 代加 및 加資하는36) 등 척신을 배려하였다. 특히 누이가 宣宗皇帝의 後宮인 韓確[정난공신, 仁粹大妃(성종 母后) 父]의 아들이자 인수대비의 형제인 韓致禮(좌리공신) 및 그의 형 韓致仁(좌리공신)·韓致義(좌리공신), 韓致亨(인수대비 從兄)과 조카 韓僩·韓償·韓健 등을 또 다른 방법으로 우대하고 있었다. 즉 공주 및 그와 결탁한 조선인 환관 鄭同을 매개로 성종 8년(1477)부터 18년(1487)까지 해마다 번갈아 聖節使로 파견된 성종의 外舅나 從弟인 그들에게 승직·加資·代加 등을 준 것이었다.37) 성종이 대가나 가자한 의미는 결과적으로 그들을 이·병조 외에 近侍職이나 그 외 관직에 진출할 수 있는 자격 조건을 강화해 준다는 것에 있었다. 그 외에 성종은 인수대비의 다른 조카도 우대하였다.38)

성종 11년(1480)에 제2繼妃가 되는 숙의 윤씨의 부 尹壕 一門의 진출도 활발하였다. 성종은 왕실과 관련된 인물의 인사라도 법대로 재처리하는39) 등 원칙에 충실하려는 면모를 보이고 있었다. 그런데 자질과 능력의 문제가 제기되었음에도 대비의 族親이자 國舅인 윤호의 弟를 당상관에 발탁하였다.40) 윤호의 자 尹殷老에게는 더욱 각별하였다. 그는 동 14년까지 淸職을 역임하였는데, 그 사이 贓汚罪에 연루되기도 하였다. 그럼에도 몇 년 사이 3자를 加資하여 끝내 동부승지에 제수하였다.41) 이조참판으로

---

36) 『成宗實錄』 권196, 17년 10월 壬辰.

37) 『成宗實錄』 권118, 11년 6월 癸酉 ; 권119, 11년 7월 辛巳.

38) 가령 韓偉·韓偉·韓健 등이다(『成宗實錄』 권176, 16년 3월 辛丑 ; 권178, 16년 윤4월 丁酉 ; 권220, 19년 9월 戊寅).

39) 『成宗實錄』 권81, 8년 6월 壬寅 ; 권126, 12년 2월 乙巳.

40) 『成宗實錄』 권257, 22년 9월 丙子 ; 권265, 23년 5월 癸巳 ; 권272, 23년 12월 癸亥.

서 防納을 자행하다 파직된 그를 마지못해 율에 의해 재처벌하였다가,[42) 곧 고신을 환급하고 五衛將을 거쳐 貪汚하다는 반대에도 軍器寺 제조에 제수하였다.[43) 이는 탐오하다고 대사헌에 임명된 이틀 후 전격 해임된 梁誠之의 경우[44)와 극단적으로 대조된다는 점 때문에 더욱 주목되는 것이다.

무신을 다수 등용하여 지배체제의 인적 구성을 다양화하려는 것이 성종의 목적이었다. 이는 정치세력 상호 간의 균형을 통해 강력한 왕권을 행사하려는 전략적 선택이었다. 그러나 관료 인선을 책임지고 있는 이·병 조판서가 정승 재상들과 결탁하여 정실·청탁인사를 행하는 정황이 직·간 접적으로 포착되었기 때문에 더욱 전제적으로 인사권을 행사하였고, 여러 무신을 승지 및 요직에 발탁하여 국정에 참여시켰으며, 자신과 가장 가까운 특정 척신도 특대한 것으로 판단된다.

Ⅲ. 훈척지배체제의 실제

1. 이·병조 인사의 두 측면

인사를 맡은 이조의 임무는 적합한 후보자를 올려 성종이 落點한 인물을 관직에 배치하는 것이었다. 그 관료를 통해 국가의 조직이 움직인다는

---

41) 『成宗實錄』 권174, 16년 정월 壬寅 ; 권180, 16년 6월 庚子.

42) 『成宗實錄』 권241, 21년 6월 戊子, 癸巳, 戊戌, 辛丑.

43) 『成宗實錄』 권249, 22년 정월 壬辰, 癸巳 ; 권252, 22년 4월 乙卯.

44) 『成宗實錄』 권85, 8년 10월 己亥, "吏曹判書 姜希孟啓曰 梁誠之 事眞僞 雖未可知 然其任重大 不可一日曠也 換授何如 傳曰 可".

점에서 지배체제의 기능과 직결된 이조판서가 주관하는 인사 행정의 실상은 대단히 중요하다고 할 수 있다. 주요 관서의 관료 임명에 대한 대간의 비판이 거의 없었고, 당하관 이하에서도 공정한 인사가 행해지고 있었다. 따라서 일일이 제시하지는 않더라도, 논란이 제기되지 않은 많은 인사는 지배체제의 기능이 정상적으로 작동되고 있음을 보여주는 것이었다.

문제는 불공정 인사나 부적절한 인선이 문제가 된 경우도 散見된다는 점이었다. 불공정 인사의 경우에는 그 문제점이 구체적으로 드리나고 있었다. 편의상 논란된 인사의 유형을 세 가지 정도로 나누어 살펴보면서, 지배체제 기능의 다른 측면을 검토해 보고자 한다.

먼저 인사를 주관한 이조의 경우부터 살펴보겠다. 구체적인 정황이나 인물이 드러난 것은 대부분 이조판서가 관련된 인사였다. 친정 초 이조판서 직을 맡은 홍응은 의빈 洪常의 父였다. 그는 충담·精粹하고 임금의 뜻에 아첨하지 않는 기개를 겸비한 인물이었다.[45] 1년 이상 이조판서 직무를 수행하였고, 최장기간 좌의정·우의정에 재직한 사실이 그 같은 인물평을 입증해 준다고 볼 수 있다. 그런데 그가 체직된 결정적인 이유는, 바로 자신의 아우 司僕寺 僉正(종4품) 洪偉을 사복시 제조인 우의정 尹子雲과 통하여 자리가 비어있는 副正(종3품)의 자리에 불법으로 次次遷轉하려 한 혐의로 탄핵받은 때문이었다. 이 일로 사직을 청한 두 달 보름 후 益城君으로 물러나게 되었다.[46]

뇌물로 要職 이동을 청탁한 戚里를 물리치거나, 人望과 청렴성을 갖추고 공정한 인사를 행한 인물도 없는 것은 아니었다.[47] 그렇지만 이조판서는

45) 『成宗實錄』 권264, 23년 4월 甲辰.
46) 『成宗實錄』 권74, 7년 12월 丙申 ; 권77, 8년 윤2월 己未.
47) 鄭蘭宗·정괄이 그러하였다(『成宗實錄』 권241, 21년 6월 癸未 ; 권139, 13년 3월

홍응처럼 정실 인사나 그 혐의로 논핵되어 교체된 경우가 많았다. 대간의 반대에도 성종의 文武─體論에 힘입어 병조판서를 역임하고, 이조판서에 제수된 어유소도 同姓·족친을 교수로 옮긴 일로 교체되었다.48) 이는 당시 정실 인사 또는 그 혐의를 받는 경우 관련자 대부분이 교체될 정도로 엄중하게 비판받았다는 사실을 보여주고 있다. 청탁 인사의 대명사격인 愼承善이나 이례적으로 파직된 洪貴達의 인사 부정도 심했지만,49) 정실 인사처럼 즉시 문제가 되지 않았다는 점에서 차이가 있다.

병조판서의 경우는 어떠하였는가. 장기간 병조판서 직을 수행한 魚有沼는 순천부사로 제수된 李拱에게 품계를 더하여 보내기를 청한 잘못으로 사직을 청한 지 한 달 만에 교체되었고,50) 孫舜孝는 불공정한 軍職 제수 문제로 탄핵을 받고 사직을 청한 이틀 후에 교체되었다.51) 최장기간 병조판서 직에 있었을 뿐 아니라, 성종 17년(1486) 6월 軍籍 수정을 위해 復設된 겸 병조판서에 제수되어 21년(1490) 4월까지 재직하면서 업적을 남긴 이극배나, 공정한 인선을 한 李克增(좌리공신), 특히 한결같이 공정하게 銓選한 인물로 척신으로서는 드물게 그 능력을 평가받은 한치형 등도 있었다.52) 그 외에 병조판서와 이조판서가 아들과 孽壻를 각각 바꾸어

庚午 ; 권162, 15년 정월 丙申).

48) 『成宗實錄』 권133, 12년 9월 丙子 ; 권135, 12년 11월 乙酉. 그 외에 신준·鄭文炯·李克均도 정실인사로 교체되었다. 반면 사촌 손자 2명의 빠른 승직과 관련된 의혹으로 탄핵받은 李克墩의 경우는 별다른 조치가 없었다(『成宗實錄』 권288, 25년 3월 己酉).

49) 『成宗實錄』 권260, 22년 12월 戊午 ; 권297, 25년 12월 壬申 ; 권279, 24년 6월 丁亥 ; 권283, 24년 10월 丁卯.

50) 『成宗實錄』 권77, 8년 윤2월 壬戌 ; 권90, 9년 3월 庚寅 ; 권91, 9년 4월 丁巳.

51) 『成宗實錄』 권167, 15년 6월 戊寅 ; 권178, 16년 윤4월 乙巳.

52) 『成宗實錄』 권192, 17년 6월 乙酉 ; 권239, 21년 4월 丁亥 ; 권288, 25년 3월 甲寅 ; 권264, 23년 4월 戊申 ; 권284, 24년 11월 丁酉.

승진시킨 것이 문제되기도 하였다.[53] 살펴본 바와 같이 병조판서가 교체된 이유는 이조판서와 달랐고, 이조보다는 인선의 권한이 적은 탓인지 드러난 인사 부정도 적은 편이었다.

두 번째는 특정 인물이 조직적으로 광범위하게 청탁·정실인사를 행한 경우인데, 강희맹이 그에 해당된다. 그는 좌리 3등 공신이자 沈澮·申叔舟· 盧思愼과 인척 관계를 맺어 '外戚과 族黨이 盤據'하는 형세를 이룬 전형적인 척신이자 훈구였다. 1년 8개월 동안 이조판서 자리에 있었지만, 불공정 인사와 관련된 문제는 기의 없었다. 그러나 성종 9년(1478) 6월 익명서 사건 이후, 그의 인사 행태는 쟁점화 되었다.[54] 사례가 많은 것도 많은 것이려니와 그 내용이 구체적이고, 정실·청탁 인사의 종합판이라 할 수 있을 정도로 여러 형태가 담겨있어 내용을 나누어 정리해 보면 다음과 같다.[55]

① 자질이 없는 사람 柳仁濠를 언관에, 편법으로 김봉을 능참봉에, 鄭誠謹을 典籍에 제수한 것.
② 내자시 제조에 사촌 아우 沈瀚을 獨望으로 올린 것.
③ 진산의 巨富 무인 金華는 현감에서 司議로 뛰어올려 제수한 반면, 十上인 자를 平遷·左遷·서반으로 보낸 것.
④ 喪을 당하여 물러난 이조참의 崔漢禎의 자리에 예조의 任士洪을 이동시키고, 그 자리에 형조의 李孟賢을 옮긴 후 사촌인 趙之周를 형조참의에 薦望·낙점을 받은 것.
⑤ 婚家인 경력 없고 연소한 申從洽을 漢城庶尹에 제배한 것.

---

53) 『成宗實錄』 권255, 22년 7월 辛丑.
54) 『成宗實錄』 권93, 9년 6월 戊申.
55) 『成宗實錄』 권94, 9년 7월 癸酉.

⑥ 영안감사가 무인임에도, 무인인 사촌의 아들 도사 盧公裕을 체직하지
　　않은 것.

⑦ 낭관 朴叔達·李世匡 등이 자천하여 정랑·좌랑에서 며칠 안에 職秩을
　　뛰어올려 받도록 한 것—그 이유는 사간원에 정언 柳仁濠, 從弟 盧思愼
　　의 처남 慶俊이 사간으로 있는 상태에서 구변 좋은 박숙달·이세광
　　등을 사헌부에 두어 聲援하게 함으로써 강희맹 자신의 불법에 대해
　　좌우의 비난을 봉쇄하기 위해서이다.

⑧ 지난번 都目政과 轉動政에 수령의 빈자리가 30여 자리에 이르는데,
　　모두 趙孝禮 등 橫出한 자들을 시키고, 別提들을 승진시키지 않았다.

이 같은 내용의 眞僞를 전부 확인할 수는 없다. 먼저 구조적으로 파악할
수 있는 부분을 검토하면서 진위 여부를 가늠해 보겠다. 먼저 ⑦의 경우는
강희맹의 묵인 하에 이조전랑이 인사권을 행사한 사실을 지적하고 있다는
점에서 주목된다. 이를 기점으로 성종 18년(1487)에는 이조·병조·예조의
낭청과 승정원 注書 등이 스스로 동료를 추천하는 이른바 自薦을 행하였고,
이를 朋黨의 조짐으로 판단한 성종은 대단히 부정적인 입장을 보였다.56)
성종과 집권세력의 반대로 자천은 소강국면을 보인다. 그렇더라도 ⑦은
인사권·자천제를 토대로 하는 낭관권57) 성립의 단초를 보여주고 있다는
의미에서 중요하다 하겠다. 또한 강희맹이 낭관을 대간으로 진출시킨
이래 뛰어난 이조낭관만은 仕滿과 상관없이 取稟 후 대간으로 승직시킨

---

56) 『成宗實錄』 권206, 18년 8월 癸酉, "侍講官鄭誠謹啓曰 凡用人 必爲銓曹注擬可也
　　今吏兵禮曹郎聽承政院注書等 自薦其僚 不革此弊 則臣恐政出多門 從至於朋黨矣 上曰
　　甚不可 自望之法 始於何時".

57) 낭관권의 성립에 대해서는 崔異敦, 1994, 『朝鮮中期 士林政治構造硏究』, 일조각,
　　130~141쪽.

사실도,[58] 양 관서의 인적 구성의 동질성이 시작된다는 측면에서 주목된다. 강희맹이 논박을 거의 받지 않았다는 점에서, ⑦에 나타난 대간 탄핵 봉쇄 목적은 일단 실효를 거둔 것으로 볼 수 있다.

한편 ⑧의 내용은 광범위하게 이루어진 훈척 재상과 수령이 구조적으로 결탁한 측면을 보여 주고 있다. 別提는 6품의 無祿官이었다. 무록관은 수령으로 근무 중 考課가 나쁜 자나 관직에서 일시 물러난 作散者들이 서용되는 통로여서 입사자 품계가 다양하였고, 『經國大典』에는 그 품계가 낮을수록 많은 인원을 배정해 놓았다. 360일 근무하면 他司 正職 祿官으로 遷轉하였는데, 경직 무록관이 거의 參上의 품계였으므로 대부분 京外 參上官으로 진출하는 것이 통례였다. 그런데 문벌이 점차 강화되어 지배층이 保守化·權貴化되어가 는 과정에서, 공신 자제들이 代加 등을 통해 散官 資級을 참상으로 끌어올렸다가 實職을 거치지 않은 채 바로 京官 무록관으로 입사하는, 말하자면 정직 祿官으로 傳遷하는 통로로 삼고 있었던 것이다.[59] 조효례의 인적 사항은 나타나지 않는다. 그러나 강희맹이 仕滿하여 당연히 수령으로 제수되어야 할 별제를 배제하고, 오히려 자격 요건이 미달되거나 또는 실직을 거치지 않고 무록관이 된 훈척 자제들을 수령으로 보냈다는 사실을 추단할 수 있다.

익명서 사건 전에 강희맹의 從弟 조지주와 壻 김견수의 형조참의 개차 등에 대한 요청이 있었다.[60] 또한 익명서 사건의 여파로 물러나면서 후임에 척신이자, 그의 從弟로 글을 알지 못하는 무신 朴仲善을 추천하여 그 一門에 권세를 몰아주려 한다는 의혹을 받았는데,[61] 실제 이후 이조에

---

58) 『成宗實錄』 권131, 12년 7월 丁丑 ; 권127, 12년 3월 乙未.
59) 朴洪甲, 1994, 앞의 논문, 118~141쪽.
60) 『成宗實錄』 권88, 9년 정월 己卯 ; 권91, 9년 4월 辛亥.
61) 『成宗實錄』 권97, 9년 10월 壬辰, 乙巳 ; 권98, 9년 11월 己卯 ; 권97, 9년 10월

판서 박중선을 비롯하여 참판·참의에 그 一門이 포진하는 결과로 나타났다.62) 따라서 정실 인사를 지적한 위의 ②④⑤⑥의 내용 역시 사실일 가능성이 높다. 익명서 내용에 대해 조목조목 반박하고 해명하였지만, 강희맹이 성종 4년 2월부터 5년 7월까지 약 1년 6개월 동안 병조판서를 역임하였던 사실과, 긴 이조판서로서의 권력 행사 기간 및 그의 정치적 위상 등 여러 상황을 종합하면 익명서 내용은 사실에 가깝다고 판단된다. 그렇게 본다면 강희맹은 언관권 및 낭관권까지 手中에 두고 전횡을 획책한 16세기 훈척과 성향을 같이하는63) 權臣 성향을 보인 최초의 인물로 볼 수 있다.64)

　마지막으로 특정 참상직을 중심으로 인사 부정이 자행된 경우를 살펴보겠다.

戊申.

62) 『成宗實錄』 권100, 10년 정월 辛酉. 인사 문제로 논박받은 사례는 드러나지 않으나, 박중선 역시 인사를 불공평하게 처리한 인물이었다(『成宗實錄』 권132, 12년 8월 己巳).

63) 韓春順, 2000, 「明宗代 勳戚政治 硏究」, 경희대학교 박사학위논문, 57~74쪽 및 79~82쪽, 101~105쪽.

64) 그의 卒記에는 세조가 그를 가장 剛明한 신하로 총애하였고, 성종의 총행을 시기하는 자가 그를 훼방하기 위해 일으킨 것이 익명서 사건이었으며, 그래서 성종의 신임이 더욱 중해졌다고 하였다. 그 외에도 그의 인품과 능력 그리고 문장의 뛰어난 점을 칭찬해 두었다(『成宗實錄』 권151, 14년 2월 辛巳). 그 같은 내용들은 그를 전횡을 획책한 인물인 權臣이라고 지칭하는 것을 어렵게 한다. 그러나 성종이 표면적으로는 신임하는 태도를 유지했는지 모르지만, 이조의 인사 행태를 비난한 것은 분명 강희맹 사건에 대한 힐책이었으므로 그 본질적 의미를 과소평가할 수 없다고 생각한다. 또한 그가 얼마 후 판돈녕부사로 교체된 것(권97, 9년 10월 壬辰)도 그의 인사 부정을 성종이 인정했다는 사실을 반증하는 것이라 판단된다. 세조에게 여러 차례 문장으로 아첨할 정도로 정치적 처신이 능한 그에 대한 평가는 부정적인 것이었다. 그래서 필자는 초기 형태의 권신적 인물로 판단하였다.

"『대전』의 경관직 조항에 이르기를, '6품 이상은 仕滿이 9백이면 관직을 옮기는데, 의정부와 육조의 당하관 아울러 陞敍하고, 그 나머지는 平敍한다. 현능하고 부지런히 힘쓴 자는 이 제한에 두지 않는다.'라고 했습니다.……宋叔琪는 德源府使(종3품)로서 繕工監副正(종3품)에 제수되었는데, 아직 올라오지도 않아 하루의 仕조차 없는데도 司贍寺 正(정3품)으로 올려 제수했으며, 康伯珍은 사헌부 지평(정5품)에 제수되어 일을 본 지 겨우 2, 3일에 옮겨 예조정랑(정5품)에 제수되었으며, 楊熙止는 병조정랑(정5품)이 된 지 겨우 7개월에 奉常寺僉正(종4품)에 올려 제수했으며, 洪湜은 호조 좌랑(정6품)으로 仕가 차지 않았는데 한성부 판관(종5품)에 올려 제수하였다가 얼마 안 되어 또 성균관 직강(정5품)으로 올렸고, 겨우 3, 4일에 또 병조정랑으로 옮겼으며, 姜謙은 예조좌랑이 된 지 겨우 두 달 만에 성균관 직강에 제수했으며, 孫昌은 전 현감(종6품)으로 성균관 전적(정6품)에 제수되어 지금 외방에 있어 단 하루의 仕도 없는데 병조정랑으로 올려 제수했으며, 박승약은 병조정랑에 제수된 지 겨우 두 달이고, 또 탄핵을 받았는데도 敦寧府 僉正으로 올려 제수했으며, 李達善은 說書(정7품)에 제수된 지 얼마 안되고 또 탄핵을 받고 있는 중인데 성균관 전적(정6품)에 올려 제수했으며, 金詮은 弘文錄에 들지 않았는데도 부당하게 부수찬(종6품)에 제수했으며, 참의 金悌臣은 金詮의 숙부인데도 처음부터 引嫌하지 않고 고귀한 벼슬을 제수했으니 私情을 쓰지 않았다고 할 수 없습니다. 청컨대 모두 개정하고 아울러 이조의 관리들을 국문하여 죄를 주게 하소서."(『成宗實錄』 권227, 20년 4월 庚子)

위 사료는 사간원 정언 李守恭이 특히 참상관에 집중된 불법 인사의 사례를 제시하면서, 당사자 전원 개정과 이조 관계자들의 문초를 계청한 내용이다. 불법의 내용은 ① 仕日이 별로 없는데도 여러 차례 옮긴 인물, ② 낮은 관직을 올려 제수한 인물 ③ 탄핵받고 있는 중임에도 관직을 올린 인물 ④ 미자격자를 弘文錄에 등재하고 제수한 것 등이었다.

참상직 안에서의 관직이동이 사일 규정을 무시한 채 무질서하게 이루어지고 있었던 것은 물론, 탄핵을 받는 중에도 승직된 사실과 강백진·강겸 등 김종직의 문인 역시 불법 인사에 거론되고 있다는 점이 주목된다. 성종은 新進인 김전의 문제만을 우회적으로 언급했을 뿐이고, 私情說과 권력 남용 조짐도 일축했다. 그러나 성준은 이 사건 이후에도 정실 인사로 탄핵받았고, 결국 3달 후에 사직하였다.[65] 뇌물의 多少로써 관직의 先後를 삼았다는 등 그에 대한 평가 역시 부정적이다.[66] 따라서 위에 지적된 인사의 불법성은 사실로 판단된다.

인사 부정에 관련된 인물이 거론되면서 가끔 그 배후가 드러나기도 하지만, 정작 어떤 뇌물을 어느 정도 바쳤는지는 거의 드러나지 않고 있다는 점은 흥미롭다. 무고한 일로 끝나고 말았지만, 뇌물의 내용이 구체적으로 언급된 경우가 있다. 부당한 인선으로 문제를 제기한 麻田郡守 崔興孫이 며칠 후 오히려 온성부사로 승진하자, 대간이 父祖의 집을 李鐵堅(대비 姨姪)에게 바치고 진도 군수가 되었다는 사실을 폭로하였다. 능력은 없는데 巨富여서 權貴를 잘 섬겼다는 것이다. 그런데 이철견 첩의 아들에게 팔고 한성부에 稅契를 하였다는 최흥손의 진술과 집을 매매한 시점과 진도군수에 제수된 시점의 차이가 7년인 점, 이철견이 일찍이 뇌물을 받고 벼슬을 줄 수 있는 위치에 있지 않았다는 재상들의 주장, 신임하는 재상인 좌찬성 이철견의 결백을 밝히기 위해 성종이 대간에게 言根을

65) 『成宗實錄』 권224, 20년 정월 丁丑 ; 권233, 20년 10월 辛卯 ; 권236, 21년 정월 己未.
66) 『成宗實錄』 권290, 25년 5월 癸巳.

물어 분변하면서, 결국 문제를 제기한 대간이 좌천되는 것으로 결말이 났다.67) 이철견이 척신으로 여러 重職을 거친데다가, 성종 17년(1486)에는 좌찬성까지 역임하였으므로 청탁인사의 개연성을 전면 부정할 수만은 없는 것인데도, 남의 집터를 받고 정상적으로 매매한 것처럼 문서를 꾸민 것이라는 대간의 반박은 무효화 되었다. 그러나 뇌물로 집을 授受한 경우도 있었을 것임을 시사하고 있다는 점에서 주목된다.

그렇다면 불공정 인사는 어떻게 행해지고 있었는가. 政事하는 날에 권세가의 折簡을 가지고 請託하는 자가 분주히 모여들었고, 座目이 내리지 않은 상태에서 외간에 이미 인물과 관직이 알려질 정도로 奔競이 만연하고 있었다.68) 비록 나이가 어리고 무식한 재상의 자제라 하더라도 銓曹에서 반드시 모두 천거·임명하여 후일의 이익을 도모하는 터전으로 삼으려는 목적으로,69) 銓曹와 훈척 재상이 결탁한 상태에서 분경과 청탁이 행해지고 있었기 때문이다. 그런데 문제는 그 결탁이 이조나 의정부가 새로 제수된 수령들의 堂參 시 반드시 먼저 폐백을 드린 연후에야 參謁을 허락하는 풍조가 횡행하는 것과 짝하여70) 감사·수령에게까지 외연적으로 확장되고 있었다는 점이었다.

A1. "새로 임명된 감사와 수령들이 길을 떠나는 데에 朝官이 공공연히 술과 안주를 준비하기도 하고, 혹은 온 官司가 나가서 餞送하여 직무를 廢棄하기도 하고, 지위가 높은 재상까지 관직이 낮은 수령을 친히

---

67) 『成宗實錄』 권221, 19년 10월 丙辰~권224, 20년 정월 庚辰.
68) 『成宗實錄』 권172, 15년 11월 甲申 ; 권256, 22년 8월 丙寅.
69) 『成宗實錄』 권256, 22년 8월 丙寅, "史臣曰 當今之時 士習卑陋 奔競成風 宰相子弟 雖黃吻不學者 掌銓曹者 必皆薦用 以爲他日換手之志".
70) 『成宗實錄』 권186, 16년 12월 壬寅.

전송하여 혹은 그 집에 가기도 하고, 혹은 교외에 나가기도 하니, 저들이 어찌 이익이 되는 바가 없는데도 이와 같이 하겠습니까. 수령은 權勢에 의지하고 아첨하여 뇌물을 많이 써서 자신을 의탁하는 곳으로 삼게 되고, 감사도 또한 권세를 두려워하여 殿最하는 즈음에는 그 적당함을 얻지 못하는 사람이 혹 있기도 합니다. 감사가 遞職되어 돌아갈 때는 도내의 수령들이 술과 고기를 많이 싣고서 경계를 넘어와서 전송하게 되니, 매우 부당한 일입니다. 지금부터 가까운 친족 이외의 전송하는 사람은 일체 금지하도록 하고, 감사와 절도사와 수령의 전송은 비록 가까운 친족이라도 엄격히 금지시켜야겠습니다."(『成宗實錄』 권256, 22년 8월 庚申)

A2. "지금 백성 가운데 私賤이 십중팔구가 되고, 良民은 겨우 한 둘뿐인데, 편하고 富裕한 자는 모두 사천이고 빈곤한 자는 모두 公賤과 양민입니다. 그러한 까닭은, 무릇 수령이 부임할 적에 공경대부의 아는 이나 알지 못하는 이가 모두 술과 고기를 가지고 전송하면서 그 奴婢를 잘 보호해 주기를 청하니, 上下에서 풍속을 이루어 이름하여 '稱念'이라고 합니다. 그런데 수령이 된 자는 모두 그 門閥에서 많이 나왔기 때문에 감히 따르지 않을 수 없으므로, 무릇 公役이 있으면 공천과 양민으로 하여금 담당하게 하고 사천에게는 미치지 아니하므로 양민과 공천은 견디지 못하여 대개 도망쳐 숨어서 사천에게 품팔이하는 자가 많으니, 비록 대대로 傳하는 땅과 집이 있을지라도 보존하지 못하고 모두 權門에게로 돌아갑니다. 이로 말미암아 사천은 날로 편하고 부유하며, 鄕隣의 생활할 바를 잃는 것을 이용하여 무릇 환란이 있으면 다투어 서로 헐뜯고 모함하는데, 하물며 서로 구호하겠습니까? 이로써 양민과 공천은 날로 더욱 流離하여 부자가 서로 보호하지 못하고 부부가 서로 돌보지 못하니, 민생의 어려움이 오늘보다

심함이 없으며, 나라의 근본이 튼튼하지 못하다고 이를 만합니다."
(『成宗實錄』 권91, 9년 4월 己亥)

太宗 13년(1413)에 대략 군현제가 정비됨에 따라 약 330개 정도의
府牧郡縣이 존재하게 되었고,[71] 군현에 따라 파견되는 지방관의 품계는
달랐지만, 수령직은 대부분 참상직인 정3품(通訓大夫)부터 종6품에 해당
되는 인물이 제배되고 있었다. 職窠가 매우 한정된 경관직과는 달리 그
수가 많았으므로 성종이 제배되는 인물들의 관력이나 자질을 다 파악하기
는 어려웠고, 그래서 인사를 사사로이 할 수 있는 여지가 훨씬 많았다.
더구나 수령의 인선과 殿最는 전적으로 재상들의 수중에 있었다. 그 같은
구조 속에서 훈척 재상-전조-감사·수령의 구조적 결탁이 상보적 이해
관계인 稱念과 재상이 근무 성적을 평가하는 殿最를 매개로 전개되고
있는 상황을 사헌부가 적실하게 지적한 것이 A1이다. 그러나 우의정
盧思愼이 강력하게 반대하여 수령들의 감사 전송만 금지하는 것으로
결론지었다.

권세가와 수령이 결탁한 사례는 많았다. 가령 上黨府院君 한명회의
威勢를 빌어 興利사업을 하면서 나타나지 않은 丘史 김성의 물건을 빼앗아
줄 것을 한명회의 종에게서 요청받은 충청도 절도사가 앞장서서 공권력을
동원하여 김성뿐 아니라, 배에 있던 다른 사람의 물건까지 강탈하고,
武科 출신자 등 여러 사람을 가두어 큰 파장을 일으킨 사건이 一例였다.
公事가 아닌데 공권력을 동원한 관련자 모두가 重刑을 받았다.[72] 한명회의
공주 온천행을 위해 백성을 역사시켜 길을 닦고, 가마꾼을 뽑는 등 경기

---

71) 李樹健, 1989, 『朝鮮時代 地方行政史』, 민음사, 93~95쪽.
72) 『成宗實錄』 권74, 7년 12월 癸未 ; 권75, 8년 정월 癸亥.

관찰사·수령들이 온갖 노력을 기울이고 있었다.[73] 이는 당대 제일의 척신과 외관이 구조적으로 연결되어 사사로운 일에 공권력이 동원된 전형적인 사례라 할 수 있겠다.

칭념을 하는 이유와 결과가 朱溪副正 李深源의 上書인 A2에 드러나 있다. 당시 국가는 재정의 주요 항목인 徭役·貢賦를 '백성의 所耕田 結負數'에 따라 부과하고 收取하였다. 그 책임자인 수령은 군현 단위로 책정된 軍役·貢物을 각 民戶에 배분하여 수취하는 형태로 수취제를 운용하고 있었다. 수취제가 공동체적으로 운용되다보니 수령의 자의성이 개입될 소지가 많았고, 그래서 富實한 군현보다 쇠잔한 군현에 더 과중하게 책정되었으며, 지주·양반 등 세력가에게는 헐하게 小農民 같은 약자에게는 무겁게 분담되는 형태로 구조화된 상태였다.[74] 그 구체적 실태가 公役을 公賤과 良民에게 부담시키고, 훈척 재상의 私賤은 면제해 주는 것이었다.

여기에 세조 10년(1464) 保法 시행 이후 加重된 軍役의 부담까지 농민에게 보태졌다. 그래서 동 4년(1458)까지 70% 정도였던 自營農[75]이 과장된 표현이겠지만, 이때에 이르러 80~90%가 사천이고 양민은 10~20%에 불과할 정도로 격감되었다는 것이다. 요컨대 구조적으로 자행된 불법 청탁인사는 훈척의 사천을 날로 편하고 부유하게 한 반면, 양민과 공천을 날로 몰락시켜 국가 지반인 농민의 존재 지형을 급속히 바꾸는 파괴력을 발휘하고 있었던 것이다.

---

73) 『成宗實錄』 권201, 18년 3월 甲寅 ; 권202, 18년 4월 壬辰.

74) 金泰永, 1996, 「科田法의 붕괴와 地主制의 발달」 『한국사』 28, 50~65쪽.

75) 『世祖實錄』 권11, 4년 정월 丙子, "平山都護府使 鄭次恭 上書曰……臣竊以爲我國壤地 褊小 無田之民 幾乎十分之三".

2. 정실·청탁인사의 정치·경제적 배경과 의미

공정한 인사의 구체적 사례는 생략하고, 불공정 인사 유형을 임의로
택하여 지배체제 기능의 정상적인 작동과 특히 그렇지 못한 측면을 중점적
으로 검토해 보았다. 거론된 외에 공정·불공정 인사가 훨씬 많다는 사실은
다시 말할 필요가 없다. 각각 어느 정도의 비중으로 행해지고 있었는지도
중요한 문제겠지만, 그보다는 성종이 강력하게 국정을 주도하고 있는
상태에서 다수 행해진 불공정 인사를 군신권력관계와 사회·경제적 측면
에서 어떻게 해석되어야 할 것인가가 더 중요하다고 생각된다. 그래서
정실·청탁인사가 행해진 배경과 그 의미를 분석해 보고자 한다. 먼저
정치적 배경부터 살펴보겠다. 관직에 제배되는 것은 왕권으로부터 권력을
위임받는 것이다. 그러므로 대비나 성종이 여러 가지 상황을 참작하여
해당 관직의 적임자로 판단한 인물을 제배하였다 하더라도, 그 후 행하는
관료들의 인사가 반드시 왕권의 의중과 일치되는 것은 아니었다. 관료들
의 직무 수행은 정치적 상황이나 관료 각자의 성향, 관료들 사이에 형성된
정치적·사회적 관계에 따라 대단히 유동적인 것이기 때문이다.

대비가 섭정한 이래 정승 재상의 정책 결정 참여나 인사에 대한 영향력
은 현저히 떨어졌다. 성종이 통치하면서도 크게 달라진 것은 없었다.
정책 결정을 독점하다시피 한 성종이 정승이나 영돈녕 이상에게 자문하거
나 그들 스스로 계문하는 내용도 그대로 수용하는 경우가 적었기 때문이
다. 직계할 수 있는 길이 열려 있었던 육조의 경우도 대비나 성종이
그 정책을 수용하거나 거부했으므로, 정책 결정 여부는 전적으로 양인의
의중에 달려 있는 것이었다. 정책 결정에 영향력을 행사함으로써 훈척
재상 내지 관료의 위상과 이해를 확보하고 확대할 수 있는 길이 사실상
봉쇄된 것과 다름없는 상태였다.

성종대 法制과 법전 편찬에서도 원상과 훈척 재상의 그 같은 처지가
찾아진다. 법제와 법전 편찬에는 국왕과 신료들의 정치적 이해가 첨예하
게 충돌한다. 조문이 성문화되면 일단 구속력을 갖기 때문에 국왕의
입장에서는 왕권을 강화하는 것은 물론이고, 관료들의 이해를 제한하더라
도 국가의 공권력이 강화되는 방향으로 법제정과 개정을 추진하려 하지
만, 신료들은 왕권과의 관계에서 제도적으로 자신들의 위상을 확보하고
권익을 신장하는 방향으로 제정하려 했기 때문이다. 그래서 양자의 의견
절충은 쉽지 않았고, 조선 최초의 종합 법전인 『經國大典』이 편찬되기까지
개정과 재개정 등 우여곡절을 겪었던 것이다.

예종이 死去한 후 성종대에 섭정을 시작한 대비는 '비록 院相의 讎校를
거쳤으나 오히려 착오가 있을까 두렵다.'라고 하면서, 세조 12년(1465)에
일단 완성되었으나, 『경국대전』(丙戌大典)의 수정 작업이 계속되면서 결
국 완성되지 못하였다가, 예종대에 이르러 완성된 『己丑大典』[76]의 재교정
을 李克敦·崔灝元·김유에게 명하였다.[77] 예종대에 강력한 위상을 가지고
정치력을 발휘하여 『경국대전』을 완성한 신숙주·한명회 등 院相이 대전
의 내용을 신료 중심으로 개찬하였을 것으로 추정하였기 때문에, 세조대
의 왕권과 국왕 중심의 정치체제를 담고 있는 대전의 내용으로 회복시키기
위해 대비가 재개정을 지시하였던 것이다. 1년 뒤인 성종 2년에 그전부터
시행되어 왔으나, 『기축대전』에서 누락된 130조문을 예조가 뽑아서 제출
하였다.[78] 이는 원상들이 수교하면서 자신들에게 불리하여 누락시켰을
가능성이 큰 조문이라는 점에서 대단히 중요한 의미를 가지는 것이었다.

성종 5년(1474)에는 『경국대전』(甲午大典)과 대전에 기록되지 않는 「續

---

76) 『睿宗實錄』 권8, 원년 11월 丙申.
77) 『成宗實錄』 권4, 원년 4월 甲寅.
78) 『成宗實錄』 권10, 2년 5월 丁酉.

300

錄 72조」를 아울러 반포하게 된다.79) 자료가 사라져 그 전모를 완전히
파악하기 어렵지만, 대비의 의지로 볼 때『갑오대전』에는 130개 조문에서
적지 않은 부분이 보충되었을 것으로 판단된다.80) 비록 대전과 속록
그리고 특히 많은 受敎가 서로 일치하지 않아 관료들이 겪는 불편함을
없애기 위해 성종 12년(1481)에 다시 개정하도록 하였지만, 이때의 작업은
그동안 내렸던 수교와 속록을 追錄하여 정리하는 의미를 지니고 있었다.81)
여기서 주목해야 할 점은 바로 많은 수교이다. 정책결정권을 행사한
성종의 의중이 반영된 섯이기 때문이다. 그리고 농 15년 12월에 이른바
『乙巳大典』이 완성되었고,82) 16년부터 반포 시행되었다.

『갑오대전』에는 세조대의 강력한 왕권과 국왕 중심의 정치체제의 내용
이 다소 축소되어 수록되었을 가능성은 있다. 즉,『갑오대전』의 수교와
속록이 추록된『을사대전』에 百官과 국정 統領權을 의정부에 부여하여
왕의 육조 지배를 약화시킨 것, 예종대에 강력하게 문제가 제기된 관리의
濫刑을 금지하는 법, 部民의 수령고소를 허락하는 법, 號牌法, 正兵法 등
양반사대부와 일반 관료의 이익에 첨예하게 대립하는 요소를 지닌 조문들
은 수록되지 않은 점83) 등이 그 같은 상황을 반영한다고 할 수 있다.

그러나 육조직계제나 職田法과 같은 핵심 조항은 그대로 수록되었고,
130조문 가운데 중요 부분은 이미『갑오대전』에 수록되었을 것이며,
신숙주·한명회가 성종대에 강력한 정치력을 발휘하지 못하였다는 사실

79)『成宗實錄』권38, 5년 정월 戊子.
80) 윤국일, 1986,「경국대전의 편찬과 각 수정본들의 대비적 고찰」『경국대전연구』,
    여강출판사, 114쪽.
81)『成宗實錄』권133, 12년 9월 戊子 ; 권168, 15년 7월 丁亥.
82)『成宗實錄』권173, 15년 12월 甲戌.
83) 정호훈, 2004,「조선전기 法典의 정비와『經國大典』의 성립」『조선 건국과 경국대
    전체제의 형성』, 혜안, 86~91쪽.

을 감안하면,『을사대전』이 王權과 臣權의 조화로운 균형을 이루도록
규정되었다고 보기는[84] 어려울 것 같다. 살펴본 바와 같이 훈척 재상의
정책 결정의 참여가 상당히 제한되고 있었다. 따라서 그들이 정치적
영향력을 행할 수 있는 유일한 공식 통로가 인사였다고 판단된다.

성종이 훈구의 권력 확장과 세력 재생산을 견제하기 위해 전략적으로
척신과 무신을 염두에 둔 것은 사실이었다. 그러나 이·병조에서 조직적으
로 문신관직 독점 및 불공정 인사를 행하는 상황이, 성종으로 하여금
무신의 파격적 임명과 母后와 中宮의 형제 및 그 子들을 초법적 우대의
한 원인이 되었다는 점도 부인하기 어렵다.

반면 신료들의 입장에서 볼 때는, 성종의 인사 내용은 정책 독점에
이어 인사까지 장악하려는 초법적·전제적 왕권 행사에 다름 아니었다.
더구나 성종이 특별하게 대우하여 자신의 藩屛으로 삼으려 한 윤호 일문
및 척신들이 공정한 인사를 행하기보다는, 오히려 왕권과의 親緣性을
배경으로 사사로운 청탁인사의 온상이자 불법 인사의 진원지가 되고
있었다.[85] 성종이 통상적인 인사를 하더라도 관료의 사사로운 인사권
행사가 없을 수 없는 것인데, 이유야 어쨌든 전제적 인사를 행하는 성종에
대한 반발도 일정 부분 작용하여 이·병조에서는 성종이 정보를 가지고
있는 요직·고위직 외의 관직에 사사로운 관계에 있는 인물을 추천하거나,

---

84) 韓忠熙, 1995,「왕권의 재확립과 제도의 완성」,『한국사』22, 123쪽 및 133~134쪽.
85)『成宗實錄』권242, 21년 7월 丙寅, "弘文館副提學 李諿等上疏曰……近者 沈湊 以士類
阿附乳媼 苟求美官 以喪廉恥之風 及其敗露 領敦寧 尹壕 承問猶諱之 尹殷老 以宰相私通
守令 專事防納 以占龍斷之利 及其推轂 禁府疎網以漏之 殿下又從以優貰之 臺諫亦不極
論迫於公議 修飾邊幅 規免其責 識者鄙之 噫 乳媼干朝政 國舅欺天聰 禁府不奉法 臺諫無
一言 臣等恐國事將日非 而不可救也……且戚里侵權 外家干政 此皆厲階……近者外戚
無識之徒 連秉政權 請囑公行 授受失宜 甚至政房注擬 折簡坌集 誠非細故也 (尹)殷老之
肆欲無忌 觸犯罪罟 韓健 之壞法循私 苟悅長官 亦其一也 而爲長官者 糊心諂諛 略無嫌迹
厥罪均矣 此皆發露者 其暗昧行私 不知幾許".

서로의 기반을 군건히 하는 인사를 행하였던 것이다.

　"지금 관직의 窠闕이 부족하여, 別坐가 8년이 되도록 등용되지 못한
자가 있고, 部將이 10년이 되어도 등용되지 못한 자가 있는데, 傳旨로
敍用하는 자가 매우 많아서 즉시 서용하지 못합니다. 또 賢能한 자도
침체되어 등용되지 못하는 자가 있으니, 청컨대 陞黜의 법을 행하소서."
　하니, 임금이 말하기를, "과연 경의 말과 같다. 庸劣한 사람이 下僚에
침체되는 것은 괴이할 것이 못되나, 직당히 쓰일 재목이 억울함을 품고
펴지를 못한다면, 이는 실로 잘못된 정사인 것이다. 사람을 쓰는 傳旨를
銓曹에서 대부분 많이 廢閣하고 행하지 않음은 매우 옳지 못하다. 지금의
관직에 있는 자가 어찌 다 어질겠는가? 그 직임을 감당하지 못하는 자는
내치고, 賢士를 등용하는 것이 가하다."(『成宗實錄』 권177, 16년 4월 戊午)

　경연에서 동지사 김종직이 무반의 현능한 자가 등용되지 못하는, 다시
말하자면 관료제가 제대로 기능하지 못하는 원인을 특지로 많은 관료를
제수한 성종에게 돌리고 있는 반면, 성종은 승출에는 원칙적으로 동의하
면서도 그 이유를 인사에 관한 전지를 상당부분 폐기하고 자신들의 뜻대로
인선하는 전조의 행태에서 찾고 있었다. 관직에 있는 자가 전부 현사가
아니라는 말은 전조의 인사 부정을 지적한 것이었다. 당하관 이하의
인사를 둘러싸고 벌어지는 성종과 전조의 팽팽한 힘겨루기가 확인된다.
투철한 관료의식이나 소명감 또는 국왕에 대한 충성심 정도에 따라 차이가
있겠지만, 청탁·정실 인사는 그 같은 정치적 배경에서 행해지고 있었다고
판단된다.
　경제적으로는 어떠하였는가. 조선은 恭讓王 3년(1391)에 전국 토지를
國家收租地로 파악한 후 국가기구나 관인 등에게 용도와 관직의 高下에

따라 科田 지급 규모를 달리하고, 그에 대한 收租權을 분급한 科田法을
운용하여 사대부를 우대하였으며, 과전에 대한 수조권은 受給者 당대에
한하여 행사하도록 하였다. 그럼에도 세습이 가능한 것으로 인식되었고,
그 결과 경기에 한정하여 지급된 과전의 부족 현상이 초래되고 있었다.
한편 농민 소유 토지의 수조권자로 설정된 田主들은 佃客에게 규정된
수확량의 1/10의 2배 이상을 田租로 수탈하였고, 起耕田 10負에 藁草 1束씩
을 收租하였으며, 과전을 隱占하기도 하였다. 이 같은 과전법의 모순을
해소하기 위해 세조는 세조 12년(1466)에 職田法을 전격 시행하였다.
직전법으로 분급받는 수조지의 규모가 현저히 축소되었고, 현직에 있는
동안만 수조권을 행사할 수 있는 것으로 바뀌었다. 그래서 관료들은
노비를 동원해 職田稅를 그 이전보다 더욱 濫徵하였고, 藁草價 같은 경우
'1속에 미 1두'를 強徵하였다.[86]

토지와 농민에 대한 국가의 직접지배가 세조대 이래 점차 강화되는
것에 반비례하여 관료들의 수조권을 매개로 한 토지지배는 약화되고
있었다. 더구나 성종 9년(1478) 7월에는 직전세를 관에서 거두어 녹봉을
지급할 때 함께 지급하는 官收官給制가 확정·실시되었다.[87] 그것은 직전
세를 관인의 祿俸에 대한 加給의 의미로 축소시키는, 합법적으로 경제적
수탈을 자행할 수 있었던 길을 봉쇄하는 조치였다. 더 나아가 국가 재정의
부족을 들어 직전을 혁파하자는 논의가 속출하고, 직전세의 환급 중지
즉 國庫 全收 또는 환수 조치가 속행되고 있었다.[88] 관료의 경제력을
억제하려는 조치가 잇달았던 것이다. 많은 수조지를 점유하고 있는 훈척

---

86) 金泰永, 1983, 『朝鮮前期 土地制度史研究』, 130~139쪽.
87) 『成宗實錄』 권94, 9년 7월 己卯.
88) 『成宗實錄』 권161, 14년 12월 戊寅 ; 권261, 23년 정월 壬辰 ; 권166, 15년 5월
戊子.

이 최대의 타격을 받았겠지만, 타격을 받는다는 점에서는 일반 관료도 동일하였다. 그 같은 경제적 제재 조치로 관료들의 신분은 국가 또는 왕권의 우대를 받던 위치에서 점차 녹봉을 받는 고용인으로 하락하는 것과 다름없었다. 자연 관료들의 국가나 국왕에 대한 충성심도 약해질 것이었다. 충성심이 약해졌다는 것은 곧 국왕이 국가를 통치하는 방향과 일치하지 않는 정도가 커진다는 의미이다. 훈척 재상들이 관직에 있는 동안 사사로이 권력을 행사하여 이권을 챙긴 것은 그러한 상황 변화와 관련되어 있었던 것으로 판단된다.

훈척 재상들은 이중 삼중으로 얽힌 혼인관계와 관직 생활을 계기로 형성된 관계망을 종횡으로 확장하면서, 구조화된 계통을 따라 청탁 인사를 자행하였던 것이다. 성종이 모르는 경우도 있었을 것이지만, 비록 비리가 드러났다 하더라도 조정의 반 이상을 차지하고 있는 당대 대신·재상인 그들을 剛氣로 추국하지 못하였다.[89] 게다가 그들은 부정축재도 하고 있었다. 그 형태나 사례는 매우 다양하였다. 예컨대 관료 한사람의 천거도 받지 못하였지만, 제수를 강행하여 평안도 관찰사에 제수한 申瀞[90]이 印信을 위조하여 伴人 3인의 差帖을 불법으로 차지하자, 성종은 사형을 減할 것을 끈질기게 주장하는 정창손 등의 救護論을 물리치고 賜死하였다.[91] 신료들의 강력한 반대를 물리치고, 자신이 제배를 강행한 좌리 4등 공신인 신정의 부정행위가 구체적으로 드러난데 대한 배신감과, 인사 부정 및 부정축재를 자행하는 훈척 재상을 一罰百戒한다는 차원에서 성종이 사사라는 극단적인 조치를 취한 것으로 볼 수 있다.

그렇다면 훈척재상이 자행한 정실·청탁인사의 의미는 무엇인가. 성종

---

89) 『成宗實錄』 권70, 7년 8월 甲午.
90) 『成宗實錄』 권125, 12년 정월 庚辰, 甲午.
91) 『成宗實錄』 권140, 13년 4월 己未, 庚申, 壬戌.

에게 特待받은 척신들이 불법 청탁인사를 행한 것은 그들의 私 영역을
확장하는 행위였다. 척신의 공공연한 청탁 인사 행태는, 훈구 재상들의
사사로운 권력 행사를 부추겼을 것이다. 요컨대 훈척 재상의 정실·청탁
인사는 그들의 사 영역을 확장하려는 것이었다.

Ⅳ. 훈척지배체제 운용을 둘러싼 성종과 대간 갈등의 본질

성종대 대간에 대한 연구는 많이 축적되어 있다. 그러므로 이 장에서는
기왕의 연구에서 명확하게 밝혀지지 않은 성종과 대간 갈등의 본질적인
측면을 짚어보고자 한다.

요직 인사와는 달리 성종이 행한 다른 인사에 대해서는 대간이 반발한
경우가 종종 있었다. 亂臣緣坐者 宋瑛(亂臣 宋玹壽의 삼촌질)을 사헌부
장령에 제수하려 한 경우는, 대간과의 마찰이 상당 기간 계속되었다는
점에서 특이하였다. 고모 帶方夫人(永膺大君 婦)에 힘입어 官途에 진출한
그에 대한 논란이 성종 12년(1481) 12월 시작된 이래, 하필 송영만 여러
차례 特旨로 임명한 성종에 대한 의구심이 몇 년에 걸쳐 계속되고 있었기
때문이었다. 이미 仕路에 통한 송영의 臺官 제수가 문제될 것 없다는
성종과, 즉위 이래 가장 지나친 처사라는 대간과 극명한 인식 차이가
갈등의 본질이었다.[92] 게다가 송영을 위한 그 처의 奔競 사건이 돌출되자,

---

92) 『成宗實錄』 권156, 14년 7월 癸丑, "司憲府大司憲 孫舜孝等來啓曰 臣等 不可與宋瑛同
事決矣 請遞臣等之職 臣等論駁 而反與之同任 則旣爲失身 何能治事 宋瑛 其身不正
亦何敢坐御史臺治事哉 臣等若可與同事 則豈至二十餘日 請請不已乎 傳曰 宋瑛 其終不
可用耶 舜孝 等啓曰 臣等之意以謂 亂臣緣坐之法 載在『大明律』 不許臺省 亦載『大典』
宋瑛 以緣坐 而得叙東班 此亦特恩也 至如臺諫 決非 瑛之所可得處也 爵祿予奪 人主之權
也 殿下欲使 瑛爲臺諫 爲公卿 何爲而不得乎 然公論不可奪 典法不可壞也 假如 瑛

306

성종은 사건의 전후 사실 관계를 정확히 전달하지 못했다는 이유로 대사헌
등을 체직하였다.[93] 또한 40일 동안 사직·체직이라는 극단적인 방법으로
맞선 사헌부 관원을 다시 체직하는 것으로,[94] 성종은 왕권을 현시하고
있었다. 결국 성종 15년 6월 송영은 장령으로 재임명되었고, 그 후 승승장
구하여 성종 18년(1487) 10월 도승지, 동 20년에는 대사헌에 제수된다.[95]
그 동안 왕권의 전제성을 철저히 경험한 대간은 일언반구의 논박도 없었
다.

  대간에 대한 성종의 강력한 대응은, 성종 9년(1478) 僚下인 任士洪이
대간을 끼고 朋黨을 만들어 조직적으로 국정 전반에 장기간 중요한 영향력
을 행사하고 있는 도승지 玄碩圭를 제거하려한 사건 이후, 대간을 불신하
기 시작하면서 그 활동에 제재를 가한 것과 동일선상에 있었다.[96] 게다가
'말을 하지 않아도 될 일까지 말'[97]하는 言事를 자주 행하여 대간 스스로가
권위를 떨어뜨린 측면도 있었기 때문에 그들에 대한 성종의 제재의 강도가
더해지고 있었다.

  鷹坊 설치와 玩好를 極論한 대간에 대한 불만이 사간원 羅將의 사망
사건으로 나타나고,[98] 충청도관찰사 蔡壽의 과실을 자세히 캐묻지 않은

功能 尙不可爲風憲之任 況無功能乎……傳曰 予非有私於 宋瑛也 旣已許通 而其人可用
今若廢之 則瑛必終身坎軻 其冤甚矣 予終不聽也 舜孝 等啓曰 聖上卽位以來 無可議之事
獨此事 實爲過擧 不敢不言".

93) 『成宗實錄』 권157, 14년 8월 丙戌.

94) 『成宗實錄』 권157, 14년 8월 丙寅 ; 권159, 14년 10월 癸亥.

95) 『成宗實錄』 권208, 18년 10월 壬辰 ; 권226, 20년 3월 乙亥.

96) 『成宗實錄』 권146, 13년 9월 癸亥 ; 권148, 13년 11월 甲辰. 이 사건에 대해서는
    한춘순, 2003, 앞의 논문, 117~122쪽 참조.

97) 『成宗實錄』 권254, 22년 6월 甲寅, "傳曰 臺諫有可言之事 則言之 無則不言可也 何必不
    當言而每言之 以爲日課哉".

98) 『成宗實錄』 권190, 17년 4월 甲申.

채 科罪할 것을 계청한 대간이 최초로 杖訊당하면서, 사간원이 전면 개편되기도 하였다.[99] 그 이유는 성종이 대간의 기세를 꺾고, 특정한 인물이 대간을 끼고 권세를 장악할 소지까지도[100] 미연에 차단하려 했기 때문이었다. 또한 대간이 어진 사람만으로 구성된 것이 아니고, 諫言 내용 역시 至公한 것은 아닌 만큼 選別的인 수용과 分辨하는 것이 필요하다는[101] 명분도 작용하였다.

그러나 무엇보다도 성종이 寵幸하는 戚臣에 대한 대간의 집요한 탄핵이 관계 악화의 가장 큰 원인이었다고 판단된다. 불만스런 대간을 처벌하였고,[102] 성종 21년(1490) 7월 척신 韓健·尹殷老의 국문을 주장하는 대간·홍문관원에 대한 보복성 인사를 시사하였으며, 동 22년 戎事를 이유로 閔永肩(대비 외손)의 改差를 집요하게 주장한 대관 李秀彦을 北征 종사관에 차출하고 있었다.[103]

"지금의 대간을 보건대, 무릇 아뢰는 바가 있으면 처음에는 비록 윤허하지 않더라도 마침내는 모두 들어주기 때문에, 반드시 들어주기를 기약

---

99) 『成宗實錄』 권201, 18년 3월 辛亥 ; 권202, 18년 4월 丙子, 辛巳.

100) 『成宗實錄』 권221, 19년 10월 丙辰, "(檢討官 權柱)……然人主之所以疑臺諫者 其原有自來矣 自古衰亂之勢 奸臣執政 恐人己之過故樹其私黨 列于臺諫 而陰嗾其 不付己者, 陷之於罪人 主疑臺諫而不聽其言者多矣 是故 人主於用人之際 亦必虛心務擇其人 以寄耳目之職 然後勿貳勿疑 以聽其言可也".

101) 『成宗實錄』 권177, 16년 4월 癸亥, "上曰 臺諫之言 不可一從 臺諫有賢有不肖 所言豈盡出於至公哉 或有私樹朋黨 陰斥善人者 不可不辨也".

102) 『成宗實錄』 권239, 21년 4월 癸卯, "弘文館副提學 李諿等上疏曰……古者使臣以禮而刑不上大夫者 以元首股肱 相爲一體耳 國家自祖宗朝 凡士大夫有罪 苟非大故 據證定罪 非徒待之以誠 抑所以養其廉恥也 今則不然 所犯雖小 輒用拷訊 若罪不至死 誰肯縈以微纏 以待榜掠者乎 則有失獄情 或致冤枉 是豈克允之道乎 且臺諫 朝廷所禮貌者 而一朝有罪 便詣本府 被鞫庭下 困於徒隸人之手 此非待臺諫之體也 伏願循祖宗故事 士大夫有罪 勿輕用拷訊 臺臣有罪 移鞫他司 則下知自重 足以勵士風矣".

103) 『成宗實錄』 권252, 22년 4월 乙丑.

하여 논하기를 그만두지 아니한다. 요즈음 尹殷老·尹湯老·李昌臣의 일은 논계하던 나머지에 成俔과 鄭錫堅이 외직에 임명되었기 때문에 대간이 억측하여 논한 것이다. 그러나 銓曹의 의망은 내가 그 사람의 그릇을 보아서 임명하는 것이다. 가령 대간이 모두 바뀌었다면 말하는 것이 오히려 가하겠지만, 이제 한두 사람이 비록 외직에 임명되었다 하더라도 뒤를 이어 대간이 된 자가 그 일을 말함이 없겠는가? 대간이 억측하여 말하였으니, 이는 임금을 경홀히 여기는 것이다. 전에 어떤 사람이, '지금 윗사람을 능멸하는 풍습이 있는데, 그 조짐을 점점 자라게 할 수 없다.'고 하였다. 지금 재상의 의논은 모두 대간을 두려워하는 것이다. 아무리 대간이라 하더라도 어찌 임금이 생각하지 아니한 일을 말할 수 있겠는가? 그 조짐이 작지 아니하므로 곧 推論하려고 하니, 다시 의논하여 아뢰라."

(『成宗實錄』 권280, 24년 7월 壬戌)

윤호의 자 윤은로·윤탕로 문제가 집중 거론되는 중에 성현·정석견의 외직 보임이 단행되었다. 대간은 納諫을 期必하려는 것을 弊習으로 인식하고 있는 성종의 보복성 인사라고 단정하였다. 대간의 의견이 사실 '억측'만은 아니었다. 성종 20년부터 25년 사이에 탄핵이 척신에게 집중되는 양상을 띠었고, 성종은 대부분 그들을 비호하였으므로 그에 반발한 대간 언론으로 마찰이 격화되고 있었기 때문이다.[104] 그러므로 직무 수행에 적합하여 임명하였다는 당위성을 강조한 성종 발언의 핵심은, 대간의 凌上을 좌시하지 않겠다는 것이었다. 요컨대 왕권 행사에 수위를 조절하지

---

104) 南智大, 1985, 「朝鮮 成宗代의 臺諫 言論」 『韓國史論』 12, 서울대 국사학과, 116쪽 주 35)의 대신 탄핵 유형에서 '權門'으로 분류된 한명회·인수대비 형제·윤호·임사홍 一門 등에 대한 수치가 압도적으로 높은 것에서 척신에 집중된 상황이 확인된다. 또한 같은 논문, 130~131쪽 <표 2> 및 鄭杜熙, 1994, 『朝鮮時代의 臺諫研究』, 일조각, 54쪽 <표 2-1-1>에서 수치는 각각 다르지만 경향은 동일하다.

않고 대간이 언론을 계속할 경우, 극단적인 처벌을 할 수 있다는 경고였다. 이는 흔히 성종대 대간이 圓議의 독자성을 인정받고, 성종 8년 '不問言根'의 관행을 확보하는 등 우대받은 이면의 實狀으로 특히 주목해야 할 대목으로 판단된다.

성종대의 대신이 국가 정책이나 다른 관료에 대한 고문을 회피한 사례는 거의 없었다. 그런데 척신 문제를 놓고 성종과 대간 관계가 악화된 상태였기 때문에 대신이 척신에 대한 고문을 회피하는 사태가 발생하고 있었다. 현석규 사건으로 유배되었다 성종 17년(1486) 방면된 임사홍을 管押使로 파견할 수 없다는 대간의 駁論에 대해 宰執 누구도 고문에 답하지 않은 것이 그 사례였다. 그 때 성종은 '홍문관이나 대간에서 아뢴 내용을 물으면 그들의 뜻을 거스를까 두려워서 감히 말하지 못한다.'[105)라고 재상의 처신을 통박하였다. 勳戚은 집권 세력으로서 동질성이 있었다. 그래서 정책이나 인사에서 사안에 따라 연합하기도 하고, 다른 입장을 내세우기도 하였다. 비록 성종이 국정 참여를 상당히 제한하였지만, 국정을 共治한다는 입장이 달라진 것은 아니었으므로 대체로 왕권과 대립하지 않았다. 성종 및 척신과의 관계를 고려할 때, 대간 탄핵의 일정부분이 타당하다 하더라도 동조하기 어려웠고, 고문할 경우 아무래도 성종에 동조하는 입장으로 흘러가 대간의 논박을 자초할 가능성이 많았기 때문에 고문하지 않은 것이다.

대간이 성종 24년(1493) 10월에, 동 23년 11월 승려의 역사 중지를 청한 대비의 청에 동조한 영의정 尹弼商을 간교하고 아첨하는 자로, 鄭誠謹에게 보복하려 한 좌찬성 李鐵堅은 陰狡한 자로 각각 탄핵하였다. 정성근 사건은 동 24년 3월 좌부승지 정성근이 도총부에서 군사에게 價布를 받아내고

105) 『成宗實錄』 권243, 21년 8월 甲午.

있는 문제를 거론하자, 都摠管 任光載(예종 부마), 李鐵堅 등이 정성근에게
보복하려 했던 사건이다. 이때도 양인 모두 왕실의 至親이었으므로 대신이
고문에 응하지 않았다. 여기의 대신들은 성종 12년 이후부터 성종이 국정의
자문 대상으로 삼은 영돈녕 이상이다. 예외도 있었다. 한성부 좌윤 윤은로,
승지 윤숙, 충청도 관찰사 윤탄 등 척신을 모두 체임할 것을 아뢴 대간에
대해 領事 許琮(좌리공신)이 대간 言辭의 공명정대성을 부정하고, 성종
결단이 절대적임을 주장하였다.106) 그는 어떤 사람의 한 가지 과실을
발견하면 논박하여 그 허물을 고정시키는 것을 당시 대간 언론의 폐단으로
비판하면서, 그 피해자로 윤필상·이철견을 들었다.107) 대간이 다시 허종의
발언을 문제삼고 논란이 한층 격화되었지만, 척신 탄핵 문제에 대신이
고문한 이례적인 경우였다.

이 글에서 많이 거론하지 못했지만, 대간은 수없이 성종과 대립하였다.
성종의 대간에 대한 힐책도 대단히 엄중하고, 때로는 위협적이었다. 그런
데 대간을 極刑에 처한 적은 없었다. 척신을 우대하면서 그들에 대한
탄핵을 수용하지 않는 성종의 태도는 탄핵된 훈구대신이나 다른 관료가
사직하거나 체차되는 것과는 대조되는 즉 대간의 탄핵을 전면 부정할
수 없는 측면이 있었고, 유교정치를 행하고 진전시키기 위해 필수불가결
한 대간 언론이 위축될 경우의 파장을 감안하지 않을 수 없었기 때문이다.

"전하께서는 비록 朴元宗이 별다른 흠이 없다고 하셨으나, 어질다고
할 수도 없으니, 전하께서 취하신 것은 활쏘기와 말달리기의 재주일
뿐입니다. 신 등은 박원종이 小人이라고 하여 쓸 수 없다는 것이 아니고,

---

106)『成宗實錄』권283, 24년 10월 辛卯.
107)『成宗實錄』권284, 24년 11월 甲午.

다만 무식하고 나이가 적어 重任에 적합하지 아니하기 때문에 아뢴 것일 뿐입니다. 소인을 쓰지 말라는 것은 일을 그르칠까봐 그러는 것이고, 재능이 없는 자에게 임명하지 않는 것은 일을 감당하지 못할까봐 그러는 것인데, 그 직임을 감당하지 못하여 나라 일이 잘못되면 다 같이 혼란에 이르게 되는 것입니다. (중략) 요즈음 무신들의 활쏘기와 말달리기는 기술도 조금씩 차등이 있는데 반드시 그 직임에 임명하게 되면, 그것이 그대로 관례가 되어서 박원종 같은 자가 또다시 그 名器를 더럽히게 될 것이니, 이는 사실 전하의 과실입니다. 그러므로 감히 極言하지 않을 수가 없어서 고치기를 희망하는 것입니다.”(『成宗實錄』 권268, 23년 8월 乙卯)

대간 등이 공론을 따라 박원종의 승지 不合論을 개진한 만큼, 至公無私해야 할 왕권의 사사로운 행사를 그대로 따를 수 없음을 분명히 밝힌 것이 위의 내용이다. 이같이 대간의 주장이 공론을 대변하는 측면이 분명 있는 만큼, 성종은 다른 한편으로는 대간의 간언을 優容하면서 비를 만날 경우 대간의 경우만 공관에 들어가 留宿하는 것을 허락하고, 휴가 시 歸鄕하는 대간에게 말을 지급하기도 하였던 것이다.[108]

한편 성종이 9년(1478) 3월 예문관에서 독립·설치된 홍문관에 대해서 각별하였다는 것은 잘 알려진 사실이다. 홍문관원은 弘文錄에 의거하여 선발되었으므로 정치적 위상이 탄탄하였고, 대간의 활동을 돕고 전문적 언론 활동을 할 필요성에 따라 언관화 되었다. 동 22년(1491) 6월 이후 대관의 의망을 반드시 홍문관원으로 충원케 함으로써, 홍문관의 활동은 더욱 힘을 얻게 되었다.[109] 성종은 국가에 큰 일이 있을 때 홍문관에

108) 『成宗實錄』 권226, 20년 3월 壬戌 ; 권235, 20년 12월 丁亥.

直言을 구하였고, 그 내용에 대해 熟議하고 수용하였다. 그러나 동 16년 가뭄에 대한 구언 상소에서 가장 큰 문제로 의정부 대신들의 무능력을 들었지만, 鉅富로 지목된 영의정 윤필상 및 관료들은 재신임한 반면 거론된 불합한 수령 전원을 교체한 경우처럼,110) 언제나 優容한 것은 아니었다.

부정으로 충청우도의 鄕試 元額 13인에 들었던 임사홍의 어린 子 任熙載 외에 具崇璟·鄭承忠을 재시험하여야 한다는 대간의 계청이 있었다.111) 논란 과정에서 지난 날 任元濬·임사홍 부자의 科擧 借述 前歷이 거론되었고, 이에 반발하여 집인 3대 과거 합격의 정당성을 주장한 전 도승시 임사홍의 상소 내용 중 대간을 貶毁한 여러 내용이 문제가 되었다.112) 그런데 성종은 推問에 응하지 않는 임사홍의 정당성을 인정하였을 뿐 아니라,113) 大妃 건강 회복에 기여한 任元濬의 공로를 들어,114) 그의 서용을 기정사실화하였다.

이 문제에 대간과 伏閤 상소한 홍문관원은 '너희들은 물러가라'라는 성종의 말을 내세워 사직하였다. 성종은 그들을 재상과 같이 우대하였음을 전제한 후, '가라'는 말을 욕한 것이라 생각하여 取稟지도 않고 물러간 행태를 질책하였고, 부제학 이하의 '실로 잘못 생각하여 죄를 짓고 죄를 지었다.'라는 사죄를 받아 내었다.115) '임사홍 서용 불가'라는 삼사 논박의 본질을 비켜나, 절차상 잘못을 들어 삼사의 반발에 쐐기를

---

109) 최이돈, 앞의 책, 37~49쪽 및 최승희, 2001, 「弘文館의 言官化」『朝鮮時代史學報』
    18. 다만 언관화된 시기는 성종 22년과 동 10년으로 각각 다르다.
110) 『成宗實錄』 권181, 16년 7월 辛亥~甲寅.
111) 『成宗實錄』 권220, 19년 9월 丙寅.
112) 『成宗實錄』 권220, 19년 9월 癸未~권221, 19년 10월 己亥.
113) 『成宗實錄』 권221, 19년 10월 壬子·癸丑 ; 권222, 19년 11월 庚申.
114) 『成宗實錄』 권222, 19년 11월 甲戌.
115) 『成宗實錄』 권223, 19년 12월 癸巳.

박았다. 성종은 대간과 홍문관을 압도하고 있었다. 그러면서 4품 이상의
홍문관원에게 銀帶를 만들어 주고, 소중히 대우하는 것을 누누이 강조하는
가 하면, 성종 19년(1488)부터 賞春宴을 내려주기도 하였다.116) 대간 탄핵
권을 확보한 성종 22년 이전의 홍문관의 우대나 핍박까지도 왕권에 달려
있었던 것이다.

V. 맺음말

 韓明澮의 대비 撤簾 만류 발언을 문제삼아 통치권의 정점임을 밝히면서,
성종은 7년 정월 親政을 시작하였다. 육조직계제와 훈척지배체제를 통해
대비가 확보해 놓은 왕권의 優位를 유지하기 위해 성종 역시 친정을
한 19년 동안 자신에게 정책을 집중시켰고, 啓達된 정책 중 많은 사안을
실무 관서에서 올린 내용 그대로를 수용하는 방식으로 親決하였다. 정승·
領敦寧 이상의 정책 참여를 확대하면서도, 그 주장을 최종적으로 자신이
결정하여 選別 수용함으로써 사실상 정책 결정을 주도하고 있었다.
 왕권과 안정적 국정 운영을 위해 반드시 필요한, 인사를 장악하는
것은 제수된 신료에게 사실상 권력을 위임하는 것이었으므로 간단한
일이 아니었다. 그럼에도 성종은 재상이나 당상관 이상의 제수에 절대적
권한을 행사하였고, 그 결과가 주요 기관의 인적 구성의 특징으로 나타나
고 있었다. 즉 政曹판서는 대부분 장기 재직한 의정부 정승보다 교체가
잦았고, 의정부 정승 전원이 훈척으로 구성된 것에 비해 비훈척 관료의
비율이 이조·병조판서의 경우 각각 25%, 33% 정도로 구성되었다.

---

116)『成宗實錄』권180, 16년 6월 戊申 ; 권204, 18년 6월 庚午 ; 권226, 20년 3월 辛酉.

성종의 의사가 반영되기 마련인 의정부·정조판서의 인선은 대체로 공론에 합한 인물이 제수되었고, 대간의 논박은 魚有沼를 이조판서에 제배하였을 때뿐이었다. 국왕의 신임이 필수적인 도승지는 자주 교체되었다. 30명 중 비훈척이 22명이었고, 8명의 훈척 중 훈신은 1명에 불과했다. 문신이 아닌 한건의 도승지 제수에 대해서만 대간이 반대하였고, 1년 이상 재직자 4명 모두가 戚臣이었다는 점이 주목된다. 대비가 聽政할 때보다 약화되기는 하였지만, 勳戚 중심의 지배체제는 유지되고 있는 셈이었다.

지배체제에서 훈구를 견제하기 위한 정치적 성격으로 발탁된 척신은 실무 능력이 부족하다거나, 數的으로 많지 않다는 점이 성종에게는 난제였다. 훈구의 數도 적어지고 있었지만, 실무 능력이나 국정 경륜 및 인적 자원에서 척신을 앞서고 있었기 때문이다. 그 같은 상황을 타개하고 지배체제 인적 구성을 다양화하기 위한 첫 번째 해법을, 성종은 무신의 등용을 확대하는 것에서 찾았다. 성종 8년(1477) 윤 2월에 魚有沼를 병조판서에 제수하였다. 본격적으로 임용을 확대한 것은 동 9년 6월 이조판서 강희맹의 광범위한 인사 부정을 비난한 익명서 사건이 발생한 뒤부터였다. 성종은 문신만을 注擬하는 銓曹의 행태를 비판하면서, 淸要職 전부를 차지한 문신이 자기세력을 확대재생산하는데 골몰하여 무신의 관직이 서반 參下官에 불과하다고 힐책하였다. 또한 자질이 형편없는 勳戚의 자제가 父兄의 권세를 끼고 大官에 이르게 될 상황을 극복하고, 여진의 외침에 대비하기 위해 평시에 능력 있는 무신을 대우해야 할 현실적인 필요 때문에 무신의 요직 제배를 확대하였던 것이다.

실제 성종 10년(1479)에 무신 呂自新을 경기 관찰사에 제배하고, 邊脩를 처음 동부승지에 임용한 것을 비롯하여, 계속해서 근시직·대사헌·정조 이외의 관서·특진관 등에 무신을 배치하였다. 대체로 특지를 사용하였고,

朴元宗을 제외한 인물 대부분은 성종의 의견대로 관철되었다. 성종이 무신을 전례없이 임용한 본질적인 이유는, 宗親은 친정을 시작하기 전 이미 赴試가 금지된 상태였고, 金宗直 계열의 새로운 정치세력은 성종 16년 이후 급격히 증가하여 언관으로 활동하고 있었지만, 要職에 제배할 만큼 성장하지는 못한 때문이었다.

다른 한편으로 훈구 일색의 지배체제를 보완하려는 성종은 仁粹大妃의 형제·조카들을 加資·陞職·代加 등으로 특대하고 있었다. 제2계비의 父인 尹壕 및 그 一門도 우대하였다. 처음 무신을 제배한 것은 지배세력 구성의 다양화를 꾀하려는 전략적 성격이 강했지만, 銓曹의 불법인사를 직·간접적으로 목도하면서 전제적으로 인사권을 행사하였고, 여러 무신을 승지 및 요직에 발탁하여 국정에 참여시켰으며, 자신과 가장 가까운 특정 척신도 특대한 것으로 판단된다. 그 같은 인사의 결과 무록관·무관직은 물론, 상당히 고품계의 관료가 많은 가운데 문반직의 적체 현상도 심해지고 있었다.

부정기적 인사나 임시직에 대신들이 영향력을 행사하는 경우도 있었지만, 대부분 인사는 이·병조판서가 주관하였다. 19년 동안 행해진 인사 중 성종의 의중이 강하게 반영된 의정부·전조·승정원 즉 당상관 이상 인사와 참상관·참하관 인사 중 별 다른 이의 제기가 없었던 많은 인사들은 지배체제의 구성이 긍정적이었음을 보여준다. 그러나 다른 한편으로 情實·請託인사도 행해지고 있었다. 문제점이 구체적으로 드러나고 있는 불공정 인사의 형태는, 편의상 세 유형 정도로 나누어 볼 수 있다. 먼저 정실 인사는 주로 이조판서와 관련되어 있었고, 의혹을 받은 판서 대부분은 교체되었다. 청탁 인사로 문제가 된 것도 주로 이조판서였지만, 정실 인사와는 달리 즉시 문제가 되지 않았다는 점에서 달랐다. 병조판서는 드러난 인사 부정이 적었고, 그래서 교체된 경우도 적었다.

한편 광범위하게 조직적으로 청탁·정실 인사를 한 사례도 있었다. 郎官·대간을 끼고 광범하게 정실·청탁 인사를 행했다는 익명서로 의혹을 받은, 척신이자 훈신인 강희맹이 그 당사자였다. 오래 동안 병조판서와 이조판서를 역임하는 등 그를 둘러싼 여러 상황을 종합하면 익명서의 내용은 사실로 판단된다. 그를 비판한 내용 중 낭관이 강희맹의 묵인 하에 인사권을 행사하고 自薦을 행하였으며, 대간으로 진출하기도 하였다는 점을 특히 주목할 필요가 있다. 언관권·낭관권을 수중에 두고 전횡을 획책했디는 점에서, 그는 최초로 권신의 성향을 보여주고 있다.

마지막으로 仕日 규정을 무시하고, 자격 미달자를 승진시키는 등 여러 불법이 동원된 參上職에서의 관직 이동도 문제가 되었다. 인사를 주관한 이조판서 강희맹·成俊은 모두 논박 받고 교체되었다. 불공정 인사의 실상은 政事하는 날에 권세가의 折簡을 가지고 請託하는 자가 모여들었고, 座目이 내리지 않은 상태에서 외간에 이미 인물과 관직이 알려질 정도였다. 후일의 이익을 도모하는 터전으로 삼기 위해 훈척 자제를 銓曹에서 모두 천거·임명하고 있었기 때문이다. 문제는 상보적 이해관계인 稱念과 재상이 근무 성적을 평가하는 殿最를 매개로 훈척 재상－전조－감사·수령까지 결탁의 외연이 확장되었고, 그러한 구조로 제배된 수령이 훈척 재상의 전지·노비에 대해 특혜를 베풀고 농민 공천에게 부담을 떠넘긴 결과, 세조 4년(1458)까지 7/10에 달하던 自營農이 급격하게 감소되고 있었다는 것이었다.

정실·청탁인사를 행하게 된 정치적 배경은, 친정한 성종이 정책 결정을 독점하다시피 하면서 정승이나 영돈녕 이상 그리고 재상들이 정치적 위상과 이해를 확보할 수 있는 길이 극히 제한되어 있었기 때문이다. 또한 이미 예종대에 완성된 『기축대전』의 개정을 주도하여 대비가 성종 5년 『갑오대전』을 완성하였고, 많은 수교를 수록하여 성종 15년 『을사대전』을 완성함으로써 훈척의 이해관계가 축소되는 방향으로 정리되었다. 따라서 훈척 재상이 영향력을 행할 수 있는 거의 유일한 공식 통로가 인사인 셈이었다.

성종이 이·병조에서 조직적으로 문신관직 독점 및 불공정 인사를 행하는 상황을 목도하면서, 무신의 파격적 임명과 母后 및 中宮의 형제 및 그 子들을 우대하였다. 신료들의 입장에서는 그러한 성종의 인사가 정책 독점에 이어 인사까지 장악하려는 초법적 왕권 행사로 이해될 소지가 있었다. 더구나 성종이 특별하게 대우하여 자신의 기반으로 삼으려 한 척신들이 왕권과의 親緣性을 배경으로 사사로운 청탁인사의 온상이 되고 있던 터였다. 인사를 맡은 신료의 사사로운 권력 행사의 가능성은 항상 열려 있는 것이나 다름없는 상태에서, 이·병조에서는 요직·고위직 외의 관직에 사적 관계에 있는 인물을 추천하거나 서로의 기반을 굳건히 하는 인사를 행하였던 것이다. 관료제가 제대로 기능하지 못하는 원인을 김종직은 특지로 많은 관료를 임용한 성종에게 찾은 반면, 성종은 인사에 대한 傳旨를 폐기하고 자신들의 뜻대로 인선하는 전조의 탓으로 돌렸다. 투철한 관료의식이나 국왕에 대한 충성심 정도에 따라 차이가 있겠지만, 청탁·정실 인사는 그 같은 정치적 배경에서 행해지고 있었다고 판단된다. 그렇다고 해서 정책 결정을 장악하다시피 하였고, 고위직·요직 인사도 좌우하고 있었던 성종 왕권이 脆弱했다고 볼 수는 없다.

정실·청탁 인사를 하게 된 경제적 배경은, 훈척 재상이 과전법 하에서 田主로서 수조지에서 규정의 倍 이상을 收租하고, 藁草·柴炭 등도 橫侵하였지만, 세조 12년(1466) 職田法의 시행으로 수조지 규모 축소 및 현직에 있는 동안만 수조권을 행사하는 것으로 바뀌었기 때문이었다. 더 나아가 성종 9년 7월에 官收官給制가 시행됨으로써 합법적으로 수탈을 자행할 수 있는 통로가 사실상 봉쇄되어, 신분이 祿俸을 받는 고용인으로 하락하는 것과 다름없었기 때문이었다. 이에 따라 국가에 대한 그들의 충성심도 약해질 것이었다. 불공정 인사는 그 같은 경제적 상황 변화와도 연결되어 있었다.

살펴본 바와 같이 훈척재상은 인사 부정과 권력형 축재를 행하고 있었다. 당시 戚臣은 정실·청탁인사의 온상이자 불법 인사의 진원지였는데, 勳·戚은 종횡으로 서로 얽혀 있기도 하였기에 그 같은 척신의 행태는 훈구재상의 불법 인사를 부추기는 한 요인이 되었다. 훈척은 정실·청탁 인사를 통해 사 영역을 확장해 나가고 있있던 것이다.

성종은 척신 문제로 대간과 자주 충돌하였다. 4년 동안 간헐적으로 대간과 논란을 거듭한 끝에 관철한 宋瑛의 장령 임명은 대표적인 사례였다. 이 과정에서 대간의 체차가 반복되고 있었다. 대간이 체차되었던 까닭은 성종 9년 任士洪이 대간을 끼고 권력을 장악하려 한 사건 이후부터 대간에 대한 성종의 불신이 생겼고, 불필요하다고 생각되는 言事를 대간이 자주 행함으로써 성종과의 관계가 더욱 악화된 때문이었다. 게다가 대간에게 논박을 받은 다른 신료들이 사직·체차되는 것과는 대조적으로 송영·韓健·閔永肩·임사홍·尹弼商·朴元宗 및 윤호 일문 등을 특대하고 비호하는 것을 성종의 전제적 왕권의 顯示로 받아들인 대간이, 수위를 조절하지 않은 공세를 계속하면서 대립이 단계적으로 첨예해지고 있었다. 이에 대간은 체직·파직·拷訊·보복성 인사 등 다양한 방법으로 처벌받았다. 그 과정에서 논박 받은 척신에 대한 성종의 확고한 의중 및 집권세력으로서의 동질성과, 척신의 입장을 옹호할 경우 성종에게 영합한다는 대간의 비난을 의식한 대신이 척신 문제에 고문을 회피하는 특이한 상황도 발생하고 있었다. 기본적으로는 언론 삼사의 言事를 허용하고 특별한 편의를 제공하는 등 우대하였지만, 수용 여부는 전적으로 성종의 판단에 달려 있었던 것이다. 대간의 탄핵이 집중되었던 尹弼商·임사홍 등 척신이 燕山

君대에 이르러 당시 정치 상황과 맞물려 발생한 戊午(연산군 4)·甲子士禍
(연산군 10)의 중심인물이 되고 있다는 사실은, 성종과 대간과의 관계에서
특히 주목해야 될 부분이라 생각된다.

| 부표 | 성종대 의정부 전조 관직자 명단　　　　　　　(* 척신, ◦ 좌리공신)

	영의정	좌의정	우의정	이조	병조	이조겸판	병조겸판
즉위년	洪允成◦ 11, 무신	尹子雲◦ 11, 무신	金國光◦ 11, 무신	權瑊◦ 12, 무인	李克培◦ 12, 계축	韓繼美*◦ 12, 경술	韓明澮*◦ 12, 경술
1년	尹子雲◦ 4, 갑인	金國光◦ 4, 갑인	韓伯倫*◦ 4, 갑인	李克增◦ 9, 신묘	許琮◦ 8, 신해	具致寬◦ 6, 성술	
2년	申叔舟◦ 10, 신묘	崔恒◦ 10, 신묘	成奉祖*◦ 10, 신묘			盧思愼◦ 9, 신묘	
3년					韓致義*◦ 12, 신미		
4년				韓繼純*◦ 5, 을묘	姜希孟◦ 2, 무진	尹弼商*◦ 8, 임술	
5년		韓明澮*◦ 5, 기해		鄭孝常◦ 4, 임오	李克培◦ 7, 신유	尹弼商*◦ 10, 갑진 사직	韓明澮 사면 5, 기해
6년	鄭昌孫◦ 7, 무신		尹士昕*◦ 7, 무신	洪應*◦ 12, 신묘			
7년		曹錫文◦ 4, 병자 沈澮*◦ 8, 신사	尹子雲◦ 8, 신사				
8년				姜希孟◦ 윤2, 기미	魚有沼◦ 윤2 임술		
9년				朴仲善*◦ 10, 임진	魚世恭 6, 임진		
10년		尹弼商*◦ 8, 갑신	洪應*◦ 8, 갑신	徐居正◦ 11, 신묘	李克增◦ 8, 갑신		
11년				韓致禮*◦ 12, 계유	柳輊◦ 4, 신해		
12년				魚有沼◦ 8, 정묘 李承召◦ 11, 병술	徐居正◦ 11, 병술		
13년				鄭佸 3, 경오	李繼孫 2, 임술		

14년					權瑊。 1, 계해 李克增。 6, 병자		
15년				李崇元。 3, 무술	孫舜孝 6, 무인		
16년	尹弼商*。 3, 기유	洪應*。 3, 기유	李克培。 3, 기유	鄭蘭宗。 12,을사	鄭佸 윤4, 정미 李克均 7, 을묘		
17년				申浚。 9, 신미	愼承善*。 3, 정미		李克培。 6, 을유
18년			盧思愼。 9, 갑자	許琮。 8, 계유	魚世謙。 9, 갑자		
19년				成俊 10, 계묘	許琮。 10, 임자		
20년					韓致禮*。 9, 임오		
21년				鄭文炯 1, 기미 盧公弼 7, 병자	李克墩。 4, 병술		李克培 사면 4, 정해
22년				李克均 4, 정사 成健* 6, 계유 愼承善*。 12, 무오	李崇元。 4, 정사 韓致亨*。 12, 무오		
23년		盧思愼。 5, 무자	許琮。 5, 무자	洪貴達 11, 신미			
24년	李克培。 11, 정유			李克墩。 10, 기사	鄭佸 11, 정유		
25년			尹壕* 4, 정축 愼承善* 11, 경술		成俊 5, 계사		

조선 成宗代 王權과 宗親

Ⅰ. 머리말

종친은 왕실의 동성 친족이다. 그들은 신분제 사회에서 최고의 작록과 요직을 독점했다. 고려시대에도 종친이 최고의 작록은 누렸지만, 국왕의 이례적인 은혜에 의한 경우를 제외하고는 그들의 사환은 원칙적으로 금지되었다. 종친이 직사를 맡아서 공·사죄를 범할 위험을 방지하고 왕친으로서의 존엄을 보위하기 위해서였다. 조선이 개창된 초기에는 인심의 안정과 뜻밖의 변고에 대비하여 종친에게 사병을 거느리게 하고, 병권을 위임하였다. 종친의 사환은 통치자의 자질이나 통치 방향, 정치 상황에 따라 달랐다. 종친의 사병 소유를 허락하고 仕進도 허용한 태조와 는 달리 태종은 12년(1412) 이후부터 태조 방계 자손을 제외한 종친의 사환을 금지하였고, 세종 26년(1444) 12월에는 본인을 기준으로 4대가 지난 후에 사진하는 것으로 규정이 정비되었다.[1] 그렇더라도 제한적이지

---

1) 김성준, 1985, 「조선초기의 종친부」 『한국중세정치법제사연구』, 일조각, 307~323쪽.

만 관직에 진출하는 종친이 있었고,[2] 특히 세조대에 이르러서는 전대에
비해 괄목할 만한 진출이 이루어졌다.[3] 세조 왕권과 당대 정치의 특이성과
관련되어 종친이 대대적으로 진출하고 특대를 받았던 것이다.

종친의 입지는 13세의 성종이 즉위한 이후 급변하였다. 貞熹王后(세조
비 : 이하 대비로 약칭)가 유충한 성종을 대신하여 성종 7년(1476) 정월
撤簾하기 전까지 수렴청정하는 동안 종친의 관직 진출이 금지되었기
때문이다. 종친의 사환 금지는, 대비의 통치 및 예종대 이후 다시 등장한
한명회 등 훈척세력과 관련지어 면밀하게 검토되어야 할 주제이자, 넓게
는 조선전기(15세기) 정치적 특수성을 담지하고 있는 주제로서도 고찰할
의미가 있다고 판단된다.

이러한 성종대 종친에 대한 연구는 고려시대부터 조선전기에 걸쳐
종친부의 성립과 기능을 검토하면서 왕권 안정을 위해 종친 부시가 금지되
면서 종친의 사환이 금지되었고, 성종 15년(1484) 종친의 가자를 위해
시예법이 시행되었다는 사실 등을 추적한 연구가 있을 뿐이다.[4] 이 연구는
종친에 대한 여러 사실들을 밝혀 놓았다. 그러나 넓은 시기를 다루다
보니 종친 사환 금지의 목적이 성종 왕권을 보호하기 위한 대비의 조치였
다는 결론만을 지적하였고, 구체적 상황이나 과정에 대해서는 언급되지
않았다. 또한 종친 부시 금지에 대한 한명회 등 권력 집단과의 관계가
드러나지 않았고, 시예법 시행이 단계적으로 밝혀지지 않은 아쉬움이

---

2) 세종대 益安大君의 자 石根이 충의위절제사에(『世宗實錄』 권12, 세종 3년 5월
   14일 乙亥), 익안대군 손자 愼宜君 李仁과 元尹 李義·李禮와 태조의 장자 李芳雨의
   자인 奉寧府院君 福根의 子인 부원윤 李碩은 충의위에 속해 있었다(권37, 세종
   9년 8월 15일 庚午).

3) 한충희, 1995, 「조선 세조대(1455~1466) 종친 연구」『한국학논집』 22, 계명대학
   교 한국학연구원, 189~190쪽.

4) 김성준, 앞의 책, 328~332쪽.

있다.

필자는 선행 연구를 참고하면서, 대비가 수렴청정을 하는 정치 상황과 정치세력과의 유기적 관계 속에서 구성군 이준 제거를 검토하고, 성종 2년 3월에 단행된 佐理功臣 책봉이 종친 仕官 금지를 위한 현실적 압력으로 작용한 성격, 종친 부시 금지의 이유 및 시기를 밝히고자 한다. 친정하는 동안 부시가 금지된 종친들의 권익신장을 위한 가자 요청과 當代에 종친 사환이 금지된 것에 대한 성종의 고심이 단계적으로 殿講·觀射, 종친 試藝法·別試 등 여러 방안을 통해 加資로 현실화되는 내용을, 宗室을 교육하기 위해 설치된 宗學 실태와 유기적 관계 속에서 일별해 볼 것이다. 그러한 성종의 조치에도 법제적으로는 『경국대전』에 종친의 특권과 대우를 폐하는 방향으로 정리되었지만,[5] 종친에 대한 성종의 대우와 그들의 하락된 위상의 실제 및 종친의 혼인·송사·奉祀 등의 생활 양태도 검토해 보겠다. 이러한 연구를 통하여 성종대 왕권과 종친과의 관계 및 세조대의 威勢가 사라진 종친의 실체에 보다 더 접근할 수 있기를 기대해 본다.

Ⅱ. 세조 왕권과 종친

세조는 잘 알려져 있다시피 癸酉靖難을 통해 조카 단종을 제거하고 권력을 장악하였다. 그는 집권에 공을 세운 靖難功臣과 다른 공신들 그리고 태종의 외척 제거 이후 정치 전면에서 사라졌던 戚臣들을 대거 중용하여 통치의 기반으로 삼고 있었다. 세조는 세조 12년(1466) 7월에 登俊試를

---

5) 조선 초기 종친의 직제가 경국대전으로 법제화되기까지 정비되고 운영된 내용에 대해서는 강제훈, 2010, 「조선 초기 종친직제의 정비와 운영」 『한국사연구』 151 참조.

시행하여 永順君을 2등으로 입격시키고,[6] 그 후 다른 종친들도 선발했다. 종친의 사진을 금지하는 추세와는 다른 방향이었다. 그 전에 세조는 이미 공신세력 견제, 李施愛 난 등 여러 상황과 맞물려 동 7년 翊峴君(세종자) 李璭을 강무대장에 임명하였고, 12년부터 14년까지 龜城君을 영의정에 제배하는 등 30여 명의 종친을 의정부·육조·오위도총부 등에 대대적으로 중용했고, 그들은 국정 전반에 영향력을 행사하고 있었다.[7]

〈표 9〉 세조대 입격한 종친

과거	성명	봉작	부	조
문	이보(李溥)	영순군(永順君)	광평대군(廣平大君)	세종
문	이래(李徠)	춘양군(春陽君)	보성군(寶城君)	효령대군(孝寧大君)
무	이효성(李孝誠)	운수군(雲水君)	덕천군(德泉君)	공정대왕(恭靖大王 : 이하 정종으로 칭)
무	이종(李踵)	우산군(牛山君)	온녕군(溫寧君)	태종
무	이온(李薀)	제천군(堤川君)	서원군(瑞原君)	효령대군
무	이직(李稙)	모양도정(牟陽都正)	경녕군(敬寧君)	태종
무	이찬(李欑)	은천군(銀川君)	경녕군(敬寧君)	태종
무	이효백(李孝伯)	신종군(新宗君)	덕천군	정종
무	이성(李誠)	계천도정(溪川都正)	양녕대군(讓寧大君)	태종

* 출전 : 『燕山君日記』 권44, 8년 6월 무오

특히 세조가 등준시라는 별시로 종친에게 관직 진출을 공식적으로 허용한 사실은 주목할 만하다.[8] 척신을 특대하여 勳·戚을 핵심 정치세력으로 하되,[9] 정치세력의 외연을 종친까지 확장하여 훈척을 견제하려는

6) 『世祖實錄』 권39, 12년 7월 癸巳, "傳于禮曹曰 登俊試諸事 依拔英試例施行 蓋宰相赴試 自拔英 宗親赴試 自登俊始".

7) 한충희, 앞의 논문, 188~225쪽.

8) 한춘순, 2003, 「세조~성종대 과거에 관한 일고찰」 『조선시대의 과거와 벼슬』, 16쪽.

9) 김태영, 1994, 「조선초기 세조왕권의 전제성에 대한 일고찰」 『한국사연구』 87,

전략적 정책이었기 때문이다. 훈척의 사회·경제적 특권을 제한하는 조치로 세조 12년 8월 전격 시행된 직전법[10]과 병행하여 시행되고 있었다는 점이 그 같은 사정을 뒷받침해 준다. 그 외에 예종대에는 3~4명의 종친이, 성종대에도 무과에 丹山守(경녕군 자) 李穗·豊城正(경녕군→梧城正 자) 李杠이 합격했다.[11]

Ⅲ. 정희왕후의 수렴청정(성종 즉위년~7년 정월)과 종친

1. 성종 즉위초 정국 상황과 龜城君 李浚 제거

성종은 懿敬世子(세조 장자, 사망)의 차남인 者山君 李娎이다. 그는 예종의 어린 적장자와 병약한 그의 형 月山君 李婷을 제치고 主喪으로 지명한 대비의 뜻에 따라 13세에 즉위했다. 세조대의 원훈이자 정치 원로인 원상들도 그 지명에 동의했고, 곧 이어 대비가 그들의 수렴청정 권고를 수락했다.[12] 성종의 즉위는, 국정 운영에서 원상·훈구 등의 협조를 받으면서도 그들의 강화된 권력을 견제해야 하는 대비가, 당시 16세인 월산군의 처부 朴仲善이 아닌 세조대 총신으로 왕실과 連婚을 맺고 성종의 국구이기도 한 韓明澮를 선택한 결과였다. 다른 한편으로는 세조 13년(1467) '이시애의 난' 이후 정계에서 물러났으나, 예종 즉위년(1468)에 발생한 '南怡獄

138~140쪽.

10) 『世祖實錄』 권39, 12년 8월 甲子, "革科田 置職田".

11) 『燕山君日記』 권44, 8년 6월 戊午.

12) 『成宗實錄』 권1, 즉위년 11월 戊申. 며칠 후 성종은 '군국의 만기를 대비의 재단을 받들어 시행한다.'라고 천명했다(『成宗實錄』 권1, 즉위년 12월 戊午).

事'를 계기로 영의정에 복귀한 한명회·申淑舟 등 원상이 자산군을 즉위시켜 자신들의 강화된 위상을 계속 유지하려는 이해관계도 작용하였다.[13]

대비는 급선무인 예종의 喪禮를 원상과 협의 하에 주도하였다. 예종 사망 후에 설치된 國葬·山陵都監 제조에 왕실 가족인 鄭顯祖(세조 사위)와 韓致亨·韓伯倫이 참여하고 있던 반면[14] 종친은 한 사람도 없었다. 단지 玉山君 李躋가 代奠官으로, 密城君 李琛·永順君 李溥가 능을 營造할 땅을 살펴보는 일과 山陵 兮井을 열 때에 봉심하는데 조정 신료들과 함께 참여할 따름이었다.[15] 이는 내비가 종친을 경계하는 의도를 드러낸 것이었는데, 그 의도는 聽斷을 시작한 며칠 후 내린 다음의 전교에도 이어지고 있었다.

> A1. "종친이 음양서를 쌓아 두고서 星命을 추산하는 것은 어디에 소용이 있는가? 이미 수납된 책 안에 『婚元』·『假令』·『選要』 등 책으로 혼가의 택일에 필요한 것 외의 다른 책은 모두 돌려주지 말라."(『成宗實錄』 권1, 즉위년, 12월 을묘)
>
> A2. "종친이 부자와 형제가 함께 군대를 관장하는 사람이 있으니, 옳지 못한 일이 아니겠는가?"(『成宗實錄』 권1, 즉위년, 12월 庚申)

A1은 先朝에서 수납한 음양지리서 중 필요한 것은 내전에 들여보내되, 나머지 도서를 모두 주인에게 반환하도록 한 직후에 특별히 종친을 지목하여 택일에 필요한 책만 돌려주도록 한 것이다. A2는 부자·형제로서 함께

---

13) 한춘순, 2002, 「성종 초기 정희왕후(세조 비)의 정치 청단과 훈척정치」『조선시대 사학학보』 22, 32~34쪽.

14) 『成宗實錄』 권1, 즉위년 11월 戊申 ; 권1, 12월 庚戌.

15) 『成宗實錄』 권1 즉위년 11월 戊申, 乙卯 ; 권2, 원년 정월 戊子.

군대를 관장하고 있는 종친을 교체하도록 압박하고 있다. 대비는 종친을
노골적으로 경계하고 있었다. 이 같은 방침에 조응하듯 성종 원년(1470)
정월 생원 김윤생 등이 승정원에 "臨瀛大君(세종 4남)의 족친인 전 직장
최세호의 숙부(古昌君 權擘)가 '구성군은 건장하고 지혜가 있으니, 神器를
주관할 만한 사람이다.'라고 했다. 지금 어린 임금을 세웠으니 나라의
복은 아닌데, 어찌 왕위의 결정을 잘못했을까?"라고 한 말을 고했다.
성종 즉위를 부정하고 구성군을 극찬하는 내용이었고, 그 파장은 즉각
최세호 및 그와 관련된 권맹희가 체포되어 국문 당하는 상황으로 이어졌
다.16) 이어 私奴 석년도 金致云 등이 산릉의 고역을 말하면서 "구성군과
같이 장년이 된 사람이 임금이 되었다면, 산릉의 일도 수월할 것이다."라고
했다는 말을 고했고, 관련자는 잡혀와 국문을 당했다. 亂言者가 이어지고
있었다. 성종은 죄를 난언자에 한정하고 사건을 서둘러 매듭지었다.17)
  구성군은 임영대군 李玖의 아들이었다. 그는 세조 13년(1467) 발생한
이시애 난을 진압하는 데 공을 세웠고, 28세 젊은 나이에 영의정에 중용되
었으며, 예종대에도 翊戴공신이자 영의정으로 권력의 핵심에 있었다.18)
그러나 예종 원년(1469) 6월, 성주 주산의 불법 개간을 비판한 자에게
임영대군의 伴人인 全仲生이 "장차 신하가 될 자가 어찌 우리 궁을 향하여
박절하게 하기를 이같이 하였는가?"라고 한 말이 승정원에 알려지면서19)
구성군의 처지는 흔들리게 되었다. 즉시 체포된 전중생이 발언 배경을
'구성군이 조정에서 정사를 맡고 있었기 때문'인 것으로 복초했고, 곧
능지처사된 때문이었다.20) 사건은 일단락되었다. 이는 대비가 내린 종친

---

16) 『成宗實錄』 권2, 원년 정월 辛巳~乙酉.
17) 『成宗實錄』 권2, 원년 정월 丙戌~戊子.
18) 『世祖實錄』 권47, 14년 7월 甲戌 ; 『睿宗實錄』 권1, 즉위년 10월 丙辰.
19) 『睿宗實錄』 권6, 원년 6월 乙丑.

330

관련 전교가, 자신이 수렴청정하는 상황에서 위협적으로 인식하고 있던 세조대 이후 상당한 위상을 구축하고 있던 종친 중 특히 구성군을 겨냥한 것이었음을 보여준다. A2 전교가 내려진 20일 후 잇달아 터져 나온 난언은 그러한 사정을 뒷받침해 준다.

게다가 좌찬성 韓繼美(세조 동서)에 의해 '무엇 때문에 형을 버리고 아우를 세우는가?' '구성군도 또한 물망이 있는 사람이다.'라고 한 권맹희의 말이 다시 보태졌다.[21] 권맹희가 난언의 내용을 승복했고, 최세호·김윤생이 난언의 진원지임도 아울러 실토했다.[22] 난언을 즉시 고하지 않은 한계미는 자수한 것으로써 免罪받았다.[23] 대비가 전·현직 의정부 대신과 密城君(세종 자) 李琛·永順君(세종→廣平大君 자) 李溥 등의 논의에 따라, 구성군을 공신 명부에서 삭제하고 경상도 영해에 안치했다.[24] 軍資監 直長 洪孝孫이 그의 처부 병조판서 李克培가 '한명회의 권세와 성종의 왕위가 단명할 것'이라고 말했다는 사실을 수감된 최세호가 고하면서, 파장은 확대되는 듯했다.[25] 그러나 성종이 대간의 이극배 체직 계청을 불허하고 곧 이어 최세호의 형을 집행하면서,[26] 3달간 끌어온 사건을 종결시켰다. 사건을 처리하는 과정에서 관련자가 늘어나고 사건이 확대될 수 있는 국면이 있었다. 그러나 신정 초 정치를 안정시키는 것이 중요했기 때문에 핵심 인물 외에 처벌자를 최소화하는 선에서 매듭지었다. 요컨대

---

20) 『睿宗實錄』 권7, 원년 8월 癸亥.

21) 『成宗實錄』 권2, 원년 정월 壬辰.

22) 『成宗實錄』 권2, 원년 정월 乙未, 丙申.

23) 『成宗實錄』 권2, 원년 정월 乙未, 丙申.

24) 『成宗實錄』 권2, 원년 정월 壬辰, 癸巳.

25) 『成宗實錄』 권2, 원년 정월 辛丑.

26) 『成宗實錄』 권4, 원년 3월 壬午, 丙申. 고발자인 김윤생 등은 각각 가자되거나 면포를 받았고, 난언자 김치운·권맹희·최세호는 능지처사되었으며, 그 외 관련자도 처벌받았다.

세조~예종대에 크게 중용되었지만, 향후 왕권과 정국 안정에 최대 위협
인물로 인식하고 있던 구성군을 대비가 원상·훈척 등과 연합하여 제거했
던 것이다. 이는 향후 종친에 대한 압박을 예고하는 것이기도 했다.

2. 종친 赴試 금지

구성군이 제거된 후 종친에 대한 초미의 관심사는 '종친 赴試'의 지속
여부였다. 성종 2년 3월 성종은 鷲城正(양녕대군→瑞山君 자) 李顥의 赴試
청원을 허락했다. 대간이 '종친 부시 불가론'을 강력하게 주장했지만,
세조대부터의 일임을 강조한 성종의 입장이 반영된 결과로 짐작된다.[27]
구성군을 제거한 이후 관례나 직질을 따라 종친을 대우하면서도 부시를
시행하지 않자, 취성정이 그 시행을 요청하였고, 성종이 그것을 수락한
것이다. 단산수·풍성정은 이때 시행된 무과에서 입격하였다. 이는 실질적
통치자인 대비와 성종의 상반된 견해가 표출된 사안으로 주목된다.

그런데 며칠 뒤, 春山守(정종→宣城君 자) 李貴孫 등이 상언했다.

> B. "신 등이 太祖康獻大王의 자손이기는 일반인데도, 太宗恭定大王의
> 자손과 鎭安大君·益安大君의 자손인 경우에는 천첩 소생인 것을 논하
> 지 아니하고 모두 새로운 『대전』에 따라서 직질을 올렸으며, 恭靖大王
> 의 친자인 義平君·順平君의 경우에는 恭定大王의 친자인 誠寧君·경녕
> 군의 예대로 嘉靖大夫·正尹으로 되었으며, 그 나머지 친자인 경우에
> 는 통정대부·원윤·정윤의 직질을 받았으며, 親女인 金世敏의 아내는

---

27) 『成宗實錄』권9, 2년 3월 辛巳 ; 권8, 원년 10월 甲子, "司諫院正言呂篪來啓曰 宗親赴
    試 大典所不載 大典乃萬世遵行之法 請勿令赴試 傳曰 自世祖朝許赴試 爾欲廢之耶"에
    서 종친 부시에 대한 대비와 성종의 입장 차이가 보인다.

옹주가 되고 그 나머지 친녀는 모두 郡主가 되었습니다. 또 세종
조에 종친에게 受職하는 법을 정할 때에 왕손인 경우에는 정4품을
주고 증손인 경우에는 종4품을 주었는데, 신 등도 또한 그러한 예에
참여하였으나, 오직 4촌 형인 牛山正(정종→義平君 자)의 아들 正谷令
은 증손의 예로써 4품을 제수 받고 그 아비 우산정은 3품을 加職하였
는데, 오로지 신 등만은 그러한 예를 받지 못하였으니, 원컨대 성상의
은혜를 받고자 합니다."(『成宗實錄』 권9, 2년 3월 정유)

정종은 태종의 同母兄으로 2대 왕으로 즉위했다. 그러나 寄生之君으로
간주되어 숙종 때까지 묘호없이 공정대왕으로 통했다. 적실자가 없고,
15인의 宮人子는 모두 차별을 받았다.[28] 우산정 李孝孫과 그 아들 정곡령
李晟은 궁인자이지만, 정종의 장자로서 은전의 차원에서 직질을 따라
예우한 것 같다. 그런데 춘산수 등이 태종·정종계 천첩자녀의 사례를
들어 동등한 대우를 청한 것이다. 성종은 선대에서 허락하지 않았다는
신료들의 논의에 따라 그 청을 거절했다. 그러나 실제 이유는, 춘산수
등의 청을 받아들일 경우 비단 그들에게 국한되는 문제가 아니라, 다수의
후손들에게까지 영향을 미칠 수 있는 사실상 대단히 민감한 사안인 때문이
었을 것이다. 더구나 이미 종친 부시를 윤허한 상태에서 그 같은 청까지
받아들일 경우 전체 종친의 정치적 위상이 강화되고, 정국에 미치는
영향력도 상당할 수 있다는 우려도 있었을 것으로 판단된다. 이틀 뒤
고령부원군 신숙주, 상당부원군 한명회, 河城尉 정현조 등으로 하여금
佐理功臣의 책훈을 명한 것에서[29] 그 같은 사정이 확인된다.

---

28) 김성준, 앞의 책, 338~339쪽.
29)『成宗實錄』 권9, 2년 3월 己亥.

좌리공신은 세조대 공신 신숙주·한명회·정인지 및 그들의 친인척 다수
와[30] 대비 윤씨, 昭憲王后 심씨, 仁粹王妃 한씨, 章順·恭惠王后 부 한명회,
예종 繼妃 安順王后 부 韓伯倫 계열 등 척신 19명을 합해 총 75명이었다.
구성의 특징은 세조대~예종대의 공신에 비해 척신의 비중은 크게 높아진
반면, 종친은 2등 밀성군·월산대군, 4등의 李鉉(양녕대군→咸陽君 자)
등 3명만 포함되어 극단적인 대조를 이루고 있었던 점이었다. 이는 대비의
뜻을 철저하게 따른 결과였다. 즉 요직에 진출시키기 위해 많은 척신을
공신에 포함시켰고, 답보상태에 있던 왕실의 숙원 사업인 懿敬王 추숭
문제에 대한 지지 입장을 이끌어 내기 위해 훈구를 후대하였으며,[31]
아주 특별한 취성정의 사례와는 달리 향후에도 압박을 계속할 것이라는
의미로 종친을 배제한 것이었다.

그리고 성종 4년 8월의 대사헌 서거정의 상소에는 주목할 만한 내용이
있었다.

C. "제왕의 도리는 親親보다 더 큰 것이 없는데, 친친을 하는 길은 位를
  높이고 녹을 후하게 주어 직사를 맡기지 아니하는 데 있습니다.
  그래서 공이 있어도 벼슬을 더하지 아니하고 따라서 죄가 있어도
  형벌을 더할 수 없어서 대처하기가 매우 어렵습니다. 역대 제왕
  및 우리 조종은 이런 도리를 준용하여 종친을 임용하지 않았는데,
  중간에 종친이 동반·서반에 많이 參列했고, 또 문과·무과에 부시함을
  허락하였습니다. 우리 전하는 이미 부시법을 혁파하고 또 가벼이
  동반직을 제수하지 않았습니다. 그러나 선전관·위장은 오히려 옛날

30) 정두희, 1983, 「세조~성종대 공신집단의 정치적 성격」『조선초기 정치지배세력
    연구』, 241~251쪽.
31) 한춘순, 2002, 앞의 논문, 51~57쪽.

부터 임용하기도 하니, 옳지 못한 것 같습니다. 청컨대 모두 혁파하여 조종의 법을 따르도록 하소서."(『成宗實錄』 권33, 4년 8월 癸亥)

즉 이미 '종친 부시'가 혁파되었으니, 이제 선전관·위장에 제수된 종친 마저도 퇴출시키자는 것이었다. 종친의 진출을 봉쇄하기 위한 신료들의 '종친 부시 철회' 계청이 계속되면서, 그 重論에 압도된 성종이 '종친 부시'를 철회하였음을 말해 주고 있다. '종친 부시 금지' 조치에 반발하는 松林副正(덕천군 사) 李孝昌 등의 상소를 성종이 유중불하한 것32)에서도 부시 허용 철회 사실이 확인된다. 구성군 축출 이후 자신에게 정책이 집중되는 방향으로 육조직계제를 운용하여 정책 결정을 좌우하면서 원상의 독주는 차단하고, 政曹에 척신을 배치하여 훈구의 인사를 견제하는 방식으로 국정을 주도해 나간 대비의 종친 축출에 대한 확고한 뜻과,33) 신료들의 일치된 이해관계에 따라 종친의 부시가 금지된 것이었다. 따라서 조선 건국 이래 중요한 국면에서 왕권을 뒷받침하는 藩屏의 역할을 했던 종친은 현 왕으로부터 5대인 親盡이 되어야 비로소 과거 참여가 가능하게 되었다. 그들의 정치적 위상은 추락할 수밖에 없었다. 신료들과 함께 밀성군·영순군이 성종의 陵地 往審에 합류했던 것34)과는 달리 성종 5년(1474) 恭惠王后 사망 후 진행된 국장에 한 사람도 참여하지 못한 것에서도 그 같은 사정을 엿볼 수 있다.

그렇다면 종친 부시가 금지된 시점은 언제인가. 그 시점과 관련하여

---

32) 『成宗實錄』 권34, 4년 9월 戊申, "松林副正 李孝昌等 上疏曰……睿宗大王聿追先志 遵行不變 今我主上殿下 誕紹祖宗 即位之初 尙未變也 近者特下明詔 令宗室不得赴試 臣等未解殿下所以停擧之意".

33) 한춘순, 2002, 앞의 논문, 35~65쪽.

34) 『成宗實錄』 권1, 즉위년 12월 辛酉.

성종 2년 윤 9월 성종이 춘산수가 제기했던 문제를 재거론했고, 원상 및 재상들의 논의를 따라 "손·증손 가운데 계급이 낮은 자를 적당하게 헤아려서 올려 주는 것"으로 결정한 사실을 주목할 필요가 있다.[35] 기준이 애매하지만, 정종 자손을 우대하는 방향으로 바뀌었기 때문이다. 그 변화의 배경은, 國忌日에 유희를 일삼은 이유로 한 달 전 쯤 파직된 춘산수에게서 단서를 찾을 수 있을 것 같다.[36] 즉 자신의 계청이 불허된 데다 종친 부시 금지에 대한 반발로 敗常을 저지른 것으로 추정되기 때문이다. 그래서 성종이 그 문제를 재론했고, 이미 좌리공신 책록을 통해 독점적 지위를 보장받은 훈척이 처음보다 유연하게 대응하여 제한적이나마 우대하는 방향으로 선회했을 것으로 판단된다. 그러므로 '부시 철회'는, 취성정의 청에 의해 시행된 종친 부시 이후 올린 대사헌 韓致亨의 성종 2년 6월의 반대 상소 이후부터 정종 자손의 加職이 재론되기 전 사이에 있었을 것이다.[37]

IV. 성종의 친정(성종 7년 정월~25년)과 종친 加資

1. 종친의 가자 요청과 가자 방안(1) - 殿講·觀射

성종 7년(1476) 정월 성종이 친정을 시작하였다. 비록 부시는 금지되었지만, 종친은 종친계에 따라 왕자 직전을 받았다. 그러나 職事가 없었으므

---

35) 『成宗實錄』 권12, 2년 윤9월 丙午.
36) 『成宗實錄』 권12, 2년 9월 己未.
37) 김성준은 앞의 책, 328~329쪽에서 성종 2년 6월에서 4년 8월 사이로 보고 있다.

336

로 가자를 받을 수 없었다. 원칙적으로 처음 받은 종친계에서 승직할 수 없었던 것이다. 烏川副正(양녕대군→順城君 자) 李嗣宗 등이 가자를 요구하고 나선 이유였다.

> D. "『대전』의 종친에 대한 관제에, 처음 제수한 뒤에는 다시 가자하는 길이 없어 마치 限職과 같습니다. (중략) 국가와 휴척을 함께 하는 사람으로서 도리어 일반 사람들이 벼슬하는 것만도 못하니, 그런 점을 신 등은 수지로 여깁니다. 그렇다고 實職을 올려주고 녹봉을 더해주기를 바라는 것은 아닙니다. 그러나 계급에 이르러서는, 국가에 있어서는 손익이 없지만 신 등에게는 사실상 큰 혜택이 되는 것이니, 문·무관의 예와 같이 資窮 이하는 달 수를 계산하여 가자하게 해 주소서."(『成宗實錄』 권67, 7년 5월 경신)

종친도 가령 900일 사진하면 자급이 더해지는 참상직과 동일하게 彰善大夫(정3품 하계) 이하를 대우해 달라는 것이었다. 의의를 명받은 원상들은 부정적이었고, 성종도 직사가 없으므로 문무관과 동일하게 대우할 수 없다고 했다. 그러면서 원상에게 재논의를 명했는데, 다음 날 원상을 혁파했다.[38] 반드시 이 문제 때문이라고 할 수는 없지만, 전면 반대한 것에 대한 불만이 전혀 없다고 할 수도 없을 것 같다.

며칠 후 효령대군 李補와 밀성군 이침 등이 와서 이 문제에 대해 아뢰었다.

> E. "근일에 오천부정 이사종이 상언하여, 문·무관의 예와 같이 計仕하여 가자해 줄 것을 청하였습니다.……『대전(갑오대전)』에는 왕자는 정1

---

38) 『成宗實錄』 권67, 7년 5월 辛酉.

품에 대군에 봉해지고, 그 다음은 封君만 되며, 슈監에 이르러서는
처음 제수한 뒤에는 加階하는 법이 없으니, 마치 限職과 같습니다.
李皎는 敦寧의 첩자인데도 懿親이기 때문에 禦侮將軍(정3 당하관)이
되었으며, 嘉音令(진안대군→봉령군→원윤 이석 자) 李銀生의 아들
은 내금위에 들어와서 제한이 없이 품계를 더하여 어모장군에 이를
수 있게 되었는데, 은생은 令(종친 정5품 작위)으로 끝나고 말았으니,
이는 종친이 도리어 의친만 못한 꼴입니다. 세조 때에 신종군 등의
직위는 모두 그의 아비보다 다 높았습니다. 그런데 지금은 『대전』에,
'처음 제수한 뒤에는 가계할 수 없다.'고 했다 하는데, 『대전』의
본뜻도 그러한 것이 아니고, 그것은 마치 新及第의 일등은 정6품·정7
품과 같은 뜻입니다. 촌수가 멀어져서 의친이 되면 그 직위가 제한이
없는데, 명색이 종친으로서 그 직위가 제한이 있으니, 이는 지극히
미편합니다. 신 등은 원하건대 아직 資窮하지 않은 자는 계사하여
가자해주고, 이미 자궁한 자도 전하께서 수시로 官案을 검열하셔서
오래되고 근면함을 차례를 매겨서 陞給해주면, 거의 종친에게도 직위
를 제수하고 품계를 고쳐주는 희망이 있게 되고 舊法이 다시 시행될
것입니다. 또 向化한 자의 아들들도 제한 없이 가계될 수 있는데,
다만 王親만은 가계하는 법이 없어서 角帶를 띤 이는 銀帶를 바랄
수 없고, 은대를 띤 이는 起花帶를 바랄 수 없습니다. 그래서 사람들이
천하게 여겨서 혼인을 할 때에는 사람마다 좋아하지 아니하므로
종부시에 하소연을 하게 되니, 신 등은 민망하게 여깁니다."(『成宗實
錄』 권67, 7년 5월 癸亥)

효령대군 등의 주장은 세 가지 정도로 요약된다. 첫째 첩자나 종친의
아들을 막론하고, 아무 제한없이 승직하여 서반고위직까지 제수된 의친과

대조적으로 가자가 없는 종친은 처음 봉작에 머물러 있다는 것이다. 둘째, 대전의 '처음 제수한 뒤에는 가계할 수 없다.'라는 조항을, 급제한 자에게 처음 정6품 또는 정7품보다 더 높은 관직을 주지 않는다는 뜻으로 해석하여, 종친도 처음 봉작은 그 위치에 따라 제수하되, 성종이 종친들의 근만과 사진 일수를 살펴 가계해 달라는 것이다. 셋째, 종친의 처지가 가자받는 귀화한 외국인의 아들만도 못하다는 것이다. 그 같은 처지로 혼인에 어려움을 겪고 있음도 한탄했다. 성종이 친정하는 만큼, 기대감을 가지고 원로인 효령대군 등이 나서서 정치적·인간적 절박함을 부각시키고 반드시 가자를 이끌어내려고 시도한 것이다. 성종은 대전 조항 등을 이유로 거절했지만, 加階·승품을 주선할 뜻을 비쳤다.

保信대부 이하는 殿講 때에 사서 중 한 책을 추첨하고, 오경 중 한 경을 자원하게 하여 略 이상은 給分하고, 관사 때에 성적도 급분하여 적어 두었다가, 歲抄에 통계하여 수위를 차지한 자는 彰善대부까지 가자하는 방안은 그 결과였다.[39] 전강과 관사 성적이 가자 기준이 된 것이다.

먼저 전강을 살펴본다. 전강은 초하루와 보름에 열렸다.[40] 성종 2년 5월 초하루 전강에 유생과 함께 종친이 처음 참가했다. 그런데 전강에서

---

39) 『成宗實錄』 권69, 7년 7월 癸丑, "傳旨吏曹曰 宗親除職之法 已具『大典』但初授之後 更無陞轉之例 雖才且賢者 終於限品 實爲未安 今宜保信以下 殿講時『四書』中抽一書 『五經』中自願一經 略以上給分 觀射時中者亦給分置薄 歲抄通計 居首者加資彰善而止 以爲勸奬". 종친계는 다음과 같다.

품계	정1품 無資	정1품	종1품	정2품	종2품	정3품	종3품	정4품	종4품	정5품	종5품	정6품
산계	大君 君	顯祿 興祿 大夫	昭德 嘉德 大夫	崇憲 承憲 大夫	中善 正義 大夫	明善 彰善 大夫	保信 資信 大夫	宣徽 慶徽 大夫	泰成 光成 大夫	通秉 直直 郎	謹愼 節節 郎	執從 順順 郎

＊『경국대전』 권1, 이전, 경관직

40) 『成宗實錄』 권8, 원년 11월 甲午.

陞資한 종친은 없고, 鶴林君(양녕대군→서산군 자) 李頤 등 12명이 會講에 입격하여 승자했다. 이는 전강에서 한 책을 通하는 자와 회강에서『소학』· 『사서』·『二經』을 통하는 자는 자궁을 논하지 않고 가자하는 세조·예종대 승자 항례를 따른 것이었다.41) 앞서 성종이 제시한 전강·관사는 종친을 가자할 방법이 전무한 상태에서의 고육책으로 세조·예종대에 종친을 우대하던 방안을 택하였음을 알 수 있다.

그런데 전강에서 가자받은 종친이 없었던 이유는 무엇이었을까. 첫째 전강이 활성화되지 못했기 때문인 것으로 추정된다. 유생들의 학문 장려 책으로 시행되었지만, 폐지된 지 이미 오래인 유생의 전강을 회복시키자 는 성종 20년(1489) 11월 논의를 볼 때,42) 종친의 전강 참여는 더욱 드물었 을 것으로 판단되기 때문이다. 둘째, 종학의 문제를 들 수 있다. 종학은 세종 10년(1428) 대군 이하 종실의 자제를 가르치기 위해 처음 설치되었 다.43) 15세에 입학하여 50세에 방학했는데, 설치된 廳과 재에서 학관이 종친을 가르쳤다. 파견된 종부시 관원은 그 거동과 출입의 때를 살폈다.44) 당시 종학에 나가는 종친은 대략 150여 명 정도였다. 이들이 학업에 충실할 수 있도록 성균관 학관 3원 중 1원을 종학 관원으로 이임시키기도 했다.45) 그런데 종학은 구조적인 모순을 안고 있었다. 鰲山守 李錫 등이 올린 상언을 살펴본다.

41)『成宗實錄』권224, 20년 정월 丁亥 ; 권235, 20년 12월 壬辰.
42)『成宗實錄』권234, 20년 11월 丙寅
43)『世宗實錄』권41, 10년 7월 壬戌, "始建宗學 令大君以下宗室子弟就學".
44)『成宗實錄』권278, 24년 윤5월 辛亥.
45)『成宗實錄』권95, 9년 8월 丁酉. 김성준은 앞의 책, 362~364쪽에서 12년『경국대 전』의 편찬이 일단락된 정월에 단행된 종학 관제 개혁을 종학의 독자적 발전을 모색한 것으로 보고 있다.

F. "학교는 인재를 양성하는 근본이고 풍속 교화의 근원입니다. 우리나라에서는 성균관과 四學을 설치하여 유생을 양성하고 또 종학을 설치하여 종실자제를 양성하니, 종친과 유생은 그 형세는 비록 다를지라도 그 교양하는 방법은 같습니다. 그런데 유생은 매년 춘추로 성균관에서 課試하여 우등자에게는 문과 覆試에 바로 응시하게 하고, 매년 6월에 사학에 都會하여 우등자에게는 생원·진사의 복시에 바로 응시하게 합니다. 그래도 부족하여 특별히 별시를 거행하여 다방면으로 권장하니 금년에 생원에 합격하고 명년에 급제하여 점차로 나아가니, 이로써 인재가 배출되어 盛하게 세상에 쓰이게 됩니다.

그러나 종친은 비록 『사서』·『이경』에 통한 자가 있어도 단지 방학할 뿐이며, 나이가 50이 차면 비록 亥와 豕, 魚와 魯의 글자를 분변하지 못하는 자일지라도 모두 방학하게 하니, 이로 말미암아 글 읽기를 게을리 하여 50세가 되기를 기다리는 자가 많이 있습니다. 이제 우리 주상 전하께서 별도로 재주를 시험하여 자급을 올리는 법(별시 : 필자 주, 후술)을 마련하여 특별히 권장하였으니, 법이 지극히 정밀하다고 이를 만합니다. 그런데도 취학한 종친이 금년에 한 서를 통하고 명년에 한 경을 통하는 자가 대개 적으니, 이는 다름이 아니라 종학의 학령이 단지 통과 不通으로 日課를 상고할 뿐이고 별도로 장려하는 법이 없기 때문입니다. (중략) 종학의 학령을 儒生都會法에 의하여 매 월말과 세초에 강한 바를 通考하고 매년 춘추로 배운 바를 고강하여 그 가운데 우등자 약간인은 특별히 계급을 권장한다면, 혹은 배우기도 하고 혹은 그만두기도 하는 폐단이 없고 날로 진취하고 달로 성장하는 보람이 있어서 聖朝의 문명한 정치를 빛낼 것입니다."(『成宗實錄』 권271, 23년 11월 신묘)

다양한 방법으로 유생의 학문 성취를 장려·우대하는 것과는 달리, 일정한 나이가 되면 학습 능력과 상관없이 방학하는 학령이 종친 학문 부진의 가장 큰 문제라는 것이다. 그리고 성종 21년(1490) 마련된, 종친을 선발·시험하여 1등에게 가자하는 별시는 매우 고무적인 일이지만, 날마다 학문 평가를 다만 통과 불통으로 나누기 때문에 그 취지를 제대로 살리지 못한다는 것이었다. 그 대안으로 오산수는 월말과 춘추 단위로 강한 정도를 通考하고, 고강하여 우수한 자를 가자하자고 했고, 성종은 그 방안을 권장절목에 담도록 적극적인 자세를 보였다. 그런데 구체적 개선 내용은 찾아지지 않는다.

세조의 남은 혈육 중 하나인 昌原君 李晟(세조 후궁 박씨 출)이 살인한 것으로 드러났다. 대간은 '비록 1품의 종친이라도 無學한 자는 종학에 나아가 학업을 닦게 하자'고 종친을 압박하고 나섰다. 그는 온양에서 막대한 官弊와 民弊를 자행하여 국문 당하고, 구사를 몰수당한 바 있었다.[46] 그런데 창원군의 집이 가까운 곳에서 여자 시신이 발견되면서, 그는 용의자로 지목되고 있었다.[47] 관련자에게서 그 시신이 창원군의 구사라는 자복을 받아내고, 시신도 확인시켰다. 그러나 창원군은 관련자의 진술만으로 애매하게 지목된 것이었다.[48] 다시 말하면 창원군은 수없이 행했던 悖戾한 소행으로 자신의 결백을 주장하고, 살인에 대해 승복하지 않았음에도 대비 强請에 의한 特恩으로 부처를 면한 것[49]과는 상관없이 살인자의 오명은 벗지 못하였다. 종친의 敗常은 도를 넘어서는 바였던 것이다. 따라서 성종 역시 종부시에 다음과 같이 전지하지 않을 수 없었다.

---

46)『成宗實錄』권78, 8년 3월 壬申 ; 권79, 8년 4월 戊申.

47)『成宗實錄』권88, 9년 정월 甲戌, 丁亥.

48)『成宗實錄』권88, 9년 정월 庚寅 ; 권89, 9년 2월 辛酉.

49)『成宗實錄』권90, 9년 3월 癸酉, 乙亥.

G. "『대전』의 勸勵條에, 宗學에 나아가는 종친이 까닭 없이 종학에 나아
가지 않는 자와 예를 어기고 令을 범한 자는 종부시에서 附過하였다가
매 節季마다 啓聞하고 論罰한다'고 하여, 이미 나타난 법령이 있는데,
지금 品秩이 높고 나이 젊은 종친들이 나태하고 방만함이 버릇이
되어서 간혹 거짓으로 身病을 핑계내어 혹은 늦게 출사하였다가
일찍 물러가곤 하여, 다만 學業만 폐기할 뿐 아니라 師弟와 長幼의
예절도 전연 강구하지 않고, 師長도 또한 가르쳐 인도하지 않으며,
有司는 겨우 괴정을 갖출 뿐이니, 내가 심히 그르게 여긴다. 그 권장
절목을 거듭 밝혀서 시행하라."(『成宗實錄』 권90, 9년 3월 신사)

종학에 관련된 종친·학관·종부시 등의 총체적인 부실을 지적하며,
각각의 책임을 성실하게 수행할 것을 강력 지시한 것이었다. 종학에
대한 대간과 성종의 일치된 입장은, 호협하게 생장하고 職事가 없는 종친
을 예로 가르치고 성품을 조절할 수 있도록 하는 것[50]은 그나마 종학밖에
없기 때문이었다. 그래서 종학에서의 태만을 경계하기 위해 죄가 경한
경우라도 종친의 구사를 몰수하고 있었다.[51] 범법한 조관의 경우 贖錢을
바치거나 杖罪라도 다만 면포 8, 9필만 贖바치는 것과는 달리, 한 사람의
값이 6, 7필을 능가하는 '구사 몰수'는 상대적으로 중한 처벌이었다.
이는 跟隨의 경우처럼 구사의 役價를 거두는 것도 종친의 蓄財 방편이었으
므로, 품계에 따른 직전만으로 생활해야 하는 종친에게 경제적으로 큰
타격이기 때문이었다. 朝士처럼 贖바치든가 죄의 輕重에 따라 加減해서
구사를 몰수하자는 종친의 요구를 성종이 일축한 것에서[52] 유교정치를

---

50) 『成宗實錄』 권108, 10년 9월 戊午.
51) 『成宗實錄』 권81, 8년 6월 辛丑.
52) 『成宗實錄』 권247, 21년 11월 丁酉 ; 권173, 15년 12월 丙辰.

표방하는 국가의 종친답게 교육시키려는 노력의 일단을 엿볼 수 있다.

이제 가자의 또 다른 통로인 觀射의 실제에 대해 알아보겠다. 관사는 종친과 회동하여 친친의 의를 나누기 위해 베풀던 행사이다. 처음에는 德源君(세조 자) 李曙, 창원군, 영순군, 월산군 등 至親이 참여만 했고, 성종 원년 8월에는 신종군 등 6인이 활을 쏘았으며, 동 5년 4월에는 신종군, 劒城都正(옥산군 자) 李揖이 많이 맞힌 자로 궁시를 받았다.[53] 관사는 자주 시행되지 않았다. 대비가 종친을 경계했고, 수렴청정하는 상황인 만큼 의례적인 경우 이외의 회합은 아무래도 자유롭지 못했기 때문인 것으로 짐작된다.

친정 후 관사에 대한 성종의 입장은, 지진과 흙비가 내리는 재이 중에 풍악을 곁들인 종친과의 활쏘기를 비판한 대간에게 내린 다음 전교에 잘 드러나 있다.

> H. "내가 종친과 더불어 관사하는 것은 친친함을 돈독히 하고 武備를 닦으려는 것이다. 전조 毅宗 때에는 서북변에 병란이 있었는데도 金敦中의 무리와 더불어 날마다 詩酒를 일삼자 이때의 의논이 이를 비난했고, 大宋의 정치를 논하여 '문치는 성하였으나 무략은 강하지 못했다' 한다. 이것이 내가 관사를 하게 된 所以이다."(『成宗實錄』 권91, 9년 4월 을미)

즉 사적으로는 종친과 친목하고 공적으로는 武弱을 벗어나기 위해서 관사한다는 것이었다. 그러면서도 성종은 이때의 관사를 잠정적으로 연기했다. 그러나 9년~10년에 경연을 여러 차례 폐하면서까지 관사에

---

53) 『成宗實錄』 권4, 원년 3월 甲午 ; 권7, 원년 8월 乙丑 ; 권41, 5년 4월 甲子.

열을 올리고 있었다.[54] 이는 성종이 갑자기 관사를 즐긴 것이라기보다는
종친 관사의 문제점을 집요하게 제기한 대간[55]에 대해 불편한 심기를
가졌기 때문인 것으로 판단된다. 성종의 장려에 힘입어 관사는 성행하고
있었다. 그러나 여러 차례 베풀어진 관사에서 승급된 종친은 江陽君·雲水
君·鶯城正에 불과했다. 그 이유는 종친이 관사를 餘技로 생각하여 모임에
는 참석하되, 노력하지 않아 실력을 갖추지 못한 때문이었다.[56]

2. 가자 방안(2) - 試藝法·別試

전강과 관사를 통해 가자 받은 종친은 극히 적었다. 따라서 가자 방안은
유명무실한 것과 다름없었다. 성종 15년(1484) 11월에 종친을 시험하여
합격자에게 학문을 권장하겠다는 성종의 뜻은[57] 그 같은 상황을 극복하
고, 종친의 가자를 제도적으로 지원하겠다는 것이었다. 그런데 몇 차례
논란을 거쳐 확정된 이른바 '종친 시예법'은 성종이 제시한 내용과 전혀
달랐다. 즉 시험 시기나 시취 방법이 문·무과의 시행 시기나 방법과
달리 하는 것으로 바뀌었다. 종친이 문무과 입격자와 교결하는 것[58]을
차단하기 위한 조치였다. 그러나 가장 중요한 점은, 1·2·3등에게 각각
3·2·1 품계를 올려주거나 明善大夫(정3품 上階) 이상에게 代加를 허락한
핵심 논상 내용 등이 전부 없어진 채, 다만 연회를 베풀어주는 것으로

---

54) 『成宗實錄』 권102, 10년 3월 甲申.
55) 『成宗實錄』 권103, 10년 4월 壬子. 대간은 승지·사관을 배제하는 것에 대해서는
    성종 말까지 중국 淮南王·景帝 등 종친을 우대한 폐단까지 거론하면서 계속
    비판했다(권248, 21년 12월 乙卯).
56) 『成宗實錄』 권103, 10년 9월 丁巳 ; 권238, 21년 3월 丁卯.
57) 『成宗實錄』 권172, 15년 11월 癸丑.
58) 『成宗實錄』 권92, 9년 5월 丙子.

된 점이었다.[59] 시예법을 통해 종친에게 승품·대가를 허용하여 종친의
무례를 교양하려한 성종의 의도[60]가 무산된 것이다.

시예법 내용이 전면적으로 변경된 이유는 무엇인가.

I. **사헌부 대사헌 유순 등** : "신 등이 듣건대, 광릉에 入番한 종친 옥산군과
정양군 이순·운산군 이성·강양군 이용·팔계군 이정·남천군 이쟁·가
은군 이빈에게 특별히 한 자급을 가하도록 명하셨다 하니, 성상께서
조상을 받들고 종친에게 미치는 아름다운 뜻이 굳고도 지극하십니다.
그러나 신 등이 가만히 생각하건대, 지난해에 이제 등이 선왕의
능에 입번한 까닭으로 이미 한 자급을 더하여 진실로 족히 작은
공로를 보답하였는데, 지금 가자하도록 명하셨으니, 광릉은 半일정
의 노정에 있는데 체번하여 왕래함이 무슨 공로가 상 줄만 함이
있어 재차 중한 자급을 주십니까?"(『成宗實錄』 권177, 16년 4월 병진)

위 사료를 통해 성종이 15년(1484) 광릉에 입번한 종친 7인에게 가자했
던 사실을 알 수 있다.[61] 이 가자는 성종 12년 10월에 무신 試射에 대군을
시관으로 임명한다거나 강경·관사가 아닌 방법으로 가자하려는 방안이
대간의 반대로 무산된[62] 연장선상에서 나온 종친 우대의 성격이 짙다.
그런 점에서 시예법 논상 내용의 전면 변경은 종친 가자에 대한 신료들의

---

59) 『成宗實錄』 권173, 15년 12월 壬申.

60) 『成宗實錄』 권173, 15년 12월 戊午, "傳曰 何有末流之弊 大抵宗親不知 禮義廉恥
易犯罪過 故世祖并試文武科 向者淸風君源 於國喪翌日 往宿妓家 會原君崢 亦於國喪帶
妓 嘉林守秋 國喪及毋喪內 亦帶妓 若有學問之力 則斷無此事 故予令試藝 使之篤學
然此非永久之法也".

61) 『成宗實錄』 권165, 15년 4월 戊辰. 위 사료에 나타난 종친의 관계는 다음 표와
같다.

반발 때문이었을 가능성이 높다. 비록 성종이 영돈녕 이상의 국정 참여를 제한하면서 정책 결정을 좌우했고,[63] 강력한 인사권도 행사하는 등[64] 국정을 주도하고 있었지만, 가자 방안을 끝까지 반대하는 신료들의 의사를 무시하기 어려웠을 것이기 때문이다. 성종이 지난 해 가자했던 종친들을 구 광릉(세조 능)에 입번하게 한 후 또 가자하자, 그에 대해 유순 등이 특정 종친에게 과도하게 베푼 가자 철회를 청한 것이다. 그러나 성종은 능침을 위한다는 이유로 받아들이지 않았다.

그 외에도 성종은 후사가 된 종친보나 품계가 낮은 경우, 尊屬 연장자이면서 연하자보다 품계가 낮은 경우에 가자했다.[65] 신료들과 대립하면서도 성종이 종친에게 가자를 강행한 이유는 무엇인가. 첫째, 이유야 어쨌든 당대에 종친의 사환이 금지되었다는 부담감을 떨쳐버릴 수 없었기 때문일 것이다. 둘째, 시예법으로는 가자가 불가능한 때문이었다. 셋째, 성종 당대에 왕실의 경사, 공신책봉, 군공, 국상, 부묘, 시예 등의 명목으로 훈척 자제나 관료들에게 자주 가자한 것[66]에 상응하는 조치였다.

성명	봉작	부	조
이제(李躋)	옥산군(玉山君)	근녕군(謹寧君)	태종
이순(李淳)	정양군(定陽君)	임영대군	세종
이성(李誠)	운산군(雲山君)	밀성군	세종
이융(李瀜)	강양군(江陽君)	담양군(潭陽君)	세종
이정(李淨)	팔계군(八溪君)	성녕군(誠寧君)	태종
이쟁(李崢)	남천군(南川君)	영순군	광평대군
이빈(李份)	가은군(加恩君)	원천군(原川君)	성녕대군

62) 『成宗實錄』 권134, 12년 10월 丁巳 ; 권148, 13년 11월 戊午, "朝官則計仕陞資 宗親則初授職後 未得遷轉 祖宗朝或講經或觀射而加階 今若別立遷官之法 則言官必有 言 何如則可乎 大司諫李世弼啓曰 不可立法".

63) 한춘순, 2003, 「조선 성종의 육조직계제 운용과 승정원」 『한국사연구』 122호, 100~112쪽.

64) 한춘순, 2006, 「조선 성종의 왕권과 훈척지배체제」 『경희사학』 24집, 97~113쪽.

65) 『成宗實錄』 권192, 17년 6월 辛丑 ; 권226, 20년 3월 乙酉.

전면적으로 축소되었지만, 그럼에도 시예법은 시행되었다. 첫 번째 시예에서 수위를 차지한 종친은 正義大夫 李深源(보성군→坪城君 자)이었는데, 절목의 내용대로 잔치를 내려주었다. 永貞副守 李福重은 2등에 두어졌다.[67] 두 번째 시예에서는 曦陽副守만이 2등으로 입격하였고, 다음 시예에서는 庇安守 李諭·習溪副正 李孝華가 입격하였다.[68]

성종 21년(1490) 11월 성종은 다시 별시를 제안했다. 가끔 학문하는 종친들을 모아 경서를 강독시켜 한두 사람을 논상하겠다는 것이었다.[69] 학술 있는 종친으로 呂陽副正(보성군→栗元君 자) 李子謙 등 25명을 선발했다. 논상의 핵심은 1등에게 한 자급을 올려 주는 것이었다.[70] 3년마다 시예법이 시행되고 있었다. 그런데 두 번째 시예에서 가까스로 2등의 입격자만 나왔다. 그 결과를 본 성종이, 실력 있는 종친이 陞資의 혜택이 없는 시예법을 기피했다고 생각했을 것이고, 종친 학문을 장려할 방안의 필요성을 절감했을 것 같다. 따라서 시예법도 활성화 시키고, 합법적·지속적으로 종친에게 가자할 수 있는 방안에 대해 고심한 결과가 별시의 시행이었다. 이는 가자 조항을 마련하기 위한 성종의 최종적인 조치였던 셈이다. 성종의 이 같은 노력은 종친에게 권학의 誘因을 줄 뿐 아니라, 경제적으로도 도움을 줄 수 있다는 인식에 기인하였다고 판단된다. 동 24년 세 번째 시예에서 庇安守 李諭가 으뜸, 習溪副正(효령대군→安康都正

66) 한충희, 1985, 「조선 세조~성종대의 가자남발에 대하여」『한국학논집』12집, 172~187쪽.
67) 『成宗實錄』권201, 18년 3월 乙丑 ; 권239, 21년 4월 辛丑. 당시 이심원이 훈척들을 비판한 정치적 활동과 그 후의 처지에 대해서는 한춘순, 2003, 「朝鮮 成宗의 六曹直啓制 運用과 承政院」『한국사연구』122, 117~122쪽 참조.
68) 『成宗實錄』권239, 21년 4월 辛丑 ; 권278, 24년 윤5월 壬寅.
69) 『成宗實錄』권247, 21년 11월 乙巳.
70) 『成宗實錄』권248, 21년 12월 戊申 ; 권259, 22년 11월 癸未.

자) 李孝華가 2등으로 입격한 것은71), 오산수가 언급한 바와 같이 별시 시행에 고무된 종친들이 학문에 열성을 보였고, 시예법에서도 향상된 실력을 발휘한 결과였다.

그렇다면 종친 사환 금지와 종학 부실화에 따른 폐단을 최소화하기 위해 성종이 여러 방법을 모색한 결과는 어떻게 나타나고 있었는가. 한 마디로 그 실효는 별로 없었던 듯하다. 앞서 거론한 종친들의 패륜적 행태는 물론이고, 微服 차림으로 다니다가 모욕이나 구타를 당하는 종친이 있는가 하면, 성종 앞에서 기생 일끼지도 거론한 金山君 李衍·始安君 李擢·會源君 이쟁·鶴林君 李頤가 추국당하는 사례에서72) 그러한 사정이 짐작된다. 정작 친 왕자군에 대해 성종이 4명을 贊讀官으로 삼아 두 사람으로 하여금 날마다 번갈아 대궐에 나와 왕자군을 가르치도록 한 특별 교육도73) 그 효과를 보지 못하였음을 알 수 있다.

V. 종친 대우와 위상하락 및 생활 양태

부시가 금지되기는 했지만, 종친에 대한 대우는 상당했다. 인재 천거에 종친을 참여시키고, 종친·의빈·공신의 아들·사위·아우를 차례대로 서용하도록 하는 한편,74) 편의를 고려하여 係出을 공정왕, 태종, 세종으로

---

71) 『成宗實錄』 권278, 24년 윤5월 壬寅.
72) 『成宗實錄』 권190, 17년 4월 癸卯 ; 권255, 22년 7월 辛卯 ; 권275, 24년 3월 丙子.
73) 『成宗實錄』 권278, 24년 윤5월 丁未.
74) 『成宗實錄』 권1, 즉위년 12월 戊辰, "傳旨議政府曰 予以眇冲 叨襲丕緒 凡所施措 悉稟大王大妃之命……又念 爲政莫急於得人 宗親文武六品以上 各擧賢能 務從其實 予當擇而用之" ; 권4, 원년 4월 乙卯, "傳曰 宗親儀賓功臣子壻弟 都承旨每政啓達 次次叙用".

나누어 각각 茂林君 李善生, 은천군, 밀성군으로 하여금 의약을 주관하도록
했다.[75]

　親決을 시작한 원년 3월 직후, 성종은 중요 종친인 밀성군·덕원군·영순
군 등을 입시시킨 가운데 국정을 처리했다.[76] 구성군 사건이 종결되지
않은 상태에서 왕실과의 돈독한 관계를 확인시키기 위한 의중으로 이해된
다. 명사 접대, 일본 사신을 위한 연회, 양로연에도 월산대군 등 지친이나
중요 종친을 입시시켰다.[77] 특히 성종 6년 6월에는 종친 108인을 대대적으
로 인견하고 입시자들에게 賜物했다.[78] 이는 청정 기간 중 가장 대규모이
자 친정을 앞둔 종친 인견이었다는 의미가 있다.

　경제적인 대우에도 신경을 썼다. 국가재정에서 昌原君 李晟·月山君
이정에게 예에 따라 財物을 도와주는 한편, 내수사로 하여금 월산대군
이정과 明懿公主·창원군 이성 등의 노비·農舍·곡식을 舊例에 준하여 대우
하도록 하였으며, 나이 5세인 예종의 子 李琄을 齋安大君으로 封君하여
녹봉 및 職田을 지급하였다.[79] 특히 至親의 경제력 마련에 주안점을 두었
던 것이다. 또한 恭順公 李芳蕃과 昭悼公 李芳碩의 後嗣로 奉祀하고 있는
廣平大君 李璵와 春城君 李譜에게 각각 墓田 15결씩을 3대에 한해서 내려주
고 있었다.[80] 종친에게 墓位田이 지급되었고, 3대에 그쳤다는 사실은
주목된다. 형인 월산대군에게는 더욱 각별했다. 수시로 사급했을 뿐 아니
라, 懿敬墓(성종 생부 의경세자 묘) 봉사자 지위 부여, 노비와 전토 및

---

75) 『成宗實錄』 권44, 5년 윤6월 丁亥.
76) 『成宗實錄』 권4, 원년 3월 甲申.
77) 『成宗實錄』 권6, 원년 6월 丁巳 ; 권49, 5년 11월 丙子 ; 권58, 6년 8월 甲辰 ; 권11,
　　2년 9월 辛巳.
78) 『成宗實錄』 권56, 6년 6월 戊寅.
79) 『成宗實錄』 권9, 2년 정월 丙子 ; 권11, 2년 8월 甲子 ; 권8, 원년 11월 己丑.
80) 『成宗實錄』 권54, 6년 4월 乙酉.

懿廟가 세워진 延慶宮을 하사했으며,[81] 그 아들 이하 현손까지를 각각
정1품부터 종2품의 대부로 제수하여 대대로 강등 없이 봉사하도록 했
다.[82] 반면 恭靖大王 문제에는 냉담하여 두 아들 茂林君 李善生·金山君
李衎의 廟號 및 祔廟 그리고 厚陵의 朔望祭에 대한 계청을 불허하고 있었
다.[83] 그 외에도 성종은 일정한 기간이 경과한 후 박탈한 고신을 종친에게
환급하였으며, 곤궁한 생활을 구제해 주기도 하였다.[84] '종친 부시 금지'
를 제외한 이 같은 종친에 대한 여러 대우나 조치는 대비의 뜻이 반영된
것이기도 했지만, 성종의 의중도 어느 정도 실린 것으로 판단된다.

친정 후 성종은 종친을 提調에 제수하였다. 즉 옥산군 이제가 성종
8년(1477)~12년까지 또한 동 14년 6월~23년 4월 이전까지 장기간 사용
원 제조를 역임했고, 그 이후 운수군 이효성이 맡았다. 월산대군은 종부시
제조였다.[85] 양로연이나 대마도의 객인 접대, 그리고 야인 등을 접견할
때에 조정 대신들과 함께 종친을 입시시키는 것도 여전했다.[86]

월산대군 가에 대한 우대도 변함없었다. 월산대군 분묘를 법 규정을
훨씬 뛰어넘는 규모로 호화롭게 조성했다.[87] 그런데도 부인 박씨에게
암자를 세우는 데 소용될 막대한 양의 동철·납철을 하사했고,[88] 영안도
여러 고을에 곡식을 바치고 回換으로 경기 고을 군자미곡을 받도록 하였으
며 충청도의 재목을 베는 등의 특혜도 주었다.[89] 여러 문제로 대간의

---

81) 『成宗實錄』 권34, 4년 9월 戊申·己酉 ; 권25, 3년 12월 甲子.
82) 『成宗實錄』 권15, 3년 2월 己巳.
83) 『成宗實錄』 권51, 6년 정월 乙丑 ; 권271, 23년 11월 壬辰.
84) 『成宗實錄』 권63, 7년 정월 癸亥 ; 권51, 6년 정월 庚申 ; 권67, 7년 5월 甲辰.
85) 『成宗實錄』 권75, 8년 정월 更子 ; 권155, 14년 6월 癸未 ; 권264, 23년 4월 甲子 ; 권
    67, 7년 5월 丙寅.
86) 『成宗實錄』 권124, 11년 12월 己巳.
87) 『成宗實錄』 권225, 20년 2월 癸卯.
88) 『成宗實錄』 권231, 20년 8월 己丑.

비판을 받았음에도 대비의 시중을 들었다는 이유로 부인이 창건한 興福寺 등의 잡역 외 역사를 면제해 주는 왕패까지 내려주었다.90) 이와는 대조적으로 齊安大君에게 가끔 말을 사급했지만 소원했다. 성종은 永膺大君(세종 자) 부인 송씨도 후대했다. 여러 차례 米豆나 노비를 하사하는가 하면, 禪祭 후 그 사위의 청대로 종친부·의정부를 비롯한 2품 이상의 재상 초대를 허락할 정도였다.91) 다만 만구에 이르는 노비의 잡역을 면제한다는 방침은 백성들의 피해를 주장한 대간의 강력한 반대에 부딪쳐 철회했다.92)

그러나 종친의 위상이 격하된 것은 부인할 수 없는 사실이었다. 인천 부사 鄭眉壽(단종 매부 鄭悰의 子)가 참판 韓健(성종 외사촌)의 청탁을 받고, 淸風君(영응대군 자) 李源이 이미 농사짓고 있는 인천의 간척지를 개간할 수 없는 땅으로 논하여 빼앗아서 준 사건이 바로 그러한 사정을 잘 보여주고 있다. 정미수가 의도적으로 잘못 판결하였으나, 성종은 단지 잘못 판결한 것으로 조율했다.93)

J. "바닷물을 둑을 쌓아 막고 논을 만드는 것은 功役을 베풀기가 매우 어렵고, 소금 기운이 모두 빠지기를 기약해야 하기 때문에 10년

---

89) 『成宗實錄』 권236, 21년 정월 庚午. 성종 23년 7월에 황금 3근을 바친 박씨에게 동철 4천 47근을 하사하기도 했다.
90) 『成宗實錄』 권294, 25년 9월 丙申.
91) 『成宗實錄』 권67, 7년 5월 丁未 ; 권73, 7년 11월 壬寅 ; 권66, 7년 4월 己亥.
92) 『成宗實錄』 권251, 22년 3월 己卯, "司諫院正言孫順孫來啓曰……永膺大君奴婢 不下 萬人 而命減雜役 比稅賦爲重 貧民代受其弊 非細故也 請勿減 皆不聽" ; 『成宗實錄』 권252, 22년 4월 乙卯, "予意亦以爲然 而臺諫又言之如此 當從之".
93) 『成宗實錄』 권273, 24년 정월 乙未. 성종이 나흘 전 이유를 밝히지 않은 채 영응대군 부인에게 미80석 포400필 하사한 것은 이 사건의 처리를 염두에 둔 때문으로 짐작된다(권273, 24년 정월 辛卯).

안에는 모두 개간하기가 쉬운 것이 아닌데, 한건은 그 권세를 믿고서 수령과 相應하여 서울에 사는 종을 새로 이사간 백성으로 冒稱하여 狀告해서 함부로 빼앗았으니, 그 탐오하고 불법함이 매우 심합니다. 정미수는 한건의 청탁을 받고 陳田인지 墾田인지를 살펴보았는데, 勸農이 주인이 있는 것이라고 보고하는 것은 믿지 않고 친한 書員을 위협하여 진전이라고 보고하게 한 다음 빼앗아 주었습니다. 더구나 춘분 후에는 田土 송사를 일체 중지하고, 현재 관리하는 자가 농사지어 먹게 되어 있는데, 그것은 白根(경작하던 田主가 유망하여 그대로 묵히고 있는 전지를 차지하여 경작하는 사람. 근거가 되는 文籍이 없기 때문에 백근이라고 함)의 법을 따른 것입니다. 그런데 주인이 있어서 바야흐로 개간해야 할 땅을 춘분 후에 법을 어겨 빼앗아 주었으니, 그른 줄을 알면서 오결한 것이 아니고 무엇이겠습니까?"
(『成宗實錄』 권274, 24년 2월 기유)

대간이 한건·정미수의 奸僞의 실상을 짚어내며 적법한 처벌을 강력히 주장한 것이었다. 그러나 청탁한 증거도, 오결한 증거도 없다는 성종의 말대로 양인은 '時推 照律'로 결정되었다.[94] 이 사건의 핵심은, 성종이 가장 극진하게 대우한 종친가 중 하나인 영응대군 부인의 독자인 청풍군의 간척지를 척신인 한건·정미수가 결탁하여 빼앗았다는 점에 있었다. 훈척의 강화된 입지와 종친의 격하된 위상을 단적으로 보여 주고 있다. 성종 즉위 초만 해도 세가와 함께 漁箭의 이익을 독점하는 대열에 끼어 있던 종친의 처지[95]와 그 위세가 이미 사라졌던 것이다. 그 외에도 甘泉副守(태

---

94) 『成宗實錄』 권274, 24년 2월 己酉.
95) 『成宗實錄』 권3, 원년 2월 壬戌, "戶曹兼判書 具致寬 來啓曰 魚箭 本以給官民 令備進上 且以資生也 今宗親勢家冒占結造 以奪官民之利 有違立法本意 請禁斷".

조→익안대군→益平君→大林都正 자)의 아들 李衡이 성종 24년(1493)
윤 5월에 장에 맞아 죽는 사건도 일어났다. 범인으로 지목된 자와 관련자
16인을 잡아다 형신하고 국문했으나 아무런 증거를 찾지 못한 채, 결국
疑獄으로 남게 된 것에서도[96] 종친의 하락한 처지가 잘 드러나고 있다.

성종은 치세 기간 동안 종친의 학문과 처우 개선에 관심을 보였으나,
별 효과가 없었다. 그런 탓인지 종친의 실제 생활도 별로 개선되지 않았다.
대우 받은 종친이 있는 반면 탄핵당한 종친도 있었다. 國忌日에 기생을
끼고 遊戲를 일삼아 탄핵받은 春山守 李貴孫은 파직되었고, 어미를 侵督하
고 동생을 해치려고 하여 탄핵된 楸川令 李崇德은 璿源錄에서 削名되고
庶人으로 강등되었다.[97] 병을 칭탁하고 大小公會에 참석하지 않으면서
昭憲王后의 忌晨 때에 간통 사건을 일으킨 園山正 李行, 그리고 부모의
제사를 지내지 않은 전 竹溪副守 李咸童 등은 고신을 박탈당하였다.[98]
그 외에도 죄질에 따라 종친의 隨從 반인이 充軍되거나 구사가 몰수되기도
하였다. 그러나 성종 5년 6월 어미 상의 禫祭를 지내기 전에 服을 마쳤다고
칭하여 벼슬을 받은 明山副守 李金丁 외 4인 등은, 국문당하지 않고 祿도
보전 받았다.

성종이 친정한 후에도 여전히 칭병하고 대소공회에 참석하지 않는
종친이 있었으나, 종친부와 종부시의 사실 확인이나 감찰이 제대로 행해
지지 않았고, 상당수의 종친이 종학이나 공회에 참석하지 않기 위해
칭병 등으로 휴가를 받고 있었다.[99] 우산군은 칭병하여 말미를 얻고
잔치 집에 출입하면서, 6, 7년 동안 朝賀·공회에 전혀 참예하지 않은

96) 『成宗實錄』 권278, 24년 윤5월 甲午·戊戌 ; 권281, 24년 8월 丁丑.
97) 『成宗實錄』 권12, 2년 9월 己未 ; 권31, 4년 6월 辛未 ; 권33, 4년 8월 丙寅.
98) 『成宗實錄』 권29, 4년 4월 丁亥 ; 권40, 5년 3월 丁未.
99) 『成宗實錄』 권93, 9년 6월 己亥.

대표적 인물이었다.[100]

종친 처벌을 둘러싸고 종친·성종·신료·대간의 입장 차이도 있었다. 성종 5년(1474) 12월 國法을 어기고 去骨匠과 결탁하여 屠牛한 東陽正 李徐를 성종이 '丘史 몰수'에서 직첩을 거두는 것으로 처벌을 강화하자, 밀성군이 대간의 종친 탄핵의 불가함을 진언하고 나섰다.[101] 종친 문제에 宗簿寺가 아닌 대간이 나서고, 원상과 대간에 밀려 중하게 처벌한 성종에 대한 불만을 노골적으로 표출한 것이었다. 이러한 불만은 성종 6년 12월 宗室女 權德榮 妻가 奴 天禮와 相姦하였다는 사실을 안 사헌부가 천례를 추국한 사건의 처리에서도 나타난다. 밀성군 등이 풍문만으로 들은 권덕 영 아내의 失行을, 사헌부가 아뢰지도 않고 移文하여 추국한 사실을 '宗室 을 경멸한 처사'라고 항의하고 나선 것이다. 성종은 이 문제를 사관·승지 를 배제한 채 종친과 논의하였다. 그리고 다음날 '風聞擧劾'하도록 한 許誠를 추국하였다.[102] 현지에 내려간 전라도 경차관 李孟賢이 사건의 허구성을 복명함으로써[103] 종친의 반발을 수용하는 모양새가 되었다. 이처럼 성종은 신료·대간과 종친의 대립을 그 내용에 따라 입장을 각각 선택하는 것으로 종친 처벌 문제를 풀어갔다.

생활이 방만하다보니 종친의 혼인에도 여러 문제가 따랐다. 그 중 가장 큰 문제는, 집권층의 권귀화 성향이 두드러진 세조~성종대의 훈척들 사이에 통혼권이 형성되고 있는 추세 속에서,[104] 사대부가와 억지로 혼인을 강행하려는 것이었다. 가령, 鳥山君(임영대군 자) 李灝가 盧忠善의

---

100) 『成宗實錄』 권268, 23년 8월 辛丑.
101) 『成宗實錄』 권50, 5년 12월 戊子~12월 壬辰, 壬寅, 乙巳.
102) 『成宗實錄』 권62, 6년 12월 丁酉~更子.
103) 『成宗實錄』 권63, 7년 정월 癸亥.
104) 이태진, 1978, 「15세기 후반기의 '鉅族'과 名族의식」『한국사론』 3, 303쪽.

첩 소생 아들을 취하여 억지로 천첩녀의 사위로 삼았다.[105] 성종이 다음 날 이 문제를 월산대군·밀성군·덕원군 등에게 하문하였다. 그 파장이 컸던 것 같다.

> K. "종실에서는 적첩을 구분하지 아니하니, 이는 대개 왕파이기 때문입니다. 혼인하기에 이르러 한결같이 情願에 따른다면 간혹 혼인하지 못하고 죽는 자도 있을 것입니다. 비록 친소의 구분이 있다 하더라도 先正에 있어서는 균등한 일파이며, 세종께서 법을 세운 것도 바로 이것을 위한 것이었으니, 옛날과 다름없이 하는 것이 어떠합니까? 하고 거듭 말하기를, 종실에 있어서 첩자의 良賤은 구별할 수가 없습니다. 만약 구별한다면 이는 어미의 미천으로 인하여 아비의 고귀함을 잃게 되는 것입니다. 비록 당대에서 멀다 하더라도 이 또한 선왕의 자손입니다. 반드시 사대부의 첩자와 혼인하고자 한다면 죽을 때까지 혼인조차 하지 못하는 자도 있을 것입니다."(『成宗實錄』 권68, 7년 6월 己卯)

종친의 결혼관은, 왕파인 종실의 嫡妾 구분 반대, 정원에 따른 혼인 반대, 첩자의 양천구별 반대로 요약된다. 즉 그들은 '구례대로 할 것'을 적극 주장했던 것이다. 종친이 거족을 冒占하여 혼인하려는 과정에서 소송으로 비화되는 사태를 막기 위해 의견을 수렴한 것이었으나, 성종은 종친들의 주장을 수용했다. 적첩 구분 없이 사대부가와의 혼인을 허용한 만큼, 종친의 잘못된 혼인 행태를 개선할 필요가 있었다. 그래서 성종은

---

105) 『成宗實錄』 권68, 7년 6월 戊寅. 盧從善이 노사신의 아들 노공필의 庶族인 것으로 볼 때(『燕山君日記』 권31, 4년 9월 辛丑). 노충선은 노사신의 첩자로 생각된다.

356

귀천을 불문하고 사사로이 결혼하기 위해 종친이 생략한, 남녀의 나이, 벼슬, 집안 등을 기록하여 종부시에 보내 그 결함의 유무를 살펴본 후 성혼을 轉啓해야 하는 절차를 잘 준수하도록 했고, 어기는 가장을 重論에 처하기로 결정했다.106)

사대부가에서 첩자라도 종친과의 혼인을 거부한 이유는 무엇 때문이었을까. 청풍군의 행태에서 그 단서를 찾을 수 있을 것 같다. 그는 칠촌 叔인 송림부정의 첩기를 간통하여 파직되었는데, 다시 그 첩기 남편과 싸워 직첩을 빼앗기고 외빙에 부처되어있다.107) 성종 13년(1482) 11월 식첩을 환급받은 후에도 대행 대비 초상 중에 간통 사건을 일으켜 다시 초계에 부처되었음에도, 그 곳에서도 상중에 있는 양녀를 첩으로 삼아 다른 도로 이배되었다.108) 亂行이 끊이지 않았던 것이다.

극단적인 사례이지만, 이 같은 행태는 종친 기첩산의 從良 한계를 정하는 문제와 맞물려 심각한 논란을 일으키고 있었다. 창기가 그 소생을 宗宰의 소생으로 從良시키는 것이 당시 추세인 때문이었다. 성종은 '성종 9년 11월 이후로는 종친과 대소인원의 집에 데리고 있는 기첩 외에 서울 밖에 있는 기생과 사통하여 낳은 자녀의 종량을 금지'하도록 하는 기준을 세웠다. 이는 왕실 혈통의 문란함을 막는 최소한의 조치이자, 종친의 천첩 소생조차도 반드시 사족과 억지로 혼인하려는 것을 수치로 여겨 사람들이 종실과의 혼인을 꺼리는109) 풍조를 없애기 위한 것이기도 했다. 그러나 종친의 반발로 입법 이전에 낳은 기첩산을 모두 선원록에 기재하

<hr>

106) 『成宗實錄』 권68, 7년 6월 己亥.

107) 『成宗實錄』 권106, 10년 7월 壬午 ; 권138, 13년 2월 更子.

108) 『成宗實錄』 권154, 14년 5월 癸巳, 癸丑 ; 권178, 16년 윤4월 戊戌.

109) 『成宗實錄』 권98, 9년 11월 戊寅, "今後 宗親及大小人員家畜妓妾外 京外女妓相奸所生子女 勿許贖身從良 史臣曰 是時宗親妾産 雖奴僕娼妓之出 必於士族勒與之婚 人皆羞怨".

고, 양천첩의 자녀를 그 어미의 족보를 핵실한 후에 기록하는 것으로 물러섰다.[110] 명가의 입장에서 본다면, 왕실의 적통이 아닌데다가 왕실 혈통이 아닐 수 있는 소지도 다분했고, 관직 진출까지 금지된 상태에서 가자도 받기 어려운 처지였으므로 종친과의 혼인을 기피했던 것이다. 『대전』에 혼인 연령의 한도가 정해져 있지 않은 것을 빌미로, 포대기에 있는 아이와도 강제로 納幣하게 하거나, 나이 차이가 확연한데도 강제로 혼인하려는 문제는, 연한 규정을 강력하게 반대한 종친의 의견을 받아들여 조관 자녀를 장적에 등록하는 법을 정하는 것으로 결론지었다.[111]

한편 성종대에는 분재를 둘러싼 분쟁이나 송사가 상당히 많았다. 종친가도 예외는 아니었다. 예컨대 효령대군의 아들인 誼城君 李寀·보성군·永川君 李定은 지위가 높은 종친이었다. 그러나 그들은 효령대군 상을 당하여 斂殯 직후 분재했고, 그 분재를 불만스럽게 여긴 懷義都正 李敢·제천군 이온·高林正 李薫·淸渠守 李蕙가 '부정을 탐하고 슬픔을 잊었다.'는 것으로 삼촌 숙을 고발하였다. 논의 끝에 성종은 隨從은 제외하고, 가장인 의성군과 회의도정에게만 형장 80대와 고신 3등을 빼앗는 것으로 처리했다.[112] 원로 종친인 효령대군 가에서 상중에 분재하고 소송을 일으킨 이 사건은, 분재의 구체적 내용은 알 수 없지만, 당시 종친의 유교윤리 및 분재에 대한 의식 수준을 극명하게 보여주는 사례라 할 수 있다.

분재로 인한 송사의 사례는 아니지만, 옥산군 李躋의 아들 寧仁君 李楯의 경우도 충격적이었다. 영인군은 자신을 후사로 삼은 德城君(태종→誠寧君

---

110) 『成宗實錄』 권101, 10년 2월 己酉 ; 권123, 11년 11월 己丑.
111) 『成宗實錄』 권81, 8년 6월 庚戌, "傳曰 其欲弱年議婚者 專以論財也 古人以論財爲夷虜之道 故今欲限年 卿等已悉予意 而猶曰先王朝未嘗如此 何如 琛對曰 宗親之意 以爲若定年限 則恐難於婚娶而已" ; 권168, 15년 7월 丙戌.
112) 『成宗實錄』 권197, 17년 11월 己酉.

자) 李敏의 6백 명 되는 노비를 모두 빼앗았다. 그래서 그 후처 과부 구씨는 기한에 굶주린 상태에 내몰렸고, 그러한 처지에서 언니의 아들 李仁彦과 간통하여 해산했다. 그러자 영인군은 그 사실을 아내 등에게 지키게 했다가 성종 17년(1486) 정월 옥산군으로 하여금 고발하게 했다.113) 失行의 원인 제공자였음에도, 덕성군의 후사와 재산을 다 차지하기 위해 구씨의 실행을 들춰낸 것이었다. 도를 넘어선 탐욕과 패상이었다. 성종은 영인군의 덕성군 후사 자격을 박탈하고, 동래로 유배하였으며 屬籍에서 제했다.114)

봉사권을 둘러싼 분쟁도 있었다. 졸한 咸陽君 李詡의 父인 양녕대군 李禔의 장자 順成君 李證에게 적장자는 없고, 첩자만 있었다. 세조가 첩장자를 물리치고 차자인 이포를 봉사자로 삼았다. 그런데 함양군 처 이씨가 이개의 첩자 오천부정이 적통을 빼앗으려 한다고 상언하면서 분쟁이 발생했다. 이미 세조가 이포로 봉사하게 한 사실을 지금에 와서 개정할 수가 없다는 예조의 해석을 따라,115) 성종은 이포의 적통을 재확인했다. 성종 13년(1482) 9월의 재주장도, 첩자는 大宗을 받들 수 없고 순성군을 함양군과 함께 대군 묘에 같은 반열로 祔祭하자는 주장으로 볼 때,116) 거부된 것으로 보인다. 이 경우는 성리학이 표방하는 종법제도가 적장자 승중, 宗子 계승이라는 원칙에서는 주대의 종법제도와 같았다. 그러나 적통이 단절되었을 때 혈맥이 아닌 종통 위주로 한다는 근본적 차이와, 종친은 사대부와는 달리 적처에게 아들이 없으면 양첩자가 승중할 수 있는데, 그것을 무시한 세조의 처사에 따름으로써 종법제의 모순을 가져

---

113)『成宗實錄』권188, 17년 2월 2일 戊寅 ; 권187, 17년 정월 辛未, 己巳.
114)『成宗實錄』권188, 17년 2월 庚辰, 甲辰, 乙巳.
115)『成宗實錄』권51, 6년 정월 丁卯.
116)『成宗實錄』권146, 13년 9월 辛亥.

온 것이었다. 성종대까지도 적첩 구별을 중시하는 추세 속에서 종법제도
의 본질이 아직 제대로 정착되지 않고 '적장자 無後이면 次子承重'이라는
'兄亡及弟의 원칙'이 혼재되어 있는 상태였기 때문이다. 그러나 점차 종친
에 있어서는 첩자도 승중하는 경향이 나타나고 있었다.[117] 왕실이 國朝五
禮儀로 정치적 권위를 높이면서 종법의 시행을 점차 확산시켜 나가고
있었기 때문이었다.

VI. 맺음말

원상과 훈구의 협찬은 받되 그들을 견제해야 하는 정희왕후의 정치적
판단과, 예종대 남이 옥사 이래 권력의 핵심으로 복귀한 한명회 등 원상들
의 이해관계가 일치되어, 의경세자의 차자이자 한명회의 사위인 자산군이
즉위하게 되었다. 성종이 13세였고, 자신이 수렴청정을 하는 불안정한
상황 속에서 대비는 세조대 이래 입지가 강화된 종친을 경계하였는데,
특히 관력으로나 연령으로나 가장 위협적인 구성군 이준을 경계했다.
그 같은 분위기에서 그가 관련된 난언 사건 발생을 계기로 대비는 원년
정월 그를 제거했다.

더 나아가 대비는 성종 2년 3월 좌리공신을 책훈하여 훈척을 특대하고,
종친을 압박하는 수순을 밟아 2년 6월부터 윤 9월 사이 종친의 부시를
금지했다. 수렴청정하면서 육조직계제로 원상의 국정 참여를 제한하고,
척신을 우대하여 훈구의 인사를 견제하는 방식으로 국정을 주도해 나간
대비의 확고한 뜻과, 종친의 진출을 견제한 훈척의 이해가 일치된 결과

---

117) 지두환, 1994, 『조선전기 의례연구』, 31~45쪽.

조선전기 왕권 강화의 한 토대가 되었던 종친이 5대가 되어서야 비로소 부시를 통해 관직에 진출할 수 있게 된 것이었다.

종친은 직사가 없었고, 그래서 가자 받을 수 없었다. 게다가 관직 진출까지 금지되었다. 따라서 특별한 가자가 없는 한 처음 받은 종친계에서 승직할 수 없었다. 성종이 7년 정월부터 친정을 시작하자, 오천부정 이사종 등이 당하계 종친의 날수를 따져 문무관처럼 가자해 줄 것을 요청한 것은 그러한 이유 때문이었다. 뒤이어 효령대군 등이 가자가 없는 종친의 처지를 의친이나 항화인 자식만도 못하다고 비관하면서, 가사에 대한 성종의 확답을 받아내려고 시도하였다. 그 요청은 거절당했지만, 세조·예종대에 시행된 바 있는 전강과 관사 성적을 기준으로 가자하겠다는 방안을 이끌어 내었다. 그러나 드물게 개최된 전강과 종학의 부실 운영, 종친의 태만한 생활이 맞물려 전강에 입격한 종친은 전무했다. 관사를 통해 승자한 종친도 3명에 불과할 따름이었다.

文武의 실력을 통해 가자를 받을 만큼 종친들의 실력이 향상되지 않자, 고심한 성종은 명분을 만들어 몇몇 종친에게 가자했다. 이에 대한 대간·훈척 재상의 반발로 성종이 15년에 제안한 '종친 시예법'의 핵심인 가자조항이 삭제되는 등 전면 변경되기도 했다. 종친의 가자 문제를 둘러싸고, 성종과 신료들 간에 팽팽한 힘겨루기가 펼쳐지고 있었던 것이다. 3년마다 시행된 시예법으로도 가자 받은 종친이 극소수에 불과하자, 성종은 21년 종친을 시험하여 1등에게 가자하는 별시를 마련하였다. 이는 종친에게 가자할 방법이 전무한 상태에서 정기적으로 가자를 가능하게 했다는 점에서 의미가 큰데, 그 효과는 별시에 고무된 종친들이 후에 시행된 시예법에서 이전보다 향상된 우수한 실력을 발휘하는 것으로 나타나고 있었다.

부시가 금지되면서 정치적으로 타격은 받았지만, 성종대 전 기간에 걸쳐 원로종친·지친은 경제적으로 후대 받았다. 성종이 친정한 후에는 종친을 제조로 제수하기도 했다. 그러나 성종이 특히 후대하여 여러 차례 사급한 영응대군 부인 송씨였지만 그 독자 청풍군의 해택을 성종의 외사촌 한건이 청탁하여 빼앗은 사건이나, 맞아서 사망한 종친의 사건 등에서 위상이 급격하게 하락한 종친의 실체가 극명하게 드러나고 있었다.

원래 호화롭게 생장한데다가 부시까지 금지된 탓인지 종친들의 생활은 대체로 방만했다. 학업에 태만하고 학령을 어겼으며, 패륜적 행태도 적지 않았다. 특히 종친의 천첩소생으로 인해 왕실 혈통, 종량, 사대부가 자손과의 억지 혼인 등 여러 가지 심각한 문제가 발생했다. 성종이 여러 대책을 마련하고 기강 잡기에 나섰지만, 효령대군이 졸한 직후에 행한 분재에 불만을 품은 諸姪이 삼촌숙을 고발한, 지체 높은 종친가의 윤리의식 부재와 탐욕을 극명하게 보여주는 사례는 성종의 그 같은 노력이 별로 효과가 없었음을 보여준다. 부시 금지에다 조정 관료와의 교제까지 처벌받을 정도로 처지가 추락한 종친은 역사의 무대에서 사라진 것과 다름없는 존재가 되었다.

조선전기 李克均의 정치 활동과 甲子士禍

I. 머리말

이극균(1437~1504)은 우의정으로 仍令致仕한 李仁孫의 5남이다. 그는 세조 2년(1456)에 시행된 병자 식년시 丁科 23위로 합격하였다.[1] 나이 20세 때였다. 잘 알려져 있다시피 廣州가 본관인 그의 가문은 그를 비롯한 5형제가 모두 문과에 급제하여 특별한 名門의 반열에 있었다.[2] 더 나아가 그의 형 李克培·李克堪이 佐翼 3등 공신(세조 1)에 策錄되고 李克增이 翊戴 2등 공신(예종 즉위년), 이극배·이극증, 李克墩이 각각 佐理 3·4등 공신(성종 2)에 策勳되기도 하였다. 이 공신 책훈은 이인손이 세조 5년 7월 우의정에 제수된 것과 무관하지 않겠지만, 그들이 모두 과거에 합격한 후의 일인 만큼, 몇 차례 공신에 중첩적으로 책훈된 이른바 '勳舊'나 戚臣으로서

---

1) 『國朝文科榜目』
2) 『世祖實錄』 권17, 5년 7월 乙未. 차례로 長兄 李克培는 26세 때 세종 29년(1447) 丁卯 式年試 丁科 5위, 李克堪은 18세 때 세종 26년(1444) 甲子 식년시 丙科 5위, 李克增은 26세 때 세조 2년(1456) 丙子 식년시 병과 4위, 李克墩은 세조 14년(1468) 戊子 重試 을과 1위에 각각 입격하였다(『국조문과방목』).

세조대부터 본격적으로 特待받기 시작하여 위세를 과시한 戚臣가문3)과는
구별되는 당시 가장 성한 문벌 가문이었다.4)

특히 이극균은 세조대에 문신으로 初入仕하였지만, 武才가 뛰어난 儒將
이기도 했다. 그러다 보니 자연 野人·倭寇의 움직임이나 侵寇 등의 상황
변화에 따라 그의 官歷이나 정치 활동은 상당히 영향을 받았다. 甲子士禍
(연산 10년, 1504)로 생을 마감하기 전까지 兩界의 국방 업무를 지휘
감독하는 절도사 같은 武官職 또는 관찰사로서 많은 시간을 보냈으며,
조선국가에서 이상적 관료상으로 추구한 文武를 兼全한 특별한 이력을
갖게 되었다.

이 글에서는, 처음 관료생활을 시작한 세조대부터 좌의정에 이르러
국정에 큰 영향력을 발휘한 연산군대에 이르기까지 약 48년 동안 세조
예종 성종 연산군 등 4명의 국왕을 보필한 이극균의 생애를, 편의상
사환 초기라 할 수 있는 세조대, 전성기라 할 수 있는 예조·성종대, 절정
및 몰락기인 연산군대로 크게 구분하겠다. 그리고 다시 예종·성종대를
예종 즉위년부터 평안도 절도사를 마치는 성종 14년(1483) 6월까지와
그 후 병조판서로 內職에 복귀한 뒤부터 성종 말로 나누고, 연산군대는
우의정에 제수되어 국정의 중심적 역할을 하게 된 연산군 6년(1500)
4월 이전과 이후로 나누어, 각 시기의 중요 관력과 의미 있는 사건이나
정치 활동을 중심으로 그의 학문과 사상 및 신료로서 정책 능력, 상급자로
서의 면모, 갑자사화와의 관계뿐 아니라 인간적 측면 등도 살펴볼 것이다.

---

3) 金泰永, 1994,「朝鮮초가 世祖王權의 專制性에 대한 一考察」『한국사연구』87,
   138~144쪽.
4) 李泰鎭, 1976,「15世紀 後半期의 '鉅族'과 名族意識」『韓國史論』3, 268~271쪽.

Ⅱ. 世祖代 內職 및 西征에서의 활약

사환을 시작한 이극균의 처음 나타난 공식적인 관직은 세조 5년(1459)
3월의 司膳注簿(종6품)였다. 그는 세조의 명을 받고 모인 참하관 가운데
일인으로 셋째 형인 병조좌랑 이극증과 함께 참석하여 『易學啓蒙』·『孟子』
를 講하였다.[5] 초기 문과 급제자의 진출로를 살펴보면, 조선 건국 초기에
문과 급제자 중 3인 외에는 모두 三館(成均館·藝文館·校書館)에 權知로
分屬되어 6, 7년을 지낸 연후에야 9품을 제수받을 수 있었고, 성균관은
8년, 예문관·교서관은 4년이 지난 연후에 6품에 승진될 수 있었다. 세종대
에 이르러서는 闕員이 나는 대로 서용하는 것으로 바뀌었으며, 세조대에는
신급제들이 承文院에도 분속되었는데 해마다 10인을 去官시켜 재주에
따라 관직을 제수하는 것으로 변경되었다.[6] 이는 급제자들의 승직이
좀 더 빨라지는 방향으로 바뀌고 있었음을 보여준다. 이극균이 처음
분속된 관서는 알 수 없지만, 출사한 지 3년 만에 종6품에 올랐다는
점에서 적어도 더디게 승진한 것은 아니라고 할 수 있다.

몇 달 뒤에 이극균은 세조가 독서하도록 뽑은 참하관 급 신료 가운데
일인으로 선발되어 성균주부로 『中庸或問』을 받았다. 『中庸』을 親講하는
자리에도 참여하였고, 許琮 등과 함께 『孫子註解』 校正에도 참여하였다.[7]
책 교정에 참여하였던 것으로 볼 때, 짧은 관직생활이지만 실력과 능력을
인정받았던 것으로 짐작된다.

이극균은 세조 6년(1460)에 이르러 이제까지의 관료 생활에 전환기를

---

5) 『世祖實錄』 권15, 5년 3월 丁亥.
6) 『太宗實錄』 권20, 10년 10월 壬戌 ; 『世宗實錄』 권42, 10년 11월 己酉 ; 『世祖實錄』
  권16, 5년 6월 庚申.
7) 『世祖實錄』 권16, 5년 6월 己卯 ; 권17, 5년 7월 辛卯 ; 권19, 6년 3월 丙午.

맞게 된다. 그것은 함길도 도절제사 楊汀에게 무례하였다고 질책한 세조에게 앙심을 품은 浪孛兒罕(세조 1년 12월 兀良哈 中樞)이 그 아들 浪伊升巨[哥](동지중추원사)와 더불어 謀叛을 꾀한 데서 시작되었다. 직책에서 드러나듯 세조는 그들을 상당히 우대하고 있었지만, 모반죄를 범하였으므로 세조가 낭발아한 부자 및 그 외 7인을 참형에 처하였다.[8] 그러자 몇 달 후에 낭발아한의 아들 阿比車가 會寧·富寧에 入寇하였고, 그것을 계기로 세조가 좌의정 申叔舟를 함길도 都體察使로 삼고 北征을 결정하였기 때문이었다.[9] 그들은 그해 5월에도 각각 甲山의 寧波堡, 端川 지경에 침입하여 백성을 살해하고, 20명의 포로와 牛畜을 노략질해 갔다.[10] 그런데 문제는 추격전을 벌였지만, 두 번 다 성과가 전혀 없었다는 점이었다. 즉 여러 지역에 기습적으로 출몰하고 있는 야인들에게 속수무책으로 당하고 있었다는 것이다. 세조가 신숙주를 다시 강원·함길도 도체찰사로 제수하고 북정을 단행한 것은,[11] 그 같은 급박한 상황이 반영된 것이었다.

이극균은 두 번째 북정이 결행되기 전 함길도 都事(종5품)로서 서울과 변경을 오가고 있었다.[12] 도사도 내직에 속하였지만, 활동 반경에는 큰 변화가 온 것이다. 세조 6년(1460) 9월에 북정을 단행한 신숙주 등은 여진의 근거지를 다 없애고, 430여 급을 斬獲하였다. 9백여 채의 가옥과 재산을 전부 불태웠고 1천여 마리의 牛馬도 함께 획득하는 등 대대적인 전과를 올렸다. 북정에 대한 論功行賞에서 도사인 이극균은 1등의 예에 따라 資級이 올랐다.[13]

---

8)『世祖實錄』권14, 4년 12월 丙寅 ; 권17, 5년 8월 丁丑.
9)『世祖實錄』권19, 6년 정월 丁未 ; 권19, 6년 3월 己亥.
10)『世祖實錄』권20, 6년 5월 庚子 ; 권20, 6년 6월 丁未.
11)『世祖實錄』권21, 6년 7월 辛丑.
12)『世祖實錄』권21, 6년 7월 癸巳.
13)『世祖實錄』권21, 6년 9월 甲申 ; 권22, 6년 윤11월 丁巳.

여기에서 중국과 중요한 외교 문제가 되기도 하였고, 조선의 국방문제
에 큰 비중을 차지하였으며, 이극균의 정치 활동에도 영향을 끼친 여진에
대해 살펴보겠다. 태조대에는 여진이 조선에 복속되어 있는 상태였다.
그러나 태종 2년(1402) 6월 수립된 명 聖祖의 永樂 정권이 대외 팽창
정책을 추진하면서, 명과 조선 사이에 끼어 있던 吾都里, 兀良哈(오랑캐족)
과 내지에 살던 兀狄哈(우디캐족) 등을 둘러싸고 긴장감이 고조되기 시작
하였다. 이들은 여진의 대표 종족이었다. 태종 3년 오랑캐의 於虛出(李滿住
조부)이 내조하자, 성조가 建州衛를 설치하고 그를 지휘사에 임명하였다.
12월 忽刺溫의 西陽合이 내조하였을 때 兀者衛를 설치하였다. 이후 명은
태종 4년부터 奴兒干都司가 설립되는 태종 9년(1409)까지 모두 115개소의
衛所를 설립하였다.

태종은 조선에 내조해 온 오도리[吾音會(會寧)]의 퉁멍거티무르에게
上護軍의 관직을 내려주고, 다른 한편으로 公嶮鎭부터 철령 이북의 10처에
살고 있는 여진의 관할권을 명으로부터 인정받았다. 그러나 태종 5년
8월에 이미 퉁멍거티무르 및 그가 이끄는 오랑캐 만호 20여 명이 입조한
상태였다. 명 성조는 퉁멍거티무르에게 건주위도지휘사, 어허추의 아들
金時家奴를 건주위지휘사, 阿古車를 毛憐等處 지휘첨사로 삼아 여진을
잡아두었는데, 퉁멍거티무르는 13년만인 세종 5년(1423) 4월에 정군 1천
명 1천여 호, 6500명을 이끌고 오음회로 되돌아왔다. 세종은 그들에게
관직을 수여하는 등 후대하였다.

조선과 여진의 관계는 일정하지 않았다. 오도리족의 건주좌위는 조선
에 비교적 우호적이었으나, 건주본위인 오랑캐족은 사이가 좋지 않았다.
조선에 침입한 여진은 대부분 오랑캐족이었다. 특히 세종대 이후 세조대
까지의 여진족 침입에는 당시 강력한 세력권을 형성하던 건주본위 이만주
가 직·간접적으로 간여한 것이었다. 또한 두만강 중류 毛憐(間島 海蘭河

일대)에 거주하고 있던 건주본위 오랑캐족의 별종은 건주좌위 오도리족과 항상 대립하였다. 세종 15년(1433) 윤 8월에 퉁멍거티무르 부자가 楊木答 兀과 嫌眞우디캐의 습격을 받아 피살되고 그 세력이 분산되면서, 세종은 金宗瑞 등을 보내어 두만강 하류에 6진을 설치하였다. 세력이 분산될 때 아우 童凡察(건주우위 開祖), 손자 童倉(건주좌위 계승) 등의 주류세력은 오랑캐족의 본거지에 합류하였으나, 또 다른 아우 童於虛里 등 다수 세력은 그대로 남아서 6진의 藩胡로서 조선에 충실히 복속하였다. 조선에서는 모련의 오랑캐를 쳐서 건주위 세력을 견제하고 있있다.[14] 신숙주의 북정 은 바로 별종 오랑캐 모련을 정벌한 것이었다.

함길도 도사로서 직무를 수행하던 이극균은 세조 7년(1461) 5월 持平(정 5품)에 제수되었다. 그러나 며칠 후 신숙주를 대신하여 강원도·함길도 도체찰사가 된 韓明澮의 종사관(종6품)으로 발탁되었다.[15] 그는 종사관으 로서 조선에 복종한 야인들을 통해, 북정을 단행한 이후 낭발아한 친척들 의 동태, 蒲州의 斡朶里(=오도리)의 평안도 재침입설, 건주본위 올량합의 정월·2월 吉州·甲山 入寇說 등 야인들의 심상치 않은 움직임을 중앙에 알렸다.[16] 성공적으로 북정을 마쳤지만, 갈래가 많고 성향이 다른 야인을 진압한 것은 아니었기 때문이다. 최전방에서의 사정을 중앙에 전달하는 종사관으로서의 직무는 세조 9년 윤7월에 父親喪을 당하면서 끝났다.[17] 이극균에게는 服喪 기간이 애도하는 기간이었을 뿐 아니라, 변방 생활에서 의 긴장을 푸는 재충전의 시간이었을 것이다.

복상이 끝난 후에도 상당 기간 중앙에 복귀하지 않았던 이극균은 세조

---

14) 박원호, 1995, 「여진과의 관계」『한국사』 22, 국사편찬위원회, 316~337쪽.
15) 『世祖實錄』 권24, 7년 6월 壬申.
16) 『世祖實錄』 권27, 8년 정월 辛酉.
17) 『世祖實錄』 권31, 9년 윤7월 庚午.

13년(1467) 3월에 부호군(副護軍, 도총부 종4품)으로서, 다른 종친 문무
신료들과 더불어 겸선전관에 제수되었다. 그때 세조가 유력한 문무·종친
을 장수로 삼아 행한 군사 훈련에서 장수 중 가장 정묘하게 군사를 부려
상을 받았다. 그의 군사들은 別仕를 받았다.[18] 장수로서의 뛰어난 기량을
유감없이 발휘한 것이었다. 나흘 후 騎兵을 거느리고 狄江(義州 闊洞 앞에
이르러 두 갈래로 나누어지는 압록강의 한 갈래)을 건너가다가 賊兵을
만난 의주목사가 겨우 목숨을 건져 돌아왔다는 평안도 절도사 金謙光의
치계를 접한 세조가 대응책을 묻자, 종친·재상과 諸將 중 都摠管 康純이
마지못해 가을 출병을 주장하였다. 그러자 세조는 어찰을 보였다.

"지금 야인이 이미 중국을 능멸하고, 또 우리나라를 모욕하였으니,
이것은 큰 계획과 원대한 계략이 아니고, 오로지 난을 일으키기를 좋아하
는 것밖에 알지 못하기 때문이다. 이로움을 보면 탐내고 체통이 없는
까닭에 기강도 없다. 그래서 조금만 패하면 도망하여 흩어지고, 조금만
이기면 贓物을 나누니, 이것이 적의 실정이다. 가까운 야인이 우리에게
붙좇아 따르는 까닭에 중국이 꺼렸으나, 우리나라에서 매사를 勅旨에
따르는 까닭에 믿게 되었으니, 오늘날에 이르러서 이 같은 연고로 공격하
려는 것이다. 공격의 이로움은 중국에 효험이 있을 것이고, 邊警이 영원히
그칠 것이며, 備禦가 더욱 공고하게 되고, 저들로 하여금 농사를 지을
수 없게 하는 것이며, 해로움은 빗물을 아직 알 수 없는 것이고, 군량을
허비하는 것이며, 남을 대신하여 적을 받는 것이고, 분주하게 명령을
받는 데 피로함이다."(『世祖實錄』 권42, 13년 5월 기사)

---

18) 『世祖實錄』 권41, 13년 3월 庚寅 ; 권42, 13년 5월 乙丑.

　어찰의 내용을 보건대, 세조는 나름대로 침입에 대한 대응을 먼저 熟考하고 있었으며, 그래서 야인들의 행태와 공격이유 그리고 각각 4가지 이로운 점과 해로운 점을 적시해 놓았던 것이다. 세조의 의중을 파악한 高靈君 신숙주와 上黨君 한명회 등이 승리에 도취되어 경계가 없는 틈을 타서 공격할 것을 제안하였다. 세조는 즉각 綾城君 具致寬을 도체찰사로, 康純·吳子慶·魚有沼·崔適·이극균 등을 裨將으로 하는 진용을 꾸렸고, 精兵 1만 5천 명을 거느리고 5도로 나누어 공격해 들어가도록 하였다. 그러나 구체적 책략을 하문받은 이극균이 지형 상 군사를 쓰기 어렵고, 풀과 나무가 우거지고 빗물이 창일하다는 이유를 들어 반대 입장을 밝혔다. 그러자 세조는 다음과 같이 전교하였다.

　　"국가의 일이 오직 인주와 將相의 謀策에 달여 있을 뿐이므로, 네가 賢良이 되어서 너를 불러 籌策을 묻는 바인데, 너는 어찌하여 인주의 뜻과 조정의 계책을 알지 못하고 동쪽을 묻는데 서쪽을 대답하느냐? 고금 천하에 이와 같은 욕을 받고도 보복하지 않은 자는 없었다.……너는 지금 征役을 꺼려서 적에 대한 의분의 뜻은 없고, 나의 모책을 沮喪함이 어찌 이와 같으냐? 臣子의 의리는 물불을 가리지 않는 것인데, 지금 너를 어렵고 위험한 데에 보내는데, 너는 나아가기를 즐겨하지 않느냐?" (『世祖實錄』 권42, 13년 5월 기사)

　즉 임금의 뜻을 익히 알면서 불가하다고 한 이극균을, 의분이 없고 일신상의 안일을 위해 위험을 피하려한다고 힐책한 것이다. 특별한 계책을 기대했는데 도리어 반대하자, 더욱 분노했던 것 같다.
　압록강 유역에 설치된 閭延·慈城·虞芮·茂昌 4군 중, 적지 깊숙이 있는 지리적 여건, 국방 부담, 압록강 때문에 여진이 입거하지 못할 것이라는 등의 이유로, 여연·우예·무창이 단종 3년(1455) 4월에, 세조 5년(1423)에 자성군마저 각각 철폐되었다.[19] 그 뒤 전렵을 칭탁하고 내왕하는 것을 막기 위해 절도사로 하여금 봄·가을마다 군사를 거느리고 순행을 하게 한 것을 그들이 한 번도 시행하지 않으면서, 야인들이 들어와 사냥하는 등 여러 문제가 불거지고 있었던 것이다.[20] 이극균은 선전관으로 재선발되었고, 이틀 뒤 부호군에서 특별히 가자 받고 滿浦節制使(정3품)에 제수되었다.[21] 부임한 이극균은 자신을 알현하기 위해 왔다는 야인으로부터 얼마 전 변경을 침범한 것은 바로 화라온(火剌溫 ; 홀라온<忽剌溫>)이었다는 것 등을 들었고, 그들에게 포로 쇄환을 독촉하며 중앙의 지시를 들었다. 그 무렵 변경을 침범한 建州三衛의 童山 등을 토벌하려는 중국이 조선에 請兵하자, 세조는 군사 이동 일정과 공격 계획을 알리고, 遼東百戶 白顒과 여러 사항을 조율하였다.[22]

계획대로 西征은 단행되었다. 主將 강순은 군사를 거느리고 9월 26일에 友廂大將 南怡와 만포에서부터 婆猪江으로 들어가 공격하여 李滿住와 李古納哈·李豆里의 아들 등 24명을 斬하고, 24명을 사로잡았다. 175명을 사살하고, 鎭을 불태우는 전과를 기록하였다. 좌상 대장 어유소도 21級을 斬하는 등의 전과를 올렸다. 그러나 어느 장수도 요동 군사를 만나지 못한 채 10월 초2일에 군사를 돌이켰고, 초3일에 강을 건너왔다.[23] 이때

---

19) 방동인, 1995,「4군 6진의 개척」『한국사』22, 국사편찬위원회, 149~153쪽.

20) 『成宗實錄』 권141, 성종13년 5월 丙申.

21) 『世祖實錄』 권42, 13년 5월 戊寅. 이 글의 전체적인 이해를 돕기 위해 평안도의 방어 상태를 살펴보면, 평안도의 방어처소는 楸坡의 上土, 滿浦의 高沙里, 渭原의 理山·阿耳, 碧潼의 碧團, 昌洲의 昌城, 小朔州의 仇寧方山 의주의 麟山이고, 내지의 堡를 설치한 곳은 만포의 外怪·고사리·安贊理山·古理山, 벽단 남쪽 昌洲의 牛仇里, 方山의 靑水洞, 의주의 小串之이다(『成宗實錄』 권253, 22년 5월 甲辰).

22) 『世祖實錄』 권43, 13년 9월 甲子, 丙子.

23) 『世祖實錄』 권44, 13년 10월 壬寅.

건주위의 길을 알고 있는 만포절제사 이극균은 남이와 더불어 선봉장으로 이만주를 공격하여 2, 3일 동안에 크게 승리하였다.[24] 실질적으로 정벌에서 핵심 역할을 하고 있었던 셈이다. 軍功을 論賞할 때 이극균·이극배는 각각 3·4등으로 노비 6·4구를 받고, 1자급씩 가자되었다.[25] 세운 공에 비해서는 좀 낮게 평가를 받은 것 같다. 후임자의 身病 때문에 수개월 동안 더 復任하다가,[26] 물러났다.

한편 이극균이 혼인한 시기는 잘 알 수 없다. 그러나 과거 급제할 당시 20세였던 것을 감안하면, 그 무렵이 아니었을까 짐작된다. 星州를 본관으로 하는 이극균의 妻父 李鐵根은, 성종 15년(1484) 10월에 처음 修理都監 관원들에게 賞賜할 때 포천현감으로서 다른 관원들과 함께 한 자급을 가자 받았다.[27] 그는 문무과나 생진과 출신은 아니었다. 그렇다면 蔭補였을 가능성이 높다. 그는 喪을 당하여 충주 판관의 임기를 다 채우지 못했음에도 珍山郡守로 제수되어 대간의 改差 대상이 되었다. 그러나 일찍이 大護軍을 지냈고, 그 위인의 才器가 임무를 감당할 만하다는 이조의 해명으로 그대로 진산군수에 제배되었다.[28] 그런데 그 뒤로는 다시 등장하지 않는다. 성주 이씨가 15세기 후반에 성세를 떨친 일급 거족이었음에 비추어 볼 때, 처가가 華族은 아니었던 것 같다.

---

24) 『成宗實錄』 권110, 10년 윤10 丙寅, "領事李克培 啓曰 平安邊事,臣嘗粗知 丁亥之西征 也 康純爲主將 南怡爲大將 以滿浦節制使李克均 備諳建州衛之路 與南怡爲先鋒 直搗李 滿住家 大捷而來 此直二三日之事耳".

25) 『世祖實錄』 권44, 13년 12월 辛丑.

26) 『世祖實錄』 권46, 14년 5월 辛巳, "平安道 滿浦節制使李克均 考滿當遞 御札諭克均 曰 卿久戍絶塞 離家隔歲 勞費心力 每念莫慰 及北方無事 以 孫孝胤代卿 而孝胤又病 得人實難 無如卿焉 故不得已令卿復任 卿體予懷 勉留數月".

27) 『廣州李氏 大同譜』 권1, 21쪽 ; 『成宗實錄』 권171, 15년 10월 戊午.

28) 『成宗實錄』 권292, 25년 7월 庚子.

Ⅲ. 예종·성종대 정치 활동의 확대

1. 절도사·관찰사 및 중앙 정치 활동(예종 즉위년~성종 14년 6월)

만포절제사에서 물러난 이극균은 예종 1년(1469) 정월 行護軍(정4품)의 지위에 있다가 경상우도 병마절도사(종2품)가 되었다. 그 때 對馬州 太守의 邊患을 염려한 예종이 친히 경상도·전라도의 두 절도사를 선발한 것이었다.29) 말하자면 이극균은 비상 상황을 대비하여 남방의 重任을 맡은 셈이었다.

경상우도 절도사인 이극균은 재임지에서 도적들 때문에 골치를 앓았다. 도적들이 지리산을 무대로 활동하면서 군사들을 죽이는가 하면, 백성을 살해하는 등의 만행을 저지르고 있었기 때문이다. 그들은 務安 출신으로 휘하에 100여 명을 거느리고 대낮에도 활동하면서, 관군의 추격을 피하고 살상하는 등 대담한 행각을 벌인 張永奇 등이었다.30) 군사들을 거느린 이극균은 불시에 도적들을 습격하였다. 그러나 오히려 逼攻당하였고, 마침내 퇴각하였다. 한밤중에 재습격을 당하여, 사기가 꺾인 관군은 두려움에 움직이지도 못할 정도였다.31) 일방적으로 패배한 것이었다. 이극균이 다시 그들을 추격하였지만 성과는 없었다. 그들이 마침내 성종 1년(1470) 정월 장흥에서 전라도 병마절도사 許琮과 부사 金舜臣에게 사로잡혔지만, 도적들은 김순신을 화살로 쏘았고, 군사 24명을 射殺하는 등 격렬하게 저항하였다.32) 성종 2년 3월에는 尙州에서도 도적떼가 민가를

---

29)『睿宗實錄』권3, 1년 정월 己未 ; 권5, 1년 5월 壬子.

30)『睿宗實錄』권8, 1년 10월 癸酉.

31)『睿宗實錄』권8, 1년 11월 辛巳.

32)『成宗實錄』권3, 1년 2월 庚戌 ; 권5, 1년 5월 癸卯.

약탈하였고, 화살로 목사를 쏘기도 하였다. 왜적으로 말미암은 변환은 없었지만, 날뛰는 도적들을 소탕하는 데 이극균은 의외로 참패를 면치 못하고 있었던 것이다.

그렇다면 조선전기(15세기)의 도적은 누구인가. 토지 소유 규모에 상당한 편차가 있었지만, 조선시대 농민들은 田稅·軍役·徭役·貢納 등 국가에 대해 여러 의무를 부담하고 있었다. 그러나 수령이나 吏胥들이 운영하는 과정에서 항상 자의적으로 규정 이상으로 부과하고, 지주층이 규정 외에 괴도한 지대 수취를 일삼으면서, 농민층은 시시히 몰락해 갔다. 간헐직으로 나타난 큰 재해와 빈발한 소규모의 자연 재해 역시 농민들의 유랑을 촉발하는 요인이 되었다. 그래서 15세기 후반 토지에서 유리되어 떠도는 유랑민은 더욱 많아졌고, 그들 가운데 약탈로 생계를 유지하였던 부류가 도적이었다. 그들은 兵農一致制의 군역체계 아래에서 무기를 스스로 갖추어 훈련을 받았기 때문에 쉽게 무장할 수 있었고, 지역적으로 구애받지 않고 전국에서 활동하였는데, 시기가 지나면서 점차 집단적으로 활동하는 특징을 보이고 있었다.33) 그 중 중앙을 가장 긴장시켰던 집단이 장영기 무리였다.

성종 2년(1471) 7월을 전후로 병마절도사에서 물러난 이극균은,34) 몇 달의 공백기를 거쳐 성종 3년 2월 嘉善大夫(종2품 하계) 동지중추부사(종2품)에 제수되었다. 동지중추부사는 다음 관직을 대기하는 직이었지만, 官階로는 2품까지 이른 것이다. 성종의 즉위와 함께 시작된 貞熹王后의 수렴청정이 성종 7년까지 계속되고 있었는데, 인사는 勳戚이 장악하고 있었다.35) 이극균과 그의 가문은 사회 성분으로 볼 때 훈척과 동질성을

33) 한희숙, 1991, 「15세기 도적 활동의 사회적 조명」『역사와 현실』 5, 한국역사연구회, 137~149쪽.
34) 『成宗實錄』 권11, 2년 7월 戊寅.

가졌다. 인사에 불이익을 받을 특별한 상황은 아니었지만, 절도사 때의 평가가 반영된 것으로 보인다, 이때 그는 千秋節을 하례하기 위한 사신으로 파견되었고, 그 후 형조참판 겸 경기 관찰사를 거쳐 성종 4년 8월 겸 전라도 관찰사에 제수되었다.36) 한 도를 專制할 수 있는 권한을 가지게 된 것이었다.

전라도 관찰사 때에는 특별한 啓請이 없었던 경기 관찰사 때와는 달랐다. 당시 順天府에는 약탈하고, 사람을 죽이는 해적이 준동하고 있었다. 장영기가 誅罰된 후 기세가 약해졌던 도적이 다시 살인 방화 약탈을 일삼고 水賊까지 횡행하자, 이극균은 성종에게 무능력하다고 질책 받았다.37) 대민 업무를 행하는 수령 등이 병마·수군절도사 등과 긴밀하게 연결되어 수행해야 할 일이었지만, 관찰사 이극균 역시 그 책임에서 자유로울 수 없었기 때문이다. 그러나 이극균은 漕轉 문제의 해결 방안으로 私船을 쓸 것과 貢上을 도내 고을에 분배하는 방안을 제기하여, 전라도의 가장 큰 민폐 및 泰仁縣에 설치된 蠶室로 말미암은 근방 백성들의 피해를 줄이려 하였다.38)

이극균이 순천부를 巡歷할 때 공납 부조리로 인한 사건이 발생하였다. 즉 營吏에게 협박당한 郡吏가 면포 5필을 바치고서야 순천부의 공물인 虎皮를 감사영에 바치게 되었다는 사실을 알게 된 樂安郡守 河叔山이, 그 영리를 무수히 매질한 것이었다. 비록 영리가 잘못하였지만, 함부로 감사의 아전을 고문한 수령의 행태를 국문해야한다는 도사의 독촉에도

---

35) 한춘순, 2002, 「성종 초기 貞熹王后(세조 비)의 政治 聽斷과 勳戚政治」『조선시대사학보』 22, 51~65쪽.
36) 『成宗實錄』 권15, 3년 2월 乙亥 ; 권33, 4년 8월 壬戌.
37) 『成宗實錄』 권35, 4년 10월 辛巳 ; 권42, 5년 5월 甲辰.
38) 『成宗實錄』 권45, 5년 7월 壬午.

이극균은 오히려 하숙산의 強猛함을 용인하고, 아랫사람을 검찰하지 못한 것을 자신의 잘못으로 돌리면서 사람을 시켜 하숙산에게 사과하였다.[39] 직속상관으로서 그를 처벌하지 않고, 오히려 상대방을 인정하고 자신의 불찰로 돌린 것은 관료 또는 상급자로서 이극균의 품성을 보여주는 사건이라 생각된다.

전라도 관찰사에서 물러난 이극균은 다시 加資받고 嘉靖大夫(종2품 상계)로 형조참판에 제수되었다.[40] 이때의 인사로 이극균 가문으로서는 대단히 영광스러운 상황이 벌어졌다. 이극배가 병조판서, 이극증이 호조 판서, 李克墩이 예조참판이 되어 4형제가 육조에 서게 된 것이었다. 그것도 거의 다 요직이라고 할 수 있었다. 長兄인 이극배가 과도한 광영이라 사임을 청한 것은 단순한 謙辭가 아니었겠지만, 성종은 허락하지 않았다. 이때 이극균의 관직이 조정된 것은 사은사 韓明澮의 부사로서 6년 2월 떠날 때 그의 관직이 동지중추부사인 것에서 알 수 있다.[41]

성종 6년(1475) 10월에 이극균은 영안도 관찰사에 제수되었다. 별 탈이 없던 변방에 동 8년 윤 2월에 讐怨이 있는 온성 올량합을 포위한 올적합에게 鎭將이 대응하면서 익사자가 발생하였고, 그 해 4월에는 회령 長城에서 올량합 5명을 진장이 사로잡아 가두면서,[42] 긴장감이 높아지고 있었다. 그는 邊鎭에서 요해처에 잠복하는 伏兵의 사기를 진작시키고자 하루에 別仕 둘을 줄 것을 청하여 허락받는[43] 등 경계를 늦추지 않았다. 그러나 우려하였던 큰 변란 없이 약 2년 만에 영안도 관찰사에서 물러났다.

---

39) 『成宗實錄』 권81, 8년 6월 甲子.
40) 『成宗實錄』 권47, 5년 9월 癸酉.
41) 『成宗實錄』 권49, 5년 11월 壬子 ; 권52, 6년 2월 丁亥.
42) 『成宗實錄』 권77, 8년 윤2월 丁未 ; 권79, 8년 4월 乙丑.
43) 『成宗實錄』 권79, 8년 4월 己亥.

그런데 이때 문제는 중앙에서 발생하고 있었다. 병조판서 이극배와 이극균이 관련된 僞書 사건이 일어난 것이다. 즉 奉先寺 祖師의 심부름을 칭탁한 중이 月山大君(성종 兄)에게 그들과 관련된 아주 부도한 말이 기록된 위서 한통을 주었고, 그 서찰이 승정원을 통해 성종에게 전달된 것이었다. 자칫 큰 화를 부를 수 있는 상황이었지만, 성종이 그 글을 거짓으로 단정함으로써 무사히 지나갔다.44) 사건의 내막은, 본래 私賤인 중이 본주인을 害하고, 또 승도들을 痛禁하는 영안도 관찰사 이극균을 미워하여, 이들을 함께 해하고자 글을 만들어 전달한 것이었다.45) 그러나 軍額 減少를 막기 위해 불법승을 當差하고 名目과 役處를 기록해서 아뢰지 않아, 이극균은 질책 받았다.46)

영안도 관찰사에서 물러난 8년(1477) 10월 형조참판에 제수된 이후 이극균이 정치적 영향을 미친 사안에 대해 살펴보겠다. 성종 9년 4월 조정에 한 차례 큰 분란이 있었다. 그 사건은 대간의 '흉비 災異論'을 부정하고, 간언의 조건적 수용 및 言辭에 따른 견책 필요성을 제기한 도승지 任士洪(아들 任光載는 예종부마)의 발언에 홍문관이 크게 반발하면서 일어난 것이었다. 이에 앞서 임사홍을 견제하기 위해 金宏弼의 문인 朱溪副正 李深源이 '세조대 勳臣을 쓰지 말고 遺逸을 천거제로 등용하자.'는 상소가 별 파장 없이 지나간 것과는 다른 국면이 전개되고 있었다. 외형상 임사홍과 언론 삼사의 충돌이었다. 성종은, 임사홍에게는 언로 방해죄를, 양사에는 임사홍의 위세를 두려워하여 도승지 제수 때 논계하지 않은 죄를 각각 적용하여 관련자를 처벌하였다. 그러자 다시 주계부정이 상소하여, 임사홍이 僚下일 때, 동료 승지와의 불화를 빌미로 대간들을

---

44) 『成宗實錄』 권77, 8년 윤2월 丙辰.
45) 『成宗實錄』 권77, 8년 윤2월 庚申.
46) 『成宗實錄』 권83, 8년 8월 甲寅.

사주하여 도승지인 玄碩圭를 제거하려 한 성종 8년 7월의 사건 실상을 밝히면서, 조정은 큰 충격에 휩싸이게 되었다. 그 과정에서 임사홍이 柳子光을 끌어들여 당시 죄악시 되던 朋黨을 결성한 사실이 드러났다. 그들의 처벌 문제가 현안으로 떠올랐을 때, 이극균은 尹繼謙과 함께 다음과 같이 아뢰었다.

> "『律學解頤』의 姦黨條에, '姦이란 것은 간사한 무리이고, 黨이란 것은 朋黨의 사람이다. 만약에 사람이 본래 죄가 없거나 혹은 죄가 있어도 사형에 이르지 아니하였는데, 모두 이들 간사한 붕당의 사람이 망령되게 올린 讒訴의 말을 입어서, 사람을 잘못 죽이게 한 자는 斬한다.'고 하였습니다. 임사홍과 유자광·朴孝元·金彦辛은 단지 玄碩圭를 小人이라고 모함하였을 뿐이고, 사람을 죽이는 데에는 이르지 아니하였으니 성상께서 재결하시어 시행하시고, 金塊와 金孟性·表沿沫·孫比長의 죄상은 계달한 바에 의하여 시행하소서."(『成宗實錄』 권92, 9년 5월 정묘)

신료 대부분은 律에 의한 엄벌을 주장하였다. 그런데 이극균은 임사홍의 붕당 결성을 인정하면서도 그 결과가 사람을 죽인 것은 아닌 만큼, 참형에 해당되지 않는다는 점을 강조한 것이었다. 성종은 그 논리에 수긍하였다.

성종 7년(1476) 정월부터 친정을 시작한 성종은 신료들과의 공식적 회의에서는 극소수의 공사만을 계달하고, 자신에게 대부분의 공사를 집중시키는 방식으로 육조직계제를 운용하면서, 수많은 공사를 親決하였다. 논의가 필요한 많은 공사를 領敦寧 이상에게 자문을 구하였지만, 수용 범위를 최소화함으로써 국가 정책을 좌우하였다. 성종 후반기에는 '의정부 대신이 정책에서 소외되는 현상'까지 초래될 정도로 정책 장악력이 높았다. 그러므로 성종이 강력한 왕권으로 임사홍 등의 감형을 결정하였을 가능성도 있었겠지만, 이극균이 법조문을 거론하여 減刑에 결정적인 역할을 한 것은 사실이었다. 표연말 등은 律에 따라 처벌받았다. 임사홍과 대항하는 과정에서 김종직 일문의 정치 세력화가 이루어지고 있었고, 勳戚 대 士林의 초기 대결 구도라는 정치적 의미가 있는 이 사건에서47), 이극균은 성종이 훈척의 손을 들어주는데 일조하였던 것이다.

임사홍에 대한 이극균의 우호적 발언은 또 있었다. 앞의 사건으로 오래 동안 정치 일선에서 퇴진하였던 임사홍을 성종이 성종 21년(1490) 8월 중국에 管押使로 파견하려 하였고, 삼사는 극렬하게 반대하였다. 이때 좌참찬 이극균은 押馬만을 할 뿐이므로 파견해도 '무방하다.'고 답하였다. 이 일로 그는 사신으로서 부적격자임을 다 알면서도 왕실과 連婚(아들 任崇載는 성종 부마)한 그의 기염을 두려워하여 면전에서 아첨하였다고 홍문관으로부터 맹비난을 받았다.48) 결국 임사홍은 관압사로 파견되었다. 다른 재상들이 묵묵부답인 가운데, 이극균의 한마디는 성종의 결정에 영향을 미쳤다. 결과적으로 연산군대 戊午·甲子士禍의 주역인 유자광·임사홍의 정치 생명 연장에 이극균이 깊숙이 개입한 셈이 된 것이다.

이극균이 형조참판에서 물러나 동지중추부사가 된 다음 날, 千秋使의 通事를 통해 9월에 건주위를 토벌하려는 중국의 청병설이 알려졌다.49) 이틀 후 성종은 여러 정승·邊務를 맡았던 이들과 정벌에 관해 논의하였다.

47) 한춘순, 2003, 「朝鮮 成宗의 六曹直啓制 運用과 承政院」『한국사연구』 122, 117~123쪽.
48) 『成宗實錄』 권243, 21년 8월 甲午.
49) 『成宗實錄』 권95, 9년 8월 己酉 ; 권95, 9년 8월 庚戌.

"평안도 전체가 지난해에 失農하고, 금년에는 더욱 심하여 백성들의 생활이 몹시 어려운데, 하물며 군사를 일으키는 것이겠습니까? 세종조에 중국에서 청병하였으나 따르지 아니하고 馬匹만 바쳤으니, 이제 비록 청병한다 하더라도 대답하기가 어렵지 아니하며, 비록 명령에 따르지 아니하더라도 괜찮습니다. 만약 '세조께서 이미 청한 것에 따랐는데, 이제 어길 수 없다.'고 한다면, 평안도의 군사가 1만 4천8백 명인데, 한 도의 출정할 군사가 4천 명에 불과하지만, 다른 도의 군사를 아울러 부를 필요가 없습니다. 정해년(세조 13, 1467)에 출정할 때에는 하삼도의 군사 3천 명을 강변 여러 고을에 나누어서 戍禦하게 하였으나, 길이 멀어서 사람이 괴롭고 말이 피곤하여 쓸 수 없었습니다. 理山에서 바로 野人이 사는 곳에 닿으면 도로가 평평하고 넓으며 막힘이 없어서 큰 군사를 쓰는 데에 매우 편리하니, 본도의 군사 4천 명만 뽑아서 京軍官과 더불어 이산을 경유해 들어가 쳐서 명령을 면하는 것이 적당합니다. 평양·안주·영변의 軍需가 부족한 것이 아니므로, 양식을 운반하여 소란하게 할 필요는 없습니다. 또 군사를 쓰는 데에는 마땅히 먼저 산천의 형세와 도로의 구부러지고 곧음을 살펴야 할 것이므로, 모름지기 초목이 마르기 전에 신중하고 긴밀하게 探候하여 기밀이 누설되지 말게 할 것입니다."(『成宗實錄』 권95, 9년 8월 임자)

이극균은 평안도의 열악한 형편을 들어 원병이 불가능하며, 전례 때문에 부득이 하다면 평안도 군사만으로 해결할 것을 주장하였다. 중국과 함께 건주위를 재정벌하는 것에 부정적이었던 것이다. 다만 정해년 정벌에 반대하였다가 세조에게 호된 질책을 받았던 탓인지, 반대 의견과 나름의 實戰을 토대로 한 정벌 방안을 제시한 점이 눈에 띈다. 같은 날 이극배도 야인이 철저히 대비할 경우 必敗할 것이고, 중국으로부터는 조롱을 당하게 될 것이라는 점 등을 들어 강력히 출병을 반대하였다. 그러나 성종은 이틀 후 출병을 결정하였다.

몇 달 후 가정대부 영안북도 병마절도사(종2품)를 제수 받았지만, 이극균은 명망이 없어 본도를 진정시키기 어렵다고 사양하였다.[50] 영안북도의 특성상 활 잘 쏘는 자를 절도사로 삼아서 야인들의 마음을 복종시켜야 하는데, 활 쏘는 실력이 우수하지 않은 이극균을 金嶠와 교체하자는 領事 韓明澮의 말이 받아들여지면서,[51] 그는 다음 날 호조참판에 제수되었다. 그래서 그는 우찬성 魚有沼(삼도 體察使)가 총지휘를 하고, 절도사 김교가 후원하는 西征 대열에서 빠질 수 있었다.[52] 당시 서정은 출병한 지 얼마 후 罷陣하여 문제가 되었다. 성종은 군사 3천 명에 좌의정 尹弼商을 都元帥로 삼고, 절도사 김교를 부원수로 삼아 재출병을 명하였다.[53] 중국에서도 조선이 공격하지 않은 사실을 알고 있었기 때문이다. 우여곡절 끝에 출병한 윤필상 등은 적15급을 참획하고, 포로 12구를 사로잡고 돌아왔다. 성종은 결과에 흡족해하였다.[54] 중국과의 의리를 지키고 성과까지 올렸기 때문이었다. 그러나 실제로 그 전과는 미미한 것이었다.

그렇다면 이극균이 서정을 반대한 까닭은 무엇일까. 그는 정해년 서정에서 선봉에 섰었고, 공도 세웠다. 그러나 처음에 적의 소굴이 매우 가까운 줄 알고 산을 오르다가 길을 잃었고, 가까스로 살아 나온 적이 있었기 때문이다.[55] 적들의 지형을 정확하게 파악하지 못한 상태에서 출병하는 것을 무리라고 판단했던 것 같다.

---

50) 『成宗實錄』 권102, 10년 3월 戊寅.
51) 『成宗實錄』 권103, 10년 4월 辛亥.
52) 『成宗實錄』 권110, 10년 윤10월 丙寅.
53) 『成宗實錄』 권111, 10년 11월 壬辰, 己亥.
54) 『成宗實錄』 권112, 10년 12월 甲寅, 辛未.
55) 『燕山君日記』 권25, 3년 7월 丙午.

382

　성종 12년(1481) 4월 평안도 절도사로 제수된 이극균은 防守軍이 타는
官馬 징발의 폐단 개선과 철질려의 폐치, 北京에 가는 迎護軍의 파손된
갑옷을 軍器寺에 소장된 것으로 교체하는 문제, 그리고 피인들의 침입에
대비하기 위해 別軍官 군사를 더 파견하는 문제 등을 아뢰어 별군관
외 사안들을 윤허 받았다.[56] 백성·군사의 편의와 관련된 구체적 방안들이
었다. 절도사로서 이극균은 중요한 상황 변화를 마주하고 있었다. 서정
이후 통교가 단절된 건주위 야인 李巨右 등이 13년 5월 추장 도독 李達罕(이
만주의 자) 등의 말을 칭하며 귀순을 정하고 있었기 때문이었다. 이극균의
보고를 접한 성종은 귀순의 진의를 판단하기 쉽지 않은 상황에서, 논의를
수렴해 일단 이거우 등이 실제로 귀순할 경우를 대비시키는 한편, 선물
준비, 기해년(성종 10) 정벌에 대한 해명, 향후 태도 여하에 따른 대우
방침, 영안도 후문을 통한 상경 등의 지침을 내렸다.[57] 이틀 후 강계의
體探人 李完 등이 압록강 가에서 화살을 쏘아 피인 3명을 死傷시킨 돌발사
태가 발생하였지만, 이달한의 지휘는 여전히 入朝와 互市를 청하였다.
이에 성종은 이달한의 직접 肅拜만 허락하는 한편 호시 내용을 엄격하게
제한하고, 이완 등에 의해 아들 沈阿時哈을 피살당한 沈阿之應可 등에게
사냥하던 강계부 백성들의 우발적인 행동이었음을 강조하도록 유시하
여[58] 자극을 최소화하려 하였다.
　조선은 변방 안정, 야인은 정치·경제적 이익 추구라는 각자의 이해관계
에 따라 야인의 入朝가 이루어지고 있었다. 성종은 야인 幹黑能 등 4인을

56) 『成宗實錄』 권128, 12년 4월 甲子 ; 권132, 12년 8월 乙丑.
57) 『成宗實錄』 권141, 13년 5월 甲午.
58) 『成宗實錄』 권142, 13년 6월 癸亥 ; 권144, 13년 8월 甲子. 그들이 한 달 후 쯤
　　다시 같은 요구를 해 왔을 때에도, 성종은 一族이 피살된 이달한과 근일에 틈이
　　생긴 沈汝弄可의 來朝와 그들을 회유하는데 각별히 신경 쓰고 있었다.

인견하였고, 이거우·심여롱가 등을 접대할 일을 의논하였다.[59] 조선은
2달 전에 국휼(貞熹王后의 국상)을 내세워 다음에 오도록 한, 좌위·우위
도독의 使送과, 기해년에 토벌 당하였음에도 投化하겠다는 趙伊時哈, 도독
의 자식으로 조이시합을 따라온 童巨右同 등, 이달한의 아들과 그의 수종,
권세가 黃者者羅, 이만주의 조카 李所乙古, 이소을고가 데려올 趙都乙赤
등의 입조도 허락하는 등[60] 대대적인 포용정책을 폈다. 그렇다고 모든
야인의 입조를 허락한 것은 아니었다. 요동의 애양보와 가깝고 사람이
안 산 지 이미 오래된 皇城에 옮겨 살면서 조선에 정성을 바치겠다는
야인 金劉里介의 요구는 중국 譴責을 이유로 물리쳤다.[61] 도망온 중국인을
돌려보내달라고 트집을 잡는 야인도 있었는데, 도망자가 중국인으로
판명된 경우 解送하는 관례를 내세워 설득하는 것을 기본 방침으로 하였
다.[62] 이 같은 야인정책은 이극균이 중앙과 긴밀하게 연락을 취하면서
진행되고 있었다.

그렇다면 당시 야인들에 대한 성종의 인식과 대응 방식은 어떠하였
을까.

"대저 야인들은 얼굴은 사람이지마는 마음은 짐승과 다름이 없으니,
진실로 은혜로써 회유하고 威勢로써 두렵게 하지 않으면 長久한 평안을
이루기가 어렵다. 예로부터 오랑캐를 대우하는 것은 그 요청에 힘써
따라서 羈縻할 뿐이다. 지금 李亡可 등이 나와서 소금·醬·쌀·베를 청구할
때에 邊將이 의리에 의거하여 답한다면 事體에 거의 합당할 것인데도,

---

59)『成宗實錄』권151, 14년 2월 甲子 ; 권152, 14년 3월 甲辰.
60)『成宗實錄』권155, 14년 6월 己卯 ; 권157, 14년 8월 甲戌 ; 권156, 14년 7월 戊戌.
61)『成宗實錄』권154, 14년 5월 辛丑.
62)『成宗實錄』권144, 13년 8월 甲寅 ; 권152, 14년 3월 庚戌.

갑자기 속이는 말을 듣고서 뒤따라 넉넉하게 주었으니, 사체에 어긋남이 있게 되었다. 그러나 편견을 고집하여 변방의 흔단을 일으킬 수 없다. 지금부터 이후로 줄 만한 것이 있으면 구실을 내세워 이를 주도록 하고, 명분이 없는데도 이를 주어서 한정이 없는 욕심을 내도록 함이 없게 하라."(『成宗實錄』 권152, 14년 3월 병오)

야인들은 신뢰할 수 없는 종족들인 만큼, 바라는 바를 잘 파악해서 분쟁거리를 만들지 않는 것을 최상의 방책으로 삼고 있었던 것이다. 이는 성종에만 국한된 인식은 아니었다. 변장의 올바른 상항 판단을 강조한 점도 눈에 띈다. 기해년 정벌 이후 다양한 성향을 보이는 야인에 대한 일원적·일률적 대응은 불가능하였으므로, 상황과 요구 내용을 판별하여 그때마다 논의를 거쳐 대응하고 있었던 것이다. 이극균은 변무를 잘 감당하고, 성종 13년(1482) 이후 변화하는 야인 관계 속에서도 시의 적절하게 대처하는 최상의 적임자로 인정받아 가자 받았다.[63] 이에 그의 관계는 資憲大夫(정2품 하계)에 이르렀다. 이극증이 병조판서가 되면서, 형제가 中外의 兵權을 잡는다는 대간의 비판으로 이극균은 한성부 판윤을 맡게 되었다.[64] 약 2년 2개월 만에 절도사 직에서 물러난 것이다.

---

63) 『成宗實錄』 권145, 13년 윤8월 戊子, "下書 平安道節度使 李克均 曰 卿於邊鎭形勢 備諳利害 凡所措置 動得機宜 予甚嘉悅 特加卿一資以賞之 自 建州衛 入征之後 邊釁重構 彼人報復之計 囂然未已 北門重寄 非卿不可 雖瓜期已滿 亦不可遞遷 閫外之務 將以久委 卿其知悉 防戍諸事 更須殫慮 以副予委任之意".

64) 『成宗實錄』 권155, 14년 6월 戊寅, 己丑.

2. 국정 참여 및 都元帥·관찰사로서의 치적(성종 14년 6월~24년 12월)

한성판윤으로 내직에 복귀한 이극균은 성종 15년(1484) 3월 지중추부사를 거쳐, 6월 대사헌에 제수되었다.[65] 언론 기관의 수장이 된 것이다. 잘 알려져 있다시피 성종대 대간의 활동은 대단히 활발하였다.[66] 대사헌인 그도 활발하게 활동하였는데, 그 몇 가지 사례를 살펴본다. 예컨대, 전토 2/3를 줄인 覺林寺·大慈菴·藏義寺 외 나머지 寺社田의 반을 임시로 줄이도록 하였고, 어전 通事를 스스로 청하여 북경에 데려가는 聖節使 淸城君 韓致亨의 추국을 청하였다. 그러나 모두 받아들여지지 않았다.[67] 반면 비리 의혹이 있는 江東縣監을 논핵하여 다른 고을로 교체하였고, 대사간과 합사하여 창경궁을 지은 수리도감의 論賞을 과다하게 베풀어 관직을 제수한 7명을 개정하였다.[68] 그러나 한명회의 法帖을 잘못 살펴 竹石本까지 내어서 새겨 준 교서관이 사간원에 국문을 당하면서, 제조인 이극균도 탄핵받고 사직하게 된다.[69] 이유야 어쨌든 불명예 퇴진이었다.

이극균이 병조판서가 된 성종 16년(1485) 7월에 또 다시 그의 가문에 영광스러운 상황이 벌어졌다. 그의 조카인 李世佐가 대사헌에, 사촌 李克圭가 지평인 상태에서 이극균이 병조판서에 제배되었기 때문이었다. 이세좌·이극규가 친인척임을 들어 교체를 청하였고, 비록 성종이 모두 교체하도록 하였지만,[70] 요직과 청직에 이극균 가문의 인물들이 지속적으로 배치

---

65) 『成宗實錄』 권167, 15년 6월 戊寅.
66) 정두희, 1994, 『朝鮮時代의 臺諫硏究』, 50~166쪽 및 남지대, 1985, 「朝鮮 成宗代의 臺諫 言論」 『한국사론』 12.
67) 『成宗實錄』 권169, 15년 8월 丁巳, 丁卯.
68) 『成宗實錄』 권169, 15년 8월 癸未 ; 권171, 15년 10월 辛酉.
69) 『成宗實錄』 권172, 15년 11월 乙未.

되고 있었던 것이다. 이때 이극균은 그대로 병조판서 직을 유지하였다. 이 시기에 그는 재령군 箭灘의 물을 끌어들여 관개하면 백성에게 큰 이로움이 있다는 月山大君(성종 형) 家의 말을 듣고, 대 사업을 추진하려는 성종의 의도에 신료 대부분이 찬성으로 돌아선 것과는 달리, 李崇元과 처음부터 끝까지 반대하였다. 실제 황해도의 온 장정을 징발하여 시작된 사업은 쌓고 뚫는 작업을 반복하면서 수없이 많은 사망자가 생겼지만, 끝내 성취되지 못하였다.[71] 처음부터 사업의 타당성에 의문을 갖고 반대하였고, 온 조정이 찬성하는 분위기 속에서 반대를 고수하였다는 점에서 크게 평가할 만한 일이다.

黃州築城使도 겸한 그는 방어 상황의 완급을 기준으로 축성의 우선순위를 정하였고, 오래된 軍案의 호적이 軍額 차이의 원인임을 지적하여 군적 개정을 주장하여 긍정적인 답변을 얻었다.[72] 또한 육진의 세 가지 民弊, 즉 갈려 돌아가는 변장이 軍民의 마필을 뽑아 가서 기병에게 말이 없게 만드는 牛從, 죄인을 처벌하지 않고 대부분 神布·狗皮·솥·농기구 등으로 징수하는 贖錢, 만호와 첨절제사에게 賦役을 당하고 본진에서도 부역하는 屬鎭의 差役不均 등의 폐단을 제거하는 것이 소복책이라는 점 등을 주장하였다. 그것을 위해 가장 중요한 鎭將과 판관을 문·무신으로 섞어서 차견하는 방안도 제시하였다.[73] 지역 폐단을 정확하게 파악하고, 현실적인 정책을 제안했다는 점에서 의미가 있다.

성종 18년(1487) 4월에 다시 영안북도 병마절도사에 제수되었지만, 風病으로 건강이 악화되어 몇 달 뒤 물러났다.[74] 그 후 2년여 동안 지중추부

70) 『成宗實錄』 권181, 16년 7월 乙卯.
71) 『成宗實錄』 권183, 16년 9월 庚午.
72) 『成宗實錄』 권184, 16년 10월 癸巳, 丙申.
73) 『成宗實錄』 권185, 16년 11월 丁卯.

사, 의금부 당상으로 있으면서 병을 치료하고, 건강을 회복하는 시간을 가졌다. 그러다가 성종 21년 4월 正憲大夫(정2품 상계) 좌참찬에 제수되었다.75) 처음으로 의정부에 진입한 것이었다. 이때에는 평안도 침입 야인들에 대한 논의 및 영안도에 활의 재료·장인·군기시의 角弓을 나누어 주고 활쏘기를 익히게 할 것, 장인을 구타한 淸川君 韓懽의 처벌, 관료 이동, 囚人 처벌76) 등 여러 공사에 참여하였다.

성종 22년(1491) 4월에는 정치권력의 핵심인 인사를 좌우하는 이조판서에 제수되었다. 그러나 장령 두 사람이 대간의 논핵을 받아 파면되면서 곤욕을 치렀다. 그 후 臺官을 擬望할 적에는 반드시 홍문관의 관원으로써 충원하였다.77) 이는 훗날 홍문관과 대간이 인적 구성의 동질성을 띠게 되는 시발점으로서 중요한 의미가 있다. 또한 병조판서 이숭원과 더불어 이숭원의 아들을 이극균이 호조정랑에 제수하고, 참봉인 그의 孼壻를 이숭원이 宣傳官으로 서로가 제수하였다는 것 때문에 대간의 논핵으로 추문당할 처지에 놓였고, 결국 얼서의 관직이 개정되는 수모도 겪었다.78) 명분으로 무장한 대간의 논박을 비껴가기 어려운 당시 분위기였지만, 인사권을 행사한 이극균도 이때 많은 공박을 받았다.

다른 한편으로 당시 현안인 올적합 정벌에는 계속 반대하였다. 정벌 문제는, 성종 22년(1491) 정월 올적합이 造山堡를 함락시키고, 慶興府使 羅嗣宗이 전사한 變을 영안북도 절도사 尹末孫이 치계하면서 대두된 것이었다. '조산의 변'이 충격이었던 까닭은, 영안도에서 야인에게 성이 함락

74) 『成宗實錄』 권202, 18년 4월 辛巳 ; 권211, 19년 정월 庚戌.
75) 『成宗實錄』 권239, 21년 4년 丙戌.
76) 『成宗實錄』 권240, 21년 5월 戊辰 ; 권241, 21년 6월 壬午 ; 권242, 21년 7월 丁巳 ; 권244, 21년 9월 乙亥.
77) 『成宗實錄』 권252, 22년 4월 丁巳 ; 권254, 22년 6월 壬戌.
78) 『成宗實錄』 권255, 22년 7월 辛丑 ; 권256, 22년 8월 辛未.

되고 장수가 죽은 일은 일찍이 없었기 때문이었다.[79] 그렇다면 지속적으로 내조를 원하고 통교하던 야인들이 갑자기 침구한 까닭은 무엇일까. 그것은 성종 21년 9월에 압록강을 건너 야숙하려던 야인을, 功을 바라고 몰래 7구를 斬한 만포 첨절제사 許混에 복수하기 위해서였다. 성종의 분노처럼 바로 허혼이 만든 흔단 때문이었다.[80] 곧 정벌을 단행하고자 하는 성종과는 달리, 이극균을 비롯한 신료 대부분은 올적합의 수적 강세, 용감함, 그들의 지형을 알지 못하는 점 등을 들어 정벌에 반대하였다.[81] 그는 특히 우리나라 1만 군대의 나약성을 문제 삼았다. 그러나 성종은 이미 도원수 許琮·부원수 李季소을 정해놓은 상태였다.[82]

여러 도의 군사 2만 명으로 공격진용을 갖추고 계획대로 北征에 나선 도원수 허종을 비롯한 장수들은, 야인 9명을 참획하고, 1명을 포획하였다. 부상자도 수없이 많았고, 야인의 집을 불태우기도 했다. 그러나 그 전과는 매우 부실한 것이었다, 우리 측 손실은 부상당한 대장급 4명과 군사 10여 인이었고, 양식 부족을 이유로 17일 만에 귀환을 결정하였기 때문이다.[83] 2만 대군을 거느리고 두만강을 건너가 한갓 군사들만 괴롭게 하고 돌아온 셈이었다. 전과가 없었던 까닭은, 북정의 소식을 이미 들은 저들이 모두 도망하였기 때문이었다.[84]

---

79) 『成宗實錄』 권249, 22년 정월 丁酉.
80) 『成宗實錄』 권244, 21년 9월 乙亥 ; 권255, 22년 7월 辛巳, "傳曰 許混如有生道 固當活也 天道 春夏發生長養 秋冬肅殺斂藏 許混有武才 稍解文理 故在祖宗朝已嘗選用 予亦以爲有才 任爲邊將 混 乃先爲要功之計 潛殺無辜野人 詐報節度使 稱爲獻捷 其欺罔 莫甚 且賂遺唐人 欲掩其迹 若使上國聞之 其謂我國有人乎 虜再犯境 使國家多事 由 混構釁之故也."
81) 『成宗實錄』 권250, 22년 2월 壬子.
82) 『成宗實錄』 권252, 22년 4월 庚午.
83) 『成宗實錄』 권259, 22년 11월 壬午 ; 권258, 22년 10월 丙寅.
84) 『燕山君日記』 권33, 5년 5월 戊辰.

서쪽 변방도 안심할 상황은 아니었다. 조산보에 야인이 침구할 무렵에 丁灘과 昌洲鎭에서의 전황을 알리는 평안도 절도사 李朝陽의 치계와, 얼마 뒤에는 撫夷堡 강 밖 전투 상황을 알리는 윤말손의 보고도 잇달았다.[85] 성종이 이조판서 이극균을 서북면 도원수, 평안도 절도사 吳純을 부원수로 삼은 것은,[86] 그 같은 긴박한 상황 때문이었다. 도원수 이극균은 內禁衛·兼司僕·西班·閑良人 등을 충원하였고, 간첩 활용 방안과 간첩 활동을 충실히 한 金主成可에게 상 줄 것을 청하였다.[87] 한 자급을 가자 받고 좌참찬에 다시 제수된 이극균은 9월 초순에 서울에 돌아올 예정이었다.[88]

북정의 계획이 알려진 탓인지, 야인의 침구는 평안도에 집중되고 있었다. 도원수 이극균이 부임하기 전에, 야인이 理山 阿耳堡, 碧潼, 許麟浦에 침입하였다. 특히 아이에서는 농민 남녀 7명과 牛馬를 노략질해 갔다.[89] 또 高沙里와 渭原 지역에 들어와서 각각 복병을 죽이고 5인을 사로잡아 갔으며, 여자 2명을 살해하는 한편 남녀 6명과 우마를 사로잡아 갔다. 부상자도 생겼다.[90] 잇단 침구에 일방적으로 당한 이극균은 성종에게 심한 질책을 받았다. 절도사 오순의 치계를 받은 성종은 다음과 같이 전교하였다.

"지금 물이 불은 때를 당하여 적이 진실로 크게 군사를 일으켜 침범할 수는 없을 것이나, 좀도둑 등의 무리로 자피선을 타고서 몰래 강을 건너서 일어나는 놈은 마땅히 끌어들여서 복병을 설치하여 무찔러 죽여야 할

---

85) 『成宗實錄』 권249, 22년 정월 丙申 ; 권250, 22년 2월 己酉.
86) 『成宗實錄』 권253, 22년 5월 己亥.
87) 『成宗實錄』 권254, 22년 6월 丙午, 己酉.
88) 『成宗實錄』 권254, 22년 6월 癸酉 ; 권255, 22년 7월 壬午.
89) 『成宗實錄』 권254, 22년 6월 甲子, 壬申 ; 권255, 22년 7월 壬午.
90) 『成宗實錄』 권256, 22년 8월 丁未, 己酉.

것이다. 경도 또한 이 일을 내 면전에서 대답하고 떠나갔는데, 지금 오순이 아뢴 바를 보니, 적이 몰래 강을 건너서 벽동 땅의 경계를 들어왔을 때, 우리 군사가 경솔히 행동하지 않고서 적이 깊이 들어오기를 기다렸다가 그들이 돌아가는 길을 끊어서 좌·우 두 쪽에서 들이쳤다면 적을 다 사로잡을 수가 있었을 것인데도, 바야흐로 적이 육지에 내리자 큰 소리로 부르짖어 소리가 천지를 진동시켰으며, 本鎭의 장수도 또한 大角과 小角을 함께 불면서 군사를 거느리고 빨리 달려 도착하여 적으로 하여금 물러나 도망가노록 했으니, 이것은 처음부터 복병을 설지하여 무찔러 죽이려고 한 것이 아니고, 적이 놀라서 달아나는 것만으로써 이롭게 여겼기 때문이다. 그 10리마다 복병을 설치하면서 다만 4인만 사용한 것은 군사가 모자라기 때문에 그렇게 한 것인가? 다만 4인만 사용하더라도 적을 制御할 수가 있기 때문인가? 그것을 치계하라.”(『成宗實錄』 권256, 22년 8월 계축)

서북면 도원수 이극균에게 성종은 무전략으로 대응했을 뿐만 아니라 애초에 침입한 적을 섬멸하려는 각오가 전혀 없이, 오로지 침구하는 적을 도망치게 하는데 주안점을 둔 안이함과 나태함을 통박한 것이다. 게다가 8월 5일에 적이 理山의 狄洞에 몰래 들어와서 척후인 갑사 趙山을 사로잡아 갔다는 사실까지 보고받자, 승리를 장담하고 떠났으면서 승전보는 고사하고 수모를 당한 상황을 계속 보고하는 이극균에 대한 성종의 불신·불만이 폭발 직전까지 이르렀던 것이다.[91]

벽동 패전에 대한 하문에 상세히 답을 올린 지 사흘 뒤, 이극균은 군관 李石孫을 보내어 승전보를 전하였다. 즉 8월 21일에 고사리성 전투에

---

91)『成宗實錄』 권256, 22년 8월 丙辰, 乙丑.

서 적 39급을 베었고, 피인의 溺死者 또한 매우 많았다는 것이다. 또한
우리 군사의 손실은 6명 부상에 사망자는 없었다는 것과 만포에 침구한
賊勢 및 만포에 침구한 자세한 전황을 알렸다. 성종은 흡족해 하였다.
이 전투에서 일찍이 사로잡혀 갔다가 탈출한 고산리의 田孝安은 침구
계획을 알려 주어 승리에 큰 역할을 하였다.[92]

고산리 승전 이후에 들린 12월의 야인의 만포 입구설과는 달리, 적은
성종 23년(1492) 정월 25일 밤에 벽동군에 돌입하여 성을 포위하였다.
큰 전투가 벌어지지 않은 채 그들이 물러가자, 성종은 무재가 있는 李茁·梁
麒孫·鄭殷富·具詮·許誡을 충원하고 火車 사용을 명하였다.[93] 그러나 벽동
과 碧團의 접전에서 3명이 사망하고, 18명이 부상을 입었으며, 군사 3명이
포로가 되는 큰 손실을 입었다.[94]

중앙으로 돌아온 도원수 이극균은 벽동·벽단·아이·이산·고산리·강계
각 전투, 특히 敗戰에 대한 상세한 상황과 원인을 아뢰어 성종의 오해를
풀었다.[95] 야인들의 동태는 변화무쌍하였다. 피살된 형 趙伊里哈의 복수를
위해 지난겨울 창성(정탄, 창주진)에 침입한 건주위 야인 趙多郎哈과 고산
리에서 戰死한 妻族의 복수를 위해 벽동에 침구한 건주위 도독 이달한이
모두 귀순을 원하고, 영안도 후문(우리나라 여진과 공적으로 통래하던
궐문. 시대에 따라 그 위치가 변하였음. 북문)으로 입조하기를 원하고
있었다. 이 내용은 온하위 호군 김주성가 등이 만포에 이르러 만포첨사

92) 『成宗實錄』 권256, 22년 8월 癸酉. 닷새 후에 갑사 徐自明을 보내어 적의 머리
39급을 바쳤고, 이때 보고된 사망자 총계는 약 80여 인이었다.
93) 『成宗實錄』 권259, 22년 11월 己亥 ; 권261, 23년 정월 庚子. 같은 날 이극균은
휘하의 우후와 火砲監役官 등을 모두 병이 있다는 이유로 취품하지 않고, 마음대로
올려 보낸 후 치계하여 비판을 받았다.
94) 『成宗實錄』 권262, 23년 2월 壬寅.
95) 『成宗實錄』 권265, 23년 5월 甲午.

金允濟에게 말한 것으로, 성종 23년(1492) 7월 평안도 절도사 曹克治의 보고로 중앙에 알려졌다. 김주성가의 말을 믿지 않았던 성종은, 그들이 비록 納款하러 온다고 하더라도 반드시 진심을 확인할 것과 영안도로 오게 할 것 등을 이극균에게 유시하였다.[96] 이미 귀순한 상태에서 허혼의 일을 핑계삼아 벽동에 침구한 이달한 등을 의심하는 것은 당연하였다. 이 무렵 이극균은 적을 막기 위한 弓弩와 기계를 만들었고, 활촉이 길고 끝이 끌처럼 예리한 片箭을 제시하여 軍器에 정통한 사람으로 인정받아 군기시제조를 겸하게 되었다.[97] 군기 전문가로서 그 발전에 공헌하고 있었던 것이다.

성종 24년 3월에 성종의 상을 받은 김주성가·朴古里와 추장 김유리합의 아들 지휘 無澄巨 등이 말한, 趙達郎哈의 요구나 귀순한 삼위 사람의 입조를 허락지 않는 것에 대한 古羅哈의 불평 등을 적은 평안도 절도사 曹克治의 보고 내용을 놓고, 그들을 믿지 않는 성종과 신임하려는 이극균의 견해가 충돌하고 있었다. 결국 귀순하였다는 이유로 조달랑합에게 면포를 주는 것만 허락하였다.[98] 그러나 삼위의 야인은 이미 정성을 보냈고, 적의 추장 조다랑도 귀순한 상태였다. 다만 별도로 한 부락을 이룬 襄山의 적이 가장 큰 문제였다.[99] 그렇게 변방이 안정되는 즈음에 도원수 이극균은 교체되었다.[100] 3년만의 일이었다. 여러 전투와 접전을 지휘하면서 변방 안정에 기여한 후였다.

이극균은 성종 24년 8월 崇政大夫(종1품 하계) 경상도 관찰사에 제수되

96) 『成宗實錄』 권267, 23년 7월 辛卯.
97) 『成宗實錄』 권263, 23년 3월 辛卯 ; 권266, 23년 6월 甲辰.
98) 『成宗實錄』 권275, 24년 3월 丙戌.
99) 『成宗實錄』 권279, 24년 6월 丁丑.
100) 『成宗實錄』 권279, 24년 6월 辛未.

었다. 그는 廉謹하게 奉公하는 도내 수령 康伯珍·李緝·金駿孫·朴漢柱·金秀
文을 발탁하여 올리는 한편, 밤낮으로 처가에 官物을 실어나른 탐오한
淸道郡守 鄭以僑를 下考에 두었다. 지방 행정과 백성들의 休戚에 직접
관계되는 수령의 고과를 엄정하게 평가한 것이다. 또한 열녀와 효부를
발굴하여 旌門·復戶의 은전을 받게 하였다. 특히 천거한 遺逸 가운데
성리학에만 專一하고 操行이 방정한 생원 金宏弼의 천거는,101) 사림으로서
조선 성리학의 도통에 자리하는 인물의 천거라는 점에서뿐만 아니라,
趙光祖라는 걸출한 학자까지 연결된다는 점에서 그 의미가 대단히 크다.

이극균은 특히 왜에 대해 세밀하게 관찰하고 그 문제점을 지적하였다.
처음 웅천현과 7리 거리에 있는 水島의 밭을 개간하여 살고 있는 恒居倭人
들의 경작 문제의 문제점을 공론화시켰다.102) 비록 시행되지 않았지만
對馬島主와 諸酋의 使船 숫자를 대선·중선·소선으로 적당하게 약정하여
큰 배의 양식을 지급하는 폐단을 막으려 하였다. 또 그 왜의 수장에게
이후 범법자를 모조리 죽이겠다는 것을 麾下에 알리도록 하는 선에서
그쳤지만, 영등포와 吾乙兒浦에서 사람을 죽이고, 전라도에서 楸子島의
변을 일으키는 등 이익을 위해 방자하게 날뛰는 왜인을 대마도경차관으로
하여금 島主에게 금지시키도록 강력하게 계청하기도 하였다.103)

이제 조선과 일본의 통교에 대해 살펴보겠다. 일본 국왕의 자격으로
태종 4년(1404) 아시카가 요시미쓰(足利義滿)가 조선 국왕에게 국서를
보내고, 조선이 이를 접수하는 것으로 양국 중앙정부 간에 정식으로
국교가 체결되었다. 이로써 550년간에 걸친 국교 단절 상태를 끝내고

---

101) 『成宗實錄』 권285, 24년 12월 乙亥, 甲申 ; 권288, 25년 3월 丙辰 ; 권290, 25년
   5월 丁未.
102) 『成宗實錄』 권283, 24년 10월 丁卯 ; 권284, 24년 11월 丙申.
103) 『成宗實錄』 권289, 25년 4월 己未 ; 권290, 25년 5월 丁酉.

국교가 재개된 것이다. 조선전기 대일관계는, 국교를 체결하고 왜구 진압
정책에 진력하여 왜구가 평화적 통교자로 전환된 태조 1년(1392)에서
세종 1년(1419)까지의 제1기, 대마도 정벌 이후 文引제도약정, 癸亥약조
체결 이래 각 통교자와의 歲遣船 약정, 朝聘應接規定의 완비 등이 이루어진
세종 2년에서 성종 2년(1471)까지의 제2기, 성종대 확립된 통교체제의
모순이 드러나기 시작하여 三浦倭亂, 蛇梁津왜변, 을묘왜변 등이 일어나고,
16세기 중반 이후 중앙정부 간의 통교가 사실상 단절되고 대마도와의
무역만이 유지되었을 뿐인 성종 3년부터 선조 25년(1592)까지의 제3기로
나눌 수 있다.[104]

　이극균이 관찰사로 활동한 시기는 통교체제의 모순이 드러나던 때였고,
그래서 자신이 파악한 왜의 문제점을 중앙에 소상하게 보고하여 그들의
준동과 세력 확대를 막으려 한 것이었다. 왜에 대한 경계는, 이름만 있고
실상은 없는 留防正兵과 射官의 상태에 대한 계책을 마련하자는 주장으로
이어졌지만, 병조의 반대로 무산되었다.[105] 현장에서 목도하고 관찰한
이극균의 입장과 보고를 듣는 신료나 성종의 입장에 차이가 있기 마련이었
겠지만, 개선방안은 거의 받아들여지지 않았다. 이미 내지에 들어와 소식
을 자세히 알고 있는 왜인들인 만큼, 문제를 제기하여 자극하기보다는
드러나지 않게 경계하는 것을 최선의 방책으로 여기는 분위기 때문이었
다. 1년 2개월만에 遞代되어 돌아왔을 때에 釜山浦倭·鹽浦倭·薺浦倭의
호·남녀·寺社·僧人의 元數와 증가한 수를 파악하여 서계하였는데,[106] 공
통적 특징은 각 포마다 각 항목이 전부 상당수 증가하였다는 것이다.
연산군대를 거쳐 중종 5년(1510)에 三浦倭亂이 발생하는 것을 감안하면,

---

104) 河宇鳳, 1995, 「일본과의 관계」 『한국사』 22, 국사편찬위원회, 373쪽.
105) 『成宗實錄』 권290, 25년 5월 戊戌.
106) 『成宗實錄』 권295, 25년 10월 庚辰.

이때 이극균의 계청대로 왜와의 관계를 바로잡지 않은 것이 조선으로서는 좋은 기회를 놓친 것임을 알 수 있다. 뼈아픈 대목이 아닐 수 없다.

IV. 연산군대 여진정책 주도와 甲子士禍

1. 평안도관찰사·警邊使로서 여진정책 실패(즉위년~6년 3월)

성종의 뒤를 이어 즉위한 연산군은 1년 10월까지는 院相制를 두고 국정을 운영하였다.[107] 관심을 갖는 사안은 獨斷하는 경우도 있었지만, 그 외에는 육조직계제에 의해 올린 사안을 원상들과 논의하였고, 그들의 견해를 택일하여 수용하고 있었다. 원상제가 혁파된 뒤에도 국방, 외교, 폐비 윤씨 문제, 내수사 등 비중 있는 문제에 대해서는 정승(원상) 재상들의 의논을 수렴하는 방식을 취하였다.

연산군이 즉위한 직후, 지중부추사로 國葬都監提調를 맡은 이극균은[108] 1년 3월 평안도 관찰사가 되었다. 그는 軍需의 중요성을 내세운 원상들의 반대로 무산되었지만, 평안도 주민들의 미상환이나 관리들의 관리 부실로 생기게 된 耗欠穀을 면제하려 하였다.[109] 이때도 야인 문제는 당면한 현안이었다. 건주위 야인이 위원에 침입하여 사람들을 사로잡아 갔기 때문이었다.[110] 흔히 침구를 전후하여서는 대개 眞僞를 확인하기 어려운 귀순한 야인의 정보 제공이 있었던 것처럼, 위원 침구 후에도 건주위

---

107) 『燕山君日記』 권10, 1년 11월 庚辰.
108) 『燕山君日記』 권25, 3년 7월 更子 ; 권1, 즉위년 12월 庚辰.
109) 『燕山君日記』 권4, 1년 3월 癸卯 ; 권14, 2년 4월 庚辰, 己卯.
110) 『燕山君日記』 권16, 2년 7월 丁未.

指揮 金亐唐可 등이 지난달 그믐께 (위원에서) 80명을 사로잡아 왔다고
한 金山赤下 집에 갔다가 자주 대국을 범한 것은 狂妄한 소년들이고,
그로 인한 兵亂을 두려워한다는 늙은이들의 탄식을 들었다는 동생·사위
등의 말을 만포 첨사 崔集成에게 와서 전하였다. 또 그들은 80여 호의
岐州衛 소속이고, 1년에 11명이 한 번씩 중국에 조공하고, 도둑질한 사람과
말을 팔아넘기는 것을 생업으로 삼고 있으며, 위원·고산리·이산 등으로부
터 모두 4일 길 정도 떨어진 곳에 있으니, 蔘을 캐려고 부락이 출동하여
야숙할 때에 급습하거나, 강을 건널 때에 무장한 사람들이 공격하는
방법을 주장하였다고 하였다. 이극균은 전자를 택하자는 뜻을 조정에
알렸다.[111]

그러나 성준 등 정벌에 참여한 적이 있었던 신료들은 그 계책에 반대하
였다. 그러면서도 신해년(성종 22, 1491) 이래로 해마다 침략을 그치지
않고, 위원에서 적지 않은 치욕을 당했던 만큼 정벌을 당연시하였다.
이극균은 정벌의 가장 큰 걸림돌인 부락의 강약과 道里의 원근을, 마침
童淸禮(向化部將)와 李山玉(兼司僕)을 들여보내 위원의 포로들을 쇄환하라
는 김주성가의 말을 따라, 함께 보낼 귀화인 통사 한두 명으로 하여금
파악하게 하자는 방안을 내놓았다.[112]

야인에 대한 응징 방법의 하나는 사냥하기 위해 나온 그들을 급습
또는 야습하는 것이었는데, 각각 병조판서 성준 등과 영의정 盧思愼 등의
반대에 막혔다.[113] 大國이 소국을 급습·야습해서는 안 된다는 명분 때문이
었다. 다른 하나는 동청례를 사신으로 파견하는 것이었다. 부정적인 기류
도 있었지만, 파견론이 우세하여 이산옥 대신 浪好時介·高崇禮를 보내기로

---

111) 『燕山君日記』 권16, 2년 7월 丙寅.
112) 『燕山君日記』 권16, 2년 7월 丁卯.
113) 『燕山君日記』 권16, 2년 7월 壬申 ; 권17, 2년 8월 己亥.

하였고, 실제 삼위 경차관 동청례는 파견되었다가 돌아왔다.114) 이극균은
동청례와 더불어 그 형 童阿亡介 문제를 거론하였다. 이미 우리 허실을
알아서 변경을 소란하게 할 것이라는 이유로 만포 건너편 강가에 옮겨
살게 해달라는 동망아개의 청을 모두 반대한 상태였다. 그러나 이극균은
그 어미가 본조의 인물이고, 아우 淸禮·淸智 등도 조정에 와서 벼슬하였으
며, 평안도의 만포 등은 성이 견고하며 군사와 백성이 적지 않다는 세
가지 이유를 들어, 저들을 옮겨 살게 한 다음 위무한다면 오히려 변방이
편안해질 것임을 주장하였다.115) 반면 중신들은 아망개 사후 그 자손으로
인해 생길 수 있는 불의의 변을 우려하여 반대하였다.116)

동아망개와 동청례를 묶어 변방 문제를 해결하려는 이극균은, 봄에
동청례를 날랜 군사와 다시 삼위에 보내어 건주위 추장만이 아닌, 좌·우위
추장에게도 동일하게 하사품을 내려 嫌隙을 없애고, 지난번 잘 파악하지
못한 도로의 상태나 거처를 자세히 알도록 주장하였던 것이다. 여기서
동청례가 지난 번 파견되었을 때 임무를 제대로 이행하지 못하였음을
알 수 있다. 이에 대한 병조의 입장은 다음과 같았다.

"기해년(성종 10, 1479)에 건주를 정벌한 후, 저들이 보복할 것을 계획
하여 자주 난을 일으켜서 변경 백성들이 편안히 살지 못하였는데, 계묘년
(성종 14)에 비로소 마음을 고치고 歸附하였습니다. 성종께서는 서쪽
길의 개통을 허락했고, 추장의 자제들이 들어와서 조공하게 하였으며,
은혜와 신의로 대우하니 저들도 감화되어 변방 근심이 차츰 없어지게
되었습니다. 그런데 경술년(성종 21, 1490)에 만포 진장 許渾(=許混)이

---

114) 『燕山君日記』 권17, 2년 8월 癸巳, 甲申 ; 권18, 2년 10월 丁酉.
115) 『燕山君日記』 권18, 2년 10월 丁酉.
116) 『燕山君日記』 권19, 2년 11월 乙巳.

변방에서의 공명을 바라고 가만히 사냥 나온 야인을 죽여 흔단을 일으켰
습니다. 그 후로 저들은 침입하여 도적질하기를 거리낌 없이하고, 횡포가
그치지 않아서 본도의 군인만으로는 지켜 막을 수 없기 때문에 황해도
군사를 동원하기까지 하였습니다. 그리하여 해마다 함께 수자리하는데,
군사는 피로하고 말은 쓰러져 죽어 노력과 비용이 수없이 많아 정말
작은 일이 아니었습니다. 그러므로 국가에서 童淸禮를 보내어 이해를
들어 깨우쳐 주었는데, 건주위의 추장 달한은 친히 나와서 맞이하면서
온갖 정성을 다하였으며, 좌·우위 추장 역시 각기 사람을 보내어 맞이하여
모시니, 순종하려는 모습이 있는 것 같았습니다. 이 기회를 타서 어루만져
편안하게 하는 것이 시의를 얻으면 侵擾의 환란은 그치게 할 수 있고,
함께 방수하는 폐단을 제거할 수 있겠으니, 이극균의 주장을 거행하여야
하겠습니다."(『燕山君日記』 권20, 2년 12월 경진)

야인 관계에서 중요한 변화를 가져온 성종 10년, 14년, 21년을 살펴
본 다음, 21년 허혼이 만든 흔단 때문에 자행된 야인의 침구를 막기
위한 군사 동원과 동청례를 통해 그들을 다시 설득할 것을 병조가 주장하
여 동청례의 재파견이 결정되었다.[117] 그러나 파견은 지연되었다. 좌위
추장이 서계로 동청례 보기를 청한 것을 계기로 병조판서 盧公弼 등은
삼위 도독 모두가 서계를 보낸 이유를, 첫째 우리나라에 어떤 謀計가
있는지를 알기 위한 목적, 둘째 경술년(성종 21, 1490) 이후, 아직도 조선의
정벌을 두려워해서 청례로 하여금 자기들의 성심을 주달하여 和好를
이루려는 목적, 셋째 하사품을 기대하는 것 등으로 판단하였기 때문이다.
그러면서 노공필 등은 변경을 침범하는 그들을 정벌하지도 못하고, 귀순

---

117) 『燕山君日記』 권20, 2년 12월 庚辰.

하겠다고 하는데도 은혜를 베풀어 불러들이지도 않으면서, 그저 앉아서 '오랑캐로 하여금 무서워서 항복하여 도적질하는 마음이 없어지게 하려 한다'고 야인에 대한 정부의 무대책을 꼬집었다.[118]

동청례의 재파견 문제는 그 같은 상황에서 재논의된 만큼, 전일 한 명도 쇄환해 오지 못했다는 정승들의 반대에도, 야인들의 지형, 도로, 거주 지역 등을 알아야 한다는 당위성과, 만일 청례가 다시 올 경우 적극 협조하겠다는 삼위의 입장 그리고 그의 자제를 볼모잡고 들여보내자는 것 등을 내세운 이극균의 동청례 파견론이 다시 받아들여졌다.[119] 이극균은 병조와 함께 삼위 추장·기주위 추장·온하위 추장·동아망개 등에게 내릴 사목을 마련해 놓았다. 그 내용 가운데 특히 조선에서 공을 인정받고 오래 동안 우호적인 관계를 맺고 있는 김주성가의 아들 分和 등이 三水 지역에 들어와 사람을 잡아가고 노략질을 하였다는 사실을 문책한 점과, 동아망개의 이주 청을 거절한 점이 주목된다.[120] 조선의 전략 부재나 무능, 군사력의 문제도 있었다. 그러나 여러 종족들이 철저한 계산에 따라 귀순과 침구를 번갈아하는 데다가, 그 지형을 파악하지 못한 한계 때문에 야인을 적극 공략하기에는 상당한 어려움이 있었던 것이다.

야인과의 방향 설정에 큰 역할을 한 이극균은 관찰사에서 물러나 판중추부사로 있으면서, 지역 백성의 어려움을 덜기 위한 방안을 내놓았다. 즉 관이나 서리들이 公課를 납부하지 않은 것처럼 허위로 만든 公債를

---

118)『燕山君日記』권23, 3년 5월 庚申.

119)『燕山君日記』권23, 3년 5월 丙寅. 韓致亨·성준·이극균이, 동청례가 선왕 때에 무과의 초시·重試에 합격했으며, 그 외조가 宗姓人여서 전일에 衛將 등 관직을 제수할 만하다고 議啓하여 동청례를 적극 기용한 것 역시 이극균의 주장으로 보인다(권38, 6년 7월 壬戌).

120)『燕山君日記』권23, 3년 5월 己巳.

독촉 받는 영안도 穩城 백성의 유리를 막기 위해 미납량을 탕감해 줄
것과, 평안도의 공채에서 탕감 받지 못한 나머지를 전부 탕감해 주도록
청한 것이다. 그러나 호조와 재상들의 반대로 무산되었다.[121] 또한 그는
성종대에 좌도의 지도를 그려 올린 것에 이어, 경상우도의 지도를 그려서
올렸다. 어사를 보내, 물화를 싸가지고 北鎭을 다니면서 鐵物과 牛馬를
사들여 오랑캐들의 皮物과 바꾸는 변장에 대한 사찰강화를 주장하기도
하였다.[122] 현직 여부에 상관없이 기회가 있을 때마다, 백성의 폐단이나
국정에 중요한 사안을 제기히는 괸료로시의 본분을 밍긱하지 않고 있있던
것이다.

　연산군 4년(1498) 7월에는 金馹孫의 사초 문제로 불거져 확대된 최초의
사화인 戊午士禍가 발생하였다. 金宗直의 罪狀을 의논할 때, 이극균은
鄭文炯·韓致禮·이세좌·노공필 등과 함께 弔義帝文을 지은 김종직의 심리
를 死六臣과 같다고 논단하여 剖棺斬屍할 것을 주장하였는데. 그대로
되었다.[123] 이때 이극균은 판중추부사로 있으면서 특진관으로 활동하고
있었고, 그 또한 훈척계열과 가까웠으므로 그 같은 논의에 찬성한 것으로
이해된다.

　무오사화에 대한 치죄가 계속되던 연산군 4년 7월 좌찬성이 되어서는,
성준과 더불어 仁惠王大妃의 喪期를 단축하자고 발의하였고. 장사지낸
후부터 날로써 달을 바꾸는 易日制를 주장하였다.[124] 왕실이나 국가의
사정에 따라 短喪을 하는 경우도 없지는 않았지만, 특별한 사정이 없는
상태에서 期年인 상례의 단상을 주장한 것은 타당하지 않았다. 그러나

---

121) 『燕山君日記』 권25, 3년 7월 己巳 ; 권26, 3년 8월 癸未.
122) 『燕山君日記』 권28, 3년 11월 壬子 ; 권29, 4년 4월 丙戌.
123) 『燕山君日記』 권.30, 4년 7월 辛亥, 辛酉.
124) 『燕山君日記』 권30, 4년 7월 壬戌 ; 권31, 4년 12월 己未, 庚申.

다른 한편 연산군 1년(1495)에 水陸齋 설행에 반대 상소를 올린 유생 李穆 등 20여 명이 의금부에 구속당했을 때, 判府事로서 平反에 힘써 유생들 사이에서 '바로 平常한 재상이다'라는 호평을 받았다. 그 형 이극돈이 이극균에도 미치지 못한다고 卑下·비난받은 것과는 대조적인 평가였다.[125]

이극균이 좌찬성으로 있는 동안에도 야인의 침구가 있었다. 변장의 방비 소홀로 삼수군에 침범한 야인 20여 騎에게 7명이나 살해당하고, 남녀 33명과 우마 10여 마리를 노략질 당하였으며, 삼수군 甘坡里를 침범한 50여 기의 적에게 남녀 4명과 소 2마리를 약탈당하였다. 침구한 적수에 견주어 엄청난 피해를 입은 것이다. 함경남도 절도사 柳濱의 치계를 접한 연산군 및 신료들은 즉각 정벌을 결정하였고, 성준을 주장, 이극균을 부장으로 삼았다.[126] 본래 風疾이 있는 성준·이극균의 불의의 상황을 대비하여 李季소을 장수로 보충하고, 종사관을 지명하였으며, 병정 2만 명과 서울의 정예군인 內禁衛, 兼司僕을 영솔하는 계획을 세우는 등 만반의 준비를 갖추었다.[127]

그러나 靑水堡 체탐군이 사로잡혔다. 이극균은 체탐하도록 보낸 姜孝福 등이 체탐하여 찾은 裵山의 적에 대한 상세한 상황을 알고 있는 전 昌城府使 李英山에 대한 말을 전하면서, 그 두 사람의 말을 듣도록 권하였다. 그러나 이극균 대신 昌城府에 당도하여 강효복에게 들은 배산의 적에 관한 종사관 柳順汀의 치계 내용이 이영산의 내용과 상당한 차이를 보이자, 朝議가 다음 해에 大擧하자는 쪽으로 바뀌었다.[128] 정벌이 연기된 상태에서 연산 군 5년 9월 초4일에 山羊會親羅兀 백여 명이 도적에게 잡혀가고, 楊世英(내

---

125) 『燕山君日記』 권30, 4년 7월 己未.
126) 『燕山君日記』 권33, 5년 4년 壬辰, 戊辰.
127) 『燕山君日記』 권33, 5년 5월 辛未.
128) 『燕山君日記』 권33, 5년 6월 壬子 ; 권34, 5년 7월 壬午.

금위)이 사망하였을 뿐 아니라, 아이에 침입한 적에게 金得光(갑사) 등
9명이 잡혀갔고, 말 12필을 약탈당하였다. 警邊使(정벌부장) 이극균이
이 사실을 알리자, 연산군은 정벌할 뜻을 다시 밝혔다. 그러나 坡平府院君
윤필상을 비롯한 좌의정 한치형·우의정 성준·병조판서 이계동 등은 다음
해에 정토할 것을 거듭 주장하였다. 이에 연산군은 다음과 같이 전교하였다.

"지금 만일 6~7천 명의 외로운 군사로 멀리 도적의 지경에 들어가는
것이 불가하다 하여, 무고한 백성이 많이 살해되고 잡혀가는 데도, 앉아
보고 구원하지 않는 것이 어찌 군사를 일으켜 정토하여 한 번 전의
수치를 씻는 것만 하랴. 불행하여 공을 이루지 못한다 하더라도 전일
산양회의 변에 비하면 만 번이나 나을 것이다."(『燕山君日記』 권35, 5년
9월 정묘)

비록 공을 세우지 못한다 하더라도 당장이라도 거병하고 싶은 연산군의
절박한 심정이 나타나 있다. 그러나 이미 정벌하기에는 시기가 너무
늦었다.[129]
이극균이 다시금 적변을 보고한 것에 대해 정승들은 정벌보다는 문책론
을 주장하였다. 연산군이 즉각 정벌하려고 하였다. 그러나 정승들은 명년
공격 주장을 바꾸지 않았고, 성 밖에 나가 방비하지 않고 벽단에 留鎭하고
있는 변장, 유사시에 대비한 서울의 精銳한 군사 4백 명 가운데 산양회
적변이나 지금 잡혀간 이들 중에 한명도 없는 까닭, 그리고 많은 적변에도
한 번도 煙臺를 올리지 않은 일을 문책하려 하였다. 두 적변에 제대로
조치하지 못한 이극균도 문책 대상이 되었다.[130] 잇달아 변환을 일으키고

---

129)『燕山君日記』 권35, 5년 9월 丁卯.

있으면서도, 건주우위의 馬阿乙豆 등과 같이 사로잡혀간 산양회 권관 金彦謙 등을 쇄환한다는 명분으로 평안도를 경유하여 서울에 조회하기를 청하는 등의 대가를 요구하는 야인들의 이중적인 행태는, 조선정부를 혼란과 곤경에 빠뜨리고 있었던 것이다.. 평안도의 길은 열어주지 않고 상은 넉넉히 주되, 제대로 방비하지 못한 김언겸을 처벌하는 것으로 결론지었다.131)

당시 야인들의 끈질긴 요구는 평안도를 통해 입조하게 해 달라는 것이었다. 그러나 조종조에서 열어 놓았다가 그 폐해를 시험한 끝에 다시 닫은 만큼, 정승들은 불가론을 주장하였다. 그 이유로 그들은 西路가 명나라 사신이 왕래하는 곳이라는 점, 驛路가 쇠잔·피폐한데다 명나라·서울로 가는 사신과 변경의 중요한 곳을 지키는 장졸의 왕래로 말미암아 심해지는 황해·평안도의 피폐함, 그리고 길이 가깝고 평탄하기 때문에 폭주하는 조회 신청자 가운데 금지 당한 자가 가질 깊은 원한 등을 들었다. 더구나 오랑캐가 변방 백성을 심하게 약탈하는 이때에 관문 열어 주는 것은 국가의 약함을 보이는 것이자, 엄청난 수모라는 것이었다. 변방 경계가 없어지고 평안도가 소생할 것이라는 기대로 전일 동청례를 파견하였지만, 결과는 그 반대로 도적질이 전보다 몇 배나 된다는 불만도 쏟아졌다.132) 이는 동청례 파견이 실패하였고, 따라서 그 정책을 강력하게 주장한

---

130) 『燕山君日記』 권35, 5년 9월 己卯.

131) 『燕山君日記』 권35, 5년 12월 壬辰.

132) 『燕山君日記』 권36, 6년 정월 甲子, "……尹弼商鄭文炯李克墩李世佐呂自新尹孝孫議 今見政府所啓 欲開西路 以弭邊患 又欲乘其懈怠 利用侵伐 臣等意以爲 凡措置大事 固當 慮始圖終 無隙可投 然後乃可施行 西關開閉 祖宗朝已試之 其始開也 必有謀臣獻議 試其 利害 其復閉也 列聖詳試其弊 知其終不可開 故復閉之 其不可開者有三 先王朝中國屢勅 我國 不許野人交接 而西路乃是天使往來之地 其不可一也 黃海平安驛路凋弊 朝京使臣 防戍將卒絡繹往來 暫無休息 近又年險 疲弊益甚 其不可二也 西路於平安 路近且便 故欲 朝者輻輳 朝廷不得已擇其可接者許之 則其不得朝者 怨恨必深 寧閉關 以絶其望 不可使

이극균의 판단 오류를 힐책하는 것에 다름 아니었다.

正道의 用兵이 아닌 奇計를 쓰자는 것이나, 김언겸을 쇄환하려 한다는 야인들의 서로로의 입조를 거절할 경우 원한은 더욱 심하게 되고, 허락하면 도적질이 좀 그치고 다음 해 여름 방비도 수월할 것이라는 이극균의 주장은 계속되는 정승들의 반대에 묻혔다.[133] 야인에 대한 통일된 의견이 도출되지 못한 상황에서, 좌의정 한치형·우의정 성준은 성 밑의 야인들이 이미 西征의 소문을 들었다는 것을 이유로, 정벌 무용론, 병력 시위 무용론, 군수 부족 등을 내세워 금년 서정을 사실상 반대하였다.[134] 서정이 중지되었던 것이다. 그 후에 楸坡洞에 출몰한 賊虜를 9구를 참획하고 격퇴시켰지만, 江界梨坪에 침입한 적에게 이극균의 군관이 살해당하였다.[135] 그러나 이미 서정이 중지되었으므로 노쇠한 64세 경변사 이극균은 중앙으로 복귀하게 된다.[136]

2. 정승으로서의 폐정개혁과 갑자사화로 말미암은 몰락(6년 4월~10년 윤4월)

중앙으로 돌아온 지 며칠 뒤 이극균은 우상에 임명되었다.[137] 그 후 그는 단독으로 활동하는 경우도 있었지만, 대체로 좌의정 成俊과 함께

一人喜 而百人怒也 其不可三也 又有大不可者 彼虜曾不犯邊 誠心歸順 猶當度我利害而處之 今虜方侵掠邊民 肆毒已甚 而乃許開關 則非徒示弱於彼 我之受侮莫甚……前日童清禮之行 議者皆曰 如是則可無邊警 南道戍卒可除 平安一道賴以蘇息 清禮往還之後 彼之作耗 倍蓰於前 求利未得 而禍反生焉 後門之開 臣等恐亦類此".

133) 『燕山君日記』 권36, 6년 정월 丁卯.
134) 『燕山君日記』 권36, 6년 정월 辛未.
135) 『燕山君日記』 권37, 6년 3월 己卯, 辛巳.
136) 『燕山君日記』 권36, 6년 2월 壬辰.
137) 『燕山君日記』 권37, 6년 4월 甲申, 癸巳.

국정을 운용하는 특징을 보인다. 대간의 반대에도, 좌의정 성준과 함께 長城을 쌓는 것의 이로움을 강력히 주장하여 허락받는다거나, 성준과 『西北濟蓄記』 및 『西北地圖』를 撰述하여 진상하였다.[138] 일본에 대한 정보가 망라된 신숙주의 『해동제국기』를 본받아 서북에 대한 정보를 집약한 책이다.

축성 과정에 많은 인력이 동원되고 사망자도 속출할 뿐 아니라, 남쪽 지방에서 역사에 참여하고자 도성에 올라오는 일 등 민간에 폐해가 되는 일도 많았지만, 성을 쌓는 것이 야인의 침입을 막는데 반드시 필요하다는 경험 때문에 강력하게 주장한 것이었다. 그 과정에서 삼사와 충돌이 일어났다. 대부분이 남도 출신인 조정 신료들이 '자기 집 종들이 부역 나가는 것을 꺼려하여 축성을 반대한다.'고 한 성준을, '한 마디의 말로써 나라를 망치는 자'로, '秦始皇의 長城을 그르다고 할 수 없다.'고 한 이극균을 '면대하여 연산군을 속였다.'고 홍문관이 맹비난하였기 때문이다. 사헌부와 사간원도 가세하였다. 그러나 이극균은 변방의 일을 자세히 아는 자신과는 달리 가부를 알지 못하는 홍문관이 분을 내어 스스로 옳다고 강변한다고 공격하였고, 연산군은 홍문관원을 국문하였다.[139] 그들은 홍문관원을 국문하지 말 것을 청하면서도, 자신들을 權臣으로 지목하는 오늘처럼 홍문관이 삼공을 논박한 적이 없었다고 맹비난하였다.[140]

그렇다면 그 전 대간에 대한 이극균의 인식은 어떠하였는가. 성종 20년(1489) 사헌부의 탄핵을 받자, 자신의 결백을 발명하고 나선 지중추부사 李封에 대한 조정 의견을 수렴할 때, 의논을 보고자 하는 지평 崔浩에게

---

138) 『燕山君日記』권38, 6년 7월 庚午 ; 권40, 7년 윤7월 甲申.
139) 『燕山君日記』권40, 7년 6월 丙午.
140) 『燕山君日記』권41, 7년 11월 辛卯.

눈을 부릅뜨고 면박을 주는 이극배에게 이극균은 '대간을 그렇게 대우하지 말라'고 말렸다.[141] 물론 최호가 지식이 없고, 사림에게 인정받지도 못하였지만, 그래도 대간이라는 직책을 생각해 대우해줄 것을 청한 것으로 이해된다. 그런데 연산군 6년(1500)에는 당시 의논이 자기 마음에 합당하지 못하면 반드시 공격을 하는 대간의 弊習을 금지시킬 것을 주장하는 가운데, 이제부터 뒤에 논의가 비록 다르더라도 각각 자기 뜻으로 논계하되, 서로 공격할 경우 治罪할 것을 주장하였고, 윤허받았다.[142] 이는 성종대 이후 활발해진 대간의 활동이 갈수록 강도를 더해 갔고, 대간 사이에 臺論이 통일되지 않았을 때 서로가 비난하여 개차 또는 체직되는 혼란스러움을 막기 위한 것이라 하더라도, '치죄한다.'고 하여 언로를 봉쇄하거나 대간에 대한 처벌을 공식화하는 등 대간에 대한 이극균의 인식 변화를 보여준다는 점에서 특히 주목된다.

이극균은 연산군의 秕政을 바로잡기 위해 영의정 한치형, 좌의정 성준과 함께 폐정 개혁에 나섰다. 몇 가지 사례를 들자면, 사치와 낭비가 매우 심한 연산군에게 소비를 절제하도록 간청하였고, 경차관을 욕보인 內需司 종 永奇를 처벌받게 하였다.[143] 즉위 초부터 연산군은 내수사와 밀착되어 있었다. 그래서 왕자들에게 하사하여 거의 없어진 각 사·내수사 노비, 자녀가 없는 왕자의 하사 노비를 찾아 모두 本司로 환원하도록 하였다. 내수사 소속 함경도 양민의 元額과 軍保를 합친 1천명 외에 나머지를 모두 군대에 충당하는 조치도 이끌어내었다.[144] 時弊 10조목을 써서 올리고 특히 나무갓 폐해를 재차 강조하여 왕자들에게 주지 않겠다는

---

141) 『成宗實錄』 권235, 20년 12월 乙未.
142) 『燕山君日記』 권38, 6년 6월 庚子.
143) 『燕山君日記』 권42, 8년 정월 辛丑.
144) 『燕山君日記』 권43, 8년 3월 癸未 ; 권44, 8년 6월 壬子.

확답을 받았다.145) 그 같은 삼정승의 국정 비판은, 친근한 사람들에게
절도 없이 물품을 내려주고, 유흥에 젖어있는 왕을 바로 잡고 깨우치고자
仁粹王妃가 비밀스럽게 한치형에게 사직의 중신으로서 사력을 다하라는
諭旨를 내린 때문이었다.146)

다른 한편 연산군이 奉常寺에서 의논하여 올린 愼承善(연산군의 妻父)의
諡號 '章成'의 '章'을 '忠'자로 고치려는 것에 대해 이극균은 옛날에도
시호를 개정한 사례가 있고, 공로가 盟府에 기재되어 있으므로 '충'자가
적당하다고 하였다.147) 연산군에게 영합한 것이다. 시호는 봉상시에서
평가하여 제시하는 만큼, 아주 특별한 경우가 아니고는 개정할 수 없었기
때문이다.

그러나 조직적으로 자신을 압박한다고 느낀 좌의정 성준, 우의정 이극
균, 병조판서 李克墩 등에 대한 연산군의 반격도 만만치 않았다. 연산군은
지금 수령들의 불법은 양계의 감사 때에 성준·이극균 등 모두가 노비를
한결같이 법 규정대로 하지 않았기 때문이라고 그 책임을 그들에게 돌렸
다.148) 陳告를 칭탁하여 많은 각사 노비나 私賤·公賤을 내수사 노비화한
종들을 삼정승이 주장하여 전원 변방으로 유형[全家徙邊]시키자, 성준과
이극균 등의 강력한 반대에도 연산군은 큰 경사를 내세워 내수사 書題들의
온 가족을 사면하고자 하였다. 또한 이전과는 달리 임금이 너무 일찍
나오기 때문에 경연관들이 토론할 여가가 없다고 불만을 표한 이극균에
게, 한 시대의 選良들로서 꼭 그때에 임하여 토론한다는 것을 비웃으며,

---

145) 『燕山君日記』 권43, 8년 3월 丁酉.
146) 『燕山君日記』 권44, 8년 6월 戊辰, "時 王崇寵私昵 賜與太濫, 宴嬉無度 仁粹王妃知不救
　　止 密諭韓致亨曰 王之所爲, 如是不悛 卿爲社稷重臣 不能出死力匡救 何顔見祖宗之靈於
　　地下 自後致亨與俊克均 多所規警".
147) 『燕山君日記』 권46, 8년 10월 乙卯, 壬戌.
148) 『燕山君日記』 권44, 8년 6월 壬戌.

자신이 만일 늦게 일어나면 재상도 또한 반드시 늦게 온다고 공박하였다.[149] 이런 일련의 마찰은 이미 정상적 통치에서 벗어나 전제적 왕권을 행사하려는 연산군을 제지하려는 정승들과, 그들의 비리를 들추어 공격을 무력화시키려는 연산군의 치열한 투쟁이었다.

이극균은 연산군 9년(1503) 정월에 좌의정이 되었다. 그의 아들인 南陽府使 李世俊은 가자되었다.[150] 비단 그에 한정된 것은 아니지만, 연산군의 신뢰와 총애가 극에 달한 것 같았다. 죽은 아내의 상에 護喪을 위해 固城縣令 成秀才를 올라오게 해 줄 것도 허락받았다.[151] 그러나 妻喪을 당한 이극균에게 큰 위험이 다가오고 있었다. 그것은 엉뚱하게 경기 관찰사 洪貴達의 아룀에서 시작되었고, 갑자사화로 확대되고 있었다.

"신의 자식 참봉 洪彦國의 딸이 신의 집에서 자랍니다. 처녀이므로 예궐하여야 되는데, 마침 병이 있어 신이 언국을 시켜 사유를 갖추어 고하게 하였는데, 관계 관사에서 예궐하기를 꺼린다 하여 언국을 국문하게 하였습니다. 진정 병이 있지 않다면 신이 어찌 감히 꺼리겠습니까? 지금 비록 곧 들게 하더라도 역시 들 수 없습니다. 언국의 딸이기는 하지만, 신이 실은 家長이기로 待罪합니다."(『燕山君日記』 권52, 10년 3월 壬申)

연산군이 후궁 간택을 위해 良女 및 재상·朝官·사족의 良妾女를 예조에 서계하도록 하였는데,[152] 홍귀달의 아들 홍언국이 딸의 입궐을 거부하면

---

149) 『燕山君日記』 권45, 8년 7월 乙亥 ; 권46, 8년 9월 甲申 ; 권48, 9년 정월 壬午.
150) 『燕山君日記』 권48, 9년 정월 壬申, 2월 壬戌.
151) 『燕山君日記』 권52, 10년 정월 辛巳.
152) 『燕山君日記』 권52, 10년 2월 癸丑.

서 국문당하는 상황에서 일어난 일이었다. 연산군은 홍귀달에게 다음과
같이 전교하였다.

　　"누가 곧 입궐하라 하였기에 이런 悖逆한 말을 하느냐? 그 불공함이
　　이세좌가 下賜酒를 기울여 쏟은 죄와 다름이 없다. 대신이 이런 마음을
　　가지고서 관찰의 소임을 할 수 있겠느냐? 그 직첩을 거두라. 도승지는
　　장관이 되어, 귀달의 불공한 말을 입계하였다. 대신의 아뢰는 말을 막아
　　가리지는 못하더라도, 죄를 청할 수는 있는데, 그러지 않았으니, 따로
　　전지를 만들어 국문하라."(위와 같음)

　연산군은 홍귀달의 말이 임금을 업신여긴 이세좌(이극감의 자)와 같다
고 보았고, 직첩을 거두었으며, 불공한 말을 입계한 도승지를 국문하도록
하였다. 연산군은 홍귀달의 상소를, 전일 下賜酒를 쏟아 옷을 적시기까지
한 이세좌의 일을 들추어 君臣의 分義가 엄하지 않아 상하가 문란한
폐습 때문에 그의 불경죄를 대간이 탄핵하지 않았고, 재상도 말하지
않았다고 보고 있었다. 대간·재상들이 서로 朋黨이 되어 인군을 고립시키
고 있다는 것이었다. 연산군은 홍귀달이 불공한 말을 한 이유가 바로
불경죄를 범한 이세좌를 重罪로 다스리지 않았기 때문이라고 힐책하였다.
　그렇다면 문제가 된 이세좌의 일은 무엇인가. 경로연에서 잔을 올린
재상들에게 回盃를 내릴 때, 연산군이 잔대를 잡았는데도 예조판서 이세좌
가 반이 넘게 엎질러 옷까지 적셔 국문당한 일이었다. 그런데 문제는
대간이나 조정에서 그 일에 대한 논핵이 전혀 없었다는 점이다. 연산군이
자신의 사소한 것까지 비판하던 대간의 행태와는 전혀 다르다고 판단한
근거였다. 그래서 분노하였고, 윤필상·성준·이극균·유순(우의정) 등에게
양로연에서 고의로 이세좌가 술을 엎질렀다는 전교를 새삼스럽게 내린

것이다. 연산군은 이세좌가 왕의 위엄 때문에 본인도 모르게 실수한 것이라고 옹호한 정승들의 말과, 신체가 肥鈍하여 공경하고 너무 조심하다가 술잔을 엎지르는 줄도 몰랐다는 이세좌의 말을 모두 믿지 않았다. 연산군은 이세좌를 제조에서 체임시켰다.[153]

연산군이 이렇게까지 하였는데도 전혀 반응이 없었다. 이를 이세좌의 위세 때문이라고 판단한 연산군은 분노하여 정승·재상들로부터 이세좌 및 논집하지 않은 대간의 죄를 끌어낸 후, 그 아들 의정부 사인 李守亨과 홍문관 수찬 李守貞, 예문관 검열 李守義를 遞差하였고, 대간을 西班으로 돌렸다.[154] 전라도 무안으로 유배보낸 이세좌를 이틀 후 온성으로 옮겨 定配하였다가, 얼마 후 나이 늙고 이미 스스로 징계하였을 것이라 하여 특별히 석방하였다.[155] 그러나 성준·이극균이 이세좌의 거처에 대해 '성밖에 두자'고 한 말을 듣고 寧越에 정배하고, 홍귀달은 時推로 調律하였다.[156] 연산군의 공격은 여기서 끝나지 않았다. 다시 좌의정 이극균에게 이세좌를 심방한 죄가 종묘사직에 관계되지 않는다고 한 노공필·金應箕 등의 하옥 여부를 물은 것이다. 이에 이극균이 아뢴 내용은 다음과 같다.

"무릇 반역을 도모한 대역의 죄이지만, 난신적자인 뒤에야 종묘사직이 관계된다고 합니다. 『大典』 祭祀條에 이르기를 '큰 불경은 死罪요, 불경죄는 그 다음이라' 하였습니다. 세좌는 불경죄를 범하였으므로, 공필 등이 난신적자와는 죄가 같지 않다고 여겼기 때문에 그렇게 아뢴 것입니다. 그러나 역시 잘못되었으니, 옥에 가두어야 하겠습니다."(『燕山君日記』

---

153) 『燕山君日記』 권50, 9년 9월 甲戌, 己卯, 辛巳.
154) 『燕山君日記』 권50, 9년 9월 壬午.
155) 『燕山君日記』 권50, 9년 9월 癸未, 乙酉 ; 권52, 10년 정월 癸酉.
156) 『燕山君日記』 권52, 10년 3월 壬申.

권52, 10년 3월 壬申)

연산군은 다 같은 불경죄인데 큰 불경과 불경의 죄로 나눈 것과, 하사주를 쏟은 이세좌의 죄를 불경으로 논한 것을 매우 불쾌하게 여겼다. 이극균은 잘못을 시인할 수밖에 없었다.[157] 이때 이극균이 신병 때문에 조정 출입을 하지 않아 상황을 파악하지 못한 탓인지, 아니면 자신의 정치적 위상을 믿어서인지 알 수 없다. 그러나 이극균이 이세좌의 일을 거듭 들추어 관련된 사람들을 하나하나 거론하고 좁혀 들어오는 연산군의 이상 징후를 파악하지 못한 것은 틀림없는 사실이었다. 좌천만 된 전 대간을, 이미 형장 때려 귀양 보낸 지금 대간과 같은 죄를 줄 것인지 여부와 이세좌를 전혀 논핵하지 않은 홍문관을 贖바치게 하는 것에 대해서도, 그가 연산군의 의중이나 상황의 긴박성을 깨닫지 못한 정황이 드러나고 있었다.

"전후 대간의 잘못은 같이 처벌되어야 하겠습니다. 다만 전 대간은 이미 연좌 강등되었으니, 옛사람의 이른바, '기왕의 허물은 교화와 함께 갔다.'는 것입니다. 또 사면을 받아 용서되었으니, 위에서 사랑해 주심이 어떠하리까? 홍문관은 언관과 일체로 죄를 줄 수 없으니, 속바치게 하는 것이 지당합니다."(『燕山君日記』 권52, 10년 3월 무인)

연산군은 불경죄를 저지른 이세좌의 행태와 그를 옹호한 조정 신료에 대한 이극균의 속내를 작정하고 시험한 것이었는데, 이극균이 계속 온건한 처벌을 주장하는 것을 빌미로 오히려 그들에 대한 강경한 처벌을

---

157) 『燕山君日記』 권52, 10년 3월 戊寅.

결행하기로 결심한 것 같다. 위에서 특히 "기왕의 허물은 교화와 함께
간다."라는 말을 매우 그르다고 지적한 것에 대해 이극균은 斷章取義의
잘못을 시인하였다. 실제 이극균이 아뢴 내용이 비록 적절한 논리였다
하더라도, 이미 처벌하려고 마음먹은 연산군에게는 극형으로 논단하자는
말이 아니고는 어떤 법리적 해석도 쓸데가 없을 것이었다. 그래서 연산군
은 전에 이세좌의 일을 잘못 의논한 죄와 노공필·김응기 등의 죄를 私情을
따라 律文을 들어 아뢴 죄목으로 이극균을 체직하고 국문하였으며, 仁同縣
에 부처하였다.[158] 그는 결국 조카와 그에 관련된 지인들에 대한 寬典을
주장하다 牽强附會한 연산군의 질책을 받았고, 그 잘못을 시인하여 억울하
게 처벌받은 셈이었다. 그 여파는 폐비 윤씨에게 사약을 내릴 때 힘써
다투지 않았고, 국왕이 내린 술을 쏟는 교만 방종을 징계한다는 차원에서
이세좌에게 사약을 내리는 것으로 이어졌다.[159]

　연산군은 이들을 처벌한 것을 아름답지 못한 풍속의 개혁이라고 주장하
였다. 신료들 스스로 '凌上之風'을 만들었기 때문에 그것을 쇄신한다는
명분을 내세운 것이다. 이제 이극균도 죽음을 피할 수 없게 되었다. 그의
죄명은, 임금을 업신여겨 불경의 죄를 범한 이세좌와 관련하여 사사로운
정을 따라 凌上한 죄와, 재상·대간·侍從 모두가 '과시만 하고 실지가
없으며, 抑揚이 너무 지나쳐 제가 좋아하는 자는 추천하고, 제가 미워하는
자는 밀어 넣어서 땅 속으로 빠뜨리며 은혜와 위엄을 보이려 애쓰고
세력과 氣焰을 고취하여 발호하는 마음이 있었다는 것'이었다. 그래서
사약을 내리고 가산을 몰수하며, 그 아들·사위를 먼 변방으로 분배한다고
하였다.[160] 그런데 그의 卒記는 이와는 다르다.

---

158) 『燕山君日記』 권52, 10년 3월 己卯, 己丑, 4월 壬辰.
159) 『燕山君日記』 권52, 10년 3월 辛卯.
160) 『燕山君日記』 권53, 10년 윤4월 壬申.

"이극균은 너그럽고 넓은 기품과 도량이 있었다. 젊어서 문과 출신하고, 겸하여 활 쏘고 말달리는 일도 연습하여 세조의 알아줌을 받아 뽑혀서 선전관이 되어 병법을 지도하였다. 후에 여러 번 변방 지키는 장수가 되어서, 변방 일을 잘 알고 또 항상 그것을 자신의 책임으로 생각하여 내외 관직을 역임하면서 마음을 다하여 일을 보았다. 연산 조에 좌의정이 되었는데, 왕의 행하는 일이 많이 착하지 못함을 보고 말로 글로 구원하려고 하니, 왕이 깊이 꺼려하였다. 끝내 무고히 죽으니, 나라 사람들이 슬퍼하고 애석해 하였다. 다만 성질이 허탄 浮華하고, 일 처리하는 것이 소활하며, 남의 말을 잘 믿고, 자기 주장을 앞세우는 일이 많았다."(『燕山君日記』 권53, 10년 윤4월 임신)

성격이나 업무 방식에 대한 비판은 있지만, 대체로 그의 충성과 성실함을 긍정적으로 평가하고 있다. 죽기 직전 配所에 妾子 李延命과 함께 있던 이극균은, '나이 70이 다 되어 죽어도 다른 생각이 없지만, 소시부터 변방에서 일하였으며, 나라 일에는 크고 작은 것 없이 모두 盡心竭力하였으므로 한 가지 죄도 없다.'는 말을 연산군에게 전달해 달라고 말한 뒤, 목매어 죽었다.[161] 평생 국가를 위해 일한 것에 자긍심을 가지고 있었고, 끝까지 당당하게 무죄를 선언하고 죽은 것도 졸기 내용과 일치한다.

한편 이극균에 대한 처벌에 이어 그 일가에 대한 참혹한 형벌이 본격화되고 있었다. 그의 아들·사위를 모두 장 1백에 처하여 먼 변방으로 분배하였고, 이극균·세좌의 姻家를 다 관직에서 축출하였으며 그의 친족을 모두 亂臣의 예에 따르게 하였다.[162] 이극균·이세좌의 처첩 자녀와 자부 및

---

161) 『燕山君日記』 권53, 10년 윤4월 戊寅.
162) 『燕山君日記』 권53, 10년 윤4월 癸酉.

손자를 각 고을에 정역시키고, 족친으로 연좌된 사람들은 모두 안치하고 庶女·사위 역시 치죄하였다.163) 이극균의 동성·이성 팔촌 친족 및 그를 찾아본 무사들을 변방 고을에 나누어 보내었고, 죽으면서 '무죄'를 외쳤다고 하여 그를 斬屍하였다.164) 임사홍이 폐비 사사에 대한 진실을 알리면서 그에 관련된 사람에게까지 사화는 확대되고 있었다.

다만 이극균과 사귀어 그 죄가 斬待時에 해당하는 임사홍·柳子光은 廢妃할 때에 그 불가함을 극력 진언한 공으로 각각 杖刑으로 속하고 본직을 돌려받았고, 장형으로 속하여 파직되었다.165) 두 사람만 사화의 狂風을 피했던 것이다.

또한 변방을 자주 맡은 이극균이 무사들과 가까이 하였던 것을 연산군은 반역을 꾀하려 한 것으로 몰아 대역죄의 누명을 씌웠다. 성준은 모든 정책이나 주장 그리고 시폐 10조목을 모두 이극균의 책임으로 돌렸다. 그러나 그도 교수형을 당하였다.166) 한치형은 剖棺凌遲 당하였고, 가산도 몰수당하였으며, 그 자식도 치죄되었다. 이극균의 가산도 몰수되었다.167) 첩자 이연명은 군기시 앞에서 처형되었다. 이극균·윤필상·이세좌의 족친은 동성 팔촌과 異姓 사촌까지, 그 자녀들을 귀양 보내며, 한양에서의 거주를 금하였다.168)

이미 걷잡을 수 없는 난정과 폭정에 빠진 연산군의 악형은 점점 더 악랄해졌다. 이극균 등의 뼈를 묻은 곳과 瀦宅한 곳에 돌을 세우고, 滌兇廳을 두어 돌에 죄상을 새기고,169) 이극균·이세좌의 자식들의 재산을 적몰

---

163)『燕山君日記』권53, 10년 윤4월 丙子.
164)『燕山君日記』권53, 10년 윤4월 己卯, 庚辰.
165)『燕山君日記』권53, 10년 윤4월 丙戌, 戊子, 己丑.
166)『燕山君日記』권53, 10년 5월 癸巳.
167)『燕山君日記』권53, 10년 5월 壬辰.
168)『燕山君日記』권53, 10년 5월 壬寅, 甲辰.

하였다. 이극균·윤필상·성준이 세운 科條는 모두 없애도록 하였고, 이극균의 아들(世俊 世健 末貞 義貞 연명)을 剖棺斬屍하였다.170) 이극균·이세좌 등의 아비 및 형제를 모두 부관참시하고 그 부모의 爵牒을 모두 회수하였다. 또한 두 사람의 妻族을 장에 처하여 出送하였고, 뼈를 태워 바다 위에서 바람에 날리는 碎骨飄風의 처참한 형벌까지 행하였으며, 양인의 자손을 모두 죽였다.171) 이극균은 물론 그 가문이 참혹하게 滅門之禍를 당한 것이었다.

이극균 등의 신원문제는 反正으로 중종이 즉위한 뒤 輪對에서 시작되었다. 성준·이극균의 頭骨을 연안 부사가 표를 세우고 묻는 것을 목도한 奉常寺主簿 趙世輔가, 폐주 대에 충성스런 신하로 무고하게 죽음을 당한 두 사람의 두골을 거두어 예를 갖추어 제사지낼 것을 청하면서 공론화되었다.172) 다음날 예조에 그들의 두골을 거두어 장사지내고 奠을 올리도록 하였고, 죄없이 베임을 당한 자 및 부관참시된 자는 아울러 증작하고 그 자손은 녹용하며, 이극균·정인지·한명회·沈澮·한치형·어세겸·윤필상·성준 등과 같은 이들은 아울러 禮葬하고, 石物을 세워서 제사를 지내도록 하였다.173) 이극균을 비롯한 被禍者들의 억울함을 조금이나마 伸冤한 조치였다.

169)『燕山君日記』권54, 10년 6월 甲申, 7월 己丑.
170)『燕山君日記』권54, 10년 7월 甲午 ; 권55, 10년 8월 丁亥 ; 권56, 10년 10월 辛未.
171)『燕山君日記』권56, 10년 11월 丁酉, 丁未 ; 권57, 11년 3월 己酉 ; 권58, 11년 6월 辛巳.
172)『中宗實錄』권1, 1년 10월 己酉.
173)『中宗實錄』권1, 1년 10월 壬子.

V. 맺음말

형제들이 모두 문과에 급제한데다가, 공신으로 참여한 형제들로 인해 가장 성한 문벌 가문에서 이극균은 출사하였다. 공백기도 있었으나 거의 50년 가까운 세월 동안 국정에 참여한 그의 출발은 세조 2년에 문과에 급제한 뒤부터였다. 그 후 이극균은 문관이지만 武才도 뛰어나 변무에 관련한 활동을 많이 하였다. 특히 세조 13년 서정 때에는 만포절제사로서 이만주 소탕의 한 축을 담당하여 전공을 세웠다. 전라도 관찰사 때에는 도적 소탕 실패로 곤혹을 치르기도 하였지만, 공납 부정을 저지른 순천 부 영리를 구타한 낙안군수 하숙산의 기개를 인정하고 手下를 다스리지 못한 잘못을 인정하고 사과까지 하여 상관으로서 도량을 보이기도 하였다.

형조참판으로서 이극균은, 성종 9년 4월 붕당을 결성하여 조직적으로 政敵을 제거하였고, 후에는 무오·갑자사화의 起禍者인 임사홍, (내척)유자 광에게 결정적으로 유리한 법조문을 내세워 그들의 정치 생명을 연장시키 는 데 일조하였다. 그 또한 훈척과 동질성을 가지고 있었기 때문이다.

성종 12년 4월 이후에는 평안도 절도사로서 백성·군사들의 폐단을 줄였고, 서정 이후 통교가 단절된 건주위 야인의 귀순 문제에 대해 중앙과 긴밀한 연락을 취하면서 많은 야인들의 입조를 지휘하였다. 특히 병조판 서일 때, 성종이 추진하는 재령군 전탄의 물을 끌어들이기 위한 사업 타당성에 의문을 품고, 처음부터 끝까지 반대하여 백성을 위하는 진정한 관료로서의 모습을 보여 주었다. 그의 주장은 軍案을 바로잡기 위한 군적 개정과 육진을 소생시키는 구체적인 방안들과 같이 대부분 철저한 분석과 상황 파악을 바탕으로 한 것이었다. 풍병 때문에 성종 18년의 영안북도 병마절도사의 임기를 채우지 못하였고, 성종 21년 4월 좌참찬에 제수되었다. 1년 뒤에는 이조판서로서 잘못된 인사로 곤혹을 치렀으며, 병조판서 이숭원과 더불어 도사인 이숭원의 아들을 이극균이 호조정랑에 제수하고, 참봉인 그의 擘壻를 이숭원이 宣傳官으로 제수하였다는 대간의 논핵으로 추문당할 형편에 처하기도 하였다. 성종 22년 정월, 조산보가 함락되고 변장이 전사한 변란 뒤에 논의된 올적합 정벌에는 현실적 이유를 들어 계속 반대하였는데, 그 때 추진된 북정은 한갓 군사들만 괴롭히는 것으로 끝났다.

서쪽 변방에서 변환이 계속되면서, 서북면도원수가 된 이조판서 이극 균은 가자를 받고 좌참찬에 제수되었다. 부임을 전후하여 계속되는 야인의 침구로 막대한 손실을 입었지만, 패전을 일부 만회하였다. 침구를 자행하면서 다른 한편으로 귀순을 요청해오는 등 양면성을 보이는 야인에 대한 대응을 놓고, 성종과 이극균, 이극균과 정승의 의견이 충돌하기도 하였지만, 삼위의 야인이나 적의 추장 조다랑합 등은 이미 귀순하였고, 다만 배산의 적만 문제로 남았다. 그는 변방 안정에 크게 이바지하고 3년 만에 도원수에서 물러났다. 이어 성종 24년 제수된 경상도관찰사로서 특히 내지의 왜구들의 문제를 집중적으로 거론하였고, 염근한 수령을 천거하고 열녀와 효부를 발굴하였다. 조선 사상계에서 큰 의미를 갖는 유일로 생원 김굉필을 천거한 것은 빼놓을 수 없는 업적이다. 이때 공무의 내용은 탁월한 것이었다.

연산군 1년 3월 평안도관찰사가 되었는데, 위원에 침입한 기주위 야인들이 사람들을 사로잡아 간 것을 놓고, 이극균의 습격론과 조정의 정벌론이 충돌하였다. 그는 귀순한 양인 김주성가의 말을 따라 동청례 등을 들여보내 포로 쇄환 및 지형·지물 파악과 동청례의 형 동아망개의 이주를 받아들여 변방의 안정을 도모하려는 정책 등에 노력을 기울였다. 그러나 동청례 파견을 통한 야인 정벌 정책 시도는 실패로 돌아갔다.

　연산군 4년 7월 戊午士禍 때에는 김종직의 죄상을 大逆의 죄로 논단하고 부관참시할 것을 주장하였으나, 연산군 1년 수륙재 설행에 반대 상소를 올린 유생들의 의금부 구속을 힘써 만류하여 유생들의 호평을 받기도하였다. 좌찬성으로 있는 동안 결정된 야인 정벌에서 이극균은 부장으로 서북면 도원수가 되었다. 그러나 배산의 적에 대한 정보원의 보고 내용이 일치하지 않으면서, 정벌이 미루어졌다. 평안도를 거쳐 입조하기 원하는 야인들의 끈질긴 요구를 놓고, 국가의 수모라고 반대하는 윤필상 등과 여러 효과를 들어 찬성하는 이극균의 의견이 충돌하었나. 또한 동청례 재파견 실패와, 그가 주도한 여진정책 실패에 대한 많은 비판이 쏟아졌다. 이극균의 잘못만은 아니었으나, 책임을 면할 수는 없었다. 결국 서정은 중지되었다.

　중앙으로 돌아온 경변사 이극균은 우상에 임명되었다. 그는 대체로 좌의정 성준과 함께 공사를 결정하였고, 『서북제번기』 및 『서북지도』를 撰述하여 진상하기도 하였다. 대론이 다를 때 서로 비난하는 대간을 치죄하도록 한 조치는, 결과적으로 대간을 처벌할 근거로 작용할 수 있다는 점에서 대단히 부정적 영향을 미칠 수 있었다. 다른 한편 이극균은 영의정 한치형, 좌의정 성준과 함께 국정에 참여하여 연산군의 폐정을 개혁하였다. 연산군 9년 정월에 좌의정이 되면서, 그의 정치적 위상은 절정에 달한 것 같았다. 그런데 위험은 전혀 예기치 않게 연산군의 후궁 간택을 놓고, 아들 홍언국 딸의 입궐을 거부하면서 반대하는 홍귀달의 상소에서 시작되었다. 홍귀달을 국문한 연산군은, 대간·재상들이 서로 붕당이 되어 인군을 위에 고립시키고 있는 것에 대한 불만을, 경로연에서 내린 술을 쏟은 이세좌의 불경죄를 처벌하는 것으로 응징하였다. 갑자사화의 시작이었다.

　사화를 적극 주도한 연산군은 폐비 윤씨를 사사할 때 힘써 다투지 않았고, 국왕이 내린 술을 쏟아 불경죄를 범한 이세좌에게 사약을 내렸다. 이세좌의 죄를 큰 불경이 아닌 불경으로 논한 것을 빌미로 부처한 이극균에게 사약을 내렸다. 죄목은 '凌上'이었다. 조카에 대한 관전을 주장하다가 당한 억울한 죽음이었다. 졸기의 긍정적인 평가와 같이 그는 평생 국가를 위해 진심갈력한 것을 명예롭게 생각하고, 자신의 무죄를 선언한 뒤 목을 매어 죽었다.

이극균이 죽은 뒤에도 연산군은 그와 그의 아들 및 아비와 형제를 모두 부관참시 하였다. 이어서 연산군은 쇄골표풍까지 하였고, 이극균·이세좌 두 사람의 자손을 모두 죽였으며, 이극균의 가산 및 이극균·이세좌의 자식들의 재산도 다 적몰하였다. 그의 가문이 참혹하게 滅門之禍를 당한 것이다. 중종이 즉위한 뒤 조세보가 아뢰어 예장과 전을 올리도록 하는 조치와 죄없이 죽음을 당한 자 및 부관참시된 자는 아울러 증작하고 그 자손은 녹용하는 조치가 취해졌다. 또한 이극균 등을 예장하고, 석물을 세워 제사지내는 것 등으로 그들의 억울함은 조금이나마 신원되고 있었다.

중앙 정치에서 약간의 허물이 있다하더라도, 그는 평생 국가의 일에 힘을 다한 관료이자 군사 방면에 정통한 전문가였다. 그뿐 아니라 국방·민생·전략·전술·외교 각 방면에서 두각을 나타낸 조선전기 몇 안 되는 문무를 고루 갖춘 인물이었다. 특히 백성들의 민폐를 덜기 위한 정책으로 민생 안정의 선봉에 섰던 사실은 기억될 만하다.

漁村 沈彦光의 정치 역정과 생애

Ⅰ. 머리말

어촌 심언광(1487~1540)은 중종대 관료이자 대표적 문인이다. 강릉 출신인 그는 문과에 급제한 후 청요직을 두루 거쳤고, 문재가 뛰어나 많은 한시들을 남겼다. 그러나 정작 문학계나 역사학계에서 그에 대한 관심이 없었고, 그래서 그에 대한 연구도 거의 없다시피 하였다. 역사적 측면에서의 본격적인 고찰은 1편에 불과하고,[1] 한시들에 대한 연구도 근년에 들어서야 비로소 이루어지고 있다.[2] 그 이유는 중종대 중후반에 권력을 독점하여 국정 혼란을 야기한 金安老(1481~1537)를 조정에 끌어들인 인물이라는 부정적 평가 때문이었다. 그에 따른 여파로 김안로가 賜死 당한 후, 관료들의 반대에 중종이 재등용의 의지를 포기하면서 심언광은 削官되어 귀향하였다. 그리고 얼마 후 생을 마감하게 된다.

불명예스럽게 관직에서 강제로 퇴직 당한 탓인지 심언광에 대한 『실

---

1) 박도식, 2010, 「어촌 심언광의 생애와 경세론」『제1회 어촌 심언광 학술 세미나 자료집』, 강릉문화원.
2) 강릉문화원, 2010, 『어촌 심언광 연구 총서』 참조.

록』의 기록은 부정적이고, 그 내용도 많지 않다. 그러나 그가 세상을 떠난 지 35년이 지난 선조 5년(1572)에 孫壻 강원도 관찰사 洪春年이 활자로 문집을 간행하였다. 그 후에 후손 沈升澤 등이, 고종 26년(1889)에 초간본을 바탕으로 숙종 11년(1685) 5대손 沈澄에 의해 수집된 심언광에 대한 伸寃관계 사실과, 후손 沈弘洙가 편찬한 世系·연보 및 재수집한 시문을 첨가하여 목활자본『漁村集』을 간행하였다. 문집이 간행됨으로써 『실록』의 부족한 자료들을 보완할 수 있게 되었고, 여러 각도에서 심언광에 내한 심도 있는 연구가 가능해졌다.3)

필자는 심언광의 생애를 크게 세 시기로 나누어 고찰하고자 한다. 제1기는 출생부터 관직에 진출하기 전까지(1487~1512), 제2기는 初入仕부터 김안로 등장 이전까지(1513~1528), 제3기는 김안로 등장 이후부터 귀향(1529~1540)까지이다. 그 중에서도 자료가 풍부한 2기, 3기의 활동을 주로 다루게 될 것이다. 이 논고를 통해 심언광의 정치 활동과 그에 대한 평가, 그리고 그의 생애를 종합적으로 살펴보는 기회로 삼고자 한다.

Ⅱ. 제1기 : 출생과 학문 연마(성종 18, 1487~중종 7, 1512)

심언광의 본관은 삼척이고, 호는 어촌, 자는 士炯이다. 그는 강릉부 大昌 龍池里에서 부 沈濬과 모 강릉 김씨 사이에서 출생하였다. 부친은 司馬試 문과에 급제하여 벼슬이 호조좌랑에 이르렀고, 숭정대부 의정부

---

3) 이 논문에서는『조선왕조실록』을 기본 자료로,『國譯 漁村集』은 실록을 보완하는 자료로 사용하겠다.

좌찬성에 추중되었으며, 모친은 정경부인 강릉 김씨로 호조참의 金子欽의 손자인 司直 金普淵의 딸이었다. 曾祖는 이조참판에 추중된 忠甫이고, 祖는 병조판서에 추중된 文桂이다. 심광언의 부·조·증조가 贈職된 것은 그가 고위직을 역임한 때문이었다.

심언광의 가계는, 혼탁해진 정치를 피해 삼척부에 물러나 거주하면서 愼齋라 이름붙인 堂에서 사람들을 가르쳤던 고려 조 공민왕 때에 中書舍人을 지냈고, 공민왕으로부터 '東老'라는 이름을 하사받은 鼻祖 沈漢으로부터 시작되었다. 삼척 심씨는 동로의 3세손인 原連(1365~1406)이 삼척 김씨 存의 딸과 결혼한 후 妻鄕인 강릉에 정착하면서 入鄕하게 되었다.[4] 고려시대부터 사위가 결혼하여 처가에서 생활하는 男歸女家婚의 습속이 있었고, 그러한 전통은 조선전기까지 이어지고 있었기 때문이었다. 그 후 삼척 심씨 후손들이 강릉 지역에 世居하게 되었다.

심언광이 중종대 청요직을 두루 역임했다는 사실은 그의 학문적 역량이 뒷받침된 결과였다. 그러므로 그의 修學 방법이나 과정을 살펴볼 필요가 있다. 그는 4세(성종 21년, 1490) 때부터 책을 읽은 이래, 6세 때에는 등잔을 주제로 "등불이 방 가운데 들어왔다 밤에는 밖으로 나가네"라는 시를 지어 부친을 놀라게 하였다.

또한 9세(연산군 1년, 1495) 때에 당한 부친상의 侍墓를 마치고 13세 때 오대산에서 공부를 하였는데, 집에 있는 단 한권의 책인『古文選』을 千讀하여 문장을 이루었다. 학문에 대한 그의 열정과 노력의 정도를 잘 보여주고 있는 일화이다. 그의 탁월한 실력은 15세 때에 치른 鄕試 三場에서 '承露盤記'로 으뜸을 차지하는 것으로 나타났다.[5] 16세에 강릉 박씨

---

4) 박도식, 앞의 논문, 179~180쪽.

5) 강릉문화원, 2006,『국역 어촌집』, 549~551쪽(이하『국역 어촌집』으로만 표기).
承露盤은 漢의 무제가 하늘에서 내리는 장생불사의 감로수를 받아먹기 위하여

진사 朴承緒의 딸과 혼인하여 가정을 이룬 후인 17세(연산군 7년, 1501)에
도, 그는 "선비로 태어나 아직 스승으로부터 배움을 받지 못했으니 어떻게
성현의 길로 나아갈 수 있겠는가?"라는 自警文을 벽에 붙여 놓고, 학문
연마에 대한 의지를 더욱 굳건히 하였다. 부친이 일찍 별세하여 가세가
기울어진 상태에서 나약해질 수 있는 스스로를 채찍질한 것으로 보인다.
그리고 18세 때에는 金允德과 함께 오대산 산사에서 다시 공부를 시작하였
다. 그 과정에서 건강의 문제가 발생하기도 하였으나, 21세인 중종 2년
(1507) 진사시에서 '玉門關詩'로 1등 4위로 입격하는 성적을 거두었다.

지기들과의 교유는 심언광이 선택한 또 다른 학문 연마의 방법이었다.
그는 23세(중종 4년, 1509)에 三可 朴遂良6)·猿亭 崔壽峸7)과 함께 鏡湖齋에
서 講會를 열었다. 25세에는 아직 정계에 본격적으로 등장하기 전 도봉에
살았던 靜庵 趙光祖를 방문하여 經義를 강론하며 여러 날 머물기도 하였고,

만들었다는 쟁반이다.

6) 박수량(1475~1546)은 강릉 출신으로 연산군 10년(1504) 30세에 생원시에 합격
하였으나, 대과에는 응시하지 않았다. 그는 廢朝(=연산군)가 短喪을 행하는 時制
에도 불구하고 상복을 입고 喪期를 다 마쳐 예에 충실한 모습을 보였으나, 贓案에
기록된 韓伋의 사주를 받고 유생의 신분으로 그 무고함을 진정하는 상소를
올리거나, 金湜(기묘명현)의 무리에게 잘 보이려 노력한 결과 賢良으로 천거되어
현감에 제배되었다는 부정적 평가도 있다. 중종 13년 천거인으로서 사섬시
주부로 처음 등장하고 있다(『中宗實錄』 권6, 3년 5월 戊戌 ; 권20, 9년 9월 己卯 ; 권
33, 13년 5월 乙丑).

7) 최수성(1487~1521)은 뜻이 크고 재주가 뛰어나 거짓으로 미친 척하면서, 세상을
피하는 隱士였다. 그가 일찍이 시를 지어 삼촌인 崔世節을 諷諫하였는데, 그
내용이 임금의 꺼림에 관계된 말이 많았다. 최세절이 그 시를 여러 동료에게
보이고 최수성의 詭激함을 비난하였다. 최세절은 마음속으로 조카를 제거할
마음을 품었고, 安處謙의 난에 그가 난폭한 말을 하였다고 몰래 沈貞에 알려
대죄에 빠뜨렸다. 최수성은 대신을 謀害하려 하였다는 것 때문에 伏誅되었다(『中
宗實錄』 권47, 18년 4월 癸未 ; 권74, 28년 3월 乙丑 ; 권43, 16년 10월 己亥).
조광조와 함께 김굉필에게서 수학하였고, 조광조가 현량과에 천거하였지만
응시하지 않았다(박도식, 앞의 논문, 182쪽).

26세에는 愼齋 周世鵬과 心經을 강론하기도 하였다.[8] 실제 주세붕과의 교유는 그 후로도 계속되고 있었다.[9]

심언광이 양반 자제로서 지방 교육 기관인 향교에서 공교육을 받았는지 여부는 잘 드러나지 않는다. 조선전기에 선비가 학문을 이루는 데는 일차적으로는 家學이, 2차적으로는 師友 관계가 중요하였다. 이는 성종 중반 사림이 진출한 후에 가학을 통한 학문 전수에서 사우 중심으로 학문 전수가 변화되고 있었기 때문이었다. 당시 사림파의 학문 전수는, 가학을 통해 학문을 성취한 다음에 京鄕을 왕래하는 과정에서, 또는 座主와 門生관계에서, 혹은 사환상의 교유나 학문의 토론과 질의 같은 접촉을 통해 형성된 사우 관계에서 이루어지고 있었다.[10] 심언광의 경우는 부친이 9세 때 세상을 떠났으므로 아버지로부터 수학하였다 하더라도 그 기간은 짧았을 것이다. 오히려 그는 문자를 조금 익힌 상태에서 과거에 합격하여 입신양명하기까지 외삼촌 金世南에게서 큰 도움을 받았다.[11] 당시 김세남의 학문적 태도나 처사적 생활을 자처한 것으로 볼 때, 그에게서의 도움은 경제적인 것이라기보다는 학문적인 도움이었던 것으로 판단된다. 앞서 학문 연마로 선택한 방법을 종합적으로 본다면, 그가 당시 보편적인 지방 교육 기관인 향교에서 수학했다고 보기는 어려울 것 같다.

8) 『국역 어촌집』, 卷首 연보, 37~39쪽과 제11권, 행장, 617~618쪽.
9) 『국역 어촌집』권1, 送周愼齋世鵬出宰昆陽, 105쪽 및 권2, 寄周愼齋世鵬, 143쪽.
10) 李樹健, 1995, 『嶺南學派의 형성과 전개』, 일조각, 280쪽.
11) 이 같은 사실은 김세남(세조 8년, 1462~중종 37년, 1542)이 卒했을 때, 그의 아들이 홍문관 부교리 겸 경연시독관 춘추관기주관으로 재임 중이던 심언광에게 銘文을 지어줄 것을 부탁하였을 때 한 말이다. 그는 어려서부터 총명했으며, 자라서는 문예를 일찍 성취하였으나 과거로 영달하려는 데 뜻을 두지 않고 칩거하면서 학문에 독실하였고, 관후함으로 사람들을 맞아 모두 敬慕하였다. 판서 김종직이 누차 조정에 천거하였으나 끝내 관직에 나가지 않았다(『국역 어촌집』 9, 舅氏徵士府君金公世南墓誌銘, 547~548쪽).

꾸준히 학문을 익힌 심언광은 중종 2년(1507) 21세 때에 식년 진사시에 1등 4위로 입격하였다. 대제학 申用漑가 서울로 돌아온 강원도의 시관 李荇에게 강원도의 인재를 물었을 때, 그는 문장이 출중한 자로 심언광과 金光轍을 언급하며 會試에서의 합격을 단언하였었다. 심언광은 그의 예견과 같이 훌륭한 성적을 거두었고, 김광철 역시 생원시 차석으로 입격하였다.12)

Ⅲ. 제2기 : 初入仕와 관직 생활

1. 초입사~己卯士禍까지(중종 8, 1513~중종 14, 1519)

진사시에 입격한 심언광은 27세인 중종 8년(1513) 식년 문과 을과 5위로 입격하였다. 문과에 입격하기까지 6년이라는 세월이 걸렸음을 알 수 있다. 조선전기 문과 급제자에 대한 대우는 갑과 3인만 종6품에 제수되고, 그 외 급제자들에게는 당장 벼슬을 주지 않고 일정기간 승문원·성균관·교서관에 分館시켜 權知로 근무하도록 하는 것이 관행이었다.

심언광이 『中宗實錄』에 처음 등장하는 것은 중종 11년(1516) 그의 나이 30세였을 때였다. 그의 직책은 경연에서는 기사관으로, 관직은 예문관 檢閱(정9품)이었다.13) 그런데 그는 동년 정월 초7일 이미 기사관으로 정원에 입직하였고, 중종의 선온을 받았으며, '上元黃柑'으로 시를 지으라는 명을 받은 적이 있었다.14) 검열로 제수된 것이 중종 11년 이전이었을

---

12) 『국역 어촌집』 권首, 연보, 39쪽.
13) 『中宗實錄』 권25, 11년 5월 庚子 ; 권26, 11년 8월 丙辰.
14) 『국역 어촌집』 권1, 98쪽.

가능성을 보여준다.

한편 예문관의 봉교(정7품)·대교(정8품)·검열(정9품)은 역사를 기록하는 전임사관으로서 경연에도 참석하였다. 그러므로 처음 임명할 때의 방식이 다른 관원과는 달랐다. 예문관에서는 전임자가 자리를 떠나면서 후임자를 추천하는 自薦制가 시행되고 있었다. 그래서 전임자가 후임자를 추천하면, 의정부에서 이조·홍문관·춘추관·예문관과 함께『通鑑』,『左傳』 등의 역사책을 시험하여 그 중 합격자를 등용하였다. 승진은 1년 두 차례 6월과 12월에 행하는 정기 인사에서 2명을 이동시켰다.[15] 따라서 더 이상 자세한 기록은 없지만 심언광은 급제한 후에 4관 중 어느 관서에 분속되어 권지로 근무하다가, 시험을 거쳐 예문관에 배치되었던 것으로 판단된다. 비록 급제한 지 3년이 지나도록 9품직에 머물러 있기는 하였지만, 심언광이 실력과 성품을 인정받은 것으로 볼 수 있다.

심언광에 대한 기록은 이후 중종 17년(1522) 사간원(정5품)에서 동료들의 논박을 받아 체직되는 내용에서 나타난다.[16] 6년 동안 공식적인 기록이 없었던 셈이다. 32세인 중종 13년(1518)에 예문관 봉교였고, 대제학 신용개의 추천으로 賜暇讀書에 선발되었다는 것과 14년 鏡城敎授(종6품)에 임명되었다가 기묘사화에 연루되어 출척되어 오래 동안 등용되지 못하였다는 내용이 있다.[17] 이 부분은 심언광을 이해하는 데 매우 중요한 단서를 제공하지만, 면밀한 검토가 필요하다. 먼저 중종 13년에는 趙光祖를 비롯한 사림파가 사헌부·사간원·홍문관의 상위직을 장악한 형세였고,[18] 예문

---

15) 여강출판사, 1991,『경국대전 연구』, 吏典, 201쪽.

16)『中宗實錄』권44, 17년 5월 癸酉.

17)『국역 어촌집』권首, 연보, 40쪽. 그러나 당시 대제학은 南袞이었고, 행장, 618쪽에서는 사화로 벼슬이 떨어져 경성교수에 제수되었다고 하여 사실 관계가 일치하지 않는다.

18) 李秉烋, 1984,『朝鮮前期 畿湖士林派硏究』, 일조각, 90~93쪽.

관 봉교인 유희령, 조언경 등도 언론 삼사에 합세하여 昭格署 혁파를 진언하기도 하였다.[19] 그러나 심언광은 나타나지 않는다. 기묘사화로 축출되었다는 것에 대해서는, 그가 기묘사림의 대표적 존재인 조광조에 대한 輓詩와 기묘명현이자 기묘사화 전에는 우참찬까지 이른 名士 李耔에 대한 만시를 지었다는 것,[20] 그리고 조광조 등 사림파에 의해 천거되어 사섬시 주부를 역임한 그의 동향 지기인 박수량과의 친분관계 등이 고려된 것으로 짐작된다.

몇 가지 사례를 들어 이 같은 사실을 확인해 보고자 한다. 먼저 기묘명현으로 분류되는 張玉[21]은 중종 10년 8월 문과 殿試에서 조광조 등과 함께 선발된 이래, 동년 10월에 정언에 제수되는 것을 시작으로 기묘사화가 발생하기 전까지 사간원·사헌부·홍문관 등 청직을 두루 거친 인물이었다. 그런데 그는 기묘사화가 발생한 지 몇 달 후, 다시 의정부 檢詳(정5품)에 복직되어 있었다.[22] 장옥의 사례를 보면, 심언광이 기묘사화에 연루되어 오래 동안 출척되었다고 한 부분을 논리적으로 뒷받침하기 쉽지 않다.

또 다른 사례는 바로 기묘사화 발생 당시의 상황이다. 사화 발생 당일인 중종 14년 11월 15일 왕의 명을 전하는 承傳色이 승정원에서 숙직하고 있던 승지가 尹自任 대신 成雲으로 교체되었다는 사실을 알렸다. 성운은 명을 받고 들어갔고, 나오면서 투옥해야 할 사람들의 명단을 가지고 나왔다. 중대한 결정이 이루어지는 과정을 목격한 사람이 한 사람도 언급되지 않았고, 이후로는 사관이 입시하지 않았다.[23] 비록 15일 새벽

---

19) 『中宗實錄』 권34, 13년 8월 癸巳, 9월 己亥.
20) 『국역 어촌집』 권2, 121쪽 및 권1, 102쪽.
21) 李秉烋, 1984, 앞의 책, 99~102쪽.
22) 『中宗實錄』 권38, 15년 3월 甲午.
23) 鄭杜熙, 1995, 「己卯士禍와 趙光祖」『歷史學報』 146, 91~92쪽.

3시에서 5시 사이에 봉교 蔡世英·대교 權輗·李公仁 등을 부직시켰으나, 몇 시간 동안 史官이 없었던 셈이다. 그렇다면 채세영은 누구인가? 그는 기묘명현으로 분류되는데[24] 처음 등장하는 중종 14년(1519) 정월에는 검열이었는데, 갑자기 불과 몇 달 사이 봉교로 승진하였던 것이다. 기묘사화 발생 당일까지 심언광이 봉교로 재직하고 있었는지 여부는 확인할 수 없지만, 채세영의 사관으로서의 경력이 짧다는 점을 주목할 필요가 있을 것 같다. 한편『국역 어촌집』에는 심언광이 교유했었던 최수성과 관련된 시문을 찾아볼 수 없고, 박수량과 수창한 시문 역시 드물었다.[25] 이는 최수성이 일찍 세상을 떠난 이유도 있겠지만, 대과에 합격하고 관료 지향적이었던 심언광이, 이후 문과에 응시하지 않고 자신보다 조광조 및 기묘사림과 상대적으로 밀접한 관계를 맺고 다른 길을 걸었던 두 사람과 교유하지 않았음을 보여주는 것이라 판단된다.

심언광이 사관으로 봉직했던 기간이 조광조 등이 개혁정치를 시행하던 시기와 거의 일치한다는 사실은 중요한 점을 시사하고 있다. 그가 조광조·이자 등의 만시를 지은 것은 사관으로서 그들의 정치 개혁과 활동에 대한 깊은 심정적 지지를 나타내는 것으로 보이기 때문이다. 조광조 등이 등장한 10년부터 기묘사화 발생 전까지 언론 삼사를 장악하고 활동하던 시기에 심언광의 활동이 거의 나타나지 않았다는 것도 그들과 직접적인 관련이 없었다는 것을 보여준다고 판단된다. 요컨대 심언광은 출사한 이후 사화가 발생하기까지 대부분 예문관에서 사관의 직임을 담당했고, 그 민감성 때문에 기묘사화 발생 이후에 외직으로 파출된 것이었다. 그리고 그 직임이 바로 경성교수였다.

---

24) 이병휴, 앞의 책, 99~101쪽.
25) 김은정, 2010,「어촌 심언광의 교유시 연구」『어촌 심언광 연구 총서』, 146쪽.

심언광의 생애에 결정적인 영향을 미친 기묘사화에 대해 살펴보겠다. 연산군을 축출하여 中宗反正을 성공시킨 주역들은 117명의 靖國功臣을 策錄하였다. 朴元宗·成希顔·柳順汀을 핵심으로 하는 정국공신들은 중종 초반 의정부·육조를 장악하여 권력을 독점하였다. 그러나 핵심인물의 자연사 등으로 점차 정국공신 세력이 약화되었고, 중종 10년부터 진출한 조광조 등 사림세력이 중종을 배경으로 활발한 개혁정치를 펼치게 되었다. 그들의 개혁정치는 인습과 구제의 혁거, 새로운 향촌질서 수립 등 광범위한 것이있고, 어느 정도 성과를 거두고 있있다. 개혁정치를 추진하는 과정에서 인재 등용방식인 遺逸천거나 賢良科 실시로 훈구대신들과의 갈등은 더욱 첨예해졌다. 결정적으로 조광조 등의 정국공신 76명에 대해 단행한 僞勳削除는 기묘사림에 대한 훈구대신들의 분노를 극대화시켰다. 그 이전에 削勳된 인물도 이미 12인 정도가 있었다. 공신에 대한 대대적인 삭훈은 조광조 및 사림의 세력을 강화하는 조치였기 때문에, 절박한 상황에 몰린 훈구세력은 중종을 움직여 극단적으로 대응하였다.[26]

훈구대신들은 기묘사화가 일어나기 전 무사들이 조광조 일파를 제거하려 한다는 소문을 熙嬪 홍씨의 아버지인 洪景舟를 통해 중종에게 알리면서, 불온한 분위기를 달래려면 조광조를 제거하지 않을 수 없다고 충동질하였다. 사실상 중종을 겁박한 것인데, 이에 중종이 흔들렸다.[27] 그래서 15일 밤 2고에 새로 임명된 승지 성운에게 승정원에 直宿하던 승지 윤자임·孔瑞麟, 주서 安珽·한림 李構 및 홍문관에 직숙하던 응교 奇遵·부수찬 沈達源을 옥에 가두고, 또 금부에 명하여 우참찬 이자·형조판서 金淨·대사헌 조광조·부제학 金絿·대사성 金湜·도승지 柳仁淑·좌부승지 朴世熹·우부승지 洪彦

弼·동부승지 朴薰을 잡아 가두게 하였다. 죄안을 마련할 때, 조정에서 조광조·김정·김구·김식·윤자임·박세희·박훈의 이름을 썼고, 중종이 기준을 더하도록 했다. 그들 8인의 죄목은 조광조 등이 朋黨을 결성하여 자신들을 추종하는 자는 끌어주고 정치적 입장이 다른 인물들을 배척했다는 것과, 후진들이 지나치게 과격한 언사를 자행하여 조정의 신하들에게도 두려움마저 느끼게 했다는 것이었다.[28] 그들의 죄목을 구별하여 붕당 행위에 대해서는 大明律을 적용하여 조광조·김정 등에게는 賜死, 그 외 인물들에게는 중형을 가하자는 주장이 제기되었다. 鄭光弼·安瑭 등 온건파 대신들의 만류에도 중종은 沈貞·南袞 등의 加罪 요청을 받아들여 조광조 사사, 김구·김정·김식은 절도안치, 윤자임·기준·박세희 등은 極邊安置하였다.[29] 이후 조정은 다시 훈구세력이 장악하게 되었다.

2. 기묘사화 이후~김안로 등장 이전의 관직 생활(중종 15, 1520~ 중종 23, 1528)

중종 17년(1522) 헌납(정5품) 심언광은 동료의 논박을 받아 체직하는 것으로 나타난다.[30] 이는 그가 기묘사화 전에 종6품직인 경성교수로 제수되었던 사실을 뒷받침한다. 몇 달 후 그는 사헌부 관료인 지평(정5품)으로서 동료들과 함께 소격서 재설치에 반대하고 있었다.[31] 그 전에는 예조좌랑(정6품)에 임명되었고, 병조좌랑으로 자리를 옮겼다가, 지평에 임명된 것이었다. 중종 18년에는 홍문관 수찬(정6품), 사간원 정언(정6품)

---

28) 『中宗實錄』 권37, 14년 11월 乙巳, 丙午.
29) 『中宗實錄』 권37, 14년 12월 丙子.
30) 『中宗實錄』 권44, 17년 5월 癸酉.
31) 『中宗實錄』 권46, 17년 10월 己丑.

등 6품직으로 낮춰서 임명되었다.[32] 그러나『실록』에는 이때의 활동이
전혀 나타나 있지 않다.

중종 19년(1524)에는 다시 사헌부 지평으로 활동하였다. 그는 조강에서
직접 목도한, 惡布를 금지하는 법 때문에 얼마의 베를 저자에서 팔아
겨우 연명하려다 관리에게 잡혀 물건을 모두 빼앗기고 죄를 심문당하는
백성들의 고통을 말하여, 市廛이 빈궁한 올해에는 악포를 금하지 않을
것이라는 중종의 답변을 이끌어 내었다.[33] 그 이후에는 충청도 도사(종5
품), 공조정랑(정5품), 이조정랑, 사복시 첨정(종4품)에 제수되었던 것
같다.[34]

중앙에서 활동하던 심언광은 잔폐한 고을인 경성을 소복시키기 위해
鏡城判官(종5품 외관직)으로 특별히 차출되었다. 아마도 그가 전 경성교수
였던 점을 고려한 조치였던 것 같다. 이에 대해 삼공(영의정 남곤·좌의정
이유청·우의정 권균)이 이의를 제기하여 체직될 때 올려 제수하는 것으로
결론을 냈다.[35] 심언광을 정언으로 제수하여 병환 중에 있는 그의 모친을
문안하기 위해 올라올 때 체직하도록 하였으나, 모친의 병이 속히 쾌차할
가능성이 없자 그대로 경성판관으로 있게 되었다.[36] 그런데 이때 심언광
의 공무 실행에 대한 조정의 평가는 후일 매우 부정적인 것으로 나타난다.
그가 3년 안에 覲親하기 위해 말미를 받아 왕래한 것이 몇 차례였고,
그에 따라 고을에서 공무를 처리한 날이 적었기 때문에 경성을 소생시킬
수가 없었다는 것이었다.[37] 자식으로서 모친에 대한 당연한 도리였겠지

---

32)『국역 어촌집』권首, 연보, 40쪽.
33)『中宗實錄』권51, 19년 8월 辛酉.
34)『국역 어촌집』권首, 연보, 40쪽. 그러나 사복시 정(정3품 당상)이 아니라 사복시
   첨정이라야 맞다.
35)『中宗實錄』권52, 20년 1월 癸酉.
36)『中宗實錄』권54, 20년 6월 丁未 ; 권54, 20년 7월 辛酉.

만, 특별히 기대하며 제수된 공직에서의 업무는 중종과 대신들의 기대를
만족시키지 못하였던 것 같다.

심언광은 다음 해에 중앙에 복귀하였다. 그는 장령(종4품)으로서 현안
을 놓고 동료들과 언행을 일치시키지 않았고, 절차도 지키지 않았다.
또 서로 논박을 하다가 대간 모두와 함께 체직되었다.38) 심언광이 체직된
자리에 그의 형 沈彦慶이 제수되었지만, 심언경의 요청으로 체직되었다.39)
이 해 8월 심언광은 모친상을 당하였는데, 상례를 가례에 따라 잘 받들어
준행하였다.

3년 상을 치르고 조정에 복귀한 것은 중종 23년(1528)이었다. 그는
석강에 나아가 홍문관에 소속된 교리(정5품)로서, 경연에서는 시독관으로
참여하였다. 경연에서 그는 수령의 폐단을 극론하였다. 각 고을의 수령이
貪汚하여 백성이 모두 원망하고 있는데, 이는 성종 조와는 달리 염치가
없어 수령이 좌우를 섬기는 것을 좋아하기 때문이라는 것이었다. 그러므
로 이와 같은 상황을 개선시키기 위해서는 관찰사가 수령을 평가하는
殿最제도를 엄격하게 실행하여 贓吏의 법을 엄중해야 한다고 주장하였다.
또한 그는 유생도 없고 訓導도 가르치지 않으며, 受由를 칭탁하여 많이
집에 돌아감으로 지방 교육이 형해화되는 현상을 지적하면서, 관찰사와
훈도가 각각의 직분을 다해야 하는 중요성을 강조하기도 하였다.40)

『실록』에는 드물게 나타나지만, 중앙 정계에 등장한 심언광은 청현직
을 두루 거치면서 활발하게 활동하였고, 모든 의논을 주도하고 있었으며,
그래서 사람들이 다 두려워하고 있을 정도였다.41)

37) 『中宗實錄』 권60, 23년 1월 辛巳.
38) 『中宗實錄』 권57, 21년 6월 乙亥 ; 권57, 21년 6월 丙子.
39) 『中宗實錄』 권57, 21년 6월 戊寅.
40) 『中宗實錄』 권64, 23년 11월 壬寅.

IV. 제3기 : 심언광의 정치 활동과 김안로
(중종 24, 1529~중종 33, 1538)

1. 심언광의 대간 활동과 김안로(중종 24, 1529~중종 26, 1531)

심언광은 중종 24년(1529) 그의 나이 43세 때, 정치 인생의 절정을 향해 달려가고 있었다. 그는 세자시강원 보덕(종3품)에 제수되었고, 동년 4월에는 사헌부 집의(종3품), 며칠 뒤에는 그의 형 심언경이 동부승지에 제수된다.42) 심언경의 동부승지 임명은 김안로가 힘을 쓴 결과였다. 이는 심언광 형제와 김안로와의 정치적 관계가 최초로 드러나는 것이자, 김안로가 정계에 복귀하게 되는 단서를 보여주고 있다는 점에서 대단히 중요하다. 심언광은 閔壽千과 정치적 동지였다. 민수천은 젊어서부터 인망이 있었다. 그런데 그는 늘 김안로가 뚜렷한 잘못이 없이 罷黜까지 당했다고 힘써 파출의 부당함을 말하고, 또 심언광 형제와 함께 날마다 서로 찾아다니며 김안로의 敍用을 주장하였다. 여기에 젊은 무리들이 합세하여 공론으로 삼아 김안로의 서용이 당시를 구제하는 좋은 계책이라고 지지하였던 것이다.43) 이미 중종 24년 이전에 김안로와 심언광 등의 정치적 결탁이 이루어지고 있었던 셈이다.

심언광은 중종 24년 집의로서 十政疏를 지었다. 그 내용은 여색을 멀리 할 것, 왕자 공주의 집을 검소하게 지을 것, 재정을 낭비하지 말 것, 적재적소에 인재를 등용하되 사적인 인재 등용을 막을 것, 감사를 잘 선택할 것, 재변을 두려워하고 자신의 허물을 살필 것, 중단 없이 경연을

---

41) 『中宗實錄』 권65, 24년 4월 丙戌.
42) 『中宗實錄』 권64, 24년 1월 甲寅 ; 권65, 24년 4월 戊寅, 丙戌.
43) 『中宗實錄』 권65, 24년 4월 丙戌.

열 것, 이단을 배척할 것, 대신을 잘 임명할 것, 언로를 개방할 것 등이었다. 중종은 현재의 病弊를 잘 지적했다고 치하하였다. 이 소의 10가지 내용 가운데 좌상 심정을 가리킨 부분이 여럿 있었다. 그러나 심정이 자신에게 노여워할 것을 두려워하여 얼마 후에 그의 집에 가서 다른 말로 위안하였기 때문에, 심언광은 사람들로부터 비웃음을 당하였다.[44] 심정은 당시 좌의정으로서 권력을 장악하고 독주하고 있었기 때문이다.

중종대에 활발하게 언론 삼사가 활동하고 있었던 만큼, 심언광 역시 중앙 지방 행정의 폐단, 민생의 안정 등에 대해 지적하고, 그 대안들을 제시하였다. 그는 兩界의 군령이 해이해져 軍裝과 諸具를 전혀 갖추지 못하고 있어서 불의의 사태에 대응할 수 없는 실정을 아뢰었다. 중종 역시 실제 방비하는 일을 모두 폐기하고, 전혀 예방책을 마련하지 못해 남방에서 金根孫과 安樂, 禿乙石伊 등이 모두 왜구를 만나 패배 당했음을 상기시키면서, 그 지적의 현실성을 깊이 인정하였다. 그는 또한 양계 군사의 이산을 우려하여 수령들로 하여금 차차로 준비하도록 하는 것이 방법이 될 수 있다는 것과, 정치를 잘하여 백성을 안정시키는 것이 급선무임을 덧붙였다.[45] 그는 중종 24년 8월 홍문관 전한(종3품)으로 활동하였고, 10월에 홍문관 부응교(종4품)로 자리를 옮겼다. 며칠 후 다시 홍문관 전한으로 제수되었다가, 이틀 후 경기 암행어사로 파견되었다. 암행어사를 마친 한 달 후에는 사간원 사간(종3품)에, 12월에는 홍문관 직제학(정3품)으로 직책이 이동되었다.[46]

조강에서 시강관인 심언광은 名儒인 桓榮을 발탁해서 동궁을 보양하게 하고, 儒術을 숭상하여 절의 있는 선비들을 많이 배양한 後漢 光武帝를

---

44) 『中宗實錄』 권65, 24년 4월 庚寅.
45) 『中宗實錄』 권65, 24년 4월 甲午.
46) 『中宗實錄』 권66, 24년 11월 壬戌 ; 12월 戊子.

칭송하면서, 인재 배양이 종묘사직과 중요한 관련이 있음을 강조하였다. 영사 張順孫은 나이 많고, 덕이 높은 사람을 동궁을 보양할 사람의 자격 조건으로 내세웠다. 심언광은 자신이 세자시강원 보덕으로 있을 때, 禮貌를 스스로 엄하게 하여 師傅를 朋友로 대우하지 않는 세자로 인해 마치 군신 사이 같은 분위기였다고 문제점을 지적하는가 하면, 사부를 접견하는 매달 15일의 會講을 일이 있더라도 폐강하지 말 것을 청하여 윤허 받았다.47) 이때의 동궁 보양에 대한 논의가 집중적으로 이루어지고 있던 사실은 심안로의 복용 냉분인 '輔翼東宮'을 염두에 둔 정치석 포석으로 판단된다.

심언광은 중종 25년 1월 다시 失農이 심한 경기지역의 어사로 파견되었다. 그는 당시 곡식은 물론 도토리도 없는 陽城과 振威의 백성들의 사정을 들어 진휼의 필요성을 주장하였다. 또한 식량과 여물이 모두 떨어져 말을 사육할 수 없는 남도의 대로인 양재역과 樂生驛, 그리고 서방의 대로인 迎曙驛과 벽제역에 특별한 조치의 필요성을 역설하였다. 그 원인은 바로 수령들의 사적인 행차나 承差를 수행하는 하인들까지 모두 역말을 타는 것과, 오랫동안 서울에 머물러 있게 되는 양재·영서·重林·桃源 네 곳의 찰방들이 역말을 서울에 머물러두고 타는 것, 그리고 서울에서 아문으로 출사할 때에 경기 감사와 도사까지도 역말을 이용하는 것 때문이었다. 당시 역말은 매우 귀해서 그 값이 면포 15~16동을 밑돌지 않고, 비쌀 때에는 20동에까지 이르고 있었다. 그런데 타고 다닐 적에 그 무게를 헤아리지 않기 때문에 한 번 달리고 나면 모두 지쳐서 다시 탈 수 없게 되어 역졸들의 고통이 끝이 없다는 것이었다.48) 경기 암행어사로서 백성

47) 『中宗實錄』 권67, 25년 1월 辛亥.
48) 『中宗實錄』 권67, 25년 2월 丁卯.

들의 고통과 역말의 폐단을 적간하여 대책 마련의 시급성을 알렸던
것이다.

　중종 25년 3월 심언광은 사간원 대사간(정3 당상관), 그의 형 심언경은
우부승지에 제수되었다. 삼척 심씨 집안의 광영이었다. 그 외에도 蔡紹權
이 좌부승지에 제수되기도 했다. 따라서 이 인사는 심언광 형제의 인사뿐
아니라, 채소권 때문에도 중요한 의미를 갖는다. 심언경이 중종 24년
4월 동부승지에 제수되었을 때 이미 김안로의 힘이 작용하고 있었고,
채소권은 바로 김안로의 처남이었기 때문이다. 채소권은 청주 목사였는
데, 중종이 빈 승지 자리에 채소권을 염두에 둔 조건을 달아 注擬하도록
명하였고, 이조가 그를 주의하여 낙점을 받은 것이었다.[49] 이 같은 사실은
바로 김안로가 중종과 이미 통하면서 정치권력을 행사하고 있다는 것을
의미하였다.

　그렇다면 심언광의 정치 인생에 종지부를 찍게 한 김안로, 그는 누구인
가? 기묘사화 직후 기묘 三奸으로 불리는 남곤·심정·홍경주 등 훈척대신
은 기묘 사림이 추진하던 여러 정책과, 그들이 구축해 놓은 정치적 기반을
해체한다는 기본 원칙 하에서 정국을 운영하였다. 그들은 기묘사화 발생
5일 뒤에 削勳 조치를 원상 복구하였고, 향약의 시행을 폐지하였으며,
현량과도 혁파하였다. 소격서·女樂도 복설하였다.[50] 동시에 그들은 안정
적인 집권을 위해 잔존 사림파의 제거를 단행하였다. 중종 15년에 김식의
망명 사건을 이유로 河挺·吳希顔 등을 제거하였고, 다음 해 7월 安瑭·柳仁淑
·鄭順朋·申光漢 등을 告身追奪하였다. 이들의 탄핵 직후에는 관상감 판관
宋祀連·학생 鄭瑞 등이 安處謙 형제의 음모를 고변한 辛巳獄을 일으켜

49)『中宗實錄』권67, 25년 3월 甲辰.
50) 金燉, 1984,「중종대 언관의 성격변화」『한국사론』10, 167~169쪽.

안당과 그 두 아들 및 다수의 사림파를 제거하였다.[51] 중종 15년부터 18년 사이에 걸쳐 사림파를 제거한 결과 정국은 훈구대신이 주도하게 되었으며, 인심도 차차 안정되어 갔다. 이런 과정에서 김안로는 등장하였 다.

김안로의 본관은 延安이며, 참의 金訢의 아들이자 기묘사화 직후 영의정 을 지낸 金詮의 조카였다. 연산군 12년(1506) 문과에 장원 급제하였으며, 기묘사화 이전에는 사림파와도 일정한 관계를 지니고 있었다. 부친 김흔 은 김종직의 문인이었다. 김안로는 기묘 사림의 대표적 존재였던 이자와 는 동서 간이었고, 관직 초기에는 기묘사림인 金安國과 어울리기도 하였 다. 그러나 기묘사화 이후 훈구로 전향한 듯하다.[52]

김안로가 기묘사화 이후의 정국에서 중요한 위치를 차지할 수 있었던 것은 자신의 능력도 있겠지만, 가장 큰 요인은 그가 戚臣이었다는 점이다. 즉 그의 아들 金禧가 章敬王后 소생 孝惠公主의 부마가 됨으로써 왕실과 연결되어 있었고, 효혜공주와 延城尉에 대한 중종의 애정이 각별하였기 때문이다.[53] 이 같은 왕실의 배경을 바탕으로 김안로는 중종 19년(1524) 7월에 이조판서로서 인사권을 장악하게 되었다.

척신 김안로의 성장은 남곤·심정 등의 입장에서는 간과할 수 없는 것이었다. 그래서 그들은 김안로 제거에 나섰다. 당시 상원군수로 임명된 후 物論을 입어 개차된 李從壽가 시관으로서 試場에 나가지 않은 것을 알고도 이를 상계하지 않았던 승지 任樞 등의 추고를 둘러싸고 대간 사이의 상호 공격으로 시비가 정해지지 않아 정국이 소란스럽게 되자,

51) 『中宗實錄』 권39, 15년 6월 壬戌 ; 권42, 16년 7월~9월 ; 권49, 18년 10월 己丑~己 亥.
52) 金宇基, 1990, 「中宗後半期의 戚臣과 政局動向」 『대구사학』 40, 42~43쪽.
53) 『中宗實錄』 권41, 15년 12월 戊戌 ; 권71, 26년 10월 庚寅.

남곤 등 3정승은 대죄하면서 이런 사태가 일어난 것을 김안로 탓으로 돌리며 치죄를 요구하였다. 훈구대신들이 김안로를 제거하기 위한 명분으로 내세운 것은 김안로가 朋黨을 만들어 국가를 어지럽혔다는 것이었다. 또한 언관을 조정하여 자기 뜻을 이루려 했다는 것이다. 즉 사이가 좋지 않은 이조판서의 인사 부정을 논핵하도록 대사간에게 부탁했다가 거절당하자, 부제학 민수천을 시켜 대사간을 탄핵·파직시키고, 얼마 뒤 이조판서도 탄핵하여 자신이 이조판서가 되었다는 것이었다. 민수천은 김안로를 종처럼 섬겼다는 평을 받고 있었다.[54]

훈구대신들이 구체적 증거 없이 김안로의 제거를 요구하는 것에 대하여 중종은 김안로의 형적이 드러나지 않았고, 6경 반열의 재상을 귀양 보낼 수 없다는 입장을 견지하였다. 그러나 계속된 대신·삼사의 치죄 요구에 중종이 결국 김안로를 파직시켰다. 그런데 그 전에 먼저 김안로가 남곤과 사이가 좋지 않은 張順孫과 모의하여 남곤을 배척하였고, 대사헌이 되었을 때에는 남곤을 탄핵하려 하였으나 헌부의 衆議가 나뉘어 발의하지 못한 적이 있었다. 이조판서인 김안로는 척신으로서 세력이 熾盛하여 조정에 분란을 일으키는 진원지였던 것이다. 분개한 영의정 남곤이 좌의정 李惟清·우의정 權鈞 등을 이끌고 대궐에 나아가 면대하여 그의 간사한 정상을 극진하게 논하였지만, 실제 김안로 제거 모의를 주도한 것은 심정이었다. 계속된 남곤 등의 치죄 요청으로 중종은 김안로의 고신을 추탈하여 풍덕현으로 부처했었다.[55]

김안로를 제거한 이후 남곤·심정은 계속 정국을 주도하였다. 홍경주가 이미 중종 16년 6월 병사한 상태에서 동22년 남곤마저 병사하였다.[56]

---

54)『中宗實錄』권52, 19년 11월 壬戌 ; 권48, 18년 6월 辛丑.

55)『中宗實錄』권52, 19년 11월 丙寅~戊寅.

56)『中宗實錄』권42, 16년 6월 更子 ; 권58, 22년 3월 丁亥.

비록 훈구 주도체제는 약화되었으나, 심정은 여전히 막강한 권력을 행사하고 있었다. 그는 기묘사화 직후 이조판서로 임명된 이후 승진을 계속하여 중종 22년에는 우의정에 임명되었다.[57] 심언광이 십정소를 올려 심정을 비판했을 당시는 좌의정이었다.

그런데 중종 22년(1527)에 궁중에서 한 사건이 발생하였다. 세자 탄신일 무렵 동궁 북쪽 동산에 사지가 잘린 쥐가 榜書가 쓰인 목패와 함께 걸려 있었고, 며칠 후에는 灼鼠가 대전의 침실 난간 아래 버려져 있었던 소위 '灼鼠의 變'이 발생한 것이다.[58] 이는 동궁을 저주하려는 것이었다. 사건 자체가 엄청난 것이었지만, 이 사건은 발생한 지 한 달 뒤에야 공개되었다. 사안의 중대성에 비추어 본다면 상당히 이례적인 일이었다. 공개된 후 대신을 비롯하여 전 신료들이 사건의 중대성을 인식하고 추문을 요구하였으나, 중종은 형적이나 근거가 없으므로 단서가 드러나면 추문하겠다는 입장을 보였다. 답보 상태에 머물고 있었던 사건은 자전(=文定王后)의 전교로 급진전을 보이게 되었다. 4월에 자전은 '작서의 변' 혐의자로 敬嬪 박씨를 지목하였다. 자전의 전교로 하인을 형신하였으나 자복을 받지 못하자, 드러난 죄로 박씨의 죄를 정하였다. 중종은 결국 박빈과 福城君을 폐서인하여 상주로 찬출하였고, 박빈의 인척들도 파직·체직하여 사건을 종결하였다.[59] 이 사건 내용을 볼 때, 경빈 박씨가 동궁을 저주하고 음해하여 동궁보다 연장인 복성군을 세자로 책봉함으로써 권력을 장악하려는 마음에서 저지른 것으로 추측할 수 있다. 그러나 이 사건은 후일 李宗翼의 상소에 의해 김안로의 아들인 연성위 김희의 소행으로 밝혀졌다.[60]

---

57) 『中宗實錄』 권58, 22년 정월 戊戌.
58) 『中宗實錄』 권58, 22년 3월 己亥.
59) 『中宗實錄』 권58, 22년 4월 丙子, 壬申 ; 권59, 5월 辛巳.

비록 윤허를 받지 못했으나, 실제 '작서의 변'이 종결된 지 얼마 지나지 않은 중종 22년 6월 김희가 김안로의 방환을 요청하는 상언을 올렸다. 이는 '작서의 변' 이후 김안로의 방환 문제가 아들 연성위 김희의 주도 하에 본격적으로 추진되고 있었다는 점에서 의미심장하다. 김안로가 방환 모의를 실행에 옮기기 시작한 것은 중종 22년 3월에 처음 발생하여 5월에 종결된 '작서의 변'과 남곤이 병사하였음을 때였으므로 곧 22년 3월 이후였다. 김희의 중종 23년 1월의 상언으로 김안로의 移配가 윤허되었다. 계속된 24년 5월의 요청에는 旱災를 들어 먼저 방환 의사를 밝힌 중종이 대신들의 동의를 얻어 김안로를 방송하였다.[61] 이때 조정에서는 김안로를 섬기고, 그 아들 김희와도 정치적 관계를 맺은 장순손이 김안로에 관련된 비밀한 계책과 음모를 모두 꾸며내고 있었다. 그가 경연에서 이미 김안로의 방면이 당연하다고 아뢰어, 중종이 대간의 방면 철회 요청을 불허하였던 것이 그 단적인 예였다.[62]

다른 한편으로 인척들이 대단한 권세를 가진 박빈과 다른 왕자보다 더욱 중종에게 각별한 은총을 받는 복성군이 동궁을 침해할 것을 근심하면서 김안로의 방면이 동궁에게 도움이 될 것이라는 李荇의 말은, 김안로의 방환의 명분과 정당성을 담보해 주는 것이었다. 김희와 결탁한 또 다른 인물인 이행은 김안로의 간사하지 않음을 밖으로 주장하였다. 이로 인해 안팎에서 별 반대 없이 방환이 성사될 수 있었던 것이다.[63]

김안로의 '補益東宮論'을 힘써 주장하여 김안로의 방환을 극력 주장했던 또 다른 사람은 민수천이다. 민수천은 김안로가 방환되기 이전에는

---

60) 『中宗實錄』 권72, 27년 3월 己巳.
61) 『中宗實錄』 권65, 24년 2월 壬午, 5월 戊午.
62) 『中宗實錄』 권65, 24년 5월 己未, 庚申.
63) 『中宗實錄』 권65, 24년 5월 戊午.

그의 무죄를 힘써 말하였고, 심언광 형제와 함께 김안로의 復用의 정당성을 퍼뜨려 젊은 사림들의 마음을 움직였다. 그리고 그가 방환된 뒤에는 그 의논을 힘껏 주장하여 奸黨들로 하여금 뜻을 얻게 하여 화를 끼치게 하였다. 온화하고 글을 잘하여 인망을 받았으나, 김안로를 잘못 판단하여 자신은 물론 조정에 큰 피해를 끼쳤던 것이다.[64] 민수천과 정치적 동지인 심언광은 이로 인해 정치적으로 패망을 면치 못하게 되었다.

김안로 방환 논란이 종식된 지 이틀 후, 심언광 등이 심정 일파를 공격하고 나섰다. 이는 김안로의 복용 및 정국 장악과 맞물려 있는 것이있다. 중종 25년 5월의 공격 대상은 왕실의 인척인 金憲胤(박빈의 딸 惠順翁主의 부마인 光川尉 金仁慶의 부)과 그 아비 金克愷, 숙부 金克愊이었다. 김헌윤은 왕실과 혼인한 세력을 빙자하여 은혜를 팔았고, 김극개는 사돈인 경빈 박씨에게 뇌물을 바치는 등 음흉하였으며, 김극핍은 선량한 사람을 물리쳤다는 것이었다. 중종은 김헌윤은 자백한 대로 조율하였고, 그 아비와 숙부의 일을 논하는 것은 지나치다고 처벌하지 않았다.[65] 이들의 계속되는 공격은 방환된 김안로의 정계 복귀를 위한 사전 정지 작업이었고, 심언광과 金謹思의 합작품이었다. 그 다음 대상은 심정과 결탁하여 우상으로 빠른 승진을 하고 경빈 박씨와도 연결되었던 이항이었는데, 그들은 이항을 분경죄로 파직시켰다. 이때 언제 내려졌는지 알수 없지만, 김안로에게 내렸던 직첩도 다시 거두어들이고 있었다.[66]

방환된 김안로의 복귀를 위해 심정 일파를 공격하던 심언광은 뜻밖에 복병을 만났다. 그것은 생원 이종익의 상소였다. 심언광은 지난해(중종 24년) 3월 성균관 및 四學의 유생에게 庭試를 보일 때, 김극핍·孫澍·尹漑·許

---

64) 『中宗實錄』 권65, 24년 4월 丙戌 ; 권67, 25년 2월 壬午.

65) 『中宗實錄』 권68, 25년 5월 丁巳.

66) 『中宗實錄』 권68, 25년 6월 己未 ; 권69, 25년 8월 己巳.

寬들과 함께 시관이 되어 科次를 매겼다. 이때 수석을 차지한 생원 洪暹이 바로 殿試에 나가게 되었고, 이종익은 억지로 拙作이라 하여 등급을 낮춘 심언광 때문에 입격하지 못했다고 불만을 터뜨렸다.[67]

다소 장황하지만, 심언광의 명성에 큰 타격을 입힌 이종익에 대해 살펴보겠다. 이종익은 중종 25년 9월에 다른 고관들이 자신의 대책을 제일로 삼았는데 참시관인 심언광이 고집하였고, 자신의 시험지를 가지고 돌아간 것을 알고 그를 힐책하자, 그 잘못을 윤개에게 돌렸다는 내용 등을 상소하였다. 그리고 지난해에 상소를 시작한 이유가 심언광의 불공정한 행태를 보고, 그 같은 소행으로 인해 사람들을 곤궁하게 만들었기 때문이라는 사실도 밝혔다.[68] 실제 그는 중종 24년 10월에 柳子光과 金宗直을 논하고 기묘사화로 피화된 인물들의 방환을 청하는 소를 올렸으나, 중종이 더 이상 문제 삼지 않도록 하여 별 다른 파장이 없었다. 그런데 같은 날 이종익은 또 다시 상소하여 김종직 등의 문제를 재론한 바 있었다.[69]

진위 여부를 막론하고 대사간 심언광은 심대한 타격을 피할 수 없게 되었다. 이종익은 또한 '요망한 귀신들이 대궐에 가득하니, 신기전을 쏘아대고 싶다.'고 하여 추문을 당하였다. 이것은 심언광을 가리키는 말이었다.[70] 그런데 추문하는 과정에서 이종익이 '폐위된 박씨가 서울에 있을 적에 비단 다섯 필씩을 각각 남곤·李沆·심정·김극핍의 집에 보냈는데, 남곤만은 받지 않았고, 그 나머지는 모두들 받았다.'고 한 말 때문에 사건이 확대되고 있었다. 이미 김극핍과 이항은 죄를 얻은 상태였지만,

67)『中宗實錄』권69, 25년 9월 癸巳.
68)『中宗實錄』권69, 25년 9월 甲午.
69)『中宗實錄』권66, 24년 10월 戊寅.
70)『中宗實錄』권69, 25년 9월 丙午.

심정은 좌의정으로서 혐의를 받게 되었기 때문이다.[71] 이 과정에서 심언광이 무인에게 청탁 받았다는 사실도 드러났다.[72] 이종익은 이미 승복한 사연과 대간을 모함하고 대신에 대해서도 근거 없는 말을 하여 조정을 동요시킨 죄로 처벌받아 먼 변방의 고을로 定配되었다.[73]

그런데 같은 날 심정은 자신의 뇌물 수수 사실을 부인하며, 사직을 청하였다. 사직은 받아들여지지 않았지만, 심정은 홍문관 부제학 성세창을 동원하여 김안로를 공격하고 나섰다. 성세창은 김안로의 복용이 기정시실화 된 것을 알고, 또 자질이 부족한 장순손과 이조침판 자리를 만들어 김안로의 형인 金安鼎를 제수한 것을 대간이 말하지 않자, 이 인사 내용을 공격한 것이었다. 이 논박 자체는 옳았지만, 심정과 의논한 것이 문제였다.[74] 나흘 후 대사헌과 대사간을 동원한 김안로의 반격이 이어졌다. 신구 교체된 대간이 아직 논박을 하지 않은 것일 뿐인데 죄를 청하였다는 것과, 그 의논을 대신에게 묻기를 청한 것이 바로 성세창이 심정과 교결하여 남몰래 모의해서 대간을 일망타진하고 조정을 어지럽히려는 행위였다는 것이다. 결국 성세창은 율문에 따라 처벌받고, 심정은 파직되었다. 그런데 이 논박은 18일 저녁에 부제학 성세창을 형조참판으로 이동시키고, 김안로의 사촌인 황사우로 대신하게 하여 代直시킨 채, 심언광과 대사헌 김근사가 몰래 꾀하고 약속하여 계를 올린 것이었다. 이날 양사가 閉門한 뒤에야 계를 올렸고, 二更에 결정을 내리게 되었다. 비록 죄가 있다 하더라도 대간의 단 한번의 아룀으로 당시 좌의정인 심정과 홍문관의 장인 성세창을 단죄할 수는 없는 것이었으나, 이미 김안로가 중종을

---

71) 『中宗實錄』 권69, 25년 9월 甲寅.
72) 『中宗實錄』 권69, 25년 9월 乙卯.
73) 『中宗實錄』 권69, 25년 10월 丁巳, 戊午.
74) 『中宗實錄』 권69, 25년 11월 癸卯.

현혹하였기 때문에 단번에 윤허하였던 것이다. 그들의 공격으로 가죄되어 성세창은 외방에 付處되었고, 심정은 먼 지방에 부처되었다.[75] 이때 심언광은 대사간으로 활동하면서 대부분 김안로와 연계하여 심정 일파를 제거하는 일에 집중하고 있었던 것이다.

사건은 연이어 발생하고 있었다. 심정과 성세창이 부처된 후 凶謀를 달성하기 위하여 종루에 김안로를 우두머리로 하여 사림을 열거한 榜文이 내걸렸고, '대간이 좌의정 이행을 논박하려고 한다.'는 유언비어가 돌았다.[76] 이를 기화로 종루에 걸린 방문의 필적이 명백하다고 沈思順을 국문하였다. 김안로 일파인 허항은 심정과 이항을 이행이 방면시키려 한다는 것과 심정과 이항이 되돌아와서 난을 꾸미지 않을까 염려된다고 중종의 불안을 부추겼고, 중종은 그 말을 인정하고 동요하는 모습을 보였다.[77] 결국 방문을 지은 것에 대해 심사순이 복종하지 않았지만, 그의 종이 명백하게 服招하였다는 것과 심정이 당여들과 연결하여 흉모를 이루려고 하였다고 하여 둘 다 사사하도록 하였다.[78] 이는 대간과 시종이 김안로와 결탁하여 심정을 죽이려 하였으나, 죄명을 정하기가 어려워 심사순의 자복을 받아 심정에게 미치려 한 것인데, 심사순이 불복하고 죽자 급히 그의 종을 형신하였고, 종이 즉시 거짓 승복한 것을 심정이 모를 까닭이 없다고 하여 사사한 것이다. 기묘사화의 원흉이면서 간사한 심정이지만, 이번 일로 죽음에 처해진 것에 대해 여론은 지나치다고 반응하였다. 중종 23년 1월 만포첨사였던 沈思遜이 야인들에게 살해되었고, 이어 심정이 사사당하였으며, 심사순이 형장으로 사망하면서 심정 집안은 몰락하였

---

75) 『中宗實錄』 권69, 25년 11월 丁未, 癸丑.
76) 『中宗實錄』 권71, 26년 10월 甲辰.
77) 『中宗實錄』 권72, 26년 11월 甲戌.
78) 『中宗實錄』 권72, 26년 11월 己卯.

446

던 것이다.[79) 중종 26년 8월 강원도 관찰사로 제수되어 중앙에 있지
않았기 때문에 심언광은 심정이 결정적으로 패망하는 이 사건에서는
비켜나 있었다.[80)

2. 김안로의 정계 재복귀와 敗死 및 심언광의 활동과 몰락
   (중종 27, 1532~중종 33, 1538)

그렇다면 심언광이 선봉장을 맡았던 김안로의 성계 복귀는 어떻게
진행되고 있었는가? 중종은 중종 26년 대간의 반대에도 김안로에게 직첩
을 돌려주었을 뿐 아니라, 그를 서용할 의지를 숨기지 않았다.[81) 그리고
마침내 김안로는 중종 26년 6월에 義興衛 대호군이 되었고, 윤6월에는
한성부 판윤, 8월에 예조판서가 됨으로써 본격적으로 정치 활동을 재개하
게 되었다.[82) 중종의 의지가 크게 작용한 결과였다. 그런데 흥미로운
점은 김안로의 예조판서 제수와 맞물려 심언광은 강원도 관찰사로 제배되
었다는 사실이다.

중종 27년 1월 심언광은 홍문관 부제학으로 복귀하였다. 이 무렵 형
심언경은 대사헌이었다.[83) 심씨 집안의 영광스러운 상황은 중종대 몇
차례 있었다. 그러나 이종익과 심언광의 악연은 끝나지 않았다. 유배지에
서 이종익이 이항·김극핍 등은 죄가 없고, 이행·이항·조계상의 일을
강력히 상소하여 조정에 파란을 일으켰기 때문이었다.[84) 이종익은 그

79) 『中宗實錄』 권72, 26년 12월 庚辰.
80) 『中宗實錄』 권71, 26년 8월 甲午.
81) 『中宗實錄』 권71, 26년 6월 丁巳.
82) 『中宗實錄』 권71, 26년 6월 辛未 ; 윤6월 己酉 ; 8월 庚戌.
83) 『中宗實錄』 권72, 27년 1월 甲戌 ; 2월 丁酉.
84) 『中宗實錄』 권72, 27년 3월 辛亥.

일로 옥에 갇히게 되었지만, 옥중에서 자신의 억울함을 밝혔다. 그 내용은
대략 다음과 같다. 즉 '보익동궁론'은 김안로 혼자 획책한 것이 아니고.
심언광 같은 무리가 협력하여 음모를 꾸민 것으로 조정에 자기의 무리를
다시 배치하려는 술책이었다는 것이다. 또한 김극핍·이항·심정이 연달아
출척당한 이유는 바로 박씨와 결탁하였다는 것인데, 심정은 박씨 뇌물을
받지 않았고, 자신이 그것을 밝히려 했지만 유배되어 결국 그들의 죽음을
막지 못했다는 것이다. '작서의 변'은 김희가 사심을 일으켜 요사를 부린
소치에 불과하며, 그래서 오늘에 이르러서야 그 죄를 받은 것이라고도
하였다.[85] 김희는 중종 26년 10월에 죽었지만,[86] 상소 내용은 가히 충격적
인 것이었다. 이종익은 이미 죽기를 작정하였고, 그는 참수형에 처해졌다.
이종익은 경망했지만, 심언광의 감추어져 있던 은밀한 내용을 폭로하여
상당한 타격을 주었기 때문에 그의 죽음에는 심언광이 크게 영향을 미쳤
다.[87]

　바야흐로 김안로와 심언광의 시대가 도래한 것 같았다. 심언광은 사간
원 대사간에 제배되었으나, 승문원 부정자에게 비방 당하였다. 중종 25년
대사간일 때에는 이종익에게 四夷로 내쫓아 나라에 있지 못하게 해야
한다는 비방을 당하기도 하였다.[88] 그 외에도 친구에게 조롱당했고, 종친
才山守가 심언경과 심언광 등의 집을 가리키며 '머지않아 반드시 망할
것이니 절대 왕래하여서는 안 된다.'고 하였다.[89] 또한 유생들의 조정
비방 사건에서도 심언광은 처음에는 매우 강직하더니 지금은 처음만

---

85) 『中宗實錄』 권72, 27년 3월 己巳.
86) 『中宗實錄』 권71, 26년 10월 庚寅.
87) 『中宗實錄』 권72, 27년 3월 乙亥 ; 권87, 33년 2월 甲子.
88) 『中宗實錄』 권73, 28년 2월 壬午, 丙申.
89) 『中宗實錄』 권72, 27년 2월 丙申 ; 권79, 30년 1월 壬申.

같지 못하고, 심언경은 그 첩이 뇌물을 많이 받았다는 것으로 연루되었다.90) 이 같은 기록은 심언광 형제의 顯達에 대한 시기나 미움이 혼재된 것으로 생각할 수 있고, 실록의 기록이 후대를 교훈하기 위해 인물 사건을 비판적으로 기록하는 것이기는 하지만, 심언광 형제가 김안로와 결탁하였기 때문에 더 많은 비판적 시각이 반영되어 있었던 것 같다.

심언광은 사헌부 대사헌(종2품)에 제수되었으나 곧바로 동지충추부사로 이동하였다가, 얼마 후 다시 대사헌에 제배되고 있었다.91) 그는 언론의 수장으로서 승문원에서의 인사 부정을 아뢰어 바로 잡았고, 산치와 주택의 사치 및 물감을 짙게 들이는 옷을 숭상하는 사치의 폐단, 그리고 選上 부정을 극론하기도 하였다.92)

그 후로도 심언광은 계속 중요 직책을 맡아 활동하게 된다. 중종 28년(1533) 9월 한성부 우윤(종2품)을 거쳐 12월에는 공조참판에 제배되었으며, 동 29년에는 이조참판에 제배되었다. 9월의 인사에서 심언광은 강릉인으로서 친한 全公侃을 추천하여 사간원에 들어가게 하였고, 김안로의 측근도 챙겼으나, 대간이 알고도 논박하지 못할 정도의 위세를 누리고 있었다.93) 중종 29년 11월의 인사는 김안로와 심언광의 치성함을 압축적으로 보여주고 있었다. 김안로는 의정부 우의정, 심언경은 이조판서, 심언광은 병조참판에 제배되었기 때문이다.94) 김안로는 물론이고 심언광 형제가 인사권을 장악한 형세였던 것이다.

한편 잘 알려져 있다시피 심언경의 문재는 뛰어난 것이었다. 그래서

---

90) 『中宗實錄』 권79, 30년 3월 庚辰.
91) 『中宗實錄』 권74, 28년 4월 丁丑 ; 5월 丁卯.
92) 『中宗實錄』 권75, 28년 6월 戊子 ; 7월 乙卯.
93) 『中宗實錄』 권77, 29년 5월 己巳.
94) 『中宗實錄』 권78, 29년 11월 癸未.

그는 庭試에서 수석을 하여 한 자급을 加資받은 것을 시작으로, 西郊에서 觀稼하고, 이어 望遠亭에 머물러 水戰을 관람한 후 짓게 한 시문에서 우등하여 활을 하사받았고, 강무하고 還駕할 적에 견항에서 晝停하면서 지은 시문에서 우등하여 특별히 만든 활 1장을 하사받기도 하였다.[95] 공식·비공식 시문 경쟁에서 항상 으뜸을 차지하였던 것이다.

심언광은 중종 30년 11월 공조판서에 보임되었다 이때 인사를 실질적으로 주도한 것은 김안로였다.[96] 효혜공주와 김희는 사망하였지만, 중종을 배경으로 김안로가 국정은 물론 인사권까지 장악하고 있었던 것이다. 중종 31년 1월 심언광은 경변사의 임무를 맡아 야인 토벌에 관해 아뢰었다. 그를 경변사에 천거한 것은 김안로였다. 심언광의 사람됨이 질박하고 솔직하였지만, 뜻을 얻자 자주 臺閣의 의논을 주장하여 한때의 疏章이 그의 손에서 많이 나왔기 때문에, 김안로도 그와 좋게 지내고자 하여 마침내 경변사로 천거하였던 것이다. 심언광은 이때 무거운 직분을 제대로 수행하지 못할까 두려워서 깊이 우려하였다. 그러나 관서에 있을 때에 아랫사람들의 폐해는 돌보지 않았고, 차근차근 변방의 정세를 잘 알아보지도 않고 위엄만 더 부려 백성들로 하여금 무서워 벌벌 떨게만 하였다는 비판을 받고 있었다.[97]

어쨌든 변경 지방에 대한 중임을 맡길 만큼 조정에서 심언광에 대한 신뢰는 높았다고 할 수 있다. 그는 중종 31년(1536) 3월에 공조판서에 제수되었다가, 4월에 이조판서에 올랐다.[98] 인사를 주도하는 관서의 수장에 오른 것이었다. 그런데 중종은 특정한 인물을 자주 의망하여 빨리

95) 『中宗實錄』 권74, 28년 3월 庚午 ; 권79, 30년 5월 乙亥 ; 권82, 31년 10월 丁酉.
96) 『中宗實錄』 권80, 30년 11월 丙子.
97) 『中宗實錄』 권81, 31년 1월 壬戌.
98) 『中宗實錄』 권81, 31년 3월 丙寅 ; 4월 辛卯.

승진하게 된 인사의 부당성을 지적하였고, 심언광 등이 대죄하는 사건이 있었다.99) 또한 중종 32년 7월에 중종은 상피할 관원을 주의하였다는 이유로 이조의 당상·낭청을 전원 체직하면서, 심언경이 우찬성으로 있다는 이유로 심언광을 참찬이 아닌 공조판서에 제수하였다.100) 그리고 8월의 인사에서 심언경을 예조판서에, 심언광을 함경도 관찰사에 제수하였다.

이조판서에 제배된 이후 일련의 과정은 심언광의 몰락의 과정이었다. 실제 심언광이 김안로와 결탁하어 그의 방환과 그의 복용을 도왔지만, 나중에 김안로의 심술을 알았다. 그래서 친지에게 '간신'이라 말한 것이 누설되었는데, 그 때문에 김안로가 그를 함경관찰사로 내보내려 꾀하는 과정이 드러나고 있었기 때문이다.101) 김안로는 그를 내치고자 은밀히 대내와 통하였고, 그래서 함경 감사가 결원이 되자 중종이 특별히 변방 일을 아는 중신을 의망하라고 하교하여 심언광을 감사로 삼았던 것이다.102) 김안로는 기묘사림을 방면하여 일부에게 관직을 허여할 것을 주장하기는 하였다. 그러나 기묘 사림에 대한 疏通論은 김안로가 스스로 공론에 용납되지 못할 것을 알고, 사림들로부터 추앙을 받기 위한 술책으로 겉으로 공론을 따르는 척 한 것이었다. 그 본심은 기회를 노려 보복하려는 것뿐이었다.103) 심언광에 대한 배척은 그러한 김안로의 奸術의 일단을 적실하게 보여준다.

한편 조정을 장악한 김안로의 세력은 김안로·許沆·채무택·권예·허흡·

---

99)『中宗實錄』권81, 31년 5월 癸酉.
100)『中宗實錄』권85, 32년 7월 己丑.
101)『中宗實錄』권81, 31년 1월 壬戌.
102)『中宗實錄』권85, 32년 8월 辛亥.
103)『中宗實錄』권74, 28년 4월 乙酉.

오결·이임·김전·장순손·황사우·성륜·유세린·소봉·박홍린·심언광·심
언경·김근사·채락·정희렴·이팽수·오준·윤풍형·김안정·황효공·채소
권·이승효·김희 등 28명이었다. 이 중 김안로와 친인척 관계에 있는
인물이 11명으로 전체 40%를 차지한다. 단결력을 공고히 하려는 것이었
다.104) 그러나 김안로의 권력도 영원할 수는 없었다. 중종이 김안로를
제거하려한 움직임은 김안로 敗死 이전부터 나타나고 있었다. 중종은
중종 32년 10월 경연에서 크고 작은 일이 대간에게 돌아가는데도 아무
일도 못하고 있는 삼공의 무책임성을 논하였다. 이는 좌의정인 김안로를
겨냥한 것이었다. 김안로 專權에 대한 불만이 큰데다가 그가 왕실세력까지
공격하려는 움직임을 보이자, 중종이 제거에 나서게 되었던 것이다.105)

당시 조정에 김안로가 문정왕후까지 폐위하려 한다는 소문이 나돌자
중종은 그 저의를 의심하였다. 이에 왕실 세력이 연합하여 김안로에
대한 대책을 강구하였다.106) 그러나 김안로가 먼저 윤원형 형제를 근신하
지 않고 飛語를 구성하여 사림을 해치려 한다는 이유로 탄핵하였고, 중종
은 그들을 遠竄하였다.107) 다급해진 중종은 왕실 세력인 윤원로 형제·윤임
을 연계하고, 尹安仁(문정왕후 당숙)을 통해 대사헌과 결탁하게 하여 밀지
를 받은 楊淵 등으로 하여금 김안로의 專權橫恣와 毒害의 죄상, 영의정
김근사의 黨惡의 죄를 논계하게 하였다. 곧 이어 대신 언관의 면대를
통해 김안로·허항·채무택 등의 죄가 집중 탄핵되었고, 그들은 사사되었
다.108) 이렇게 김안로 세력은 몰락하였다.

---

104) 김우기, 앞의 논문, 55~56쪽.
105)『中宗實錄』권85, 32년 10월 庚午.
106)『中宗實錄』권93, 35년 4월 戊寅.
107)『中宗實錄』권85, 32년 10월 丁卯, 戊辰, 己巳.
108)『中宗實錄』권85, 32년 10월 庚午, 癸酉, 乙亥.

김안로가 패사한 후 중종 32년(1537) 11월에 심언광은 의정부 우참찬에 제수되었다.[109] 그러나 대간은 심언광이 종말에는 용서할 만한 일이 있었으나, 三凶의 발단이 실로 그에게 연유하였다고 논박하기를 굽히지 않았다. 결국 중종은 심언광과 심언경 등을 파직하였고, 고신을 추탈하였다.[110] 심언광은 김안로의 간계를 일찍 분변하지 못하고 김안로와 결탁하였다가, 공론에 용납되지 못하여 고향으로 폐치되었다가 卒하였다.[111]

V. 맺음말

심언광은 중종대 중신이자, 한시에 뛰어난 문인이었다. 유년기에 부친을 여의고 편모슬하에서도 학문에 뜻을 두고 일심으로 연마하여 문장을 이루었다. 향시를 치른 후부터 그의 이름은 중앙 정계에까지 알려졌다. 27세인 중종 8년(1513) 식년 문과 을과 5위로 입격한 그는 권지를 거쳐 한림으로 발탁되었고, 기묘사화 이전까지 대부분의 기간을 전임사관으로서 봉직하였다. 그가 초입사하기 전에 조광조 등과의 교분이 있었고, 그가 교제한 지기들도 조광조와 친분을 유지하였다. 그러나 그는 사관으로서 조광조 등이 활동한 모든 것을 알고 있었다는 점이 작용한 탓에 기묘사화 후에 경성교수인 외직으로 보내졌다.

기묘사화 이후~김안로 등장 이전의 관직 생활에서 그는 주로 대간·홍문관에서 활동하였다. 중종대에는 언론 삼사의 활동이 활발하였는데, 심언광도 시폐 등을 논하는 데 적극적이었다. 김안로와 본격적으로 결탁

---

109) 『中宗實錄』 권86, 32년 11월 己丑.
110) 『中宗實錄』 권87, 33년 2월 甲子, 乙丑.
111) 『中宗實錄』 권81, 31년 1월 壬戌.

되지 않은 상태에서 중앙 정계에서 청현직을 두루 거치면서 모든 의논을 주도하고 있었을 당시, 그는 사람들이 다 두려워할 정도로 명성을 얻고 있었다.

심정을 비판한 상소 때문에, 민수천이 김안로를 등장시켜 고단한 존재인 동궁을 보필하게 하는 논의에 동의한 심언광은 김안로를 통해 심정을 견제하려고 하였다. 그래서 그는 유배되어 있는 김안로의 방환과 복용의 선봉장을 맡았고, 중종의 부마인 김안로의 아들 김희가 조정에서 세력을 모으고 꾸준히 중종에게 상언하여 김안로의 방환이 이루어졌다. 그가 중종 26년부터 관직에 진출하면서 심언광과 그의 형 심언경의 승진과 관직 생활은 순조로웠다.

김안로와 심언광은 조정의 요직에 인사와 국정을 장악하면서 심정 일파를 공격하여 차례로 제거하였다. 그 사이에 생원 이종익이 과차의 부당한 평가를 상소로 공개하였고, 간간이 상소하여 심언광의 치부를 드러내었으며, 이에 그의 명성은 크게 훼손되었다. 이종익으로 인해 심언광의 드러나지 않았던 행위가 소상하게 밝혀졌고, 경빈 박씨를 제거하려 한 중종 22년 '작서의 변'이 김안로 아들 김희의 소행이었다는 것이 밝혀지기도 하였다.

심언광이 김안로의 간술을 뒤늦게 깨달아 그에게 불복하면서 이들 사이는 틀어졌다. 김안로가 심언광을 제거하기 위해 중종과 은밀히 통하였고, 이조판서인 그의 인사 잘못을 매섭게 질타하면서 그를 함경도 관찰사로 내보냈다. 중앙에서 권력을 독점하던 김안로는 급기야 왕실까지 공격하는 행태를 보였다. 이에 중종이 윤안인에게 밀지를 내려 대간으로 하여금 죄상을 논박하게 함으로써 김안로와 허항·채무택이 사사되었다. 부마 김희는 중종 26년에 이미 사망하였고, 김안로는 중종 32년 패사하게 되었던 것이다.

 심언광이 김안로를 배척한 것이 너무 늦었고, 특히 그들의 전횡이 심언광으로부터 연유한 바 컸기 때문에 중종의 재등용 의지는 빛을 잃었다. 그는 중종 33년(1538) 2월 고신이 추탈된 채 고향으로 돌아와 쓸쓸하게 생을 마치었다.

참고문헌

『高麗史』　　　　『太祖實錄』　　　　『定宗實錄』

『太宗祖錄』　　　『世宗實錄』　　　　『文宗實錄』

『端宗實錄』　　　『世祖實錄』　　　　『睿宗實錄』

『成宗實錄』　　　『燕山君日記』　　　『中宗實錄』

『明宗實錄』　　　『三峰集』 1,2　　　『廣州李氏 大同譜』

『經國大典』　　　『國譯 漁村集』　　　『國朝文科榜目』

『燃藜室記述』　　『秋江集』　　　　　『六先生遺稿』

『陰崖日記』

강릉문화원, 2010, 『어촌 심언광 연구 총서』.

강제훈, 2010, 「조선 초기 종친직제의 정비와 운영」 『한국사연구』 151.

權延雄, 1981, 「朝鮮 成宗朝의 經筵」 『韓國 文化의 諸問題』, 국제문화재단 출판부.

金甲周, 1973, 「院相制의 성립과 기능」 『東國史學』 12.

김경수, 2006, 「세조대 단종 복위운동과 정치세력의 재편」 『史學硏究』 83.

김경수, 2014, 「세조의 집권과 권력 변동」 『백산학보』 99.

金九鎭, 1995, 「여진과의 관계」 『한국사』 22, 국사편찬위원회.

金 燉, 1984, 「중종대 언관의 성격변화」 『한국사론』 10.

金 燉, 2006, 「世祖代 '端宗復位運動'과 왕위승계 문제」 『역사교육』 98.

김성배, 1981, 「조선 단종대의 계유정난 연구」, 연세대학교 석사학위논문.

金成俊, 1985, 「조선초기 육진 개척과 이징옥」 『한국중세정치법제사연구』,
　　　　일조각.

金成俊, 1985, 「朝鮮太宗의 外戚除去와 王權強化」 『朝鮮中世政治法制史研究』.

金松姬, 996, 「朝鮮初期의 堂上官 兼職制에 대한 硏究」, 한양대 박사학위논문.

김영두, 2013, 「실록 편찬에 나타난 세조 정권의 정당성 추구」, 『한국사학사학보』 27.

金宇基, 1990, 「中宗後半期의 戚臣과 政局動向」 『대구사학』 40.

金宇基, 2001, 「朝鮮 成宗代 貞熹王后의 垂簾聽政」 『조선사연구』 10집, 조선사연구회.

김은정, 2010, 「어촌 심언광의 교유시 연구」 『어촌 심언광 연구총서』.

金泰永, 1983, 『朝鮮前期 土地制度史研究』, 지식산업사.

金泰永, 1994, 「朝鮮초기 世祖王權의 專制性에 대한 一考察」 『한국사연구』 87.

金泰永, 1996, 「科田法의 붕괴와 地主制의 발달」 『한국사』 28.

金泰永, 2002, 「여말선초 성리학 왕정론의 전개」 『조선시대사학보』 14.

南智大, 1985, 「朝鮮 成宗代의 臺諫 言論」 『한국사론』 12, 서울대 국사학과.

南智大, 1991, 「조선 초기 중앙집권제론의 검토」 『國史館論叢』 26.

南智大, 1993, 「朝鮮初期 中央政治制度研究」, 서울대학교 박사학위논문.

閔賢九, 1983, 『朝鮮初期의 軍事制度와 政治』, 韓國硏究院.

閔賢九, 2005, 「朝鮮 太祖代의 國政運營과 君臣共治」 『史叢』 61, 2005.

박도식, 2010, 「어촌 심언광의 생애와 경세론」 『제1회 어촌 심언광 학술세미나 자료집』, 강릉문화원.

朴元熇, 1975, 「明初 朝鮮의 僚東攻伐計劃과 表箋問題」 『白山學報』 19.

朴元熇, 1975, 「明初 文字獄과 朝鮮表箋問題」 『사학연구』 25.

朴元熇, 1976, 「朝鮮初期의 遼東攻伐論爭」 『한국사연구』 14.

朴元熇, 1983, 「明「靖難의 役」에 대한 조선의 對應」 『아세아연구』 26권 2호.

朴元熇, 1990, 「永樂年間 明과 조선간의 女眞問題」 『아세아연구』 33권 2호.

朴元熇, 1995, 「명과의 관계」 『한국사』 22, 국사편찬위원회.

朴天植, 1977, 「朝鮮 開國功臣에 對한 一考察」 『全北史學』 1.

朴天植, 1984, 「朝鮮建國의 政治勢力 硏究」 『全北史學』 8.

朴天植, 1985, 「朝鮮建國의 政治勢力 硏究(下)」 『全北史學』 9.

朴洪甲, 1994, 「朝鮮前期 蔭職硏究」, 영남대학교 박사학위논문.

方東仁, 1995, 「4郡 6鎭의 개척」 『韓國史』 22.

심승구, 1989, 「조선초기 무과제도」 『북악사론』 창간호.

양지하, 2008, 「世祖 2년(1456) 단종 복위사건의 성격」, 이화여자대학교 석사학위논문.

여강출판사, 1991, 『경국대전 연구』.

柳柱姬, 1999, 「王子亂을 전후한 朝鮮 開國功臣의 정치적 동향」 『朝鮮時代史學報』 11집.

柳柱姬, 「朝鮮 太宗代 政治勢力 硏究」, 중앙대학교 박사학위논문.

윤국일, 1986, 「경국대전의 편찬과 각 수정본들의 대비적 고찰」 『경국대전연구』, 여강출판사.

李秉烋, 1984, 『朝鮮前期 畿湖士林派硏究』, 일조각.

李相栢, 1935, 「三峰人物考(1)(完)-戊寅難雪冤記를 중심으로-」 『震檀學報』 2·3호.

李相栢, 1947, 「鄭道傳論-戊寅難 雪冤을 중심으로-」 『韓國文化史硏究論考(韓國文化叢書 第2輯)』.

李相栢, 1949, 『李朝建國의 硏究』, 乙酉文化社.

李成茂, 1967, 「선초의 성균관연구」 『역사학보』 35·36합집.

李成茂, 1994, 『한국의 과거제도(개정증보)』.

李成茂, 1999, 「朝鮮時代의 王權」, 『東洋 三國의 王權과 官僚制』, 國學資料院.

李樹健, 1989, 『朝鮮時代 地方行政史』, 민음사.

李樹健, 1995, 『嶺南學派의 형성과 전개』, 일조각.

李泰鎭 편, 1968, 『韓國軍制史(근세 조선전기편)』, 육군본부.

李泰鎭, 1978, 「15세기 후반기의 '鉅族'과 名族의식」 『한국사론』 3.

李喜寬, 1989, 「朝鮮初 太宗의 執權과 그 政權의 性格」 『歷史學報』 12.

鄭杜熙, 1977, 「朝鮮初期 三功臣硏究」 『歷史學報』 75·76.

鄭杜熙, 1983, 『朝鮮初期 政治支配勢力硏究』, 一潮閣.

鄭杜熙, 1990, 「三峰集에 나타난 鄭道傳의 兵制改革案의 性格」 『震檀學報』 50.

鄭杜熙, 1994, 『朝鮮時代의 臺諫硏究』, 일조각.

鄭杜熙, 1995, 「己卯士禍와 趙光祖」 『歷史學報』 146.

정호훈, 2004, 「조선전기 法典의 정비와 『經國大典』의 성립」 『조선 건국과 경국대전체제의 형성』, 혜안.

趙啓纘, 1987, 「朝鮮建國과 尹彝·李初事件」 『李丙燾博士九旬紀念韓國史學論叢』.

458

조좌호, 1974, 「학제와 과거제」 『한국사』 10.

지두환, 1994, 『조선전기 의례연구』.

지두환, 2013, 『조선시대 정치사-조선전기편』, 역사문화.

지두환, 2014, 「세조 집권 과정에서의 내종친의 정치성향」 『백산학보』 99.

車文燮, 1994, 「군사조직」 『韓國史』 23, 國史編纂委員會.

崔承熙, 1976, 『朝鮮初期 言官·言論研究』.

崔承熙, 1994, 「世宗朝의 王權과 國政運營體制」 『韓國史研究』 87.

崔承熙, 1987, 「朝鮮 太祖의 王權과 政治運營」 『震檀學報』 64.

崔承熙, 1994, 「世宗朝의 王權과 國政運營體制」 『韓國史研究』 87.

崔承熙, 1995, 「개국 초 왕권의 강화와 국정운영체제」 『韓國史』 22, 國史編纂委員會.

崔承熙, 1997, 「世祖代 王位의 취약성과 王權强化策」 『조선시대사학보』 1.

崔承熙, 2001, 「成宗朝의 國政運營體制와 王權」 『朝鮮史研究』 10집, 조선사연구회.

崔承熙, 2001, 「弘文館의 言官化」 『朝鮮時代史學報』 18.

崔承熙, 2002, 「太宗朝의 王權과 國政運營體制」 『朝鮮初期 政治史研究』.

崔異敦, 1994, 「中宗朝 士林의 郎官 政治力 强化 과정」 『朝鮮中期士林政治構造研究』, 일조각.

崔楨鏞, 1997, 「文宗年間의 政局과 首陽大君」 『昌原史學』 3.

崔楨鏞, 1996, 『수양대군 다시 읽기』, 학민사.

崔楨鏞, 2000, 『조선조 세조의 국정 운영』, 신서원.

최진옥, 1998, 『조선시대 생원진사연구』.

하우봉, 1995, 「일본과의 관계」 『한국사』 22, 국사편찬위원회.

韓永愚, 1973, 「조선왕조의 정치·경제기반」 『韓國史』 9, 國史編纂委員會.

韓永愚, 1983, 「朝鮮初期 開國功臣의 出身에 대한 研究」 『朝鮮前期 社會經濟史研究』.

韓永愚, 1983, 『鄭道傳思想의 研究(개정판)』, 서울대학교 출판부.

韓春順, 1999, 「明宗代 垂簾聽政期(1545~1553년)의 '勳戚政治' 성립과 운영구조」 『韓國史研究』 106.

韓春順, 2000, 「明宗代 勳戚政治 研究」, 경희대학교 박사학위논문.

韓春順, 2002, 「성종초기 정희왕후(세조 비)의 정치청단과 훈척정치」 『조선시대사학보』 제22집.

韓春順, 2003,「朝鮮 成宗의 六曹直啓制 運用과 承政院」『한국사연구』122.

韓春順, 2005,「文宗代의 國政運營」『조선시대사학보』33.

韓春順, 2006,「조선 성종의 왕권과 훈척지배체제」『경희사학』24집.

韓忠熙, 1985,「朝鮮初期의 判使·兵曹事硏究」『韓國學論集』11, 계명대 한국학 연구원.

韓忠熙, 1985,「조선 세조~성종대의 가자남발에 대하여」『한국학논집』12집.

韓忠熙, 1987,「朝鮮初期 承政院硏究」『韓國史硏究』59.

韓忠熙, 1994,「朝鮮初(태조 2년~태종 1년) 義興三軍府硏究」『啓明史學』5집.

韓忠熙, 1995,「조선 세조대(1455~1466) 종친 연구」『한국학논집』제22집.

韓忠熙, 1995,「王權의 再確立과 制度의 完成」『韓國史』22, 국사편찬위원회.

한희숙, 1991,「15세기 도적 활동의 사회적 조명」『역사와 현실』제5호.

찾아보기

한춘순

경희대학교 사학과 졸업(문학사, 문학석사, 문학박사), 현재 경희대학교 후마니타스 칼리지 객원교수.
국사편찬위원회 토대 연구 박사급 연구원(2007.8~2010.7), 경희대학교 사학과 객원교수(2009.3~2010.2),
경희대, 경희 사이버대, 서일대, 인천대 강사 역임

논저 : 「조선 성종의 왕권과 훈척정치-친정기 훈척지배체제를 중심으로」『경희사학』24(사학과 창과
50주년 기념호, 2006) ; 「太祖 7年(1398) '제1차 왕자 난'의 재검토」『조선시대사학보』55(2010) ; 「조선
명종 대 불교정책과 그 성격」『한국사상사학』제44집(2013) ; 「단종 대 癸酉靖難과 그 성격」『한국사연구』
174(2016) ; 『명종대 훈척정치 연구』(2006) ; 『조선 중기 훈구·사림과 광주 이씨』(공저, 2011) ; 『어촌
심언광의 문학과 사상』(공저, 2014)

조선전기 정치사 연구

한 춘 순 지음

초판 1쇄 발행 2016년 12월 29일

펴낸이   오일주
펴낸곳   도서출판 혜안

등록번호   제22-471호
등록일자   1993년 7월 30일

주소   (우) 04052 서울시 마포구 와우산로 35길 3(서교동) 102호
전화   3141-3711~2 / **팩스**   3141-3710
E-Mail   hyeanpub@hanmail.net

ISBN   978-89-8494-569-2   93910

값 34,000 원